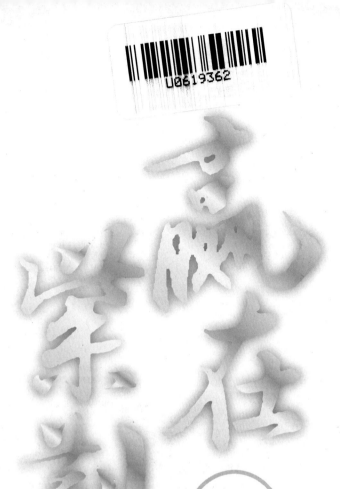

赢在紫荆

第一卷

YINGZAI
ZIJING

深圳市清华大学校友会·紫荆同学会　主编

经济管理出版社
ECONOMY & MANAGEMENT PUBLISHING HOUSE

图书在版编目（CIP）数据

赢在紫荆（第一卷）/深圳市清华大学校友会·紫荆同学会主编.—北京：经济管理出版社，2016.3
ISBN 978 - 7 - 5096 - 4216 - 0

Ⅰ.①赢… Ⅱ.①深… Ⅲ.①企业管理—商业模式 Ⅳ.①F270

中国版本图书馆 CIP 数据核字（2016）第 010340 号

组稿编辑：张　艳
责任编辑：王　琼
责任印制：司东翔
责任校对：车立佳

出版发行：经济管理出版社
　　　　　（北京市海淀区北蜂窝 8 号中雅大厦 A 座 11 层　100038）
网　　　址：www. E - mp. com. cn
电　　　话：（010）51915602
印　　　刷：三河市海波印务有限公司
经　　　销：新华书店
开　　　本：787mm × 1092mm/16
印　　　张：23
字　　　数：479 千字
版　　　次：2016 年 5 月第 1 版　2016 年 5 月第 1 次印刷
书　　　号：ISBN 978 - 7 - 5096 - 4216 - 0
定　　　价：72.00 元

序

紫荆商业模式创新大赛到底评什么

在"2015 紫荆商业模式创新大赛"开赛之际，曾去拜访深圳力合清源创投的朱方董事长，原本是希望邀请他担任我们的评审嘉宾，同时给我们的参赛选手做一次赛前辅导，没想到我们却就商业模式创新大赛的评审目标展开了热烈的讨论——究竟是看参赛项目的创新点，还是评商业模式的成功率？

什么是商业模式？书上有很多种详尽的专业解释，长江商学院教授有个最通俗的解释，就是企业获取利润的途径和方式，这当中涉及了四大要素，即客户价值主张、盈利模式、关键资源和关键流程。那么，商业模式创新就是要对这四大要素创新，以改善企业盈利的途径和方式，提升企业的利润率，最终实现企业价值或股东价值的最大化。

互联网时代的到来，使得传统的商业模式有了很大的变化。"互联网＋"技术的推广，金融资本市场的介入，又使得传统行业有了升级换代的新机会。我们熟知的淘宝、京东，近期流行的滴滴打车、爱大厨等，都是应用了互联网技术创新商业模式，并取得了企业发展的成功。

在大众创业、万众创新的时代背景下，商业模式创新日益成为改变中国产业竞争格局的重要力量，传播创新精神，为企业搭建舞台，提供产品优化、技术提升、投资融资等机会，亦符合深圳清华大学研究院产学研资一体化的平台角色。

深圳清华大学研究院作为珠三角地区产学研资深度融合的创新孵化载体，获得了今年广东省科技创新特等奖，具备了在企业创新发展期间所需的各类元素。培训中心经过十几年的培训沉淀，在平台上积累了近4万名学员和上万家企业，所以举办紫荆商业模式创新大赛具有得天独厚的优势。本次活动有上百个项目报名，在整个初赛、复赛的评审环节，评审老师们认真听取每个项目的路演，并到初选入围的每家企业调研参访，最终从项目的创新点和商业模式的优势上进行综合评定，选出"商业模式创新奖"、"最具商业价值奖"与"最具发展潜力奖"三个奖项。

感谢所有参赛项目团队的积极参与，比赛的目的从来都不是胜负与等级，更重要的是在这个过程中获得提升与改善；感谢宋岩和李巍两位老师以及所有小伙伴们的辛勤付出。未来，我们将继续积极引导学员，充分利用深圳清华大学研究院金融创投、科技研发、产业园区等方面的资源，为学员服务，助力企业发展，真正做到"融情、融智、融资"。

罗薇
深圳清华大学研究院院长助理

前　言

"2015 紫荆商业模式创新大赛" 圆满落幕

由深圳市清华大学校友会·紫荆同学会主办、前海法拉瑞科技有限公司全程赞助的"2015 紫荆商业模式创新大赛"历经两个多月，于 2015 年 6 月 28 日圆满落幕。

本次"2015 紫荆商业模式创新大赛"汇聚了来自深圳、北京、上海、福建等全国各地上百个项目，涵盖电子商务、文化产业、医疗器械、多媒体服务、珠宝、快消品等 17 个行业。在两个多月的时间内，各个参赛项目在这个平台上进行展示，经过赛前培训、初赛路演、入围企业调研等环节，在专家、老师们的指导下不断进行自我完善。最后，企业级移动化产品——"我不忧　移动 Office ＋"等 12 个项目进入本次决赛，并将直接参加第四届中国创新创业大赛深圳赛区暨第七届中国（深圳）创新创业大赛。

决赛当天，清华大学校友总会副秘书长、深圳清华大学研究院副院长贺臻，深圳力合清源创业投资管理有限公司董事长、深圳市科技专家委员会委员朱方，深圳市清华大学校友会秘书长常晓磊，深圳市南山区科技局副局长刘石明，中国社会科学研究院研究员、经济管理出版社社长张世贤，领商咨询、私董功场创始人兰刚，深圳清华大学研究院院长助理罗薇，深圳清华大学研究院培训中心常务副主任符蓉，深圳市清华大学校友会·紫荆同学会主席刘斌与前海法拉瑞科技有限公司董事长吕向东等亲临现场，表达对本次比赛的肯定与祝贺，并进行启动仪式，为决赛拉开帷幕。

12 支参赛队伍从全国各地奔赴深圳，上台展示各自商业模式。由清华大学中国金融研究中心商业模式研究工作室主任、博士生导师朱武祥教授，财政部企业内部控制标准委员会咨询专家、中广核富盈互联网金融服务有限公司董事长曾一龙教授，CCTV－2 财经评论员、中国电子商务协会网络营销推广中心主任、单仁资讯集团董事长单仁博士，中国国际贸易学会副主任、天使投资人、北京卡联科技股份有限公司董事长李兵教授，深圳力合清源创业投资有限公司投资总监周启明老师，远致富海投资管理有限公司投资总监张玉岩博士，深圳启赋资本管理有限公司投资总监张勇老师共同组成的专家评审团进行现场评估。经过紧张激烈的评比，大赛评选出"商业模式创新奖"——云衣定制平台、"最具商业价值奖"——LIVALL 智能骑行装备 & App 社区运营、"最具发展潜力奖"——全国首家移动智能呼吸道健康管理。

其间，朱武祥教授以"从 1 到 3——新兴企业商业模式创新"为主题进行了分享；领商咨询、私董功场创始人兰刚老师也在现场进行了"解码私董会·提升创新力"的主题分享并进行新书义卖，义卖所得将捐助深圳市南山区星光特殊儿童康复中心，为此，深圳市清华大学校友会秘书长常晓磊特授予他"紫荆慈善大使"称号；经济管理出版社社长张世贤教授则表示将会把此次参赛的商业模式计划书都编入《赢在紫荆》（第一卷）中；紫荆同学会刘斌主席为"紫荆商业模式俱乐部"进行授牌。

至此，"2015 紫荆商业模式创新大赛"圆满落幕。然而，商业模式创新并没有结束。在大众创业、万众创新的时代背景下，商业模式创新必将成为改变中国产业竞争格局的中坚力量。在本次比赛中，深圳市清华大学校友会·紫荆同学会把握时代节奏，传播创新精神，不仅为清华学员和深圳企业家们搭建了一个展示自我的舞台，也为这些优秀的创新项目提供了产品优化、技术提升、投资融资的机会，充分发挥首个基于大数据和"互联网＋"的"产学研资一体化"增值平台的作用。

深圳市清华大学校友会·紫荆同学会是深圳清华大学校友会分支机构，由深圳清华大学研究院学员于 2006 年 11 月依照"自愿参与，资源共享"的原则组建而成，各项活动在深圳清华大学研究院的指导与监督下进行，由理事会自行组织管理，旨在连接企业家同学、研究院、异地同学分会，整合校友会、商会、行业协会的跨界组织资源，建设紫荆同学会的"平台生态圈"，实现共同繁荣。

吴映丹
《紫荆》杂志执行主编

目　录

商业模式创新奖：云衣定制平台

我们的最终目的是希望搭建一个服装行业的全新生态圈
——深圳市博克时代科技开发有限公司总经理　贺宪亭

获奖项目：云衣定制平台

云衣定制平台是全球首个多品牌全品类服装定制平台，是在工业4.0背景下"互联网＋"理念的垂直一体化以及O2O和C2B模式的专业定制平台，目标定位是中高端人群、特型人群、职业团队，定制方向包括品牌定制、个性定制、团体定制，定制品类涵盖衬衫、西服、礼服、婚纱、时装、职业装等，顾客体验目标是更合体、更个性、更高性价比。

云衣定制平台属于O2O融合，采用双线多场景互动、体验与服务，通过公司的多年行业积累，以服装数字化系统为技术支持，营造垂直化的服装行业生态圈，连接设计师、面料商、服装厂与消费者等利益相关方，与众多服装企业用户合作，通过CAD＋MES系统的改造，实现数据互通与智能制造，最终实现工业4.0智造与按需定制的完美结合。

企业名称：深圳市博克时代科技开发有限公司

深圳市博克时代科技开发有限公司是一家专业的服装行业信息化软件与互联网平台研发企业、国家高新技术企业与深圳市双软企业。主要产品包括博克智能服装 CAD/CAM 系列软件、服装云服务平台、云衣服装定制平台。

以先进的智能化服装 CAD 系统为基础，云衣服装云服务平台通过"云软件、云设计、云共享、云存储、云教学、云交易、云制造"服务，整合了服装设计师、纸样师、面料商、服装生产商、服装销售商及服装用户等，搭建了一个新型的服装生态圈。通过提供在线服装 CAD 系统带来服装设计文件，服装设计文件又带来面料的交易和服装的交易及生产，是对传统服装产业的升级改造，具有巨大的商业前景。

（1）您当初为什么想要参加 FALARY·2015 紫荆商业模式创新大赛呢？

首先，我自己本身是深圳清华大学研究院的一名学员，这个比赛本身也是一个学习的机会，所以就毫不犹豫地报名参加了；其次，"云衣定制"这个项目也已经积累两三年了，我也想做一次总结，对项目本身的商业模式做一次梳理、优化。

（2）最后获得商业模式创新奖，您有何收获和感受？

坦白讲，获得这个奖项完全在我意料之外。参赛的很多项目其实都非常好，我们的同学都非常有才华，所以最后宣布的时候，我是很惊讶的。我觉得这算是我们平时积累的一个结果，这不是说我们多优秀，而是说，如果这个项目真的能够对其他人产生一些启发或者对这个行业有一些新的推动，也是跟学校和老师们密不可分的，是在他们的帮助下，我们才能够把自己的优势充分发挥出来，特别是朱武祥教授的商业模式理论对我们这个项目起到了很重要的指导作用。

（3）谈回项目本身，您最初为什么会想到要做这样一个项目？

首先，我本人就是服装设计专业的，毕业之后在外企工作了七八年，做的也是设计、管理方面的工作，所以对整个服装行业比较了解。后来开发这个软件，也一直都是跟服装企业打交道。

最近几年，在互联网发展迅猛的大背景下，中国服装产业面临着以下转型压力：一是传统服装制造业库存巨大，二是时尚个性化需求越来越强，三是传统营销模式受到严峻挑战。服装行业普遍意识到了需要转型，整个行业都在探索。到底以后怎么发展？大家比较一致的意见就是做 C2B。云衣定制平台走的是定制的方向，借助我们在技术上的优势和多年来对互联网的研究，希望这个平台能够给这个行业的转型提供从技术到互联网平台再到运营各方面的一些帮助。

（4）您的这套商业模式创新点在哪儿？

创新的本质，就是抓住人性的需求和利他精神，这样才能够走得更长久。互联网时代，一切皆服务，我们希望通过互联网把客户的服务做到位。第一，我们是通过大数据的形式，把客户的各类数据收集在我们的网络平台上，并以此进行定期的搭配推荐服务；第二，我们也通过这样一个平台成就很多服装设计师和服装顾问，他们的设计作品可以在平台上进行拍卖，也可以针对消费者需求进行专门设计；第三，这个平台也能让很多懂服装行业的人进行创业。这样一来，这个平台可以成就很多人，一方面增加了客户的黏性，另一方面所有的使用者都能够真正地获得他们需要的一些价值和服务。

（5）比赛时，老师提过这个项目 C2B 模式的效率非常重要，针对这样的问题，您打算怎么解决？

我们博克科技开发定制的 CAD 系统为服装定制的规模化带来了可能，通过这个系统可以非常快速地建立企业的板型库，然后通过输入客户的数据，就可以自动生成符合客户体型的样板，真正实现定制化的"一人一版"。

服装 CAD/CAM 属于定制发展的基础工具，当然还有其他如订单管理、工艺管理、供应链管理等多种工具系统，各个系统都打通数据就可以在平台上实现数据的集成化，同时又降低了服装企业引进系统的成本门槛，让广大中小企业也可以实现数字化。

（6）云衣定制下一步的计划是什么？

云衣定制平台的最终目的是希望搭建一个服装行业的全新生态圈，让设计师、服装工厂、品牌商、消费者等能够通过这个平台进行互动和资源对接，实现资源利用效益的最大化。那么，落到实处，我们准备分成几个步骤。第一步，搭建平台，这一步我们已经实现了；第二步，我们会在现有基础上，引进设计师和服装顾问，然后再引入一些面料商、加工厂等，逐步丰富我们产品的品类和品牌，尽量满足消费者的各种需求；第三步，我们还会涉及消费者的形象设计与服装搭配……

（7）您如何定位云衣定制平台的核心价值？

云衣定制平台的核心价值不仅是提供电商平台，更重要的是通过与产业平台软件系统的数据对接，实现数据的集成化，进而逐步形成更好的行业生态。数据的集成化将深层次改变服装行业的大数据应用，通过云衣大数据中心，对服装设计大数据进行深入挖掘，进而影响流行趋势预测，改进供应链资源管理，加强对市场营销的监控，营销数据反过来又会对设计产生引导。

目前，我们在行业内寻求广泛的合作，一方面与服装信息化厂商联合建设行业软件信息平台；另一方面向服装品牌企业提供软件系统和信息平台的同时，又可以通过云衣定制平台为其带来定制订单，实现合作双赢。这样一个生态圈，搭建的难度是非常大的，对于技术、设计风格等都有很高要求。我们目前的资源还不够充足，所以也准备引进一些投资。

（8）最后，想请您对云衣定制平台的团队说一段心里话。

一家企业当然必须实现自己的价值，但如果说做企业只是为了赚钱，可能不能实现价值目的——我想，我们应该对用户，或者对这个行业有所助益。一家企业能不能走下去，走多远，取决于两点：战略方向与执行力度。

目前来说，云衣定制平台的商业模式设计得不错，技术资源也比较充足，那么接下来就要看我们这个团队能不能打硬仗了。一个团队必须要能够打硬战，要靠自己去开拓市场、去营销、去管理。我们每个人都必须要有创业精神，要勇敢，要奋斗，要合作，要积极地去干、去闯、去打拼，未来才可能走得更久、更远！

最具商业价值奖：LIVALL 智能骑行装备

我们每天都在把别人看起来不可能的事情变成可能

——深圳前海零距物联网科技有限公司创始人 & CEO　郑波

获奖项目：LIVALL 智能骑行装备

深圳前海零距物联网科技有限公司（简称"LIVALL"）目前研发生产的四大智能骑行装备包括：Bling Helmet——闪盔、Bling Jet——闪控、Phone Holder——手机支架、Nano Cadence——微型踏频传感器。产品融合 7 大人性化的功能设计，成就受众愉悦骑行。闪盔和闪控的配合使用，可以实现炫酷灯光、音乐功能、一键对讲、数据统计、拍照录像、社区分享、SOS 报警 7 大功能。

企业名称：深圳前海零距物联网科技有限公司

一群来自国内顶级互联网公司的才俊，也是一群极限运动爱好者，对骑行的共同热爱使他们会集一堂，成立了LIVALL。公司成立于2014年，注册资本总额736.8万元，目前主要专注于智能骑行装备的研发、运营销售与管理，立足深圳，面向国际市场。

日前，LIVALL已经在北京完成了A轮融资发布会。具体的融资信息是，项目A轮融资8000万元，由信中利领投2500万元，上海宏流投资、深圳力合等机构联合跟投，这也是截至目前国内智能硬件领域的A轮纪录。

（1）你们最初为什么会想到要做智能骑行装备的项目？

习近平主席提倡发展体育运动，尤其是群众体育运动。而在所有的群众体育运动中，骑行仅次于跑步，所以我们想以此作为一个入口。智能自行车存在一定的门槛和风险，小米、百度等知名的互联网从业人员也早就在做了，所以我们选择大众更能够接受的、存量市场更大的智能骑行装备来入手，然后又精准地选择了以安全为主的智能骑行头盔作为切入点。这个在投资界称为"单品突破"，"一针捅破天"，也就是说，当你聚焦在一个行业，又能精准地发现消费者的强需求，哪怕小众，你努力去做，也有可能成功。

（2）这套商业模式创新点在哪儿？

我们的骑行装备只是一个智能硬件，是我们导入用户的手段，社区才是我们的核心。我们希望通过这个硬件，不断开发APP的用户使用数量，增加用户对LIVALL产品的黏度，他们可以通过我们的APP结交更多的朋友，分享自己的骑行经验等。我们希望通过这种"硬件＋软件"的产品开发模式和线上与线下相结合的营销模式，最终成为一个从骑行硬件到软件都给客户完美体验的智能骑行装备提供商。

（3）在商业计划书中，您们说LIVALL的对手是自己？

LIVALL研发的智能安全骑行头盔属于全球首款，目前还没有同类的产品，所以严格意义上讲，LIVALL真正的竞争对手是自己。如何在原来的头盔标准和使用者偏好已经形成的条件下，去吸引、引导消费者使用LIVALL的智能头盔，关键是看我们的产品功能是真正满足骑友的需求，抓住骑友的需求痛点，还是只是一些噱头或鸡肋的功能，这是决定我们产品成败的关键！

当然，作为一个处于创业初期的小公司，我们始终觉得最重要的还是团队，团队里每个人的工作时间、效率以及他们对于工作、公司的认可都与公司的发展息息相关。堡垒最容易从内部被攻破，当我的团队变得足够强大的时候，我们任何困难都不怕，包括竞争对手。所以，把自己的团队建立好的时候，一切都不是问题。

（4）那您怎么评价现有的这个团队？

这个公司最早搭建起来只有我们俩，后来请了 2 个工程师，我们 4 个人在 2014 年 4 月启动了这个项目，在前海成立了公司；到今天，我们的团队已经有将近 50 人了。别看人数不多，但每个人都非常拼，甚至有人 18 天都没有回过家，天天灯火通明地一起奋斗。其实我们这里待遇一般，很多人都是抛弃了其他更好的条件，加入我们的。公司走到今天这一步，是每一个团队成员付出心血的结果。

（5）你觉得为什么他们愿意这么拼？

作为一家创业公司，我觉得最重要的是创始人的精神，我们创始人应该带头去做一些工作，用实际行动来告诉团队成员，我们是怎么做的，是如何去分享、去合作、去为我们共同的目标奉献力量的。只有大家彼此之间都能分享、合作、奉献的时候，我们才能更好地运转。

更为重要的是，我们一直在一起做的这些事情，不是仿冒，不是抄袭，而是在创造。我们是在做一件别人没有做过的事情，是为了让人们的健康得到保障的事情。目前，我们已经申请到 20 多项专利，作为一家一年零两个月的公司，这是很不容易的。在这里，我们每一个人的每一个毛孔都充满了创新的元素，我想这才是真正刺激我们能量的根源。

（6）你们两位创始人之间是如何达成合作意向的？

大概在四年多以前，我们共同上了一个 PE 班，对彼此都有比较好的认知和了解，包括能力、人品等，当时，我俩都是从事影音行业的，又都是骑行运动的爱好者，我们觉得骑行不仅是一种健康的运动，也是一种绿色、环保的生活方式。所以后来谈到这个创业项目的时候，我们之间讨论了三次之后就拍板合作，非常高效。现在我们一个负责公司全面管理和战略方向（郑波），一个负责产品和技术（刘勇），默契、互补，很多时候我们都觉得自己找对了"另一半"！

（7）公司创立至今才一年多，然而 LIVALL 却已经名声在外，你们是如何做到的？

我们的产品最早是 2015 年 2 月 5 日在北京曝光的，当时在参加一个大赛的新闻发布会，正好 CCTV5 在进行拍摄，他们觉得我们的产品非常酷炫，而且是真正可以给骑友带来更多安全和愉悦的，于是我们就上了当天晚上的体育新闻；3 月 28 日，刘勇带队参加了国家体育总局举办的第二届中国运动与大健康类智能硬件大赛，拿到了最受市场欢迎银奖；之后，我们又参加了正和岛创新大集总决赛，拿到了总冠军……通过这些比赛，我们吸引了很多媒体的关注。与此同时，我们也在京东上进行众筹，最后取得了大概 108 万元的成绩，这也引起了业界的关注和媒体主动报道。现在我们还与"CCTV5 ＋"密切合作，开展了"CCTV5 ＋环法赛直播每日微博互动抽奖活动"，助兴 2015 环法圣战；也参与了环青海湖骑行活动。算下来，我们的市场推广期只有 4 个月，做到这种程度，一方面跟团队有很大关系，另一方面也反映了大家对我们 LIVALL 产品的肯定和信心！

（8）最后请你们对团队、对 LIVALL 说一段心里话

我们对 LIVALL 都有远大的目标，但也要脚踏实地地去做。我们第一步要实现的是成为骑行界智能配件的"老大"，以此打通平台，这是我们的纵轴；横轴是通过我们的专利技术，在产品上做出更多的延展。我们都很希望和团队每一位成员一起走得更远，真正地把 LIVALL 做大、做强，做成世界级的品牌。

最具发展潜力奖：全国首家移动
智能呼吸道健康管理

我们坚持把移动医疗做成精品

—— 深圳来福士医疗器械有限公司董事长　华健

获奖项目：全国首家移动智能呼吸道健康管理

　　来福士超声雾化器系列产品秉承精品设计理念，从每款产品的芯片到外形，都以人本理念精心打造。其中，超声雾化器系列产品采用最新的筛孔式技术，具有雾化颗粒小、均匀、效率高、可随身携带等特点，人们可以随时随地地对呼吸道系统疾病进行迅速、有效和无痛的治疗。来福士雾化液采用天然、纯净的数十种有机植物成分萃取素，配合来福士超声雾化器的使用，帮助人们随时随地做深层雾化保健，使人们呼吸更加健康！

企业名称：深圳来福士医疗器械有限公司

深圳来福士医疗器械有限公司（以下简称来福士）是与美国 LFS 公司合作的医疗设备企业。美国 LFS 主要从事技术研究与开发，来福士负责软件开发、产品生产与营销策划，致力于为国内外客户提供技术先进、质量可靠的智能移动医疗设备。来福士已拥有多项发明专利，取得了医疗器械质量管理体系 ISO13485、CE 等认证。

（1）您当初为什么想要参加 FALARY·2015 紫荆商业模式创新大赛？

我们团队里有 8 位股东都来自清华，所以当我们听说紫荆同学会举办这个比赛的时候，我们第一时间就报了名。事实证明，我们这种同学之间的情谊与智慧凝结出来的成果确实更具创新力，经得起考验。这样的比赛本身就是一种创举，我们希望紫荆同学会能够继续举办这样的赛事。

（2）最后获得最具发展潜力奖，您有何收获和感受？

这次比赛对于来福士团队来说，其实并没有做过多的准备，因为平时就一直在完善。我们从开始参加比赛的时候就已经说好，要把这次比赛当作一次对日常工作的复述，一次真实的反馈。我们团队一直强调，不要为比赛而比赛。当然最后获奖了，我们团队的人都非常开心，这是对我们自己的一次总结，感谢紫荆同学会，也感谢老师、同学们！

（3）您当初为什么会想要做这样一个项目？

来福士的诞生首先源于 2013 年 12 月，在一次企业走访之后，我们几个人一起在会议室用餐。大家一边吃着盒饭，一边讨论。紫荆创投俱乐部理事长李杰及副理事长叶澜杰都觉得，随着工业化的推进，大气环境污染越来越严重，得呼吸道疾病的人越来越多，医院的资源也越发紧张，而呼吸道疾病一般都需要较长时间的治疗，如果可以简化这个治疗过程，对人们将大有裨益。如今，北京的雾霾天气日渐严重，可见，我们致力呼吸道健康的这个决定非常正确。

（4）其实我在半年之前，做"清华创业小伙伴"专题的时候，已经采访过您的团队，那么在这半年之中，来福士又经历了怎样的成长？

这半年的时间，我们在技术和资本两方面都借助清华平台获得了发展。在技术的创新和产品研发上，我们做出了更加适合市场的产品；在资本上，我们也获得了很多同学的支持。有了这些发展，我们的硬件设施有了很大的改进，但更重要的是我们的团队在这半年里引进了许多相关人才，阵容更加强大。我相信再过半年以后，你会再次看到变化。只要我们继续在医疗行业里，在深圳清华大学研究院的平台上发展，我们的未来一定充满朝气。

（5）您的这套商业模式创新点在哪儿？

我们做的是便携式移动医疗，创新点实际上就是把医疗带回家，做到随时随地、科学有效地接受雾化治疗。我们要支撑这个概念，首先，要打穿两点技术"瓶颈"，一是雾化片的研发，二是雾化液的生产，这两点我们基本上都已经达到了；其次，我们不是一次性的买卖关系，而是提供一个解决方案。我们希望通过移动智能微网雾化器，为消费者提供"器械＋试剂＋服务"的疾病解决方案，并借助互联网技术将自己打造成移动医疗领域行业的标杆。

（6）来福士下一步的计划是什么？

目前，来福士的市场已经起步，我们正在逐步落实全国体验店，计划2015年底在北京召开新闻发布会。同时，我们也将着手进行体外诊断、用于治疗糖尿病的给药方式等项目。

移动智能微网雾化器医疗是一个新鲜的产品，虽然很早就有人推出，但并没有在整个呼吸道疾病系统治疗方面引起足够的重视。所以我们将会尽快普及我们的雾化器，建立平台，把来福士的品牌做出去。

从A1～A5，我们已经不断进行外形升级，使得雾化器更加时尚化；从A6开始，我们将逐步增强其智能化、数据化方面的功能，使其能够有效检测和控制药液使用。我们的雾化液全部采用纯天然植物提取物配置，确保绿色、健康、无副作用。同时，不同患者也可以根据病症情况和喜好，使用不同的雾化液。

（7）您的团队里，每个同学都有自己的企业，他们还有精力来关注来福士吗？

是的，我们这个团队跟别人可能不太一样，团队里的每一个同学都有自己的企业，但这并不影响我们共同经营来福士。他们就像超人一样，有用不完的精力，我们不仅在做呼吸道系统疾病解决方案这个项目，还在探索呼吸道给药的糖尿病治疗方式等。一般每个月我们都会碰一次面，平时在微信上也保持实时沟通。这次参加比赛，我们特意建立了一个"来福士励志群"，每天在群里热议，也由此吸引了更多同学加入我们。决赛那天，几乎所有人都来到了现场。

我想这其中最重要的是我们大家的激情一直在维持、在放大。我们之间也会有争吵，但没想过要放弃——这也许是因为我们都想为中国的移动医疗建立一个里程碑式的企业。

（8）最后，想请您对来福士智能移动医疗的团队说一段心里话。

做移动医疗是件枯燥的事情，每天都在重复做一样的事情，但是我们一直都认认真真地在做，而且越做越精致，坚持把移动医疗做成精品。有这样的一个团队，我们不怕任何难关。就像我们现在要做的用于治疗糖尿病的给药方式项目，大家都知道辉瑞花了 8 亿美元研发失败了，国内有很多的上市公司也在搞，也有人问我这个项目会不会太大，但我相信，只要能够坚持，凭借我们的技术储备，成功离我们并不遥远。信心加上坚持就是我们未来的路。

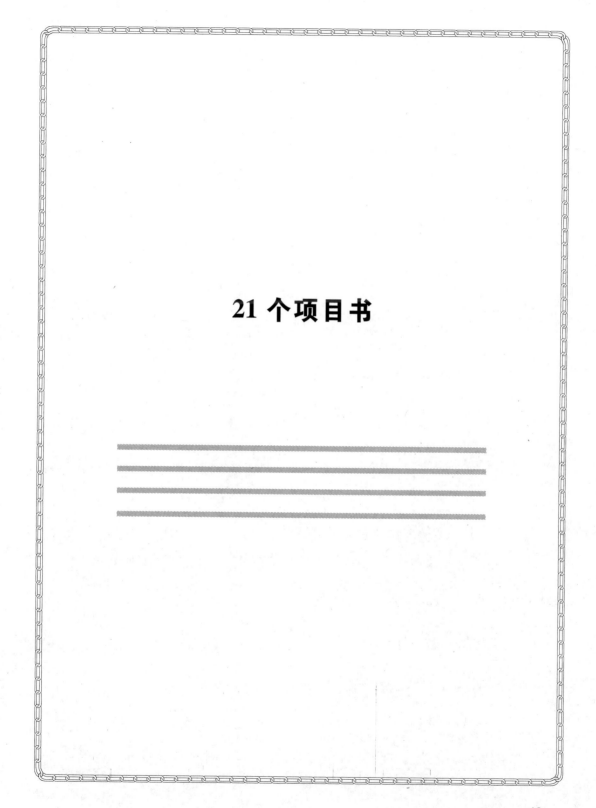

21 个项目书

深圳市绿洲家园商业模式策划书

作者：安军

一、项目背景创意

现代都市是钢筋混凝土打造的森林，人们距离大自然越来越远，每当夜幕降临，只看到孩子埋头读书、父母浏览手机、祖父母盯着电视。曾记否，小伙伴们赤足奔跑、尽情打闹，看窗外小草抽芽、花儿绽放、果蔬飘香，那美妙的童年，如今只能在梦境中回味……

今天，深圳绿洲家园，将为您打造一个春意盎然的家！

深圳市绿洲家园有限公司倾心致力于家庭生态绿化服务，计划通过"绿洲家园"项目，为千家万户精心营造绿色、环保、健康的生态环境。该项目主要以阳台、室内为生态绿化空间，通过"互联网＋生态环境"平台，提供家庭绿化设施装配、绿色种子选育配送、绿色花草栽培和室内蔬菜种植等专业技术指导和全程跟踪服务，为客户打造一个生机勃勃、春意盎然的家。

二、市场竞争分析

（1）市场空间广阔。据国家卫生计生委《中国家庭发展报告2014》统计，截至2014年末，中国内地总人口13.68亿人，家庭数有4.3亿户左右；其中，城镇人口数7亿人，家庭数（按每户平均3.3人）约2.1亿户。2015年，深圳市的家庭总数将高达450余万户，绿洲家园面对的客户群体十分庞大，市场前景难以估量。

（2）竞争压力较小。目前，国内绝大部分的园林绿化公司都从事市政道路、园林绿化和地产景观等领域服务，在家庭景观绿化这一细分领域，普遍关注不够、投入较少，尤其是家庭生态建设方面，更是一片空白，预计在短期内（2~3年），绿洲家园项目竞争压力很小。

（3）盈利能力较大。仅以深圳为例，家庭阳台绿化设施建设费用按照 1000 元/户（相当于一套隐形防盗网的费用），家庭安装率 2% 计，营业额可达 9000 万元。后期服务费用按照每户 80 元/年（花苗、蔬菜种子、栽植土壤和有机肥料等费用）计，年均收入为 700 万元。随着全国各地市场的陆续打开，预计全国家庭生态环境绿化市场总量将高达百亿元，项目盈利能力将呈几何级数倍增。

三、发展战略目标

（1）定型设计阶段（3 个月）。对国内外的家庭生态环境绿化现状进行全面调研，对家庭生态绿化（主要为阳台、室内）和景观设计方案进行深度比选和优化，并依据不同场景（阳台、室内）进行设施定型设计和绿化景观方案设计。

（2）产品研发阶段（3 个月）。利用高科技环保材料，定制各种形式的装配式花架、挂篮和支架等套件；依托农业科技院校和科研机构，进行适合家庭生态的草木花卉和蔬菜种植等多种绿化产品深度研发。

（3）市场开拓阶段（6 个月）。依托大型新开发楼盘进行家庭生态绿化设施（阳台和室内）的集中配置；利用互联网平台，对分散客户进行个性化配送与安装。

（4）经营服务阶段（持续经营）。利用绿洲家园网站和手机 APP 等，搭建"互联网 + 生态环境"平台，提供专业、细致、一流的技术指导和家庭生态绿化全方位配套服务，并广泛融合全国各地的花苗、种子、园艺、土壤和肥料等各类供应商和服务合作商，打造持续经营商业模式，拓展绿洲家园发展空间。

四、项目投资管理

（1）前期投入约 200 万元。主要为公司基本管理费用、设计研发费用、配套设施前期定制费用及网站平台开发和服务费用。

表 1　项目投资估算一览表

单位：万元

行政经费	人员支出	设计研发	产品定制	市场推广	网站平台	预备金	合计
20 万元/年	50 万元/年	30	30	20	30	20	200

（2）合作模式为注册成立股份制公司（有限责任）。股东为深圳市翠绿洲环境艺术有限公司（50%）、核心合作团队（40%）和众筹投资人（10%）。投资采用逐年注入的方式。

（3）预期收益。

表 2　项目预期收益

经营年度	投资（万元）		预期收益（万元）			市场拓展计划
	初始投资	后续支出	安装工程	后续服务	收益率（%）	（5年后未来收益以"互联网+服务平台"收费为主）
1	200	0	100	0	50	家庭绿化设施（阳台）定制安装 5000 套（每套 1000 元，利润率按 20% 计）
2	0	150	200	4.8	87	定制（购置）安装 10000 套，家庭服务 2000 户（每户每年 80 元，利润率按照 30% 计）
3	0	200	300	24	114	定制（购置）安装 15000 套，家庭服务 10000 户
4	0	300	400	240	149	定制（购置）安装 20000 套，家庭服务 100000 户
5	0	400	400	1200	230	定制（购置）安装 20000 套，家庭服务 500000 户

（4）退出机制。允许合作方选择中途退出，由翠绿洲环境艺术有限公司牵头进行费用清算后予以返还。

H5 游戏定制化深度合作项目

作者：陈俊彬

移动游戏现在已经成为一种覆盖面很广的娱乐文化消费品，其良好的互动性及媒介性使新兴游戏行业与传统行业之间的合作越来越频繁。跨界合作往往基于共同的目标消费群体，通过对市场的深入挖掘达到双赢效果，这种方式不仅让移动游戏与现实生活建立起直接联系，变得"亦真亦幻"，强化了游戏的影响力，同时也让传统企业找到了新的营销渠道，借助游戏拓展市场，为传统行业注入鲜活的生命力。现代消费者的消费习惯及喜好和以前相比有很多不同，移动游戏的跨界合作是创新的营销模式，除了带来可观的经济效益，还改变着传统的消费观念，让人们感受新颖的消费体验。

深圳市侏罗纪科技有限公司（以下简称侏罗纪科技）正式成立于 2013 年，总部位于深圳市南山区科兴科学园，注册资金 1000 万元，现有员工 100 余人。侏罗纪科技是一家以高科技产业为主导的投资控股企业集团。公司秉承"诚信、创新、和谐、共赢"的企业精神，经过数年的创新发展，实现了由互联网游戏业向文化科技、旅游养生等现代服务业的转型升级，形成了以文化科技产业、HTML5（H5）跨界合作、旅游地产等为主导的多元化产业格局。文化科技产业主要从事与文化部合作的以传播中华民族传统文化为核心目标系列手机游戏的创意、研发、运营、推广。H5 跨界合作主要与国内各大实业公司合作，根据其线下产品进行线上 HTML 游戏的设计、研发、品牌植入、数据分析等多样化业务。旅游地产以服务高端人群休闲养生为定位，并结合互联网功能进行云管理、云物流等增值服务。

一、公司概述

（一）侏罗纪科技发展历程

2011 年 5 月，深圳市众游城科技有限公司成立，注册资金 300 万元，办公面积 300 平方米，员工 50 余人，创始人及研发团队核心成员均为互联网和网游行业的专业人士，团队成员大多拥有丰富的游戏研发经验，制作过多款成绩优异的游戏，为公司的自主研发保驾护航。公司以秉承自主创新研发、打造游戏精品为开发理念，致力于创造与趣味相结合，在自主研发的道路上奋勇前进。所研发的产品在市场上取得了较好的口碑和良好的收益。

2013 年 3 月，深圳市梦方舟科技有限公司成立，注册资金 1000 万元，位于罗湖区中心位置，办公占地面积 500 平方米，员工 80 余人。梦方舟的寓意取自《圣经》诺亚方舟的故事，代指梦方舟人在逆境中仍能保持积极、乐观、创新的精神，稳步前进、永不放弃。所谓"长风破浪会有时，直挂云帆济沧海"，人间舟来舟往，而梦方舟是承载梦想与激情、寄托梦想与奋斗的最好依托，带领公司驶向更辉煌的彼岸。

2013 年 9 月，深圳市侏罗纪科技有限公司正式成立，注册资金 300 万元，占地面积 1300 余平方米，现有员工 100 余人，并成立暴龙工作室、剑龙工作室、梦方舟科技、迅猛龙工作室等。团队成员皆具有多年游戏开发的丰富经验。公司组织架构清晰明确，工作氛围积极融洽，热烈而充满活力。

地球的生物发展史上出现过一些引人注目的重要事件，如恐龙成为陆地的统治者，翼龙类和鸟类出现，哺乳动物开始发展等，其中侏罗纪时期在地质时代占据十分重要的位置。侏罗纪是恐龙的鼎盛时期，在三叠纪出现并开始发展的恐龙迅速成为地球的统治者。各类恐龙济济一堂，构成一幅千姿百态的龙的世界。龙的神秘、龙的力量、龙的霸气，构成侏罗纪科技坚韧的精神支柱。我们来自现代，却是为了唤醒沉睡在远古的记忆，我们是侏罗纪的世纪，我们代表侏罗纪，而侏罗纪的几只生机勃勃、蓄势待发的龙更是充满了旺盛的精力准备在游戏开发的舞台上大显身手。

（二）历史成绩

（1）2012 年获得深圳市罗湖区科技局高度评价，产品被列入深圳市高新科技产业展览产品。

（2）2013 年获得深圳市罗湖区科技局邀请参加"第十五届中国国际高新技术成果交易会"，成为罗湖区唯一一家受邀游戏公司，产品在展会上获得高度关注。

（3）中医药手游项目。

（三）主要产品介绍

1.《鬼话钟馗》（端游）

《鬼话钟馗》是一款鬼题材 Q 版 2D 回合制网游，主打放肆卖萌、尽情搞怪。游戏以钟馗捉鬼为故事背景，同时涵盖了大量中国神话传说，十分注重剧情的张力和精彩程度。同时，游戏对传统 2D 回合制玩法进行了大幅创新优化，全新添加的系统也非常具有亮点，我国香港 TVB 当家艺人欧阳振华倾力代言，力荐这款钟馗题材的创新大作。《鬼话钟馗》由飞扬天下运营，从 2012 年 12 月正式上线，同时在线人数最多可达 6 万人，月收入最高达 400 万元左右。

2.《梦想猎人》（端游）

消费模式：免费游戏，道具消费。

运营模式：自主研发、自主运营。

合作平台：搜狐 173 平台、新浪、百度、谷歌、52PK 游戏网。

《梦想猎人》是一款以人气日本动漫为题材改编的 2D 横版格斗网游，为梦方舟科技的开山之作。游戏以猎人考试为契机，讲述的是一群为了破解猎人世界中的未知之谜而立志成为职业猎人的年轻人，在考试中及考试结束后，因机缘巧合走到一起，而后共同迎接无数未知挑战的奇幻冒险故事。自主运营，从 2013 年 10 月正式上线，最高同时在线人数 3 万人，月收入最高 70 万元。

3.《石器联萌》（手游）

《石器联萌》是一款集角色扮演、养成、策略为一体的适合 IOS 和安卓双系统的多人在线手机网络游戏。游戏以石器时代为背景，努力营造娱乐、趣味的游戏环境，画面清新脱俗，内容丰富多彩，构造了一个充满想象的远古世界。采石捕鱼、培养宠物、怪物冒险、玩家竞技，游戏将现代理念和石器时代背景完美结合起来，具有独特世界观。在这个充满了想象的世界里，每一个玩家都能找到自己喜欢的部分。采石场、捕鱼岛等各种好玩的资源收集方法能让玩家乐在其中；宠物岛、工匠坊等多种途径，让玩家见证自己的成长；斗技场、怪物冒险以及更高级的 BOSS、更强大的对手，总能不断激发出玩家的兴趣。《石器联萌》在各大平台评测均达到 A 级水平，上线后反响热烈，不仅在内地拥有良好的口碑和渠道，也与我国港澳台、越南、韩国等地的游戏公司顺利签约。

4.《魔力联盟 2》（手游）

《魔力联盟 2》是一款日式卡通风格的 Q 版回合制 MMORPG 手机游戏，集养成、策略于一体。研发团队精心营造娱乐、趣味的游戏环境，画面清新脱俗，战斗轻松不失策略，内容丰富多彩。在这个魔幻世界中，玩家可以体验到炼金航海、峡谷抓宠、野外冒险、占星卜命、玩家竞技等多种多样的玩法和乐趣。

5. 《敢达西游》（手游）

《敢达西游》是以中国神话小说《西游记》为背景，结合 SD 高达动漫元素，辅以丰富的游戏系统而构建的一个游戏。充满挑战的副本系统、华丽的技能系统、自由的 PVP 玩法、便捷的修炼系统、玩法多样的活动系统，更配以轻松简单的操作，必将吸引大量喜欢 Q 版、SD 高达的网游玩家。

6. 《全职猎人 X》（手游）

游戏类型：棋盘回合。

游戏题材：日本动漫——《全职猎人》。

美术风格：欧式卡通。

此款游戏操作便捷，利用碎片时间便可轻松上手。副本采用棋盘形式，掷点移动，每格都有不一样的惊喜等着游戏迷。动漫原本经典角色再现，重现角色经典对战。PVP 自定义地图设计、排兵布阵、陷阱机关，乐趣无限，挑战无限。战斗表现为横屏模式，左右两边分别显示敌我队伍。战斗过程全自动，通过阵法、站位、角色和同伴属性、技能，决定战斗走向。

7. 《游戏包子》（礼包平台网站）

《游戏包子》是一款特别为广大热衷于手机网游的用户贴心定制的助手软件，拥有最丰富、最及时、最给力的礼包系统和最热辣的手机游戏资讯。使用《游戏包子》将获得最好的手机游戏体验，第一时间得到国内精品手机网游礼包，不再为游戏无礼包而遗憾，享受最顶级的游戏体验。独特时间轴表现方式，用户可任意操作最全游戏测试信息，不再为缺少好游戏而发愁，无须注册即可领取，免去忘记礼包码的麻烦。

二、产品与服务

H5 游戏定制化深度合作。根据产品（休闲食品、装饰品等）自身属性设计一款手机网页游戏，并将游戏以二维码形式附在产品包装上供消费者扫描下载。运用社交平台推广，玩家不仅可以相互交流经验，彼此共同享受游戏乐趣，更重要的是玩家可以零距离向游戏商表达自己对于游戏的体验和建议，同时游戏厂商更容易借助平台传达游戏所表现的趣味性和品牌价值，使游戏的推广效果达到最大化。

（一）合作模式：打破传统模式的双赢跨界合作

A. 定制化服务

为您的产品量身定制一款专属的、个性化的 H5 小游戏

（小游戏从产品自身的理念出发，注重趣味性和体验性。同时，游戏会添加产品调查问卷、优惠、中奖、社交等元素，增加用户对产品的忠诚度以及商家对用户需求的深度了解）

B. 使用方式

以二维码扫描形式获取小游戏

（二维码可附在产品本身的包装上，也可以附加在产品原有的宣传平台上，如广告、网站、公众平台）

C. 额外价值

利用我们的资源为您的产品做推广

（游戏内推广：我们目前已研发 4 款网游，总玩家数达 200 多万人，其中每天在线玩家达 100 多万人，强大的用户资源可为商家提供多种形式的推广服务，包括游戏内广告推送服务、游戏道具冠名服务等。平台推广：包括企业官网及微信公众号平台）

图 1

（二）互赢效益

1. 商家

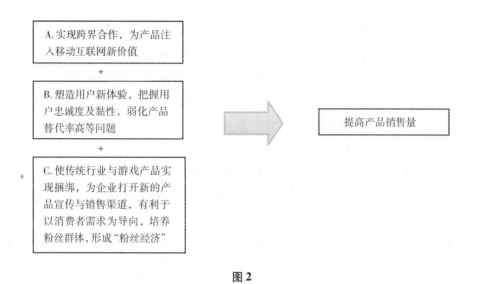

A.实现跨界合作，为产品注入移动互联网新价值

+

B.塑造用户新体验，把握用户忠诚度及黏性，弱化产品替代率高等问题

+

C.使传统行业与游戏产品实现捆绑，为企业打开新的产品宣传与销售渠道，有利于以消费者需求为导向，培养粉丝群体，形成"粉丝经济"

提高产品销售量

图 2

2. 企业

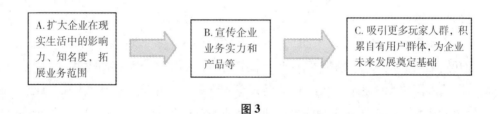

A.扩大企业在现实生活中的影响力、知名度，拓展业务范围

B.宣传企业业务实力和产品等

C.吸引更多玩家人群，积累自有用户群体，为企业未来发展奠定基础

图 3

现在，跨界合作的方式已经被越来越多的传统企业和网游厂商所接受，这种创新的营销策略使合作双方在一些方面可以达到很好的互补效应。使传统行业与游戏产品实现捆绑，可以为传统企业打开新的产品宣传与销售渠道，同时也让网络游戏吸引到更多的玩家人群，并增强其在现实生活中的影响力，形成"粉丝经济"。

三、行业情况

2014 年，一项本来还不太成熟的技术在微信的社交舞台上大放异彩，让我们见识了"移动 + 社交"爆发的巨大能量。然而这不是偶然，而是趋势。相比电视、杂志、户外广告等传统媒体逐年下降的趋势，品牌营销在数字和移动方面的投入在逐年上升。而且，在所有渠道预算中移动技术的投入增长最快，远远高于其他渠道的增长。当然，这样的结论你应该不会感到惊讶，因为我们早已习惯了 24 小时手机陪伴的生活，而品牌最关注的就是消费者"在哪儿"的问题。

美国的调查数据显示，我们每天要查看手机 150 次，44% 的人睡觉都把手机放在身边。毫无疑问，手机是有史以来最强大的媒介，从早上醒来到临睡前的一秒，这个几英寸的屏幕都在和我们"交流"。

我们能看到的大多数 H5 游戏也都属于这一类，如神经猫、打企鹅、2048 等。最近也有一个比较火的 H5 游戏叫"财务包子铺"，在这个游戏中用户扮演包子铺的创业老板，在事业发展的不同阶段做出经营决策，最终登上人生巅峰。虽然游戏中植入了赤裸裸的产品推广（知乎的一本新书），但最后还是取得了 3 天破 300 万 PV 的成绩。

虽然《围住神经猫》这款基于 H5 技术开发的游戏只在微信朋友圈中生存了很短时间，但其带给互联网产业的影响远大于其本身。同时，大的游戏公司也纷纷开始立项 H5 游戏开发，腾讯互娱、博雅互动等都已开始进行游戏开发，触控科技的 H5 游戏开发引擎也在最近开始推广。正如 PC 端的页游起于端游之后，围绕着 H5 移动游戏，一个涉及广告引流、游戏底层技术、游戏开发、游戏运营等的产业链正在建立。而我们正是希望通过跨界合作的方式在传播企业文化的同时延伸该企业的品牌价值，使大量的用户在使用企业产品的同时关注该企业背后的故事。

四、市场方案

H5 游戏定制化合作的真正目标和意义是传递企业文化、满足用户需求，这需要尊重用户的体验，游戏营销也是如此。

（一）产品定价

H5 游戏制作费用定价为 5 万元整（含游戏策划费、技术费、美术费、音乐费、运营费等）。

（二）竞争优势

1. 低成本优势

企业的各项成本直接影响企业市场的竞争力，因为价格始终是市场竞争最有力的武器，这就是当前企业一定要重视规模经济的道理。除了有特别专长的中小企业，失去了企业规模，尤其是企业的市场规模，企业就不能形成最有效的经营成本。因此，低成本优势是本次合作最基本的竞争优势。

2. 卓越品质优势

如果两家同样的产品，价格相近或价格对市场供求影响不大的时候，质量就成为市场成败的关键。这里的质量是一个综合性的概念，它包含着产品的功能、稳定性、服务以及差异化等多项内容。质量是企业生存和发展的基石。企业要在竞争中生存发展，就必须不断提高自身产品和服务的质量，最大限度地满足和切合用户的需求。所以，质量是企业生存发展的永恒主题，以质取胜是企业建立可持续竞争优势的根本所在。

H5 定制化游戏从游戏研发到游戏运营均由我公司专业手游开发团队全权负责，有效保证游戏开发质量及后续运营质量。

3. 创新型竞争优势

21 世纪的企业正面临增长的鸿沟，大多数企业试图用传统的方法弥补，这些传统的方法包括加强营销和销售、削减成本提高生产率、加强渠道建设、企业并购等。但这些传统的方法虽然能提高必要的和最基本的竞争优势，但无法弥补增长的鸿沟，无法构建百年老店。要成为世界著名企业中的常青树，企业需要的是持续的变革和创新。创新是企业增长和获利的关键驱动力，是企业建立持久性竞争优势的重要因素。创新型企业会在时间和专有知识方面占有很大优势。

公司善于捕捉市场机遇，率先进入或领先改变原有竞争模式的企业，可以形成第一行动者的时间优势。这种优势包含市场的知名度、市场新规则设立的优先权、人们对新事物的偏爱以及先行动者在行动过程中得到的市场经验等。

4. 速度型竞争优势

企业的速度优势包括产业调整速度优势、市场反应速度优势、物流速度优势、生产速度优势、信息传播速度优势等。在这个机遇与挑战并存的网络经济时代，速度革命成为竞争制胜的关键。新产品的推出以天计算，信息流动以比特计算，财富的积累以秒计算。

激烈的市场争夺战中，时间就是生命，速度就是优势，高效就是金钱。公司定制化游戏开发周期为 7 天，争分夺秒，以无与伦比的速度进行着高效工作。

五、商业模式设计

当前品牌形象、知名度和美誉度开始成为大众认可的重点。因此，在这个阶段，就必须要有独特方案。

首先，H5 游戏逐渐丰富内置玩法来达到游戏内付费，同时也会涵盖道具/关卡等游戏付费手段。而相比以往传统的电商导购，使用 H5 游戏的方式为企业定制电商导购势必会成为电商导购的新趋势。同时单独为企业定制的 H5 游戏也会成为企业营销的推广工具。在开发玩家游戏的同时，H5 游戏也可以成为企业品牌广告植入的新媒体，相比陌生应用，其凭借移动端广告传播的短平快，社交覆盖的大范围及企业广告的跨屏营销，更具有优势。

六、风险

手游可以通过设置付费点、增值道具等一系列手段完成付费形成闭环，且通过日常运营来提高用户黏性和留存率，但 H5 游戏寿命短，用户利用碎片化时间进行即时游戏，热度通常不超过 7 天，一旦兴趣点转移，无须卸载便直接流失。而要解决变现问题之前，最根本的，还是需要一款好产品。

H5 游戏经过 3 年的发展，不论是从技术层面，还是生态体系、基础设施，如智能手机、WiFi、4G 的开放普及等，都已经有了质的飞跃。即便如此，H5 游戏目前仍然面临诸多问题，如最现实的状况是我们上文提到的留存和付费转化仍然较低，以及缺乏符合 H5 渠道不同人群的优秀产品，甚至存在渠道运营的规范化和一些技术层面的短板。另外，从技术角度来看，当前 H5 游戏质量与原生手游仍有较大差距，H5 游戏主要有纯 Web 和带 Runtime 加速器两类。纯 Web 游戏需要运行在各种不同设备、不同系统版本的不同浏览器上，相比原生游戏，碎片化更加严重，兼容问题需要妥善解决。

七、融资计划

（1）我们预计融资 1000 万元研发项目模板和服务器架构与大数据分析系统。

（2）资金用途为项目模板研发费用 300 万元，服务器基础建设与配套大数据云服务算法 700 万元，预计将在 1 年内完成。

（3）预估出让一定百分比的公司股份。

（4）预估 2017 年投资商返利率为 180% ~ 300%（保守估计值），已减少收入预估（比正常预估减少 30%），确保能达到指定目标。

（5）项目分红方案为公司优先平分回本金给投资商，其次会为公司预留资金填补，保证公司正常运营，剩余的盈利资金则按照股权进行分配。

八、团队构建

（一）人才储备

产品经理：Kaen，中国科技大学软件硕士，数学及逻辑思维优秀，熟悉运营、研发及营销技巧。3 年以上移动互联网开发管理经验。熟悉 APP 软件开发流程，了解 2D、3D、动作、特效、UI 美术制作，熟悉 coco2d 完整开发流程。曾在 Gameloft 深圳《地牢猎手 4》担任执行主策划，在 CMGE 中国手游担任工作室负责人。

运营总监：Nelson，5 年以上网络游戏研发、运营经验，熟悉产品研发、推广运营的研运一体化流程，熟悉游戏用户消费心理、网络游戏营销传播技巧，具备数值体验设计、UI 交互设计、用户荣誉系统设计、大数据挖掘分析、产品商业化设计以及市场营销推广等多个维度的产品设计分析能力，曾主导多款游戏的运营推广工作，业务模式涵盖渠道联运、独代发行及自主运营，能清晰定位市场从而对产品执行精准投放。

技术总监：Vincent，为 APP 排行榜前十《龙之力量》的核心程序创始人之一，《龙之力量》运营至今已有 2 年，最高流水为每月 1400 万元。参与项目有《梦幻古龙》、《鬼话钟馗》、《仙缘》和《石器联萌》。

（二）经验优势

公司拥有多年端游研发累积的经验，如市场推广的方式与节奏、成熟的服务器可保证多人在线无任何压力、研发的长期经验积累、后台一系列的品质塑造等，都是公司从端游转型为手游的良好保障。而这些极具价值的宝贵经验财富，不是一般的手游公司能轻易学习和模仿的。

（1）技术实力强，高端技术人才积累多，一旦适应低端开发环境，磨合好引擎技术，后面开发会大大提速。

（2）美术力量较强，快速大批量生产高质量美术产品优势很大。

（3）策划底蕴较强，有大量多年实战经验的高手策划，虽然可能一开始不适应手机环境，需要学习 UI/UE、异步互动、碎片化等设计思路，但他们一旦掌握这些细微差别，其原本的系统设计能力、数值平衡能力、经济系统控制能力、道具付费设计经验、多人互动设计理念等就能发挥巨大的力量，就有机会设计出更有深度、更有乐趣、生命周期更长的游戏。

九、进度表

目前已经完成的项目有两款，分别为：

（1）华益农业宝岛菜园系列之蔬菜侠（制作周期 14 天，完成进度 100%）。

（2）思朗纤麸饼干系列之饼干超人（制作周期 7 天，完成进度 100%）。

童星汇商业计划书

作者：陈朦

一、公司简介

深圳童星汇网络科技有限公司是一家 2015 年 3 月新成立的创新型网络信息科技公司，致力于打造中国第一个最大、最可靠的儿童娱乐通告信息平台——童星汇。童星汇的目标是连接童星与儿童影视娱乐圈，成为中国超级儿童影视娱乐公司，提高中国儿童影视娱乐水平，最终逐步整合儿童产业链。

口号/价值观：您的孩子·我们的小明星。

二、市场空白点

每个孩子都是父母心中的明星，每位父母都觉得自己的孩子是最棒的。绝大多数父母对于孩子有机会参与影视作品、综艺节目录制都持积极促成态度，他们分为两大类：一类希望孩子全面发展，培养气质，增强自信，并且能为孩子的童年成长留下一份有声有色的纪念；另一类明确地为孩子选择了影视明星的道路，目标是把孩子打造成童星。正因如此，各类培训机构市场异常火爆，然而培训并不能解决孩子与家长们展示和锻炼的需求，因为实战才是最好的培训。

痛点：从家长的角度而言，市场上似乎极缺供孩子们实战的机会，真实靠谱的好通告机会难寻、试镜成本高；从剧组、栏目组等通告提供方来说，寻找儿童表演者中间环节多，传统邮件、电话、试镜的方式费时费力。换言之，大量的儿童演艺活动机会（下文简称童星通告）与大量的儿童表演者（下文简称童星）之间存在着巨大的沟通障碍，导致效率低下和资源浪费，他们真正缺乏的是一个直接对接的平台，一种高效的沟通方式。

三、产品功能

解决方案：童星汇打造了一个连接童星通告与童星的垂直网络平台，将童星通告和童星引到线上，实现双方直接精准对接，省去中间环节，解决家长找通告难、剧组找童星难的问题，并为所有潜在童星家长提供了实践可能性的平台。

产品表现：顺应互联网向移动端发展的大趋势，童星汇同时打造了展示性门户网站和 H5 + Wechat 技术的轻型 APP。

该 APP 分为针对剧组、童星的两大模块，主要功能如下。

剧组方面：发布通告，查看童星资料、试镜视频，发布入选、试镜等通知。

童星方面：个人主页展示、报名参加通告、发布试镜视频、接收微信结果通知。

四、目标客户

我们将目标客户群体分为两类，分别是 to C：0～16 岁儿童及其父母；to B：所有有童星需求的通告发出方。

五、核心竞争力——团队

童星汇的核心竞争力主要在两个方面：一是通告免费、不做培训、机会均等的发展理念；二是简单直接的极致产品体验。但这两方面的关键都源自一个高能的团队。

1. 了解客户需求的灵魂人物

联合创始人兼董事长杨雪茹女士拥有一双可爱的女儿，她不仅是位妈妈、成功的企业家，更是一位能导、能演、能制作的"影视迷"。她拥有敏锐的市场嗅觉，具备高超的领导力与公关能力，多年来积累了丰富的资源与渠道。她一心投身童星事业，将培养女儿做成事业，站在同为人父人母的家长们的角度上思考问题，既能直击用户所求，又能游刃有余地把握团队的推进方向。

2. 极致的用户体验感

童星汇 APP 的理念是体验感为王，做最简单、最好用的童星通告 APP，这必须基于团队对客户的深度理解与团队独特的创造性。童星汇的团队由思路开阔的海归背景首席执行官、经验丰富的二次创业技术总监、深谙儿童心理的市场总监，以及影视行业从业多年的策划、视效设计与极具发散思维的内容运营人员构成。还拥有开发阿里巴巴、腾讯支付、金山毒霸的 BAT 系统技术及渠道总监股东，保证了平台能实现抓得住客户心理的极致体验感。

3. 超强的营销、宣传造势能力

联合创始人在组建初创团队时全部筛选具有互联网思维的营销能手，深刻了解互联网行业与娱乐圈的相互作用，极其善于结合事件在短时间内引爆童星汇，扩大影响力。

4. 爱开心影视、众星合一品牌策划集团优势

童星汇与众星合一均属于爱开心影视旗下品牌，这决定了童星汇拥有影视娱乐和企业商家两方面资源以及影视制作经验。深厚的专业背景和丰富的人脉、资源使得童星汇有别于普通互联网平台，拥有众多导流渠道和合作机会及更好的发展空间。

5. 独家资源——横店集团

童星汇与深圳横店集团签约成为横店集团深圳总代理，能够运用横店影视城相关的所有明星、活动资源进行线上宣传推广和推出线下影视游产品创造盈收。

六、股东架构与激励机制

童星汇由以下执行股东组成：

（1）深圳爱开心文化传媒有限公司，占该公司 51% 股份。出任企业战略及投融资顾问，主要参与项目整体战略规划和对外融资。其授权委托杨雪茹代为行使该公司的股东权，并出任董事长，全盘负责公司的统筹运营，享有 2 个董事投票席位。

（2）陈朦占公司 4% 股份，为首席执行官（CEO），主要负责项目统筹运营及市场营销管理，享有 1 个董事投票席位。

（3）肖影占公司 4% 股份，出任技术总监（CTO），主要负责技术研发、产品设计等

事务，享有 1 个董事投票席位。

（4）郭晓娜占公司 3% 股份，出任市场总监（CMO），主要负责渠道开发与维护等事务，享有董事投票权。

（5）童星汇期权池：为激励管理层提升企业效益和管治能力，吸引并确保优秀的人才不会流失，预留 10% 股份作为期权池给予优秀员工优先认购。

七、市场容量

儿童市场：是一个综合性的亿万元级大市场。

目前中国 16 岁以下儿童有 3.6 亿人，我国儿童消费已占到家庭总支出的 30%，早在 2007 年全国 0~12 岁儿童每月消费总额已超过 35 亿元。[1]

儿童娱乐市场：规模不断扩大，市场前景无限。

2013~2015 年，儿童娱乐整体市场规模将保持 40% 的平均增速，即从 2012 年的 42 亿元增长至 2015 年的 115.25 亿元。

影视市场：影视行业欣欣向荣，儿童演员（含非主角）的需求量巨大。

2015 年全国平均每月约 84 部，合 3034 集电视剧在广电总局备案，[2] 平均每月备案院线影片达 76 部，[3] 更有各类综艺栏目 760 多个，[4] 以及近期集中爆发的网络微电影与网络自制剧和难以计数的商家广告、各种品牌组织的大赛活动。哪怕只有 1% 需要儿童演艺人员，这个需求量也是巨大的。

结论：儿童消费占家庭消费的近 1/3，娱乐市场是一个百亿元级大市场，有钱赚。影视行业在宣传推广和社会影响力上具备先天优势，而在高产的影视行业当中，儿童演员的需求量巨大。因此童星汇由儿童影视切入儿童市场，既具备良好的市场条件，又拥有极高的营销效率。

---

[1] 田原. 中国儿童消费市场现状及投资分析. 西南财经大学［J］. 中国商贸，2013.

[2] http：//dsj. sarft. gov. cn/tims/site/views/applications. shanty？appName = note。

[3] http：//dy. chinasarft. gov. cn/shanty. deploy/catalog. nsp？id = 0129dffcccb1015d402881cd29de91ec。

[4] 百度搜索。

八、盈利模式

现阶段童星汇的盈利点分为线上和线下两部分。线上"to C"端主要增值服务包括：VIP 会员会费、网站虚拟币（宝贝币）、童星榜竞价排名等。线上"to B"端盈收包括：首页及童星个人主页页面广告、第三方合作（培训机构开放式点评、团购等）、资金沉淀。

童星汇盈利模式具有很多想象空间，将是团队不断摸索和发展的课题，这也是互联网企业的特点与优势之一，但是一切都是以用户数量和黏度为基础的。因此，童星汇第一阶段的主要精力将放在以真实的通告信息和极致的体验感快速吸引注册和活跃用户上。

通过对童星汇来自全国 11 个省的现有用户进行问卷调查，我们发现，在不付费用的前提下，98.44% 的家长愿意给孩子参加影视表演的机会，在了解童星汇是一个免费提供各类演艺信息、表演机会，永不带资，也不进行培训收费的信息提供平台后，100% 的受访者都表示愿意将童星汇推荐给身边优秀的孩子。这说明童星汇的市场基础坚实，家长的口碑效应也是童星汇推广的关键。

九、竞争对手与产品实力分析

表1　O2O 类型的网站以及针对儿童市场的网站和 APP 一览

竞品	童星汇	美代网	美空网	中国儿童电影网
描述	线上通告发布、报名平台	线上的童星经纪公司	模特 O2O 平台、专业垂直成人模特信息提供	儿童影视门户网站
优势	①核心竞争力：独有的视频试镜功能取消了传统试镜的中间环节，大大节约通告和演员双方的时间和成本 ②垂直、定位清晰 ③独有的资源和渠道 ④营销推广能力强	①积累了一批签约儿童演员 ②积累了部分输送渠道	①先发优势积累了大量用户 ②打造模特、化妆、摄影师圈子 ③落地形成增值服务	①山西电视台资源 ②网站风格优美

续表

竞品	童星汇	美代网	美空网	中国儿童电影网
问题	①需扩充技术、内容运营团队 ②需完善更强大的 SEO 和偏好推荐功能（正在开发中）	仍然是一个封闭的艺人经纪公司，不过是把传统经纪中介搬到了网上	局限于成人模特领域，与童星汇目标客户群体不同	①没有做细分，贪多求全 ②仍是将传统签约、培训小艺人的形式搬到网上
网上平台	PC 端；移动端（H5 + 微信）	移动端	PC 端；APP	PC 端

调查发现，首先，目前 IOS 与 Android 应用商店儿童类应用 APP 前三页均为文化教育类和游戏类软件，没有一款供孩子找到展示机会的 APP 平台，童星汇的出现将是对儿童类应用的一大补充。其次，童星汇解决了同类型的功能类似的网站或手机应用存在体验感差、理念落后、贪多求全未做细分、停滞于 PC 端无法触达用户等诸多问题。最后，童星汇的核心优势集中表现在：①免费发布通告（由童星汇驻横店经纪人明明确认审核通过发出，保证通告信息真实优质，童星汇与横店集团深度合作，明明为驻横店资深儿童演员经纪人，拥有儿童演员经纪人圈的纵深人脉与资源）；②免费查看剧组信息和报名；③免费视频试镜免去中间环节；④免费微信通知进程；⑤剧组演员互评。

十、融资计划

童星汇计划融资 200 万元用于网站开发及运营推广成本、日常运营费用、固定资产、办公场地使用费。

"大影家"电影投融资商业计划书

作者：邓树涛

一、项目/创意的描述

1. 项目内容

随着中国电影市场的迅猛发展，国内人的观影习惯已经形成，电影投融资已经成为当今投资热门领域。"大影家"电影投融资移动互联网平台是国内第一个专业的影视投融资平台，把控着电影行业生态链的最上游环节，平台涵盖电影投资、电视剧投资、影院投资、电影基金会四大板块，产品市场分为国内、海外两大部分，重心为国内市场。

2. 核心竞争力

（1）目前影视行业最好玩的 APP（百元上榜）。

（2）打造最权威的电影投融资平台。

（3）建设最专业的影视投融资学院。

二、市场分析

1. 行业分析

国务院在 2010 年陆续发布了一系列针对电影及文化行业的指导意见，对中国电影产业发展在宏观政策上给予大力支持。同年底，又明确提出将文化产业发展成为国民经济支柱产业的政策导向，中国电影产业在良好的大环境下取得了快速发展。

回顾过去的 2013 年，中国电影产业呈现出飞跃式的发展态势，电影票房突破 200 亿元大关，全面进入黄金发展期，观影人次不断上涨，银幕数 2014 年已突破 3 万元，进入发展新阶段。

2013 年中国电影市场票房进一步增长，全年票房达 217.7 亿元（包含城市院线市场、二级市场、农村市场）。EBOT 艺恩日票房智库数据显示，继 2012 年国产片票房总额在近 9 年首次低于进口影片之后，2013 年国产片实现全面反击，在与进口大片的激烈角逐中，逐渐走出自己的道路。2013 年中国内地上映国产片票房总和 127.67 亿元，同比增长 54.3%，占总票房的 58.6%。

电影从 20 世纪 90 年代的遥不可及到现在的触手可及，已经悄然走到了大众的身边，电影投资、电视剧投资、影院投资已经成为投资的新宠。

2. 市场规模

2013 年全国电影产业总收入达到 276.8 亿元，同比增长 18%。其中票房收入 217.7 亿元，同比增长 27.5%；非票房收入 45 亿元；海外收入同比小幅上涨，达到 14.1 亿元。电影票房实现持续、高速增长，非票房收入贡献额进一步扩大。

2015 年 4 月 16 日上午，国务院新闻办公室举行的新闻发布会上，国家版权局副局长阎晓宏介绍，2014 年电影产业收入已经突破 300 亿元，增速非常快，预计 2015 年票房将超 400 亿元。

3. 市场趋势

数据是衡量产业发展的最有效标准，对于电影产业在经济总量中所占的具体比重，可以根据中国文化产业所占的比重来估算。目前中国的文化产业占经济总量的比重接近 4%，比例相对较低，而电影产业是文化产业里面的一个门类，国家会继续重点扶持电影产业的发展。

相对来说，投资方更偏好投资电影，如果电影"中签"了，那就是中大奖。过去电影票房过亿元是很难的，现在都已经突破 300 亿元了，所以文化产业尤其是影视产业的发展空间很大。最重要的一点是，现在老百姓有钱了，对文化消费有需要。

电影投资、电视剧投资、影院投资方兴未艾，越来越多的投资者涌入这一领域，也成就了这一行业的迅猛发展。

三、竞争分析

1. 现有竞争

目前，电影产业投资人多为圈子营销模式，新的投资者要进入该领域，通常要先进入电影圈子，越来越多的投资者想进入却没有过多的时间和精力经营这一新圈子，如此一来，互联网电影投融资平台应运而生，阿里娱乐宝和百度理财两大巨头已经进入，PC 端的典型为"中国影视投资网"，移动互联网端为众筹网站"爱钱帮"。相对而言，移动端优势极大，项目上线基本瞬间抢空。

2. SWOT 分析

表 1

优势 ①9 年钻研影视传媒行业 ②北京电影学院深圳研究院共同建设电影投融资学院 ③多年来与电影公司密切合作 ④好莱坞电影制作团队的资源	机会 ①电影产业迅猛发展，电影产业投资成为投资者投资新宠 ②大众观影习惯已经形成，近几年票房每年以超 50％ 的速度暴增 ③核心团队皆为年轻人，具有极强的创造力和爆发力
劣势 ①缺乏资金实力 ②核心团队平均年龄偏低（28 岁） ③公司转型金融投融资平台，目前投资者对该平台持观望态度	挑战 ①阿里娱乐宝和百度理财等巨头皆已进军该行业，如何把"大影家"产品做得有差异化、有竞争力 ②新的投融资平台如何迅速培养投资者的信任度 ③电影投资具有高风险、高回报的特点，如何把控好项目筛选，保证投资者收益是项目的难关

3. 项目／创意的实施方案

本项目成功与否的重点是把握两个核心，分别为"项目筛选"和"投资者融资"。

产品定位：项目产品分为电影投资、电视剧投资、影院投资、电影基金会四大板块，根据各项目具体情况，由监制与风控总监共同把控项目周期及回报率。产品投资以"理财"和"权益"两个方向为主。

渠道部分：监制负责维护与各大电影公司及发行公司的关系；金融部副总负责各大商会、俱乐部、协会等项目推介会，维护与意向投资者的关系。

市场推广：线下推广以项目推介会、剧组探班、明星见面会为主要推广方式；线上推广主要以"百元上榜"作为噱头，持续制造话题，制作网络栏目——电影投融资学院，拍摄系列微电影——电影制片人的微故事，掀起全民电影投资浪潮。

4. 财务管理

首期资金需求量：500 万元，占股 20％。

资金筹措方式：天使投资。

资金用途："大影家"平台开发、团队员工工资、线下活动和线上营销。

项目经济效益分析：

（1）按照12个月计算，完成15部电影项目上线并完成交易，完成20场线下路演活动，交易额预期完成7500万元。参与投资数预期达600～800人次。

（2）"百元上榜"互动板块，交易额预期完成15万元，参与投资数预期达1500人次。

预计收益和损失：

保底收益预估为3000万元；

亏损预估为1000万元。

5. 退出机制

（1）12个月后完成A轮投资。

（2）天使投资人可通过市场交易部分退出或全部退出。

（3）回报率预估为200%。

6. 团队架构

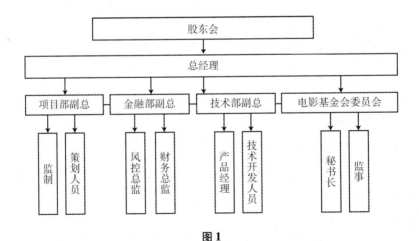

图1

云衣定制商业模式策划书

作者：贺宪亭

一、项目/创意的描述

1. 背景

深圳市博克时代科技开发有限公司（以下简称博克科技）从事服装数字化技术研发推广超过 12 年，所开发的博克智能服装 CAD/CAM 系列产品远销海内外 5000 余家不同企业。最近几年，公司通过研发服装行业云平台积累了更多的服装行业资源，包括数万名服装设计师、制版师以及工厂和面料商、服装院校等资源。由于互联网发展迅猛，中国服装产业面临着转型压力，一是传统服装制造业库存巨大，二是时尚个性化需求越来越强，三是传统营销模式受到严重挑战。顺应服装产业 C2B 的发展趋势，博克科技于 2013 年开始云衣定制平台的规划和商业模式设计，经过一年多的小范围测试，建立了基础的商业原型及适应业务发展的人才团队。云衣定制平台希望借助我们在技术和产业上的优势以及多年来对互联网的研究，建立全新的定制商业生态。

2. 宗旨

我们最终的目的是希望搭建一个服装行业的全新生态圈。

3. 项目/创意的优点和特点

创新的本质，就是抓住人性的需求和利他精神，这样才能够走得更长久。互联网时代，一切皆服务，我们希望通过互联网把对客户的服务做到位。因此，围绕着为用户和客户带来更好的价值，我们进行了基于技术优势的创新，概括起来主要体现在以下三个方面：

（1）技术创新：自主研发的定制服装 CAD 系统可根据已有板型库，输入数据后就自动生成符合客户体型数据的样板，极大地提高了定制效率和精准度，与其他自动化设备对接可以实现智能化制造，兼有先进的低成本人体扫描仪技术，提供 3D 虚拟量体试衣系统、在线服装设计师及形象顾问服务，给消费者提供更好的服务和体验，向工厂提供参数化的定制服装 CAD、MES、GST 等系统，通过提高工厂数字化能力，实现智能制造，实现更快更好的定制。

（2）产品及用户体验创新：提供给消费者的不仅是定制服装，而且是定制解决方案，从针对消费者个人形象的色彩及着装风格诊断与设计入手，到消费者可以在线上选择细节部件，即可显示整体效果，完全可以按照自己喜好定制不一样的款式，完全颠覆了传统消费者购买服装的方式和体验。

（3）模式创新：重构服装产业链条，使设计、原料供应、加工厂、产品销售、产品交付等产业链上的各个环节专业化分工、各司其职、协同配合，实现资源利用效益的最大化。

二、市场分析

服装行业有着 2 万亿元的市场容量，然而，传统模式已经面临如下诸多严峻考验：

一是服装加工厂痛点：设计、原料采购、加工、销售什么都要做，不仅累而且风险高，加之人工、店租等成本大幅上升，外贸急缩，内销乏力，打造品牌无门路，尝试定制无系统，并且因信息不透明，导致盲目生产，库存积压严重，面临生存危机。

二是服装品牌商/运营商痛点：产品同质化严重，原有加盟/代理体系快速萎缩，线下实体亟待转型，新业务渠道建设无门或乏力，深知按需定制是未来趋势，但受限于现有供应体系，无法开展定制业务。

三是服装电商痛点：产品同质化严重，无法满足越来越挑剔、越来越个性化的客户需求，陷入尴尬的价格战。

一方面是服装企业举步维艰，前景迷茫；另一方面是消费者，尤其是中产阶级消费者的服装个性化、定制化需求无法满足。中国社会科学院社会学所"当代中国社会结构变迁研究"课题组近日发布研究成果说，中国中产阶层的规模已占总人口的 23% 左右。中产阶级是服装定制的目标消费人群，其服装消费能力超过万亿元级，据初步估计，定制行业目前市场容量在 200 亿元左右。然而，现有的定制市场鱼龙混杂，定制从业者大都是作坊式生产，交货周期长，且质量无法保证，因此无法取得消费者信任。

综上所述，无论是从行业发展的必然趋势还是从消费者的需求来看，都需要一个公开、透明、代表着行业标准，能够提升交易信任度的平台出现。

三、竞争分析

1. 现有竞争

目前定制行业主要有专业定制平台、品牌定制、传统电商平台、作坊定制等形态。

云衣定制是第一家综合性的专业定制平台，通过数据管理、专业服务和信息化技术等打通定制的前端与后端，实现行业的数据集成化与资源一体化。其他类似的专业定制平台目前还不多，如走细分平台路线的爱定制等网站，还都处于初级阶段，有一定数量的商家资源，但产品设计和用户体验都比较弱。

品牌定制目前包括两大类，一类是传统的定制品牌，另一类是成衣品牌转型定制。品牌商一般有比较强大的线下渠道资源，可以较好地解决客户体验问题，但它们需要信息化技术和互联网平台做支撑。云衣定制平台与品牌定制商合作，可以实现优势互补，共同推动定制产业的发展。云衣定制侧重于线上运营及信息化建设，刚好可以满足定制品牌的需要，同时更多品牌商入驻平台，云衣定制平台就可以通过交叉销售获得盈利。

传统的电商平台也有一些服装定制提供商，但一般比较低端，同时传统电商因为不能提供一体化的解决方案，没有数据管理和相关软件技术支持，所以不能对云衣定制构成竞争威胁。

各地的作坊定制比较多，一般多为小范围的定制服务，生产方式比较传统，效率不高，缺乏标准化和信息化，所以也不能对云衣定制构成竞争威胁。

各类竞争者的战略价值分析如图 1 所示。

综上所述，目前尚无市场主导品牌和互联网平台，云衣定制具有综合竞争优势，需要在品牌效应及产品品类方面加强，发挥智能科技优势，通过服务和体验获得竞争优势，有望整合行业资源，实现加速整合与淘汰。

2. 替换产品/服务

目前云衣定制的替换产品/服务主要为传统高端品牌，但是随着定制生态链的不断成熟，传统高端品牌将越来越失去其在性价比和客户体验方面的优势。

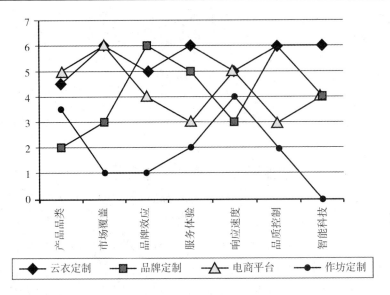

图1　各类竞争者的战略价值分析

3. SWOT 分析（见图2）

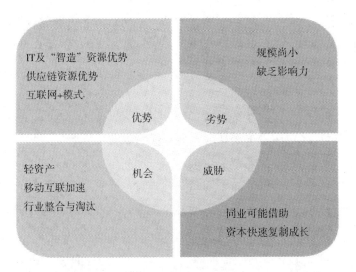

图2　SWOT 分析

4. 可持续竞争优势

相对做单一细分定制品的竞争对手，我们做的是首个全品类多品牌的服装定制平台；相对做信息化定制平台的竞争对手，我们提供数字化、智能化和信息化技术集成定制软硬件系统；我们致力于帮助上游厂商提升定制交付效率和服务能力，充分发挥我们过往积累的技术优势，并以此形成同行从业的竞争壁垒。

5. 市场定位

第一阶段：2015～2016 年，立足深圳，布局全国省会城市。

第二阶段：2017～2019 年，以省会城市为中心，向周边辐射。

第三阶段：2020 年后，走出国门，辐射欧美、日韩等定制业务比较多的国外市场。

四、项目实施方案

1. 互联网＋智能制造＋O2O＋C2B，实现高效规模定制

如图 3 所示，通过搭建云平台，实现数据采集和管理，并集成各类服装商家、设计师以及面料商等资源，客户通过互动式设计下单，订单数据与工厂 CAD 系统对接，快速生产样板，然后通过超级排料系统快速排料，再通过自动裁剪系统实现快速裁剪，缝制完成后寄给客户。

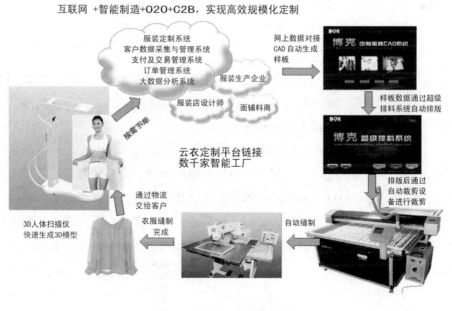

图 3　云衣定制平台操作流程

2. 以用户需求为导向的技术创新与模式创新

如图4所示，围绕最终用户需求，通过一系列技术创新和商业模式创新，实现更快更好的个性化服装定制服务。

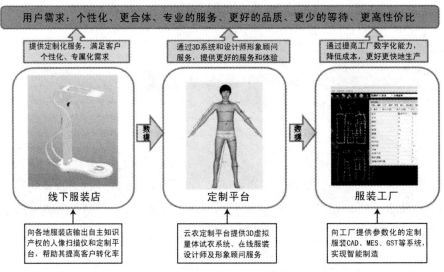

创新的技术及商业模式构建共生行业价值链并提高竞争壁垒

图4 云衣定制的技术创新与模式创新

3. 营销渠道

线上：基于官网、微信、APP服务号及类APP植入，利用DSP、SEM、SEO、EDM等专业推广载体和技术手段，通过形象设计及服装搭配、品位着装培训视频的传播，为准消费者提供增值服务，从而实现线上引流和聚客。

线下：①通过植入3D扫描功能的橱窗展示店及具备自动上传功能的电子测量尺，宣传品牌，进行消费者引流；②通过提供定制集成软硬件系统，与品牌零售商合作，直接导入存量客源；③开展形象设计、服装搭配培训沙龙和活动，增强消费者黏性，链接服装定制业务；④与婚纱影楼、干洗店、高档酒店、高端俱乐部、高端会所、各种选美大赛等进行异业联盟式合作、推广；⑤举办招商说明会进行产品和股权众筹，让加盟商、代理商成为消费者，会员成为业务员；⑥进行培训促销、会议营销促销、折扣券等推广活动。

4. 发展规划

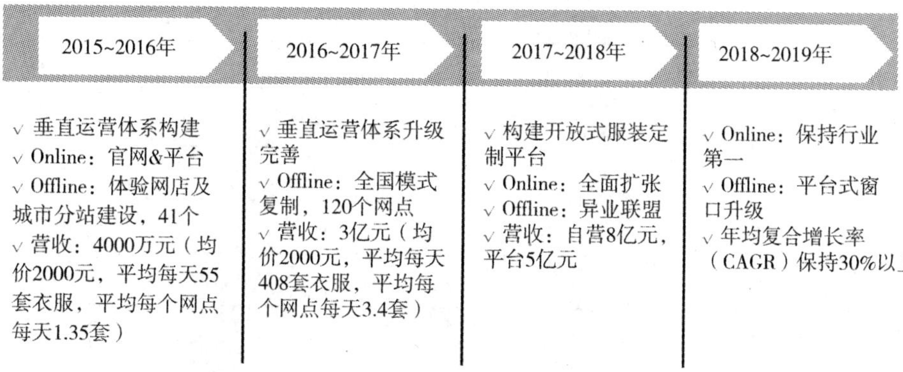

图 5　公司 2015～2019 年发展规划

五、财务管理

1. 资金需求量及用途

公司计划首次引进风险投资 1500 万元，出让 10% 的股权。资金用途如表 1 所示。

表 1

项目	资金规划（万元）	备注
人才引进	200	总经理、财务总监、艺术总监、IT 总监、人力总监、部门骨干
IT 及 3D 扫描系统集成开发	200	官网及官微后台建设 50 万元、CAD 系统 50 万元、MES 系统 100 万元
招商及业务拓展团队建设	250	业务团队打造，招商及资源整合
体验店及样板区域打造	200	1×100 万元（旗舰店）、10×10 万元（橱窗店）
市场推广	600	网络推广 300 万元、地面推广 300 万元
合计	1450	

2. 主要财务数据

表2

单位：万元

财务状况及预测	收入	2013 年	1000
		2014 年	659
	净利润	2013 年	160
		2014 年	35
	未来 1 年营业收入预期		1000

3. 盈利预测

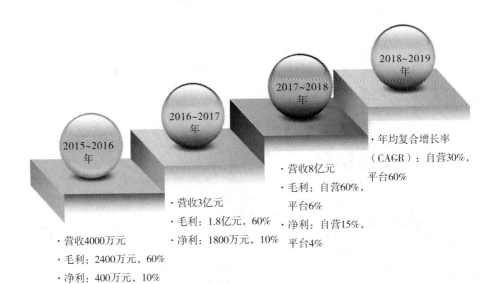

· 营收4000万元

· 毛利：2400万元，60%

· 净利：400万元，10%

· 营收3亿元

· 毛利：1.8亿元，60%

· 净利：1800万元，10%

· 营收8亿元

· 毛利：自营60%，平台6%

· 净利：自营15%，平台4%

· 年均复合增长率（CAGR）：自营30%，平台60%

图6

4. 未来融资和上市计划

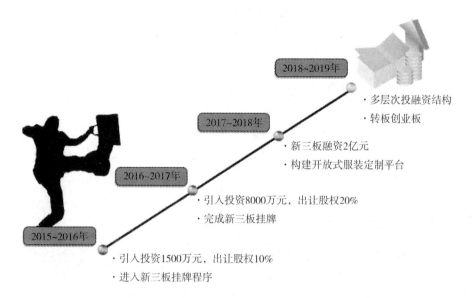

图 7

六、风险和应对

表3

风险内容	发生概率	影响程度	应对说明
政策和环境	小	小	国家鼓励传统产业转型，支持行业电子商务平台，服装行业的发展趋势是网络化定制
同行模仿	大	中	本公司具备一定的技术垄断和行业资源优势，率先发展定制平台维持领先优势，其他同类公司竞争威胁不大
内部人员	中	大	公司核心人员实行股权激励，与企业捆绑利益共同发展
坏账风险	小	小	先收费（或定金）再生产，不存在坏账风险

七、团队架构

1. 组织架构（扁平化组织）

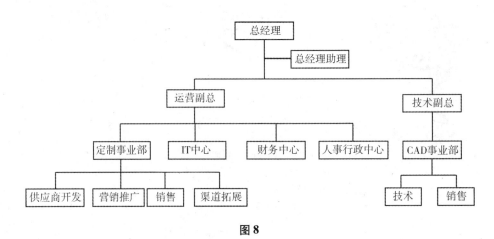

图8

2. 核心团队成员

（1）贺宪亭：公司董事长兼总经理。曾在我国香港、内地及美国等企业从事设计、管理等工作近10年。专注于服装行业数字化、信息化研究数十年，2003年创立博克时代科技至今，所经营的服装打版CAD软件已然取得市场领先地位，创新精神和学习能力突出。

（2）陈威如：中欧国际工商学院战略学教授，对平台型企业有深入研究，著有《平台战略》等著作。对企业的商业模式设计及战略规划经验颇为丰富。

（3）王伟：美国怡安翰威特咨询公司大中华区前副总裁，管理及战略专家。具有多年服务腾讯、华为等大型企业的战略管理经验。本项目发起人之一。

（4）陈兰英：公司董事兼市场部负责人，具有丰富的市场营销及管理经验，曾担任斯普林公司执行董事，参与斯普林集团旗下6家新公司的组建与运营。

（5）黄霞：董事长助理兼副总经理，武汉大学工商管理硕士。曾在我国香港上市公司叶氏化工、法国KINGSWAY ITAT集团从事高级管理及销售管理工作，曾任某知名连锁咨询机构咨询事业部负责人、大客户中心事业部总经理，另有3年自主创业经验，擅长进行企业战略执行、管理体系建立和团队执行力打造。

（6）吴天美：艺术总监，高级服装设计师职称。曾任广州顺德美景、深圳濠景集团主设计师，深圳爱茉莉设计总监。

（7）曹云涛：技术总监，兰州大学工学学士，专职于程序设计近 30 年，对程序结构、语言逻辑有深刻理解，具有丰富的软件开发经验。

（8）温欣勇：高级工程师，北京理工大学工学硕士，专职于程序开发 23 年，对服装工艺和生产流程有深入的了解，具有丰富的软件开发经验。开发的服装 CAD 软件获深圳市科技进步奖。

（9）梁庆：产品经理，广西大学工学学士，具有 7 年多互联网产品设计经验，曾任文思创新、拉手网、胖梨科技等公司产品专员、产品经理，擅长 JAVA 语言、J2EE 开发技术，市场调研、数据分析、互联网产品设计。

（10）刘润开：项目经理/架构师，长沙理工大学学士，专职于软件开发 6 年，精通计算机技术、JAVA 技术，能熟练使用 J2EE 开发技术。

（11）张帆：网页设计师，专职于网页设计 4 年多，擅长页面风格设计、布局，CSS 样式编写。

（12）郑康康：SEO 推广专员，4 年多搜索引擎优化经验。曾在深圳热线、曙光医院、土巴兔等公司 SEO 工作。

（13）郑凌灵：网站编辑，伦敦艺术大学文学学士、中国美术学院文学学士，2 年多网站编辑、设计经验，曾任深圳广播电影电视集团网站商品编辑。

（14）何珊珊：UI 设计师，1 年多 APP 设计经验，曾任前海雪藤科技 APP 项目负责人。

（15）蔡静：客户经理，具有多年服装行业的工作经验，曾在伟志西服、华润万佳从事客服、招商工作，对服装工艺流程、面料、服饰搭配等方面有较深入的了解。

全国首家移动智能呼吸道健康管理

作者：华健

一、项目背景

我国是工业大国，同时也是吸烟大国，随着经济的不断发展，由于大气污染、吸烟、工业发展导致的理化因子、生物因子吸入以及人口老龄化等因素，使近年来呼吸系统疾病，如慢性阻塞性肺病、支气管哮喘、肺癌等的发病率不断提高，呼吸系统疾病在城市的死亡病因中占 13.1%，居城市十大主要疾病死亡原因的第四位，并有上升的趋势。

呼吸系统疾病是一种常见病、多发病，主要病变在气管、支气管、肺部及胸腔。HDM 系统数据显示，2008～2010 年，呼吸系统类中成药医院用药呈上升趋势，增长率分别为 17.35%（2008 年）、27.84%（2009 年）、16.89%（2010 年）。这一点说明了中成药在我国呼吸系统疾病用药市场发展迅速和存在的巨大潜力。同样来自 HDM 系统的数据显示，2010 年全国 9 大城市中成药用药的前 12 种药品，分别属于心脑血管疾病用药、肿瘤疾病用药以及呼吸系统疾病用药，这一点也体现了中成药应用在我国呼吸系统疾病治疗上的广泛程度和治疗效果。

目前，中药原料的纳米加工技术主要有机械粉碎技术、微射流技术以及超临界流体结晶技术等。其中机械粉碎技术适合于固体药物的微细化处理，但是受设备条件限制，目前大部分机械粉碎设备只能得到微米级微粉，但是它可以作为中药原料纳米化的前处理技术，并为纳米级微粉的加工提供依据。微射流技术是通过超高压使粗分散体形成超音速流，通过撞击等作用而得到纳米级微粉，该技术对设备的要求很高，其压力必须为 100MPa 以上的超高压力，目前只能在实验室内完成，其工业化进度依赖于配套设备所处行业的设计、制造水平的发展。

纳米载体技术主要有包合技术、聚合物纳米载体技术、微乳化技术等。国内外对于这些纳米载体技术在医药中的应用都进行了大量的研究，其中微乳化技术被认为是一种具有广阔应用前景的纳米载体技术，它具有粒径小、分布均匀、稳定性高的特点。Debuigne 曾报道用微乳液法制备得到了平均粒径在 4nm～7nm 的胆固醇和聚酰胺纤维等纳米材料。这项技术在中药制剂中也得到了很好的应用，通过对槲皮素的处方研究，采用微乳化技术制备得到了平均粒径仅为（16.3±4.6）nm 的槲皮素微乳，使该药物的溶解度比水中溶解度增大 2229 倍，并能够提高其生物利用度。

超临界流体结晶是超临界流体技术在制备超细微粒上的一项应用，既适用于固体药物的微细化处理，也适用于包裹有中药有效成分的纳米载体微粒的制备，是近 20 年来一种新型的绿色技术。该技术中的 RESS 工艺（快速膨胀工艺）所制备得到的颗粒具有粒径小、分布均匀的特点。南方医科大学采用该工艺得到了平均粒径为 300nm 的厚朴提取物超微颗粒；Pathak 等采用该工艺制备了抗炎镇痛药物布洛芬、萘普生的纳米颗粒，其平均粒径小于 100nm。

传统的给药途径对于一些局部用药其实并不适合，甚至会影响到药物的实际药效和人体对药物的负担。在呼吸系统疾病治疗过程中，主要有胃肠道给药、注射给药、黏膜给药、吸入给药。目前，胃肠道给药仍然是最普遍的传统给药方式，但是由于肝脏的首过效应和药物的吸收性，使得胃肠道给药在实际应用中往往不能得到有效的血药浓度，药物药效不能得到充分发挥而导致治疗速度慢，治疗效果不明显；黏膜给药的具体形式包括贴片、含片、喷雾剂、粉剂、栓剂等，这种给药方式能够避免首过效应，并具有一定的靶向作用，所以其效果较胃肠给药好一些，但是目前这种给药方式暂时不能实施于下呼吸道疾病的治疗。所以，如何解决下呼吸道给药以及药物在腔道中的停留时间，是影响它进一步应用的主要问题；吸入给药是国际公认的目前治疗呼吸系统疾病最理想的给药方式，它能使药物直接达到全呼吸系统的各个病变部位，具有局部浓度高、起效快、给药量小、不良反应少等特点，已经广泛用于治疗肺炎、哮喘、慢性阻塞性肺病等肺部局部疾病，并且已经成为防治哮喘和慢性阻塞性肺病的首要给药方法。国内在吸入制剂的开发方面较国外起步晚，开发的产品也相对较少，而国外在以干粉制剂、微球制剂、脂质体和脂质体纳米粒为代表的新剂型上开发了大量的吸入式制剂产品，在吸入装置方面开发的干粉吸入装置 DPI、液态吸入装置 LBls 都因价格昂贵而没有得到推广或广泛应用。

二、 项目概述

通过调研观察发现，未来医疗走向家庭化、器械便携化是大趋势，我们向深圳市科技产业发改委申报了项目——《一种通过吸入给药方式治疗呼吸系统疾病的中药纳米制剂的制备方法》，并成功得到政府的立项和专项资助 300 万元的科研启动经费。由此专门成立深圳来福士医疗器械有限公司（LFS Medical Technology International Co.，Ltd）来运营该项目。医疗口腔雾化器是一种新型的口腔雾化器，特别设计了具有可以控制气流的开启与关闭按钮。

目前口腔雾化器主流趋势是无棉结构，雾化器的气流孔由于长期处于开放状态，如果将雾化器注满液体而不经常使用，在长期的静止放置过程中绝大部分雾化器会出现漏液的现象从而给使用者带来一系列烦恼。本实用新型口腔雾化器可通过以下技术方案克服上述技术不足：控制气流开关的雾化器设计了 PC 透明管、与 PC 透明管两端分别相连的螺纹底座和吸嘴，还有从螺纹底座向吸嘴依次连接的螺纹铜件、铜件密封圈、绝缘套、气流控制杆、过滤烟棉、弹簧、雾化头铜芯、绝缘环、发热丝、玻纤线、雾化头铜件、阻液铜件支架和雾化头硅胶套。

本实用新型口腔雾化器采用上述结构，在雾化器还未配合电池工作时，气流控制杆将气流通道关闭使其内部处于全密封状态，即使内部注满液体，在颠簸的运输过程中也不会出现漏液的现象。当雾化器配上电池杆使用时，电池杆铜芯部位推动气流控制杆将气流通道打开，此时可以正常地使用口腔雾化器。当你不需要使用或者电池充电的时候，可将雾化器从电池杆上松掉，此时雾化器内部的弹簧会将气流控制杆复位，使气流通道重新关闭从而防止漏液。雾化器的结构见图 1。

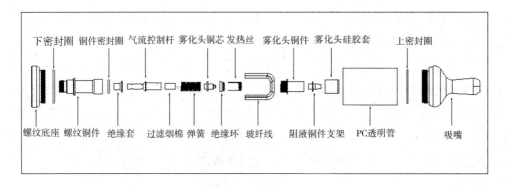

图 1　实用新型口腔雾化器的零件结构

三、团队成员

深圳来福士医疗器械有限公司成立于 2013 年 1 月，创始人和骨干员工都具有医疗行业多年的行业积累和成功创业经历，核心成员有 40 多人，其中 20 年以上行业经验的人员占 45% 以上。公司已投入 1000 多万元的研发成本，产品已在市场销售并带来一定经济效益。

创始人：华健先生，电子工程专业硕士、大连理工大学 EMBA、法国 INSEC 与凡尔赛大学博士学位；深圳梵活生物科技有限公司董事长、深圳高健实业股份有限公司董事长（新三板 832042）、惠州威健恒烨能源科技有限公司董事长。成功建立了电子香烟生态产业链企业，并获得了国家高新技术企业证书，对于产业生态与发展趋势有独到的理解，在公司运营管理与产业链的打造方面有丰富的经验。

联合创始人：叶澜杰先生，大连理工大学 EMBA，深圳市清华大学校友会·紫荆同学会副会长，深圳市朗博生物医药有限公司董事长，湖北朗昕生化药业有限公司董事长。拥有多年的跨行业整合经验，丰富的团队和项目管理经验，敏锐的市场洞察力。从事医药行业 20 多年，曾成功参与了多个医药项目的投资。对于医药生物行业以及体外诊断行业的发展趋势有独到的理解。

管理团队：王成，运营总监，具有 19 年的医疗器械行业工作经验、15 年的管理经验和 4 年的自主创业经验；付有权，营销总监，具有 20 年的生物医药行业营销经验，曾担任哈慈五行针区域总经理；叶见春，品牌销售经理，具有 15 年的医疗器械、药品保健品行业工作和管理经验；傅宝柱，研发主管，具有 14 年的医疗器械工作经验、10 年的产品开发经验和 4 年的技术管理经验；吴军志，品质主管，具有 12 年的医疗器械行业工作经验、10 年品质管理经验和 5 年的管理经验；杜东，生产主管，具有 10 年的医疗器械行业工作经验、4 年的产品开发经验、2 年的生产主管经验和 4 年的销售管理经验。

四、工艺流程

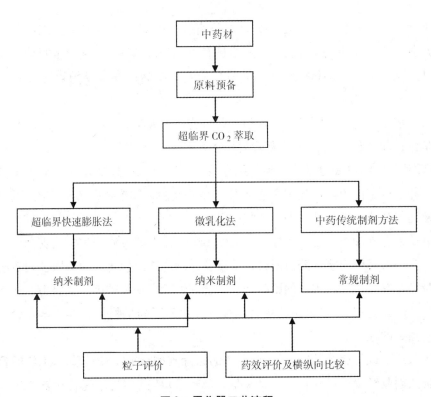

图2　雾化器工艺流程

　　关键技术问题：有效地控制产品平均粒径在100nm以内，以及维持粒径分布在相对较窄的范围；低毒性表面活性剂的筛选以及表面活性剂、助表面活性剂的组合设计；通过工艺控制使纳米制剂的包封率达到90%，最大包合量达到8%～10%。

　　纳米制剂给药装置的开发和研究内容：雾化发生系统的设计；纳米输送系统的设计；定量给药功能的设计；具有便携、简捷、易操作功能的设计。

五、开发流程

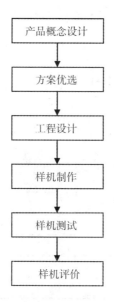

```
产品概念设计
    ↓
  方案优选
    ↓
  工程设计
    ↓
  样机制作
    ↓
  样机测试
    ↓
  样机评价
```

图3　开发流程

关键技术问题：小尺寸雾化发生器的设计和实施，能够生成纳米级雾化液；纳米输送通道的结构设计和实施，能够使雾化液在雾化过程中维持较好的初始形态。

本项目的技术创新点是首次将中药纳米制剂用于吸烟导致的呼吸系统疾病的日常治疗，其主要创新点有以下两点：一是将传统中药技术与纳米技术结合，开发中药新剂型，并用于治疗呼吸系统疾病；二是新型纳米中药给药装置的开发，具有携带方便、使用简单、不会影响吸烟者的日常生活习惯的特点。

六、预期目标

公司发展定位是成为专业的呼吸道系统疾病解决方案提供商。

1. 项目预期目标

（1）2015～2016 年的重点是抢占市场：引入匹配的机构投资者；完成资金、技术、品牌、人才四大工程建设；加大市场推广与营销的力度和投入；完善产品和服务的功能价值。

（2）2016～2017 年的重点是强化核心竞争力：强化核心竞争力，巩固市场份额；加大研发和品牌推广投入；提升品牌影响力；为走向资本市场准备必要的条件。

（3）2017～2018 年的重点是走向资本市场：建立完善的电商平台；借助资本的力量加快发展壮大的步伐；新三板挂牌、IPO 或者并购。

2. 项目预期经济及社会效益

表1　经营预测

单位：台/年

销售渠道	2015 年	2016 年	2017 年
线下实体渠道	10000	50000	215000
线上电商渠道	5000	25000	102000
行业定制渠道	12000	50000	148000
合计	27000	125000	465000

表2　财务预测

单位：万元

项目	2015 年	2016 年	2017 年
主营业务收入	500	2500	8000
主营业务成本	375	1800	5000
营业利润	125	700	3000

据资料报道，全球目前约有 11 亿吸烟者，而中国以 37% 的吸烟率位居世界各国之首，吸烟者绝大多数存在呼吸系统方面的疾病。有资料显示，各种控烟产品的出现和市场不断扩大，从侧面表明吸烟人群对戒烟以及解决咳嗽、痰多、呼吸不畅等问题的需求。本项目产品如果开发成功，一方面可以完善产品链，在已经建立的市场上往纵深渗透，在满足消费者二次需求的同时扩大自身的市场占有率；另一方面作为单一产品进入医药保健市场，建立新的经济增长点。据保守估计，本项目产品正式进入市场后，在原有市场上至少能给企业带来 8000 万元/年的收入。

Feel Life 生态系统产业链发展项目书

作者：华健

一、项目背景

（一）Feel Life 生物型产业链研究背景

梵活生物科技公司是 2009 年创建的一家中外合资企业，介入的是一个烟草和电子相结合细分行业电子香烟雾化液的制造，涉及烟草提取物调香、芯片的开发、尼古丁的提纯、植物精华素的萃取技术等。经过 5 年发展已经在此细分行业占有全球 35% 品牌客户的市场份额。

梵活生物科技公司气味产业链发展战略研究就是在此行业第一个提出生物型产业链竞争的竞争理论，以符合产业链市场需求度为出发点，以电子香烟整体产业链为依托，深度衍生整个行业的业态，建立卫星工厂，布局产业基地，分别依据电子香烟的构件组成部分，建立了 PCB 软硬件工厂、锂聚合物电池厂、雾化液生产厂、电子香烟组装厂。这些模块化的工厂不但自成体系供应自己的产品，而且 80% 以上的产能供应整个市场。看似混乱的模块，自体生长，自体繁殖，自体进化。

在资金和产业链（生物型七个维度在后面细述）两个维度上，串联或并联起来的模型，力求每一个都是相对独立，具备自身造血功能及法人资格的卫星工厂和公司模块。以总部财务中心和中心研发室做到资金平台与技术平台的共享，这时链条的其他工程，如本体产业营销、生产、品控、研发在各个卫星工厂里全部独立核算。公司是国内第一个在本行业提出全产业链竞争以增强核心竞争力的企业。

生物型产业链里的企业，需要像自然界的生物一样，各个方面都具有与生态系统汇接、和谐、共生的特性。

创新并非刻意为之，而是充满可能性、多样性的生物型组织的必然产物。创意、研发其实不是创新的源头。如果一家企业已经成为生态型企业，开放协作度、进化度、冗余度、速度、需求度都比较高，从这个意义上讲，创新不是原因，而是结果；创新不是源头，而是产物。企业要做的，是创造生物型组织，拓展自己的灰度空间，让现实和未来的土壤、生态充满可能性、多样性。这就是灰度的生存空间。那些真正有活力的生态系统，外界看起来似乎是混乱和失控的，其实是组织在自然生长进化，在寻找创新。那些所谓的失败和浪费，也是复杂系统进化过程中必需的生物多样性。

（二）项目的目的和意义

"生物活性产业链"理论模块的规划始于6年前，先期建立盈利关键模型点为：芯片设计、分销模块和依托烟草提取的模拟烟草香型的化工厂，经过若干年后，我们检验其有效性，在此基础上再构建尼古丁工厂、烟草调香工厂、PCBA工厂、电子香烟组装工厂和锂聚合物电池工厂。

3年前开始切入电子香烟雾化气味液体，到今天在此细分行业占有35%全球市场，同时遇到产业链的延伸和全产业链体系的技术、营销、市场的升级机遇，我们开始思考：什么是适合我们企业自身发展生物型产业链的发展战略？此即为文章要解决的核心问题。

以我们企业在电子香烟行业里积的400多种各种香气的模板为蓝本，衍生到家居和办公氛围环境调香。

整合超临界和蒸馏提取技术，建设综合性气味工场，结合超声波雾化、香薰雾化、自然空气环流挥发等电子技术，结合大自然的气味，整合香分子图谱库、原料基地，建立以GS-MS为重要剖析和检测工具的基础原料库，推动气味工厂的概念从贵族化消费向平民化消费普及。

通过对公司发展战略研究，查找公司目前存在的问题，采取相应的措施，实现公司健康、稳定、可持续发展。

（三）技术路线

依托独创的气味产业链电子香烟发展核心技术，形成单片机晶圆设计、调香黏合的产业布局（尼古丁萃取、烟草种植），发展功能性抗衰老精油系列产品、电子香烟雾化液、一体化可回收环保型电子烟，做细分行业的隐形冠军（见图1）。

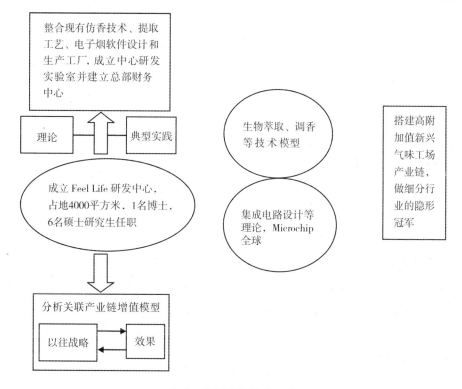

图1 梵活生物技术路线

二、Feel Life 生态型组织架构与产业链描述

梵活 Feel Life 生态型活性产业链的提出，建立在将整个企业的市场环境和供应链环境认为是一个不断变化的生态系统的基础上。而企业产业链的布局营造的是符合生物活性的生存、学习、进化变化过程。在产业链的每个关键环节点上成立的独立运营的研发与市场运营体系，就是其生态环境不断演变的物种。而既称为生态系统，就具备机体的生存体系以其事业群的每个子公司为活性，子公司的自主权不同于放权，它们有序地建立在企业产业链之中，互动发展。

生物型产业链的特点之一，就是当整个生态系统风调雨顺，那么自我增值在产业两点的各个子公司、工厂模块就会发生质变。

（一）通过延伸自身在产业链中的位置创造更多附加值

这类转型要求整合更多的供应链环节，由过去加工贸易的角色转型为供应链管理的角色，而如果沿着这个思路继续向前延伸到对品牌商的到店物流，向后延伸到产品甚至品牌的开发与管理，这种供应链服务的附加值显然就更加具有竞争力了。

在这种模式下，应该说除了渠道和零售的管理外，企业的经营能力已经与一个品牌企业十分接近了，具备了这些能力，借助良好的成本优势，企业再转型为品牌商，不论在线上还是线下，成功的概率都会更高。

当然，这类转型同样需要漫长的过程，对企业而言，管理复杂的到店物流需要良好的物流规划系统和快速反应能力，同时要求与品牌商实现更好的无缝信息连接，这些显然都是非常困难的；而产品开发则对企业的各类设计数据库、产品设计、板型开发、品类管理等一系列的能力都提出了巨大挑战。以我们服务过的企业为例，其团队重点建设了三方面的能力：一是通过已经掌握生产资源和过往的经验，建立适用于其客户的产品数据库，包括色彩、板型、面料等；二是通过组建设计团队，为那些长期合作的战略伙伴提供产品开发服务（对于那些更有经验和团队资源的企业，还可以提供当季全盘货品的开发服务）；三是通过积极整合后向的面料供应商，无缝参与品牌商的垂直商品开发，包括最初的商品企划、面料开发等一系列活动。我们认为，这些战略举措相对于直接跨越到品牌运营，对中国企业而言过渡更加平稳，对资源和能力的需求也相对更加集中。不过，这一战略要求企业与下游客户——主要是品牌商——有更加紧密的合作关系，同时也要求企业更加了解品牌的定位和产品差异化内涵。针对这类客户，往往要成立相对独立的组织，以提供专门的服务，并不断与品牌商的流程实现双向融合，这都需要企业的持续努力。

（二）通过加工贸易的高度精细化管理创造更多附加值

梵活生物学习以 ZARA 为代表的快时尚产业链规划，包括如何实现从产品概念到门店陈列的最快速度，如何实现小批量、多批次的产品管理，如何挖尽畅销款的价值潜力。针对这些传统服装经销模式难以解决的问题正出现一些新答案，但是这也对供应链提出了新的要求——必须具备柔性、高效的特征，这就是高度精细化的管理要求。这恰恰是生物型产业需要学习的柔性设计。

未来梵活生物需要始终坚持在生产模块环节上和信息系统上持续投入，一是掌握不同设计要求和特性条件下方案，并建立一套非常庞大的数据库，以备随时调用；二是设计以不同品牌代理商提出的不同产品为管理单元的产线工艺标准；三是建立与产能、采购、库存设计相应的管理体系，防止过多备货影响资金周转效率；四是针对自有的工艺、香型标准对客户进行培训，使客户的设计师能够针对自身的数据库提供准确完整的需求数据，以保证最终产品的无误供应，建立供应链中心。

然而，要实现这一模式必须在信息系统、产线规划、人员培训、数据管理等多个方面下大功夫，企业要实现这类转型必须同步推进这几项工作，并筹措相应的组织和信息资源。要实现这种大规模定制的生产线管理，保证成本竞争力和加工效率的平衡十分困难，不过很庆幸，我们看到在产业链上已经有子公司实现了，而且其毛利水平可观。

不论如何，我们必须清晰地认识到，仅凭成本优势获得订单利润的时代已经不属于中国企业了，我们必须坚定地实施战略转型。首先，正是因为在增长乏力的情况下实现转型非常困难，所以信心和决心是转型成功的基本条件。其次，作为转型企业，还必须选择清晰的战略定位并制定战略目标和路径，集中资源与精力实施转型，任何战略不聚焦的行为都是非常危险的。再次，积极筹措资源，特别是人力资源的信息资源，并具备相应的战略执行能力。最后，企业管理层必须制订详细的短期工作计划，并进行充分的内部沟通，只有这样才可能将战略转型落到实处。

深圳梵活生物科技有限公司成立于 2009 年，是一家以生产电子烟雾化液为主的公司。公司位于深圳市宝安区西乡街道黄田杨贝工业区一期 1 栋二楼，总面积约 8000 平方米，现有员工 380 多人。公司拥有一支充满活力、勤奋实干、训练有素、研发实力雄厚的队伍。公司厂房符合国家相关医药行业洁净厂房要求。

公司有自己的研发中心实验室，实验室中拥有：16 个工程师、5 个硕士，1 个博士；其中 3 个顶级调香师和 2 个评吸工程师。

公司固体烟膏拥有国际专利，是首家成功研发固态烟油（电子烟膏）的生产企业。在液体烟油方面，公司是中国第一家通过美国 FDA 审核的公司。

在中国，公司拥有烟叶种植基地、生物工厂、研发实验室等，提取生产出的超高纯度尼古丁和烟油都具有国际专利技术，并且全球独家研制出固态电子烟烟膏和浓缩电子烟烟油等创新产品。强大雄厚的研发和生产实力使得公司成为全球诸多客户的烟油首选供应商。

梵活烟油的原材来自专有的烟叶种植基地，公司采用领先于一般烟油生产企业的 CO_2 超临界萃取技术设备进行萃取。梵活烟油的生产和灌装在食品级的，符合 ISO22000 标准、GMP 认证和国家医药级清洁标准的无菌无尘车间内完成。最终推向市场的梵活烟油安全健康、口感纯正稳定，能持久保持烟草所特有的自然香味。梵活烟油拥有 SGS（包含 MS-DS、重金属、塑化剂、GMP 等）、德国 TUV、香港 STC 等多家国际权威机构的认证和检测报告。

公司所有原料必须经过品质部（QC）内部检测合格后方允许使用，目前品质检测实验室的检测项目涵盖了香气、色度、比重、黏度、折光率、烟碱含量及二甘醇等多种检测项目，以确保每一批产品在口味、颜色、香气及化学性质上保持稳定性。

与同行业相比，公司的检测能力是最高的，拥有国外先进的检测分析仪器，如 GC（气相色谱仪）和 GC - MS（气相色谱和质谱联用仪）、LC 等。公司通过这些先进的检测设备对烟油产品在尼古丁、二甘醇、塑化剂等检测项目上进行精确分析和监控，确保烟油中尼古丁含量的相对准确性和烟油产品的安全性。

公司的烟液制造选用优质无污染烟草，采用 CO_2 超临界萃取技术，从烟叶中提取分离出对人体无害又能体现烟草特有香气的植物精华，再加上烟草提出物，经特殊工艺配制而成。电子香烟雾化液经雾化后的烟雾不含焦油、不含普通香烟燃烧时产生的导致呼吸系统与心血管系统疾病的 460 余种化学物质，去除了普通卷烟中的致癌物质，既满足了烟瘾又不影响身体健康，也不会产生"二手烟"的危害。公司烟油口味已超过 230 种，能够满足电子烟厂家和国内外贸易商对不同种类口味的需求。公司调香师还可以根据客户对某些口味的特殊要求，进行攻关研发，尽可能满足客户。

梵活浓缩电子烟烟油是目前烟油市场上少有的创新产品。浓缩电子烟烟油是普通烟油的升级版，比普通烟油的香味更加浓郁醇厚，烟草系列口味更加接近真烟口感，花草和水果等系列口味更加香浓醇正。

梵活浓缩烟油特色：

（1）更加醇厚，可以直接抽吸，代表着公司研发最高端水平，最接近实物，如樱桃口味烟油具有非常真实的樱桃口味。

（2）香气更加丰富、浓郁，加了更加浓郁醇正的烟草提取物，浓度都是最大化地加到临界点，耗费的心血也最多，不能按照普通烟油卖，是我们公司的高端产品。

（3）用的原料最好，70% ~80% 都是进口原料，因而品质也最好。

（4）浓缩烟油中烟草系列尼古丁浓度只有 18mg，非烟草系列尼古丁浓度只有 11mg，其他尼古丁浓度目前没有，浓缩烟油尼古丁浓度的设计也是基于市场上较多数国外客户的需求。

2014 年美国高盛评估的本世纪最伟大发明之中，电子烟排在首位（高盛：电子烟——八大具有颠覆性创新产业之首）。

据高盛消息称，3D 打印技术打破陈规，不再拘泥于文字；越来越多的新型资产类别威胁再保险行业；电子烟在烟草行业中也绝不仅扮演一阵风的角色。分析师们将这些革新技术比作一场翻天覆地的改变，能"让宝丽来一次成像相机衰落，也能让沃尔玛崛起"。

在过去 2 年中，电子烟的销售额已经翻了一番，现在接近 10 亿美元，高盛称电子烟比烟草香烟的伤害要少 99%，但却能提供相似的体验，而且电子烟更便宜。高盛分析师朱迪·宏称，我们估计电子烟的销售额能在最近几年中达到 100 亿美元，占到整个香烟行业的 10% 以上，并且在 2020 年电子烟的总利润能占整个香烟行业的 15%。

这一年来，我也在越来越多地思考一个问题：一家企业该以什么样的形态去构建它的组织？什么样的组织，决定了它能容忍什么样的创新灰度。

进化度，实质就是一家企业的文化、DNA、组织方式是否具有自主进化、自主生长、自我修复、自我进化的能力——参照达尔文的进化论。

冗余度，就是容忍失败，允许适度浪费，鼓励内部竞争、内部试错，不尝试失败就没有成功。

仅仅做到这几点还不够，实际上，在产品研发过程中，我们还有一个困惑：自己做的这个产品万一失败了怎么办？

在创新上，要允许适度的浪费。怎么理解？就是在资源许可的前提下，即使有一两个团队同时研发一款产品也是可以接受的，只要组织认为这个项目是组织在战略上必须做的。

开放协作度，即最大限度地扩展协作，很多恶性竞争都可以转向协作型创新。

对内对外都反复强调我们企业一定是有所为有所不为的。现在肯定还有许多不尽如人意的地方，希望通过各种渠道了解，如何经营好这一开放平台，欢迎提供意见和建议。这绝不是一种姿态，而是踏踏实实的行动力。一个好的生态系统必然是不同物种有不同分工，最后形成配合，而不是所有物种都朝一个方向进化。

在这种新的思路下，很多恶性竞争都可以转向协作型创新。利用平台已有的优势，广泛进行合作伙伴间横向或者纵向的合作，将是灰度创新的一个重要方向。

进化度，即构建生物型组织，让企业组织本身在无控过程中拥有自进化、自组织能力。

PEST 分析，P（Politics）代表政治法律环境，E（Economic）代表经济环境，S（Society）代表社会环境，T（Technology）代表技术环境。其分析的意义在于评价这些因素对企业战略目标和战略制定的影响。

梵活生物对产业链关键点进行了深度挖掘、整体策划、前瞻性技术关键点融合，在关键盈利点都对等建立了相应规模的工厂。6 年时间内，建立了 4 家工厂，分别为：梵活生物电子雾化液工厂（www.feellife.com.cn）、FEEL LIFE INC（美国工厂）（www.feellife.com）、集成电路设计及其 PCBA 家工厂（www.topsee.com）、深圳来福士医疗器械厂（www.lfsmedical.com）。

（三）公司环境分析

目前市场上相关产品主要分为三大类（见图2）：精油、气味产品；烟油、尼古丁类产品；电子烟、气味发生器类产品。

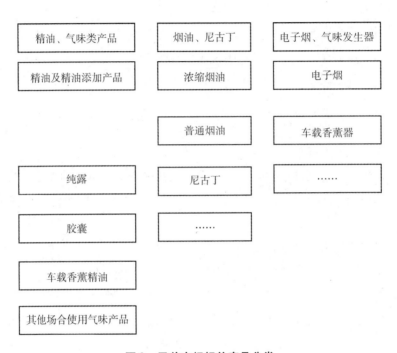

图2　目前市场相关产品分类

1. 电子香烟行业分析报告

（1）电子烟的概念。电子烟又名虚拟香烟、电子香烟，仿照香烟是携带方便的电子雾化器具，可直接吸入人体，其主要作用是替代传统卷烟，同时辅助戒烟。电子烟不燃烧、只含提纯的烟碱，不含焦油，不含普通香烟含有的导致呼吸系统与心血管系统疾病的化学物质，去除了普通香烟中的其他致癌物质。

（2）电子烟的由来。最初电子烟的发明是应国外客户的要求，生产后仅用于外贸出口。国外许多法律法规禁止在公共场所吸烟，而且国外人的生活水准普遍较高，对生活质量要求也较高。电子烟作为一种替代品，基本不产生"二手烟"，从而产生一定的市场需求。

电子烟由北京中医师韩力于2004年取得发明专利，2005年由中国如烟公司销售，随着国外反吸烟运动的普及，电子烟从中国流入欧美各国。早在 2000 年，韩力就已提出把尼古丁以丙二醇稀释，并用超声波装置把液体雾化，产生水雾效果。使用者能以此把含尼古丁水雾吸进肺部，向血管输送尼古丁。其中液态尼古丁稀释剂存放在一个名叫烟弹的装置内，以便于携带。

在韩力发明电子烟前，美国人 Herbert A. Gilbert 在 1963 年曾取得一款"无烟、非烟草香烟"的专利设计，该装置把液态尼古丁加热，产生蒸气，模仿吸烟感觉。1967 年曾有数家公司尝试生产该款电子烟，但最终无疾而终，自 1967 年后再没有任何记录讲述这款装置。

（3）电子烟国际市场前景展望。电子烟诞生于 2003 年的中国北京。2004 年，电子烟获得专利。2005 年，英国商人格雷格·卡尔森将电子烟引入欧洲；2007 年，电子烟正式进入美国市场。如今，在淘宝网上查找电子烟，可以查到 2700 多家店铺。

在欧洲，欧盟健康和消费者执行总署开展的一项研究显示，7% 的欧盟公民声称已经试过一种电子烟产品。据法新社报道，在过去 4 年，欧盟大概有 700 万人从使用传统烟草产品转向使用电子烟。仅在英国，电子烟的消费者就达到了 100 万人。2013 年初，德国消费者研究协会对该国电子烟消费情况进行了抽样调查，结果表明，尝试使用电子烟制品的消费者大多数为原来普通烟草制品的消费者。在这其中，有 81.2% 的被调查者了解过电子烟制品，仅有 13.7% 的被调查者没有尝试过电子烟制品。在意大利，大约有 150 万人吸电子烟。

英国是电子烟进入西方国家的第一站。据《每日邮报》及英国《镜报》2014 年 3 月报道，2013 年英国电子烟市场较 2012 年增长了 340%，据估算，其销售额从 2012 年的 4400 万英镑（1 英镑约合人民币 10.3 元）增长至 2013 年的 1.93 亿英镑。而在爱尔兰，2013 年使用电子烟的人数较 2012 年增长 478%。据估计，到年底该国将有 10% 的烟民转而使用电子烟。

作为消费大国的美国，其食品药品监督管理局（FDA）在 2012 年上半年对中国出口电子香烟进行了收缴行动，随后 2012 年 5 月生产商 Sunrise Fla. - based Smoking Everywhere Inc. 和 Sottera Inc 两家公司对 FDA 的收缴行动提出了指控，美国最高院最终裁定 FDA 败诉，由此电子香烟销量进入快速增长期。

2014 年 3 月 15 日，全球知名的咨询公司——尼尔森公司以及富国证券美国便利店数据库的统计数据表明，2013 年，在美国国内的烟草制品市场上，电子烟的销售额增长幅度较大，达到了 31.3%。目前，全美有 3500 家电子烟专营店，这一数字是 2013 年初的 4 倍。

市场调查公司欧睿国际称，2013 年美国电子烟销售额估计达到 15 亿美元。而 2007 年这一数字仅为1000万美元。该公司预计，2014～2018年，美国电子烟销售额将实现每年翻一番。2018年后，其销售额将保持10%的年增长率，并将于2028年达到1245亿美元，从而超过传统烟草制品。欧睿国际预计，2014年全球电子烟销售额将超过50亿美元。而彭博产业举办的一场研讨会称，到2050年全球电子烟销售额将达到卷烟销售额的41%。

目前，传统烟草在挪威、瑞士、土耳其、加拿大、澳大利亚、巴西和阿根廷等国家已经被禁止使用。法国、英国、德国、朝鲜、新加坡等国也都相应实施针对传统烟草的禁烟措施。俄罗斯联邦委员会2013年2月20日批准了《反吸烟法》。根据该法案，自2013年6月1日起，俄罗斯禁售传统烟。

具体来说，国际上对电子烟的认可度和接受度已经到了比较成熟的阶段，反观国内的电子烟消费者对电子烟产品本身认识的清晰度仍然不够，绝大多数对电子烟的看法还停留在质疑阶段。分析认为，在未来的几年内，国外的香烟等烟草类的消费群体将很快转换为电子烟消费群体，而要想让国内的普通香烟消费者中的绝大多数转换为电子烟消费群体存在一定的难度。电子烟在经历了十多年的发展之后，在技术和市场方面都已取得了巨大的突破。在国际市场，电子烟产业的发展前景巨大，在国内市场也蕴藏着巨大的生机。一旦电子烟在国际市场上取得革命性的突破，必然会引领其在国内市场的扩张和成熟。

（4）电子烟中国市场现状。据路透社的统计显示，深圳为全球提供95%以上的电子烟，在此领域的探索处于领先地位。尽管电子烟诞生于中国，可在中国市场，电子烟举步维艰，因为在中国，对于电子烟还没有建立起相关产业标准。

据《电子烟在线》2014年3月报道，在中国，电子烟中大型的生产厂家已经多达800家，保守的数据也有500多家，主要集散地为广东深圳和浙江宁波等，尤其是以深圳宝安为全球电子烟产业链集群基地。其中3家深圳烟油厂的产能已经占到全世界产量的50%以上。2013年估算中国出口国际市场电子烟及其烟油浓缩液在150亿元以上，其中宝安占比70%以上，达到110亿元，预计在2014年行业保守递增30%以上。作为深圳的电子烟厂家主要汇集地，宝安电子烟厂家众多，比如合元集团、吉瑞科技、麦格威尔、康尔、思莫克、捷士宝等，都不约而同地集聚在深圳宝安沙井、松岗、石岩、西乡等地。

据《南方日报》2014年3月报道，自2013年底起中央及各地政府出台多条禁烟规定，如深圳市3月1日起在公共场所全面禁烟，电子烟成为人们关注的热点。相关统计显示，深圳云集大量的电子烟生产厂家，为全球提供95%以上的电子烟。而深圳市控烟协会秘书长庄润森告诉记者，深圳的电子烟生产企业有上千家，全球最大的电子烟生产企业也在深圳。"深圳大概至少有500家电子烟公司"，某科技有限公司负责人陆先生估算，其中有几家已经上市，但绝大多数都是中小规模的公司，有的甚至是几个人的"家庭作坊"。

伴随着市场的爆发式增长，近几年我国出口电子烟企业呈现一派光明的景象，其中最具代表性的电子烟器具厂家有合元集团、思摩尔科技和吉瑞科技等；电子烟油厂商有德康生物、梵活生物和恒信生物等。大部分企业以 OEM、ODM 为主，也有厂家自有品牌。

（5）国内电子烟企业的担忧和基本诉求。有报道，近日世界卫生组织的部分机构希望将电子烟归入《世界卫生组织烟草控制框架公约》下的烟草类别。

美国食品药品监督管理局（FDA）未就电子烟管理颁布任何规范条例，中国也如此。

我国烟草专卖局称，烟草专卖品仅包括卷烟、烟丝、滤嘴棒等，电子烟不在他们的监管范围内；食品药品监督管理局称，药监部门只对有"食健字"、"国药准字"等批号的药品、化妆品等进行监管，目前多数电子烟属于"三无产品"，因此不在管辖范围内；工商局则表示，目前电子烟没有明确的监管部门，只能认定其为"商品"，若消费者遇到"三无"电子烟，可向工商局举报。

对于电子烟带来的新问题，一些国家和地区采取了应对措施。2013 年 12 月，欧盟决定出台政策对电子烟市场进行监管。西班牙政府称，其将禁止在医院和学校使用电子烟。在美国，纽约和洛杉矶市的立法者已投票决定在公共场合禁止使用电子烟。

因此，业界对于制定电子烟和烟油行业的行业标准制的需求呼声愈来愈高，中国只有建立相关行业标准，规范电子烟产品，让更多的电子烟厂家生产有品质保障的、符合行业标准规范的电子烟类产品，才能赢得市场，赢得消费者的信任。

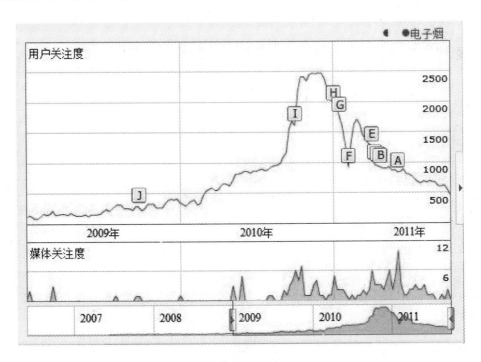

图 3　梵活外部环境分析

2. 烟草提取物雾化液 SWOT 分析

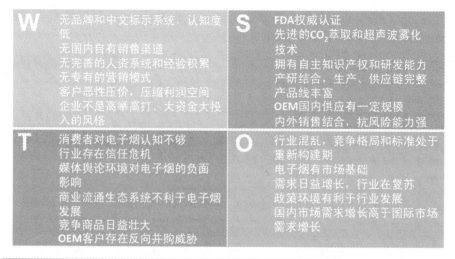

W 无品牌和中文标示系统，认知度低 无国内自有销售渠道 无完善的人资系统和经验积累 无专有的营销模式 客户恶性压价，压缩利润空间 企业不是高举高打、大资金大投入的风格	**S** FDA权威认证 先进的CO_2萃取和超声波雾化技术 拥有自主知识产权和研发能力 产研结合，生产、供应链完整 产品线丰富 OEM国内供应有一定规模 内外销售结合，抗风险能力强
T 消费者对电子烟认知不够 行业存在信任危机 媒体舆论环境对电子烟的负面影响 商业流通生态系统不利于电子烟发展 竞争商品日益壮大 OEM客户存在反向并购威胁	**O** 行业混乱，竞争格局和标准处于重新构建期 电子烟有市场基础 需求日益增长，行业在复苏 政策环境有利于行业发展 国内市场需求增长高于国际市场需求增长

实效诠释客户策略

图4 Feel Life 的 SWOT 分析

（四）纵向产业链——尼古丁

尼古丁，又称烟碱，纯烟碱在室温下为无色或淡黄色油状液体，密度为 $1.007g/cm^3$，沸点 247℃（分解），易挥发，具有强烈的辣味，有潮解性，性质不稳定，在空气或阳光下易氧化成烟碱氧化物而呈黑褐色，氧化物无毒。在 60℃ 下能与水生成水合物，易溶于醇、醚、氯仿以及石油醚等有机溶剂中。

烟碱具有剧毒，能够经消化道、呼吸道和皮肤很快吸收而中毒，但烟碱在人体不能积累，可随排泄系统排出体外。尼古丁本身既不是致癌物，也不是辅助致癌物，其主要作用是兴奋中枢神经。烟草成瘾是因为从烟草吸入的尼古丁通过丰富的肺毛细血管经肺动脉迅速到达大脑（约 10～20 秒）并达到血浆尼古丁浓度峰值（3～5 分钟），从而使烟民产生快感。尼古丁兴奋中枢神经和提神作用主要是通过神经系统烟碱（尼古丁）型乙酰胆碱受体（nAChRs）来实现的。长期吸烟者体内该受体的数量增加，从而需比不吸烟者更高的尼古丁浓度来获得同样的快感，故烟民一天中需要不时地吸烟。如果停止吸烟，就会产生烦躁、不安、焦虑、紧张、心情压抑、注意力不集中等症状。

尼古丁广泛应用于医药中间体及化工行业：

（1）神经性疾病的治疗药物。尼古丁能够在一定程度上提高人的记忆力和学习能力，具有一定的脑力强化作用。对阿尔茨海默病（衰老性痴呆病）、帕金森症、精神分裂症、托瑞特综合征、多动症等认知性障碍疾病有一定疗效。

（2）消炎药物。作为治疗皮肤、蛇毒虫咬伤等疾患消炎药。

（3）Vf 的原料药。利用烟碱经氧化制备烟酸（维生素 F、抗粗皮病素），现已广泛批量生产。

（4）治疗心脏疾病。微量尼古丁能促进新血管生长，用于治疗心脏衰竭。

（5）戒烟药物。戒烟贴、戒烟药、戒烟口胶等。

1. 尼古丁产业链的增值方向

含量为 20% ~40% 的硫酸烟碱即烟膏，是外向型高额出口创汇产品，国外既用它作药物原料，又将其大量用于生产优质外烟的配料，国际市场的需求量很大。

以烟碱的稀溶液为主添加几种来源广泛、价格便宜的野生植物，能够配成高效、低毒、无残留的植物农药，对蔬菜、水果、水稻等农作物中所有害虫都有强烈的杀伤力。根据不同的情况，调整配方和浓度，对水稻等农作物病害都有显著的灭菌和治疗效果。

微量的烟碱可起兴奋中枢神经作用和收敛、抑制等多种重要的药物作用，所以烟碱是种重要的药物原料，在医药、化工的开发上有广泛的应用。

很多专家都在研究尼古丁在医药领域的应用价值，使其从"毒药"变成"良药"。将尼古丁的强化作用与其会产生的负面影响分割开来，使其能够安全、有效地发挥医疗效用，摒弃其给人体带来的不利影响。

尼古丁替代疗法的原理：以非烟草的形式向吸烟者提供小剂量的尼古丁制剂，而治疗量远远低于从香烟中获得的量，可以减轻戒烟时出现的戒断症状，提高戒烟的成功率，又避免吸烟产生的有害物质（一氧化碳和焦油）对身体的危害。这种疗法经广泛临床研究证实能有效控制烟瘾，缓解戒烟过程中的不适症状，戒烟成功率大约是安慰剂治疗的 2.1 ~ 3.8 倍。

尼古丁替代疗法的临床效果：尼古丁替代疗法是世界卫生组织（WHO）推荐，FDA批准，并经循证医学证实有效、安全、不良反应少而轻的药物戒烟方法。美国国家卫生部于 1996 年在向全国发行的戒烟手册中明确提出尼古丁替代疗法是所有医生和戒烟专家必须首先向患者推荐的戒烟手段。2007 年底，国家食品药品监督管理局批准引进 WHO 推荐的戒烟药——尼古丁透皮贴剂"尼派"。

2. 尼古丁在电子雾化液主体产业链的应用

尼古丁在电子香烟雾化液上的重要性，如同汽车工业与汽油的关系，甚至于尼古丁的浓度对于进行气体雾化后进入口腔的口感都有至关重要的影响。

因此，对于生产电子雾化液的企业，如何整合尼古丁这一关键要素决定其产品的专业性、竞争力。

为此，公司决定自建一家并收购一家高纯度尼古丁的专业生产厂。

希腊亚里士多德大学原子与核物理研究室的科学家在研究中发现，烟草中所含放射性核素非常多，数据显示，它比在切尔诺贝利核事故中被污染的树叶的辐射量还要强 1000 倍。不少科学家认为，那些死于癌症的吸烟者可能主要是受到烟草中辐射物质的危害而不是尼古丁和焦油。

中国科学院生物物理研究所赵宝路成立课题组经多年研究发现，卷烟烟气中的自由基、亚硝胺等主要有害物质，才是香烟中的健康杀手，导致人体组织和细胞的氧化，促发癌症等疾病。

近百年来一直与"死亡"、"癌症"等紧密联系的尼古丁最近得到了不少新的关注，有不少专家为它正名，认为香烟中的尼古丁并没有太多的危害，真正的致癌凶手是焦油和一氧化碳。

1990 年，化学家 Hoffmann 公布了卷烟烟气中 43 种主要有害成分，引起了欧洲和美国政府的关注；随后，1998 年加拿大政府修正了 Hoffmann 名单，公布了卷烟烟气中的 46 种主要有害成分，该名单得到了世界卫生界和烟草行业的普遍认可。以下为 Hoffmann 名单：

无机化合物 4 种：氢氰酸、氨、NO 和 NOx；

多环芳烃 1 种：苯并［a］芘；

亚硝胺 4 种：NNK［4－亚硝基甲氨基－1－（3－吡啶基）－1－丁酮］、NNN（N－亚硝基降烟碱）、NAT（N－亚硝基新烟草碱）、NAB（N－亚硝基假木贼碱）；

羰基化合物 8 种：甲醛、乙醛、丙酮、丙烯醛、丙醛、巴豆醛、2－丁酮、丁醛；

有害元素 7 种：汞、镍、铅、镉、铬、砷、硒；

芳香胺 4 种：3－氨基联苯、4－氨基联苯、1－氨基萘、2－氨基萘；

挥发性有机化合物 5 种：1，3－丁二烯、异戊二烯、丙烯腈、苯、甲苯；

半挥发性有机化合物 3 种：吡啶、喹啉、苯乙烯；

挥发性酚类 7 种：对苯二酚、间苯二酚、邻苯二酚、苯酚、间甲酚、对甲酚、邻甲酚；

常规成分 3 种：焦油、烟碱、CO。

其中亚硝胺、苯、苯并芘有强烈的致癌作用，酚类物质有强烈的促癌作用，巴豆醛有致突变作用。

（1）基本法律。尼古丁产品属于危险化学品，面临安全生产的问题，其生产经营需要取得国家安全生产监督管理部门发放的安全生产许可证等相关证照。因此，涉及的国家基本法律有：《中华人民共和国安全生产法》，对在我国领域内从事生产经营活动的单位的安全生产问题进行规范，所有涉及安全生产问题的企业都要遵守本法；《中华人民共和国行政许可法》规定，安全生产许可证等相关许可证属于行政许可，其申请、颁发和管理都要遵守本法。

（2）行政法规及规章。由于尼古丁行业主要产品属于危险化学品，其涉及的行业规章及规范性文件主要有：《危险化学品安全管理条例》、《安全生产许可证条例》、《危险化学品经营许可证管理办法》、《危险化学品生产企业安全生产许可证实施办法》、《危险化学品登记管理办法》、《危险化学品包装物、容器定点生产管理办法》、《道路危险货物运输管理规定》、《中华人民共和国船舶载运危险货物安全监督管理规定》、《港口危险货物管理规定》、《危险化学品建设项目安全许可实施办法》等。这些行政法规及规章对危险化学品的安全生产、安全生产许可、包装、运输、建设项目安全许可等问题进行了具体规范。

（3）主要监督管理制度。国家对尼古丁行业进行严格监管，相关法律法规中包含的主要监督管理制度有：

国家对危险化学品生产、储存实行审批制度，未经审批，任何单位和个人不得生产、储存危险化学品。设立危险化学品生产、储存，企业应当经安全生产监督管理部门批准，申请人凭批准书向工商行政管理部门办理登记手续。

国家对危险化学品生产企业实行安全生产许可制度，企业应当向安全生产监督管理部门申请安全生产许可证，未取得安全生产许可证的，不得从事生产活动。

危险化学品生产、储存企业改建、扩建的，应当按规定经安全生产监督管理部门审查批准。

危险化学品的包装物、容器，必须由政府相关部门审查合格的专业生产企业定点生产，并经国务院质检部门认可的专业检测、检验机构检测、检验合格，方可使用。

国家对危险化学品经营销售实行许可制度。未经许可，任何单位和个人都不得经营销售危险化学品。申请人凭危险化学品经营许可证向工商行政管理部门办理登记注册手续。危险化学品生产企业不得向未取得危险化学品经营许可证的单位或者个人销售危险化学品。

生产、科研、医疗等单位经常使用剧毒化学品的，应当向设区的市级人民政府公安部门申请领取购买凭证，凭购买凭证购买；单位临时需要购买剧毒化学品的，应当凭本单位出具的证明向设区的市级人民政府公安部门申请领取准购证，凭准购证购买；个人不得购买农药、灭鼠药、灭虫药以外的剧毒化学品。剧毒化学品生产企业、经营企业不得向个人或者无购买凭证、准购证的单位销售剧毒化学品。

国家对危险化学品的运输实行资质认定制度，未经资质认定，不得运输危险化学品。

3. 高纯度尼古丁提取方法

由于尼古丁本身的特性是自燃温度（244°C）比沸点（247°C）还要低，在高温时极不稳定，并且尼古丁粗品中的杂质与尼古丁在沸点、化学特性等方面很相近，用普通的萃取、吸附等分离手段难以达到分离效果，因此，结合尼古丁本身特性采用精馏进行提纯应该是比较适合的分离方法，精馏主要存在如下四个方面的优点：

（1）对某些在高温下精馏时容易分解或聚合而达不到分离目的的物质，就必须采用减压精馏。

（2）减压精馏可降低混合物的泡点，从而降低分离温度。

（3）提高了分离能力。我们知道，被分离混合物之间的相对挥发度越大，越容易分离。一般情况下，组分间的相对挥发度越大越容易分离。

（4）对于有毒物质的分离，采用减压精馏可防止剧毒物料的泄漏，减少对环境的污染。

从以上四点可以看出，用减压精馏分离、提纯尼古丁应该是最可行的一种方法，但是在实际的实验中，分别采用98%、99%的尼古丁作为原料，利用现有减压精馏装置进行多段收集馏分的实验，其中，以98%为原料的最高馏分含量只有99.1%，而以99%为原料的最高馏分含量也只有99.2%，整个系统将会在一个新的水平上保持平衡。

4. 高纯度尼古丁应用范围和前景

尼古丁替代产品有多种形式，主要包括无烟的烟草、尼古丁透皮贴剂、尼古丁离子交换树脂、尼古丁口香糖、尼古丁鼻腔喷雾剂、尼古丁鼻腔吸入剂、尼古丁舌下含片等。

但是市场上尚未见国产品种，目前报道中有关于根据尼古丁具有脂溶性而易透过皮肤、黏膜和肺被人体吸收及一定挥发性的特点，对尼古丁进行环糊精包合后制备了缓释贴剂，并进行了体外透皮实验，经证实具有显著的缓释特点，其释药速率在一定范围内可通过改变促透剂的用量进行调控，且黏度适宜，使用方便，具有良好的稳定性和外观（此缓释贴剂是兰州大学第一医药药剂科主任药师联合淄博市药品检验所在《中国新药》杂志上发表的《尼古丁缓释贴剂的制备和体外透皮释药评价》一文中讲述到的）。

Bioprogress 公司开发出低剂量尼古丁舌下条形薄膜制剂，并取得世界专利号，且已经开始临床研究。北京大学人民医院药剂科主管药师在《中国新药》杂志 2009 年发表的"戒烟新药尼古丁透皮贴剂的临床应用和评价"一文中也对尼古丁替代疗法进行了详细的说明。

5. 尼古丁在临床药理上的研究和应用

（1）尼古丁预防帕金森综合症和老年痴呆症。

中国科学院生物物理研究所赵宝路 2007 年在《生物物理学报》上发表了关于尼古丁预防帕金森综合症和老年痴呆症的分子机理研究，分析流行病学调查研究结果并进行临床和实验研究，结果表明：尼古丁通过受体和非受体作用途径起到神经保护作用，可以在一定程度上预防和保护神经组织免受神经毒剂的侵害，并发现尼古丁是一种天然氧化剂，与诱发帕金森氏病的 6-羟多巴胺以及导致老年痴呆的 β-淀粉样蛋白是"死敌"，能够抑制其对脑细胞的损伤，而且使患老年痴呆症的转基因鼠脑中 β-淀粉样蛋白沉积较明显减少。今后需要在机理和动物研究的基础上加强临床实验，使尼古丁成为治病药物史医学上的一个研究点。

（2）尼古丁医药市场上的应用。

据英国《金融时报》近日报道，随着生物技术的深入开发和利用，科研人员有望利用烟草中的尼古丁研制出攻克神经和功能紊乱型疾病的新药，并开发出新疗法。

一些生物科技和制药公司正在研究，希望探索出可提供类似益处，但却无毒副作用的复合物。塔加赛普公司（Targacept）是这一研究领域的领头羊，曾归属于烟草制造商雷诺兹公司旗下，专门从事一项大型的尼古丁研究项目。

该公司的科学家一直在开发类尼古丁药物，作用于神经元尼古丁受体（Neuronal Nicotinic Receptor，简称 NNR）。这些神经细胞在人体内对神经介质乙酰胆碱起自然反应，从而调节神经活动。

神经元尼古丁受体系统中包含 17 种基因，这 17 种基因载入 17 种蛋白质，部分蛋白质聚合成 5 种受体亚型。科学家正在研制的药物只激活某一特定亚型，他们希望借此达到出色的药物疗效，避免副作用。

由于神经细胞遍布人体，因此药物的潜在疗效不仅限于大脑。塔加赛普的一种准药物已处于早期临床试验阶段，用于治疗溃疡性结肠炎，人们相信这种病的部分原因在于肠胃内神经组织功能紊乱。

此外，塔加赛普公司已经开发出"增强记忆的有效复合药物"，预计很快将在英国针对艾滋病患者的记忆缺损症进入临床试验阶段。

处于临床阶段的治疗帕金森症、老年痴呆症、抑郁及焦虑症、肥胖症和精神分裂症的一系列药物也采用尼古丁为基础原料。

公司研究和生产高纯度尼古丁有两个目的，一个是近期的，另一个是远期的。近期：为自身在国际市场上已经具备 35% 以上占有率的电子雾化液做原料。远期：当前国内只有两家企业具备生产高纯度（99.9%）尼古丁的能力，其中一家为西安杨森。研究和生产尼古丁为梵活生物下一步时机成熟进入原料药行业做了前瞻性储备。

（五）Feel Life 生态型产业链差异化战略在生物型产业链中的应用

（1）构建行业结构。利用行业结构的变化说到底还是一种被动的做法，因为它是当企业发现行业的必然趋势后才做出的反应。其实，企业完全可以主动去构建行业结构。企业可以引导行业采用新的竞争方式，改变格局，从而达成更好的平衡。在重建行业结构的过程中，企业会希望竞争者紧跟其后，从而转变整个行业。虽然很多行业参与者都可能从这个过程中受益，但是如果革新者能够把竞争引向自己最具优势的方向，它的收益无疑会最大。

重建行业结构有两种途径：一是以有利于现有企业的方式重新分配获利能力，二是扩大整体利润池（Profit Pool）。重新分配行业蛋糕，旨在提高行业竞争者的利润份额，而不是供应商、买方和替代品的利润份额，同时将潜在进入者拒之门外。扩大利润池，就是要增加行业创造的总体经济价值，并让竞争对手、买方和供应商都能分享这些价值。

要想让行业竞争者获取更多的利润，首先要确定目前哪一种或哪几种力量制约着行业获利能力，然后加以解决。纵然只是一家企业，也完全有可能影响所有的竞争力量。战略制定者的目标应该是：减少流失到供应商、买方和替代品的利润份额以及为威慑进入者而牺牲的利润份额。

（2）在价值链上的各项活动，必须是相互匹配并彼此促进的。西南航空的低成本模式、戴尔的直销和大规模定制模式为什么难以模仿？因为它们的优势不是某一项活动，而是整个价值链一起作用。竞争对手要想模仿你不能只模仿一件事情，而是要把整个战略都模仿过去才能有效。

（3）战略要有连续性。首先，任何一个战略必须要实施 3~4 年，否则就不算是战略，如果每年都对战略进行修改的话，就等于是没有战略，而是跟时髦。其次，总是要寻找更好的方式来实施你的战略。如果没有战略的话，所有东西你都会觉得是重要的，这样哪个先做、哪个后做反而搞不清楚了。成功的不等于是战略的。在中国正在发生两件事：①中国对于竞争越来越开放，包括来自国内的竞争和与世界其他国家的竞争，这就要求战略进行改变；②繁荣度正在上升，而这就要求更为先进的战略。在市场迅速发展时取得成功是很容易的，但这并不意味着你的战略就已经很优秀，你的竞争方式就很先进。最后，我们不能束手就擒，让市场打败自己。我们现在就应该采取行动，在危机出现之前改变思维方式和竞争方向。"除了技术研发，中国别无选择"！

梵活生物的关联产业链都必须建立在模型和技术的独特研发上——价值链的独特性，

同时最为独特的是每一个模型力求能够独立增值配置，连成舢板就是小航母。

三、Feel Life 生物型竞争力模型

（一）围绕企业愿景的三层组织模型图

根据梵活关联产业链运营模式的实际发展，结合企业自身发展需要，我们用几个层级来表述愿景（Vision）：

围绕公司愿景，公司的各个职能部门"动态"地适应市场、环境的变化，"动态"指适应来自各方的变化。

以愿景为中心点：

第一层面：系统（System）、组织（Stucture）、战略（Strategy）、科技（Technology）、评估系统（Measure）；

第二层面：目标组织（Task Structure）、功能（Team Function）、团队共识（Team Norm）、团队组成（Team Composition）、明确目标（Goal Clarity）；

第三层面：技能（Skill Variefies）、任务意义（Task Significance）、目标一致性（Task Identity）、反馈（Feedback）、自治/责任（Autonomy/Responsibility）。

（二）两个表盘（现金流＋人力资源）

公司领导每天一上班要看两个表盘：一个是人力资源，另一个是现金流，来保证中心愿景的实现。

我们用一个驾驶仪表盘来表述：一个速度表，一个油表，分别代表人力资源（HR）和公司现金流（Cash Fule Gauge，CFG）。

（三）方向盘＋愿景＝掌舵者梦想战略实现

所谓做大靠资本，做强靠品牌，做久靠文化。而离开每天日常的现金流和人才管理，一切皆会成为空中楼阁。

任何企业的发展都是在做大和做强的两个维度上拓展。在做大做强的过程中，露出水面上的"冰山"是生产规模、市场规模。而责任有多大，做强的境界有多高，就有多大的发展空间。

企业掌舵者要有两方面的素质：一是悟性，二是勤奋能吃苦。

梵活生物产业链的搭建核心是建立在现金流和速度表盘监控下的把控方向盘。这个表盘是梵活生物内部管理团队独创的，中心是企业的愿景。

用两个单词可以概括企业的诉求——Quietly 和 Brilliant，企业要静下来，要走适合自己节奏的正道，练内功、抓本质、务长远，端正企业自身能力和现金流允许的经营方向。

把通过科技创新提高产品质量和提升服务客户的水平当成企业的王道。浮躁与投机及超过自己能力的跳跃，即使能够获得一时成功，最终也难逃失败。什么样的广告宣传和品牌商标都不如产品质量过硬更加有利于企业长远发展。

Feel Life 梵活生物在建立生物活性产业架构时，坚持以两个单词要求团队和向客户加以介绍——Quietly & Brilliant（谦逊和创新）。

四、Feel Life 生物型产业链——电子烟雾化液壁垒搭建

（一）与中国政府共同制定行业标准

梵活生物产业链的搭建中如果有政府与我们一起建立行业标准，必然会给企业的竞争对手建立门槛，给自己的企业带来无限的市场和广阔的发展空间。

2014 年 4 月 30 日，梵活生物与深圳市宝安区商检局联合另外一家企业共同制定了《中国电子雾化液产品检验行业标准》（草案）（见中国政府网上公告：http://www.sz.gov.cn/cn/xxgk/szgg/tzgg/201404/t20140430_2344233.htm）。

《中国电子雾化液产品检验行业标准》（草案）：

本标准按 GB/T 1.1 - 2009《标准化工作导则　第 1 部分：标准的结构和编写规则》及 GB/T 1.2 - 2009《标准化工作导则　第 2 部分：标准中规范性技术要素内容的确定方法》规定编写。本标准参照按 QB/T 1505 - 2007 食用香精和 QB/T 1506 - 2012 烟用香精标准制定。

表 1 为规范性附录。

本标准由广东省卫生厅提出并归档。

本标准起草单位：深圳梵活生物科技有限公司。

本标准参与单位：深圳宝安出入境商检局。

《电子雾化液》（E－liquid）：

1. 范围

本标准规定了电子雾化液香精的术语和定义、技术要求、试验方法、检验规则、标志、包装以及运输与储存。本标准适用于电子雾化液的生产、检验、存储运输及销售，凡包含有电子雾化液的电子烟、烟弹，电子雾化液部分分别按照本标准的相关要求执行。

2. 规范性引用文件

下列文件对于本文件的应用是必不可少的。凡是注日期的引用文件，仅注日期的版本适用于本文件；凡是不注日期的引用文件，其最新版本（包括所有的修改单）适用于本文件。

表1

标准	内容
GB/T 191 – 2008	包装储运图示标志
GB 2760 – 2011	食品安全国家标准　食品添加剂使用标准
GB 2762 – 2012	食品中污染物限量
GB/T 4789.2 – 2010	食品卫生微生物学检验　菌落总数测定
GB/T 4789.3 – 2010	食品卫生微生物学检验　大肠菌群测定
GB 5009.3 – 2010	食品中水分的测定
GB/T 5009.37 – 2003	食品植物油卫生标准的分析方法
GB/T 5009.74 – 2003	食品添加剂中重金属限量试验
GB/T 5009.76 – 2003	食品添加剂中砷的测定
GB/T 5009.12 – 2010	食品中铅的测定
GB/T 5009.15 – 2003	食品中镉的测定
GB/T 5009.17 – 2003	食品中总汞及有机汞的测定
GB/T 5009.26 – 2003	食品中 N－亚硝胺类的测定
GB 7718 – 2011	预包装食品标签通则
GB 7917.4	化妆品卫生化学标准检修方法　甲醇
GB 10343 – 2008 食用酒精	
GB/T 11540 – 2008	香料　相对密度的测定

续表

标准	内容
GB/T 14454.1 – 2008	香料　试样制备
GB/T 14454.2 – 2008	香料　香气评定法
GB/T 14454.4 – 2008	香料　折光指数的测定
GB/T 14454.5 – 2008	香料　旋光度的测定
GB/T 14454.14 – 2008	香料　标准溶液、试液和指示液的制备
GB 14881 – 2013	食品生产通用卫生规范
GB/T 21302 – 2007	包装用复合膜、袋通则
GB/T 21842 – 2008	牙膏中二甘醇的测定
GB – T 21911 – 2008	食品中邻苯二甲酸酯的测定
GB/T 23228 – 2008	卷烟　主流烟气总粒相物中 N – 亚硝胺类的测定
QB/T 1505 – 2007	食用香精
QB/T 1506 – 2012	烟用香精
QB/T 4003 – 2010	食用香精标签通用要求
JJF 1070 – 2005	定量包装商品净含量计量检验规定
国家质量监督检验检疫总局令〔2005〕第 75 号	定量包装商品计量监督管理办法
国家质量监督检验检疫总局令〔2007〕第 102 号	食品标识管理规定
EN 14372 – 2004	儿童用品餐具和饲喂用具安全体系和测试

3. 产品分类和定义

下列术语和定义适用本文标准：

电子雾化液（E – liquid），以甘油、丙二醇、食用香料和食品添加剂经配料、混合搅拌、静置、过滤、包装等工艺制作而成的液体状产品，该产品主要用于电子烟上。

成品（Finished Product），已完成所有生产加工过程，包括已完成销售包装过程的产品。

原料（Raw Material），电子雾化液生产过程中的所有投入物。

半成品（Bulk Product），电子雾化液已完成生产过程，未完成销售包装过程的产品。

试样（Test Sample），从所抽取的样品中取出供检测用的样品。

标准样品（Reference Sample），参照 YC/T 145.7 – 1998　烟用香精标准样品的确定和保存。

标准样品的确定：电子雾化液标准样品的确定方式有三种：一是由电子雾化液生产厂家确定；二是由电子雾化液供需双方共同确定；三是上批次合格样品。

标准样品的认可：电子雾化液标准样品确定后，交送专门的电子雾化液质量检测机构认可备案。对于每一种电子雾化液都应有一标准样品，当超过保存期限或香气和香味质量有变动时，都应及时更换。标准样品应不少于 40ml。

标准样品的保存期限：电子雾化液标准样品的最长保存期限为 1 年。

组批，由同一班次、同一天、同一生产线生产的、包装完好的同一品种为一批次。

4. 技术要求

（1）原辅料要求：原辅料应符合 GB 2760 – 2011 的规定。

（2）感官要求：应符合表 2 中的要求。

表 2

项目	电子雾化液
香气	与标准样品一致
香味（品吸）	与标准样品一致
色状	与标准样品的检验结果一致

（3）理化要求：应符合表 3 中的要求。

表 3

项目	电子雾化液
旋光度（20℃）	D 标样 ±0.1
相对密度（20/20℃　相对于水）	D 标样 ±0.010
折光指数（20℃）	N 标样 ±0.010
二甘醇	≤20ppm
甲醇	含量≤0.2%
烟碱（NT）	含量 <10mg/kg
邻苯二甲酸盐	要求 18 种邻苯二甲酸酯总和不得超过 200ppm
亚硝胺盐	要求 8 种亚硝胺盐总和 <50ppm
双乙酰	<10ppm
水分（百分比含量）	≤4%
重金属含量（以 Pb 计）	≤10（mg/kg）
无机砷含量	≤3（mg/kg）

（4）微生物要求：应符合表 4 中的要求。

表4

项目	电子雾化液
菌落总数（CFU/g）	≤500
霉菌与酵母菌总数（CFU/g）	≤100
粪大肠菌群（g）	不应检出
金黄色葡萄球菌（g）	不应检出

（5）净含量及允许负偏差要求：净含量应符合国家质量监督检验检疫总局令［2005］第75号的要求。

5．试验方法

（1）色状的检定：刚生产好的电子雾化液取样在规定时间内用比色卡进行判定。

（2）香气评定：以附件1《电子雾化液香气的评析》评定。

（3）香味的评定：以附件2《电子雾化液香味的品吸》评定。

（4）理化指标：相对密度以附件3《电子雾化液相对密度的测定》测定；折光指数以附件4《电子雾化液折光指数的测定》测定；旋光度以附件5《电子雾化液旋光度的测定》测定；甲醇含量参考GB 7917.4规定的方法测定；无机砷（As）按GB/T 5009.74规定的方法测定；重金属以含量（以Pb计）按GB/T 5009.76规定的方法测定；二甘醇的含量以附件6《电子雾化液烟碱和二甘醇的判定》测定；邻苯二甲酸盐和亚硝胺盐以附件7《电子雾化液邻苯二甲酸盐和亚硝胺盐的测定》测定；电子雾化液烟碱含量以附件6《电子雾化液烟碱和二甘醇的判定》测定；双乙酰含量以附件8《电子雾化液双乙酰的测定》测定；水分按《食品安全国家标准　食品中水分的测定 GB 5009.3－2010》检验。

（5）微生物的测定：以附件9《电子雾化液微生物的测定》测定。

（6）净含量：按JJF1070　规定的方法检验。

6．检验规则

（1）抽样要求：抽样环境应清洁、干燥，样品、抽样用具、样品容器等不得受到环境污染；抽样器具和样品容器应清洁、干燥、无异味，样品容器应密封性良好；微生物检验的样品应在无菌环境下采用无菌技术采样；微生物、理化和感官检验的样品同时取样时，应先抽取微生物检验样品，再取其他样品；在抽样过程中，应防止样品原有品质的改变，避免再次污染；所抽取的样品按规定进行标记；抽样过程做好相关记录。

（2）抽样方案。

抽样原则：按随机抽取原则，从检验批次中抽取规定件数的样品，抽取的样品应满足检验、复检和备查用。

抽样方法和数量：

第一，零售瓶装电子雾化液的抽样方法和数量。

每批按照一定的比例从每个包装单位中随机抽取试样，将所抽取的试样全部置于混样器中混匀，再从混样器中分别抽取 10～50 ml 装入两个清洁干燥密闭的惰性容器中，避光保存。容器贴上标签，注明产品名称、生产日期、批号、数量及取样日期，一瓶做检验用，另一瓶留样备查。

第二，桶装电子雾化液的抽样方法和数量。

每批按照一定的比例从每个包装单位中随机抽取试样，用取样器（医用注射器、玻璃材质注射器/滴管）从每个包装单位中抽取试样 50～100ml（或 50g～100g），将所抽取的试样全部置于混样器中混匀，再从混样器中分别抽取 50ml 装入两个清洁干燥密闭的惰性容器中，避光保存。容器贴上标签，注明产品名称、生产日期、批号、数量及取样日期，一瓶做检验用，另一瓶留样备查。

第三，含有电子雾化液的烟弹、电子烟及其他。

每批按照一定的比例从每个包装单位中随机抽取试样，将所抽取的试样全部置于混样器中混匀，再从混样器中分别抽取 10～50ml 装入两个清洁干燥密闭的惰性容器中，避光保存。容器贴上标签，注明产品名称、生产日期、批号、数量及取样日期，一瓶做检验用，另一瓶留样备查。

净含量检验抽样方法按国家质量监督检验检疫总局令 ［2005］第 75 号的规定进行。

（3）出厂检验。产品须经本厂质检部按本标准检验合格后，签发产品合格证方可出厂。电子雾化液的出厂检验项目包括色状、香气、香味、折光指数、相对密度、旋光、甲醇含量、尼古丁含量、邻苯二甲酸盐和亚酰胺盐的含量、二甘醇含量、微生物的含量等，实行全检；抽检项目包括丙二醇/丙三醇比例、无机砷含量、重金属含量（以 Pb 计）。另外，客户有要求其产品要控制双乙酰含量的，我们对其所有产品进行此项目的全检。

（4）型式检验。

第一，型式检验要求。有下列情况之一，应进行型式检验：

新产品试制鉴定时；连续生产半年；停产 3 个月后，恢复生产时；原料、生产工艺有较大改变或变化后；出现严重质量问题时；国家质量监督部门提出进行型式检验要求时。

第二，型式检验项目。

型式检验项目包括本标准要求中的全部项目。

（5）判定规则。

微生物指标不符合本标准时，判定整批次产品不合格，不得复检。

感官要求不符合本标准时，可以在同批次产品中抽取双倍量的样品进行复检，以复检结果为准；如果复检结果中仍有一项不合格，则判该批次产品不合格。

理化指标：烟碱含量、二甘醇含量、甲醇含量、邻苯二甲酸盐和亚硝胺盐的含量、双乙酰含量若有一项不合格，则判该批次产品为不合格；其他指标不合格，则允许加倍抽样，并对不合格项进行复检，若复检结果仍有一项不合格，则判该批次产品为不合格。

（6）在保质期内，供需双方对产品质量有异议时，可共同协商解决或委托仲裁单位复检和判定。

7. 标志、标签、包装、运输、储存

（1）标志、标签。

产品销售包装标志应符合《预包装食品标签通则 GB 7718 - 2011》、《食用香精标签通用要求 QB/T 4003 - 2010》的要求。应标明产品名称并注明食品添加剂字样、配料、净含量、生产厂厂名、厂址、生产日期、保质期、产品标准号。

外包装箱应注明产品名称并注明食品添加剂字样、生产厂名、厂址、规格、数量、净含量、生产日期、保质期等，包装储运图示标志应符合 GB/T 191 - 2008 的规定。

（2）包装。

内包装材料应符合《食品包装用聚丙烯成型品 GB 9688》及相关的卫生要求，产品所用包装容器应清洁、卫生，符合国家食品卫生标准和有关规定的要求。

内包装应包装严密、封口牢固；外包装应封装严密，捆扎牢固，坚实耐压。

（3）运输。

运输工具应清洁，并在常温条件下运输，不得与有毒有害物质混运。

（4）贮存。

产品应在常温下避光密闭贮存，不得与有毒有害物质混贮。

在符合本标准规定的运输与贮存条件下，包装完好的产品保质期为 12 个月以上。

表 5　深圳梵活生物科技有限公司常规检测认证汇总

序号	报告/认证名称	检测项目	检测机构	报告编号	报告日期
1	Tobacco Flavor Atomized Liquid	MSDS 数据表	广州 SGS	GZ1001009314/CHEM	2010 - 02 - 02
2	咖啡因味电子雾化液（Caffeine Flavor Atomized Liquid）	MSDS 数据表	广州 SGS	GZ1009101680/CHEM	2010 - 09 - 03
				GZ1008097267/CHEM	2010 - 08 - 30
3	Marlboro Flavor Atomized Liquid	MSDS 数据表	深圳天祥	SZHJ506172	2010 - 09 - 27

序号	报告/认证名称	检测项目	检测机构	报告编号	报告日期
4	Marlboro Flavor Atomized Liquid	MSDS 数据表	深圳天祥	SZHJ506174	2010 - 09 - 27
5	烟草口味电子雾化液（Tobacco Flavor Atomized Liquid）（固体）	MSDS 数据表	广州 SGS	GZ1012144671/CHEM	2010 - 12 - 22
				GZ1012144670/CHEM	2010 - 12 - 22
6	烟草口味电子雾化液	MSDS 数据表	广州 SGS	GZ0908074523/CHEM	2009 - 08 - 18
7	Mint Flv Electronic Atomized Liquid	二甘醇检测	香港 STC	HC263238	2010 - 08 - 24
8	Marlboro Flv Electronic Atomized Liquid	二甘醇检测	香港 STC	HC263237	2010 - 08 - 24
9	Electronic Atomized Liquid（通用）	二甘醇检测	香港 STC	HC263236	2010 - 08 - 24
10	Vanilla Flv Electronic Atomized Liquid	二甘醇检测	香港 STC	HC263239	2010 - 08 - 24
11	Mint Flv Electronic Atomized Liquid	尼古丁检测	香港 STC	HC263234	2010 - 08 - 24
12	Marlboro Flv Electronic Atomized Liquid	尼古丁检测	香港 STC	HC263233	2010 - 08 - 24
13	Electronic Atomized Liquid（通用）	尼古丁检测	香港 STC	HC263232	2010 - 08 - 24
14	Vanilla Flv Electronic Atomized Liquid	尼古丁检测	香港 STC	HC263235	2010 - 08 - 24
15	Mint Flv Electronic Atomized Liquid	尼古丁、二甘醇检测	日本 JFRL	10077113001 - 01	2010 - 09 - 15
16	Marlboro Flv Electronic Atomized Liquid	尼古丁、二甘醇检测	日本 JFRL	10077113002 - 01	2010 - 09 - 15
17	Vanilla Flv Electronic Atomized Liquid	尼古丁、二甘醇检测	日本 JFRL	10077113003 - 01	2010 - 09 - 15
18	苹果电子雾化液		广州市质量监督检测研究院	食许 2010 - 03 - 0114	2010 - 04 - 10

续表

序号	报告/认证名称	检测项目	检测机构	报告编号	报告日期
19	电子雾化液（Electronic Atomized Liquid）		国家香料香精化妆品质量监督检验中心（QSI）	fp110324	2011 – 03 – 11
20	电子烟膏（E – Solid）（固体）		国家香料香精化妆品质量监督检验中心（QSI）	fp110012	2011 – 01 – 19
21	电子雾化液（Electronic Atomized Liquid）		广东省疾病预防控制中心	10GA0497	2010 – 09 – 30
22	电子烟膏（E – Solid）（固体）		广东省疾病预防控制中心	11GA0036	2011 – 02 – 11
23	自来水/生产用水		深圳 CTI（深圳市华测检测技术股份有限公司）	FLSZ1101071033003	2011 – 01 – 13
24	美白保湿水		深圳 CTI	FLSZD00000442 FLSZD00000442E	2011 – 01 – 25
25	空气洁净度（浮游菌、沉降菌、悬浮粒子）		深圳 CTI	HLSZD00005557a	2011 – 05 – 06
26	E – liquid Materials – Fruit Flavor		广州 SGS	GZ1106077312/CHEM	2011 – 06 – 23
27	Tobacco Flavor Electronic Atomized Liquid		广州 SGS	GZ1106084209/CHEM	2011 – 07 – 04
28	Fruit Flavor Electronic Atomized Liquid		中国广州分析测试中心	2011007427 – 2b	2011 – 06 – 30
29	Tobacco Flavor Electronic Atomized Liquid		中国广州分析测试中心	2011007427 – 1b	2011 – 06 – 30
30	Fruit Flavor Electronic Atomized Liquid		广州 SGS	GZFDO110603219/FD – 2	2011 – 07 – 12
31	Tobacco Flavor Electronic Atomized Liquid			GZFDO1106032 19/FD – 1	
32	Menthol Flavor Electronic Atomized Liquid			GZFDO1106032 19/FD – 3	

序号	报告/认证名称	检测项目	检测机构	报告编号	报告日期
33	电子雾化液（苹果）		广州市质量监督检测研究院	食测 2011 - 04 - 1853	2011 - 05 - 06
34	电子雾化膏（苹果）		广州市质量监督检测研究院	食测 2011 - 04 - 1854	2011 - 05 - 06
35	Feel Life E - Liquid（for all flavors, nicotine≤5.4%）		上海天祥	SDS11102513	2011 - 11 - 14
36	薄荷口味电子雾化液（Mint Flavor Electronic Atomized Liquid）（0mg）		中国广州分析测试中心	2012001202 - 2b	2012 - 03 - 06
37	薄荷脑口味电子雾化液（Menthol Flavor Electronic Atomized Liquid）（0mg）		中国广州分析测试中心	2012001202 - 4b	2012 - 03 - 06
38	香草口味电子雾化液（Vanilla Flavor Electronic Atomized Liquid）（0mg）		中国广州分析测试中心	2012001202 - 5b	2012 - 03 - 06
39	咖啡口味电子雾化液（Coffee Flavor Electronic Atomized Liquid）（0mg）		中国广州分析测试中心	2012001202 - 1b	2012 - 03 - 06
40	烟草口味电子雾化液（Tobacco Flavor Electronic Atomized Liquid）（0mg）		中国广州分析测试中心	2012001202 - 3b	2012 - 03 - 06
41	薄荷原料（Menthol Flavor Raw Material）		中国广州分析测试中心	2012001202 - 7b	2012 - 03 - 06
42	水果味原料（Fruit Flavor Raw Material）		中国广州分析测试中心	2012001202 - 6b	2012 - 03 - 06
43	香草原料（Vanilla Flavor Raw Material）		中国广州分析测试中心	2012001202 - 8b	2012 - 03 - 06
44	生产用水		深圳 CTI	FLSZE000070280001aC	2012 - 04 - 05
45	电子雾化液（苹果）		广州市质量监督检测研究院	食测 2012 - 04 - 2471	2012 - 05 - 09
				食测 2012 - 04 - 2475	2012 - 05 - 08
46	电子雾化膏（苹果）		广州市质量监督检测研究院	食测 2012 - 04 - 2472	2012 - 05 - 09
				食测 2012 - 04 - 2476	2012 - 05 - 08

序号	报告/认证名称	检测项目	检测机构	报告编号	报告日期
47	FeelLife E – Liquid（produced for Nobacco Exclusive Liquid）（for all flavors, nicotine≤4.9%）		上海天祥	SDS1205090001	2012 – 05 – 09
48	洁净室空气（浮游菌、沉降菌、悬浮粒子）		深圳 CTI	HLSZE00010762	2012 – 05 – 10
49	Tobacco（0mg）		TUV – SUD China	748448972a	2012 – 06 – 18
50	FeelLife E – liquid（Produced for Take AIR）（for all flavors）		TUV – SUD China	748451338	2012 – 07 – 10
51	FeelLife Concentrated E – Liquid（for all flavors, nicotine≤3.6%）		TUV – SUD China	GZ1208. 327	2012 – 09 – 04
52	FeelLife E – Liquid（for all flavors, nicotine≤3.6%）		TUV – SUD China	GZ1211. 421 – 1	2012 – 11 – 20
53	FeelLife Flavor Concentrates（for all flavors）		TUV – SUD China	GZ1211. 421 – 2	2012 – 11 – 20
54	FeelLife E – liquid（for all flavors, including Concentrated E – liquid）		TUV – SUD China	721609154	2013 – 01 – 08
55	FeelLife Aromatic（for all flavors, nicotine≤3.6%）		TUV – SUD China	721609522	2013 – 02 – 21

（二）发明专利、PCT 专利、国际商标清单

（1）发明专利：

纤体功能型电子烟烟液发明专利

嫩肤美白功能型电子烟烟液发明专利

药用保健型电子烟烟液发明专利

防治龋齿保健型电子烟烟液发明专利

药用保健型固体电子烟雾化液及制备方法发明专利

液胶态水溶性烟用香精制备方法发明专利

电子香烟雾化液发明专利

其他雾化液聚合物等手续合格通知书

（2）国际 PCT 发明专利：

PCT/CN2011/078133 发明专利

PCT/CN2010/076374 发明专利

PCT/CN2011/078216 发明专利

PCT/CN2012/070379 发明专利

PCT/CN2011/084987 发明专利

PCT/CN2011/071440 发明专利

（3）国际商标：

F&L 高健 Feel Life 301513683（中国香港）

F&L 高健 Feel Life 1341956（澳大利亚）

F&L 高健 Feel Life 1475572（加拿大）

章鱼图 + Feel Life 01496820（中国台湾）

章鱼图 + Feel Life 01495938（中国台湾）

章鱼图 + Feel Life 01494259（中国台湾）

章鱼图 + Feel Life 01495050（中国台湾）

章鱼图 + Feel Life（韩国）

Feel Life（乌克兰）

Feel Life（俄罗斯）

Feel Life（印度）

F&L 及狮子（波兰）

F&L 及狮子（俄罗斯）

F&L 及狮子（以色列）

F&L 及狮子（欧盟）

（三）美国 FDA 建立主导市场的游戏规则

以下是关于 FDA 将要颁布的"烟草控制法案"关于电子烟方面的规则的摘要：

要求生产商在 FDA 注册备案，提供产品原料的详细记录、生产流程、科学的数据，生产商要接受 FDA 的检查。

FDA 之后将主导烟油的口味种类和市场。比如，出于健康安全的考虑将规定市场流通的口味（一些容易引诱小孩子的口味可能会被禁止）；要求生产商在包装上贴警告标志。

电子烟将被归类为烟草产品，因为其主要成分尼古丁是从烟草中提取的。

草案将公示 75 天征求公众意见，再进行最后修改，这个修改过程持续好几个月。在新的规定下，生产商不能提供免费样品，电子烟必须贴标注明含致瘾尼古丁成分，且不准夸大电子烟比传统香烟更健康（除非得到 FDA 的科学认证）。

在新的规则下，生产商需要申请 FDA 的批文才能生产，但在新规则出台的 2 年内还是可以生产原来的产品。

生产商必须遵照 FDA 的标准进行生产。

梵活生物建立认证壁垒、国际发明专利壁垒、行业品牌塑造壁垒，并试图从三个方面打造我们的竞争优势：一是工业制造能力的优势，这一点是中国企业赖以生存的基础，在过去改革开放 30 多年中，能够持续发展的中国企业大部分都在工业领域上建立了自己的优势；二是全球化的营运能力；三是技术创新能力方面的优势。梵活 Feel Life 品牌也是按照这样的战略思路来布局我们的发展。

五、波特五力分析模型——Feel Life 生物型产业链模块分析

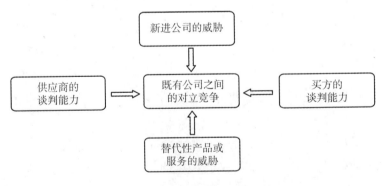

图 5　波特五力分析模型

（一）波特五力分析模型

波特五力分析模型（Michael Porter's Five Forces Model），又称波特竞争力模型，是迈

克尔·波特（Michael Porter）于 20 世纪 80 年代初提出的，对企业战略制定产生了全球性的深远影响。用于竞争战略的分析时，可以有效地分析客户的竞争环境。五力分别是：供货商的议价能力、购买者的议价能力、潜在竞争者进入的能力、替代品的替代能力、行业内竞争者现在的竞争能力。五种力量的不同组合变化最终影响行业利润潜力的变化。

1. 对现有公司对立竞争力分析

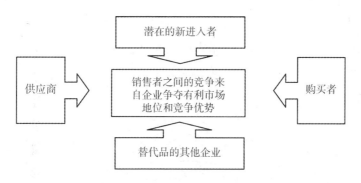

图 6　对现有公司对立竞争力分析

2. 现有盈利模式的竞争力分析

战略管理理论起源于 20 世纪的美国，它萌芽于 20 年代，形成于 60 年代，在 70 年代得到大发展，80 年代受到冷落，90 年代又重新受到重视。从战略管理理论发展的冷热变化过程看，人们对战略管理的认识经历了一个比较曲折的过程。其背景原因主要在于 20 世纪五六十年代，第二次世界大战后的美国经济出现了空前的繁荣，随之而来的则是竞争的加剧。到了 20 世纪 70 年代，国际上政治、经济又出现了动荡，企业生存和发展越来越艰难。在这种新的竞争环境下，企业深切地感受到，以前那种低价格必胜的原则必须改变了，它已经不适应新形势的发展了。要获得持续的生存和发展，企业必须从战略的高度思考问题。随着部分企业多样化经营的成功（产品多样化、市场多样化、投资区域多样化等），一些企业家认为应该走向多样化经营这样的"战略之路"保护自己。但是，到了 20 世纪 80 年代，"软化热"、"优势热"导致"战略热"降温，同时分析性战略方法使一些企业陷入财务经营困境，部分企业战略应用不当导致失败，战略管理理论一度受到冷落。然而，到了 20 世纪 90 年代，人们又开始反思战略管理理论，因为他们发现许多企业 7~8 年就倒闭了，许多产业都成了短命产业。追其缘由，在于缺乏战略管理，缺少长远发展的战略规划。

当前绝大部分企业都自称有中长期战略。而是不是针对自己量身定做的？是否从竞争力角度去与同行业其他竞争对手对比竞争分析？是否具备让组织在生存底线上竞争的能力？是否能够让团队整体表现出自我学习的能力？是否能够让组织即时具备自我适应环境的变化而进化的能力？这是本文阐述的基本观点，通过梵活生物这一平台按照生物特性理论去实现。

梵活生物认为战略不是抱负，战略讲的是成为第一的方法，而不是"成为第一"这个愿望；战略不是诸如兼并、外包这样的行动，战略是要建立独特的、持久的竞争位置；战略不应该分成技术战略、营销战略之类，战略必须整合。那么战略到底是什么？战略是与竞争者相比有独特的价值诉求，是不同的、精心配置的价值链，是清楚的取舍，是活动的整体配合及彼此促进，是通过持续改进来实现战略的连续性。而活动的整体配合及彼此促进，是生物型产业链架构的灵魂所在，是进行配置的产业链。

3. 从比较优势到竞争优势

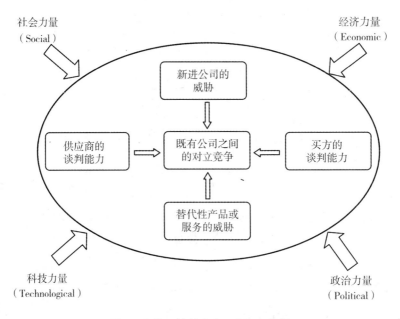

图7　总体环境的角色：STEP 分析

改革开放以来，中国经济奇迹在很大程度上来源于对比较优势的利用。而下一阶段中国经济的前行将在很大程度上依赖于竞争优势的加强——它将引领中国经济走向可持续发展之路。

如果说消费、投资、出口是拉动经济增长的"三驾马车"，改革和开放则是中国经济高速前行的两翼。下一阶段中国经济的进一步发展既离不开改革的深化，也离不开开放的推进——"改革红利"和"开放红利"两者缺一不可。

自20世纪70年代后期以来，中国经济利用自身条件和国内外的有利环境，将"利用

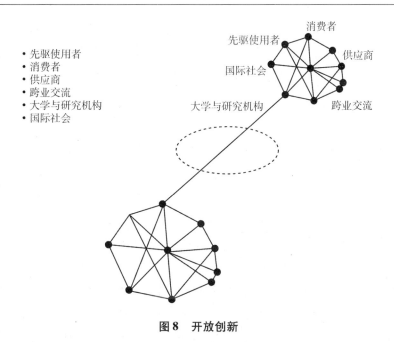

- 先驱使用者
- 消费者
- 供应商
- 跨业交流
- 大学与研究机构
- 国际社会

图8 开放创新

外资"和"出口推动"相结合的开放战略做到了极致。2000 年以来实施的"走出去"战略对"引进来"有所补充,从而使双向开放的格局得以确立。总体而言,中国经济对外开放的程度已经很高,但不同领域发展并不均衡。如服务贸易出口远远落后于商品出口,海外直接投资远远落后于引进外资。除此之外,中国经济的对外开放仍是低水平的,姑且不论资源、环境和社会方面的代价,仅从经济角度看,主流的加工贸易模式在本土价值创造和获取方面作用有限,值得反思。另外,自身收入提高和外部环境变化决定了中国的经济继续前行,必然面临来自多领域、多方位、多层面的竞争,更严峻的竞争和更多的约束条件将在一定程度上限制中国经济国际化程度沿原有的轨迹进一步提高。

无疑,中国外向型经济亟须完善,具体过程则应适应全球经济的新形势,应服务于中国经济转型、升级和可持续发展的新要求,也应在目标和战略方面有新突破。如果说改革开放以来中国经济奇迹在很大程度上来源于对比较优势(Comparative Advantages)的利用的话,下一阶段中国经济的前行将在很大程度上依赖于竞争优势(Competitive Advantages)的加强——它将引领中国经济走向可持续发展之路。而烟草香气的合成应用于电子香烟95% 的市场在国外,因此烟草香气的合成必然直接与国际知名香精香料行业同台竞争。

将每个以企业为细胞的行业综合起来就是国际竞争力。提高国际竞争力是中国经济向开放要增长,向开放要发展的关键。一直以来,中国经济对外开放的着眼点在于对外部市场和资源的利用,下一阶段则应更多地强调国际竞争力的提升。国际竞争力是多层面、全方位的概念,其核心是企业在世界范围内整合资源、开拓市场、创造价值的能力。可以说，企业国际竞争力是联系外部市场和资源与中国经济增长的纽带。

本土企业是国际竞争的主体。部分本土企业在高度竞争的产业环境中脱颖而出，它们在低成本制造和国内市场营销方面建立了优势，若能抓住机遇与发达国家企业在科技、研发和品牌方面的优势实现对接，同时更多地利用低收入国家的生产要素，将跨越性地提高企业国际竞争力，极大地增强中国经济发展的后劲。另外，一些企业在具有垄断性的、受政策保护的产业环境中成长起来，在借助中国市场的高速发展做大后，它们亟须通过参与国际竞争做强。前类企业主要在制造业，而后类企业主要在服务业（如金融和电信业）——对于两者而言，国际化都是其竞争力提高的必由之路。很明显，前者对国际市场的开拓，将越来越依赖于海外投资与运营，而不仅是出口；而后者也将更多地通过国际投资实现服务的跨境提供。这两方面正是中国经济对外开放的"短板"，亟须加强。

就竞争领域而言，中国企业面临从低端向高端经济活动的跨越——这既包括从劳动密集型向知识密集型产业的升级，也包括从价值链低端向高端的升级。显然，更多的价值创造和获取意味着更激烈、更国际化的竞争。在低附加值领域，中国在与低收入国家竞争；而在高附加值领域，中国将不得不与发达国家竞争。前者是比较优势之争，收入的提高将使中国的优势逐渐消失；后者是竞争优势之争，并不受区位因素的影响和制约。对中国而言，在来自高、低收入国家竞争夹缝中发展的关键在于经济的转型和升级，在于企业竞争领域的不断拓展和竞争能力的不断提高。

沿袭"发展型国家"（Developmental State）理论，不同于日韩早期经验，"发展型国家"和跨国公司的合作是所谓"中国模式"的重要特征。今后，政府与跨国公司的合作无疑仍将持续，但其与本土企业的合作必然会极大加强。近期工信部提出推动建设全球电子产业巨头的目标，无疑反映了中国政府着眼关键行业和全球竞争，推动本土企业海外布局，培育世界性"冠军企业"方面的积极尝试。

从某种意义上说，中国经济的对外开放面临一个从强调"进"到强调"出"，从强调"卖"到强调"买"的"战略反转"过程。如果说外资企业的竞争优势与中国资源的匹配曾经为中国经济增长提供了重要动力，那么中国经济下一阶段的高速增长将越来越多地依赖于本土企业的竞争优势与海外资源的匹配。这里所说的资源是广义的，既包括自然资源和廉价劳动力，也包括人才、知识等专有资产。前者主要在发展中国家，后者则主要在发达国家。进入发达国家市场与当地企业同台竞技，对中国企业而言，自身升级是关键，与外国企业的战略合作乃至股权参与也是重要的战略选项。梵活生物拟在 2013 年打通国际品牌客户的纵向参股，打造整个躯体神经系统传导，由自我适应发展到外力压力下的自我技术升级、产业升级。

欧债危机就为中国企业提供了收购或战略合作的机遇。中国企业在品牌和技术方面的不足，正是欧洲企业之所长，将欧美企业的知名品牌和中国企业的国内营销渠道相对接，将是主要方向。以技术合作、效率制造工业为前提，传统加工贸易模式中从事代工的中国企业通过收购发达国家品牌而向价值链高端挺进无疑将成为其国际竞争力提高的一个有效途径。

（二）Feel Life 梵活生物的核心竞争力

首先我们对梵活生物业务系统价值链进行分析。

消除（Eliminate）（÷） 产业内习以为常的因素有哪些应予以消除	提升（Raise）（+） 哪些因素应该提升到远超过产业标准
减少（Reduce）（−） 哪些因素应该减低到远低于产业标准	创造（Create）（×） 哪些未提供的因素应该被创造出来

图 9　梵活生物业务系统价值链

"价值链"（Value Chain）最初是由美国哈佛大学教授迈克尔·波特（Michacl Porter）于 1985 年提出来的。作为一种强有力的战略分析框架，15 年来不断发展创新并被财务分析、成本管理、市场营销等专门领域广泛融入和吸收。价值链是企业为客户创造价值所进行的一系列经济活动的总称，企业也可以说就是这些活动的集合，价值链在经济活动中是无处不在的，总的来说一般分为三个层面：上下游关联的企业与企业之间存在行业价值链；企业内部各业务单元的联系构成了企业的价值链；企业内部各业务单元之间也存在着运营作业链。

对于烟草电子雾化液行业而言，根据价值链理论现有的行业划分方法，其具有代表性的业务活动被描绘成图 10，以便于了解客户的需求，在短时间内确定项目的方向性。

市场开发　产业链工厂选择　原料特殊定制　定制香型　代理、分销　品牌定制　交易

图 10

结合图 10 来看，业务流程价值链分析的一般意义在于：

（1）寻求企业最优经营结构。按照价值链理论的观点，企业价值链上的每一种企业内外部活动都可能对企业最终能够实现的价值产生影响。因此，我们可以认为，高层管理人员在研究、制定战略时，研究咨询部在分析、编写、公布投资分析报告时，信息技术部在维护、优化集中梵活生物型产业链系统时，它们的种种工作都将对梵活公司最终能得到多大的效益造成一定的影响。行业价值链分析研究的观点，就是在深入行业业务流程的基础上，由点入面，因此我们可以借鉴来对公司活动的方方面面及其影响程度进行深入的考察，全面地权衡利与弊，以此来分析企业最优的经营结构（最佳价值链结构）。

（2）寻找业务中的竞争优势。按照价值链理论的观点，企业价值链上的每一种企业内外部活动都可能产生经营的差别性。企业通过进行与其他企业不同的价值活动或是构造与其他企业不同的价值链来取得差异优势。研究咨询部在分析、编写、公布投资分析报告时，信息技术部在维护、优化网络上品牌推广系统时，它们的种种活动都将是潜在的差异性优势。但是，并非所有的企业活动都将成为优势，经营差异性战略必须被其客户所认可，另外，经营差异性战略必须考虑实现差异性经营的成本，从而将差异性优势转化为其盈利能力。如当前网络上的运营购买流量的成本远远超过任何人可以预想的成本堆积。

（3）寻找业务中关键成功因素。按照价值链理论的观点，在企业的价值活动中培养其独特性，要求企业能够充分了解并考虑各种独特性产生因素，并做到控制价值链上具有战略意义的关键环节。

按照价值链分析所产生的意义，结合国际电子烟草行业市场和各电子烟制造公司自身发展实际情况，本文将从最优经营结构、业务中的竞争优势和业务中关键成功因素三个方面来分别展开分析，便于我们清晰地了解行业的业务体系价值链上的价值点、竞争优势、关键成功点等。

（三）Feel Life 梵活生物竞争战略的选择

Feel Life 梵活生物在制定未来 5 年有效期战略时，参考迈克尔·波特重释差异化战略理论，提出有效战略的五大特点。

（1）要有一个独特的价值诉求。就是你做的事情和其他竞争者相比有很大差异。价值诉求主要有三个重要的方面：你准备服务于什么类型的客户？满足这些客户什么样的需求？你会寻求什么样的价格？这三点构成了你的价值诉求。你的选择要和对手有所不同。如果你想和跨国公司竞争做同样的事情，就不太可能成功，因而必须制定一个战略，采取一种独特的视角、满足一种独特的需求。

梵活的独特价值诉求为：视整个行业的品牌客户都为自身可以做 OEM（代工生产）的客户，先积累代工技术平台经验。在不同的客户提出的各种刁钻需求上，探索自己品牌发展之路。我们坚持认为百花齐放才是春，行业的培育、探索、优化安全才是梵活生物独特的价值诉求。

（2）要有一个不同的、为客户精心设计的价值链。营销、制造和物流都必须和对手不同，这样才能有特色，否则只能在运营效率上竞争。梵活生物务求在 2013 年在运营生产、配方标准化上合理配置，提升客户从下订单到品牌定制、交货过程的客户体验感。

（3）要做清晰的取舍，并且确定哪些事不去做。制定战略的时候要考虑取舍的问题，这样可以使你的竞争对手很难模仿你的战略。取舍非常重要，因为鱼和熊掌不能兼得，只能有所为有所不为。企业常犯的一个错误就是想做的事情太多，不愿意舍弃。如果你有取舍的话，对手学了你就会伤害他自己，这就迫使对手做出取舍：或者彻底放弃自己已有的核心优势，或者放弃抄袭，或至少不会有效地抄袭你。

如今，中国企业也面临两个取舍问题：一是继续做目前内地企业所熟悉的低成本加模仿的代工生产（OEM）；二是开发新技术，自己掌握核心技能。前一种做法已经是中国台湾企业走过的老路，而第二种做法又面临着日美企业大量的专利壁垒，让中国企业很难在关键技术上取得突破。梵活生物从事的细分行业，有足够的空间让企业建立核心技术专利壁垒。

迈克尔·波特在中国接受采访时曾经说，长期做 OEM 绝不会令你做得更好。目前中国人均 GDP 为 1000 美元，有些地区可能达到 3000 美元，在这种经济水平下做 OEM 是可行的，但步入国际中等收入水平时，就必须有其他做法。比如，建立有独立品牌的跨国公司、进行技术创新等。韩国、日本，中国台湾其实已经都做到了这一点。所以，所谓专利壁垒并非是阻碍中国企业发展的关键，因为这些壁垒不可能仅仅针对中国企业。因此，中国企业应该多考虑如何与大学结成联盟、深入研究技术、培养研发人员等长期扎实的工作。中国要想繁荣，就必须走这条路。除此之外，别无选择。而梵活生物建立生物型产业链就是要培养团队对外部项目的取舍能力。

在价值链上的各项活动，必须是相互匹配并彼此促进的。

（4）要学会取舍。虽然行业变化快，但这并不意味我们可以不做战略，比如，戴尔的成功并非是预测到未来将会怎样变化，而是预测到直销需求将会长期存在，它们对这套做法进行总结提炼，并始终贯彻执行，而非三五年就变，这就成了战略。所以，做战略，并不是对未来进行那种类似"9·11"事件是否会发生的预测，而是做长期差异化分析。

"五力分析"是要了解行业利润率变化的关键原因是什么，政府的政策尽管会影响竞争，但它不能作为分析行业利润率的因素。从当前看，政府规范烟草行业，对电子烟行业尼古丁含量进行限定，但这不能被我们认为是五力之一，相反它能够促进梵活在行业不断变化的需求中得到生存的新机会。

（5）战略要有连续性。任何一个战略必须要实施 3～4 年，否则就不算是战略，如果每年都对战略进行修改的话，就等于是没有战略，而是跟时髦。这并不意味着你就永远一成不变，首先你要不断地寻找先进的做法，其次总是要寻找更好的方式来实施你的战略。如果有了新的技术，那么就要问一下这家公司如何用这个技术使战略变得更有效。如果你有一个很清晰的战略，你的速度会变得更快，因为有战略你就会确定出优先顺序，确定出哪些是重要的。如果没有战略，所有东西你都会觉得是重要的，这样，哪个先做、哪个后做反而搞不清楚了。

梵活生物建立生物型产业链过程中，一定要有一个 3～5 年的战略作为主线，我们推崇生态链的生存与进化法则，但这一切建立在战略的主线延伸，产业链的模块各自作为生命体，也同时互相依托、照应、共享资讯、增加生存机会的基础上，这是我们提出的梵活生物产业链的精华所在。

（四）Feel Life 梵活生物竞争战略的实施

有效的战略实施需要决策的有效性。

在决策中，有一个经典且有效的五步法：一是确定目标；二是收集相关信息；三是提出可行的备选方案；四是做出决策；五是执行和评价。当然，这并不意味着你会在所有情况下都盲目遵循这种方法。不过，它呈现的是一个相当自然的思维顺序，即使没有正式的框架，你可能也会按照同样的思维路径进行决策。知道和了解这种方法的好处在于，当漏掉某个步骤时（或者更可能的是已经不知不觉地运用了某个步骤时），你能迅速觉察（见图 13）。

1. 确定目标

你必须弄清（或者至少尽可能地明确）究竟要去向何方，否则整个决策过程就像雾里看花。一句谚语说得好："如果你不知道自己要驶向哪个港口，就只有随波逐流。"如果对自己的目标心存怀疑，那么试着把它写下来。如果时间允许，过一两天再看看。这时可能一眼就看出该如何击中目标。

2. 收集相关信息

有些信息是显而易见的，有些却可能被遗漏掉。许多关键信息不是立刻就能到手，如果允许拖延时间，最好不要在尚未掌握这些重要信息前做出决策。

记住，"可利用的"（Available）和"相关的"（Relevant）信息是有区别的。利用手

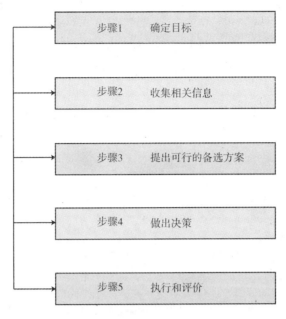

图11　经典决策五步法

边已有的信息来帮助我们决定该做何种决策，这是一个典型的错误。然而，有些管理者就是这样。他们看到已经掌握的信息时，不是反问自己"这是相关信息吗"，而是问"我该如何利用这些信息"。他们混淆了两类信息。

管理者及其下属说，现在进退两难：大家都认为应该掌握更多的信息来做出更好的决策，但是资料来源越来越多，他们不可能紧跟信息增长的速度。

为避免信息"超载综合症"的困扰，我们需要获取有效的信息。

假设手边可利用的信息与需要的信息有一定的差距，那你怎么办？显然，你将着手获取更多"需要的信息"。然而，收集信息或调查研究要花费时间与金钱。一般情况下你可能会在相对较短的时间内以相对较低的金钱成本获取大量相关信息。然而，曲线迅速趋于平缓。你会发现自己花费的时间越来越多，搜索到的相关信息却越来越少。例如，在一次晚宴上，我们俩初次相遇。在最初的半个小时内，我了解到的关于你的信息应该都是最重要的。聊得越久，我对你的了解增加得越少。3 个小时后，我们就会谈一些相当琐碎的细节。

3. 提出可行的备选方案

"备选方案"（Option）并非"二选一方案"（Alternatives）。缺乏技巧的决策者常常过快地进入二选一的状况。他们没有留出足够的时间和精力来酝酿至少三种或四种可能的方案。我们知道，著名的通用汽车公司总裁阿尔弗雷德·斯隆（Alfred Sloan）曾因属下仅提交了两个选择方案而将会议延期。他说："离开这里，去想出更多的方案。"

你必须将思维发散出去，在广阔的空间中思索所有的可能性。这样才能激发创造性思维。然而之后，你的评价能力就必须发挥作用了，通过评价来确认切实可行的方案。"可行的"（Feasible）意思是"可做的"、"可执行的"或"可实现的"。如果某个事物是可行的，那么它的达成就具有一定的现实性，目标才有实现的可能。

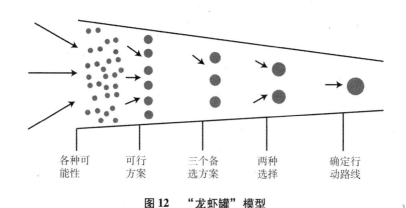

各种可能性　可行方案　三个备选方案　两种选择　确定行动路线

图 12　"龙虾罐"模型

图 14 提出的可行备选方案我们称为"龙虾罐"模型。在这个形似龙虾的渐窄的模型中，从可行的方案（通常不超过 5 个或 6 个，因为大脑难以掌控更多的方案）到 3 个方案，再到 2 选 1，压缩的基本原则是，证伪比证妥更容易。

假设你考虑在 5 款中等大小的轿车中选购一款作为家庭用车，排除不合适的车很容易。例如，在选择的时候，你可能发现其中的一款比其他车长 9 英寸，与你家车库的大小不匹配。另一款比其他款贵 1200 英镑，而你在研究了产品说明之后，却看不出到底贵在哪里，除了它比较有名。现在你面前有 3 个选择。由于你的伴侣不喜欢丰田车的颜色，因而你可以将丰田车也排除掉。现在，可供选择的就是尼桑和标致。你决定花更多的时间收集更多的信息，并且试驾这两款车。你对两款车感觉都很好，它们的性能确实都很棒。现在的问题就剩下价格和你的伴侣中意的颜色是否有货。其中一个经销商给了你一个优惠价，并且有货交付。那你还犹豫什么？

4. 做出决策

在做出决策之前，首要任务是建立选择标准。管理者有必要区分出不同的优先级（见图 13）。

执行和评价备选方案如果不满足"必须"级的要求，则应该被舍弃。在满足必要条件后，就看你的喜好，高度偏好的是"应该"级，额外喜好则归于"可以"级。

选车是个相对简单的例子，因为可供选择的车款有限，而且选择标准相对简单。为便

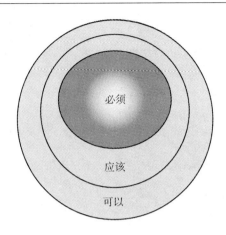

图 13　决策标准

于在更复杂的情况下进行选择，我们可以通过下列措施做出决策：

列出优势和劣势；考察每种方案的结果；以你的目标为准绳检验提案；衡量预期收获与风险。

5. 执行和评价

高风险是导致决策困难的真正因素。你可能知道两句俗语——"三思而后行"和"踌躇不决者必然失败"，它们给出的建议是相互矛盾的。计算风险时有一个有用的方法，就是界定最糟的下限，即最糟的情况会怎样，你是否能接受，或者这种情况将导致你彻底失败。然而，在高风险高回报的情况下，即使你知道如果决策出错会损失巨大，可能还是会选择高风险的方案，因为高额回报实在是太有诱惑力了。

然后，你必须集中精力尽可能去降低风险。在这里，经验、实践、专家咨询、搜索信息、心理演练可能都是会涉及的技巧。尽量将成功的可能性转化为实际，但不可能完全消除风险。

（1）评估结果。有两种形式的结果，即外显的和潜在的。外显结果理论上是你做决策时能够预见到的结果。

这里说"理论上"，是因为这并不意味着你确实预见到了，而是任何有着必备知识、经验和技能的专业人士都可以预见这些结果。例如，如果你妄图抢银行，外显结果对那些"专家"而言是显而易见的：你可能会变得非常富有；有人可能会受伤，包括你自己；你可能会进监狱。

潜在结果与外显结果的区别在于，它们几乎不会发生。专业人士如果没有预见决策引发的一系列复杂事件所导致的连锁反应，是可以原谅的。不可否认，有了计算机之后，在某些特定领域中识别潜在结果就变得容易些了，但还是很少有可能完全排除惊喜或意外。

我们不可能用这样的方式预见未来。

"决策"源于一个拉丁文动词，意思是"切掉"（Cut），与表示切掉的词语如"剪刀"（Scissors）和"切割"（Incision）等是相关的（见图 14）。

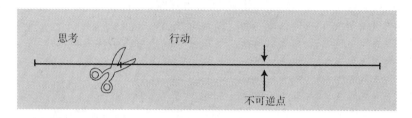

图 14　不可逆点

在决策中被"剪去"的是思考过程或活动。现在你要进入行动阶段了。不可逆点是指一个节点，超过这个节点，即使你明知所做的决策不佳也要继续下去，因为这时无论掉头或改变主意都会让你付出更多代价。大多数决策在最终落实之前，还是有一丝退路的，你仍然能够改变主意。通常是你的深层思维又一次核查了你的决策，然后你可能会喃喃自语，"嗯，我很满意"，或者不改变主意，但至少会坚持不懈地继续检查自己的决策正确与否。

在决策框架内审视执行还有另一个理由。评价能力在某些阶段会自然而然地发生作用，你会不断反思自己的决定是否正确，是否本该更迅速、更便捷或者至少比别人花更少的代价做出决策。所有这些资料都会存进你的记忆库并到达思维深处，这样下次你做类似决策时，这些过去的信息就会以一种直觉的方式发挥作用，这种直觉更多是习得的。

（2）决策过程透明公开。记住，作为一个好经理——虽然不是老板但却是一个领导者——你必须带领下属追随你。这意味着你要赢得他们的承诺。因此，请保持决策过程的五个阶段透明公开，人们对影响其工作生活的决策知道得越多，就越有动力去执行这些决策。

作为领导，你与别人共享决策的程度是不同的，这取决于某些因素，如所处的情境——特别是时间的紧迫性，还有团队成员是否具备相关知识等。事实上，当你和别人一同工作时，决定所做出的决策该在多大程度上进行控制、又在多大程度上放权，这本身就是个重要的决策（摘编自约翰·阿代尔《决策与决策问题》）。

（五）电子商务人才资源战略

1. 建立高效执行力的营销团队

我们应该把电子商务部门人员结构定位于以品牌运营为主导的网络销售型团队。

营销人才的引进可以采取两种方式：一是从大中专院校招聘有潜力的应届毕业生，应届毕业生刚出校门，其思想犹如空杯，且思维活跃，较容易引导，公司通过自己培养人才，可以提高员工的忠诚度；二是从行业内引入营销人才，同时还可以深度了解竞争对手的战略经营情况。

同时要不断深化营销队伍建设，做好营销人员的培训与开发，结合梵活的产品线及公司发展设计培训计划，从企业文化、专业知识、市场行情、心理学等多方位、多渠道、多形式进行培训与开发，并为营销人员设立阶段性成长目标，帮助其快速成长为专业的、训练有素的营销专才，为企业储备、沉淀一批专业的营销人才。

（1）做好人才梯队建设。作为私营企业，我们必须严格按照人员编制进行计划招聘，这个需要人事行政部门配合做好电子商务部门的人力资源规划。当公司内部某个岗位由于业务变动或前任提升、退休或辞退等原因出现岗位空缺时，保证有 2~3 名的合适人选可以接替此岗位。通过人才梯队的建设，扩大员工的知识面，有利于让员工明确自己的发展方向，激发员工的潜力，实现人才的在职开发。

（2）不断提升员工的满意度。影响员工满意度的主要因素有个人因素、领导水平、工作性质、工作环境、福利待遇、工作报酬和同事关系等，因此公司要不断提升员工的满意度，才能稳定员工队伍，留住对梵活有用的优秀人才。

2. 团队组建及岗位职责

（1）电子商务部门第一年的人员架构见图15。根据公司目前的发展重心，第一年的电子商务团队工作开展主要以"树立品牌知名度"和为第二期专业化发展做铺垫（人才储备、资源储备等）为目标，本部门会本着以低成本做大事情的原则进行人员安排。

（2）电子商务部门第二年的人员架构。第二年电子商务部门人员架构将根据淘宝商城、公司B2C网站的运营情况进行相应的人员调整，人员增加主要是在客服团队和推广团队。

（3）电子商务部门第三年的人员架构。除了保持已有第三方B2C平台、公司B2C网站的业绩继续提升，还承担公司新产品的网上渠道拓展及分销作用，在第三年主要以团队内人员优化、强化电子商务部门内团队合作为主。

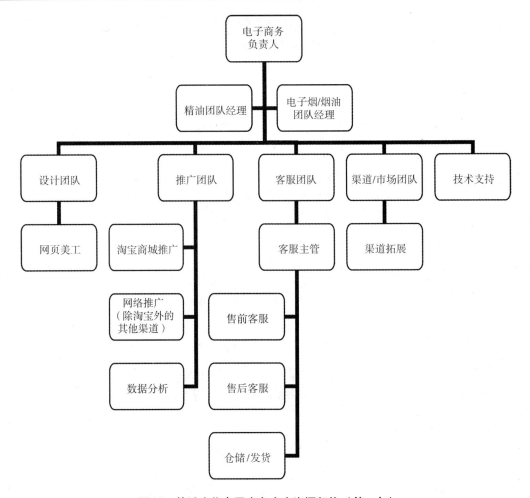

图15　梵活生物电子商务人力资源架构（第一年）

（六）市场开拓战略

生物型产业链市场开拓战略讲究柔性设计，着眼全球网络化线上与线下布局。

生物型产业链市场开拓分为以全球为目标的网络线上和线下的两路人马分别进行专业的开拓。

1. 采用多网站节点的意义

网站集群的目的：在互联网时代网络的流量决定后续获得利润的长尾效应。

对于站群和大型网站的选择可以这样考虑：

第一，看所要优化的关键词是否是一个行业，或者相关。如果相关可以考虑制作大型网站的形式；如果完全不相关，可以采用站群的形式。

第二，看对于时间的要求和对于网络营销的投入如何。如果没有时间要求的话，可以制作大型行业网站；如果要求快速见效，而且投入足够，那么可以用 SEM + 大型行业网站的方法；如果对于时间有要求，但是投入不够，如允许使用百度推广之类 SEM 的话，可以考虑站群。

第三，对于可持续发展来说，制作大型行业网站比站群有好处。大型行业网站做起来之后，将关键词根据重要程度分配到栏目或者内页，不仅可以获得因关键词排名而带来的后续利润，而且随着网站权重的提升，可以获得很多长尾搜索；并且还有机会获得其他方面的收获，利润可以深挖。

第四，站群与大型网站相比，很明显制作大型网站获得排名的难度要高于单个网站。前面说到单个网站如交换链接、制作外链、进行考核等都非常方便；而大型行业网站的栏目甚至内页交换链接会比较难，但是 58 同城和赶集网之类分类信息网站已经帮我们蹚平了一条道路，它们的栏目也可以交换到权重比较高的链接。

所以如果条件允许的话，我个人倾向于集中人力制作大型行业网站。因为一个大型网站其实相当于一个航母战斗群，如果操作得当，实力会越来越大。当然投入足够，也可以制作站群，只不过不是仅仅获得排名，而是提升主站的实力。

从站群引入链接至主站，从而达到提高主站 PV 和排名的目的，对搜索引擎关键词达到一定效果所产生的潜在客户流量有益，并最后转化为真实客户。

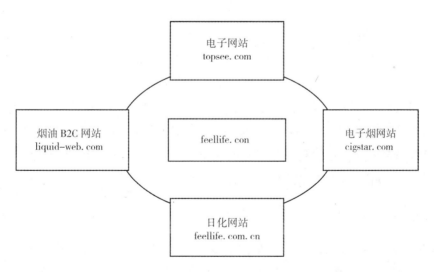

图 16　梵活生物市场开拓——网络站群

2. 梵活生物 Feel Life 品牌拓展策略方案

（1）2013 年 Feel Life 品牌拓展策略愿景。2013 年公司希望 Feel Life 品牌在各个主要销售国家都有品牌代理商，Feel Life 品牌销售占整个烟油销售市场份额的 40% 以上。

（2）Feel Life 品牌网络推广策略。第一，Feel Life 品牌形象网站已经有多种语言版本，后续还会继续增加。第二，feel Life 网站、liquid－web 网站的优化正在进行。第三，B2C 推广尽快补充销售人员，加紧进行。第四，B2B 推广继续完善。第五，待公司英文版宣传视频做好之后，尽快上传到 feellife.com、阿里、cigstar、环球资源、中国制造等相应的网站，同时在 ECF、e－liquidforum 等多个网站做好相应的链接，让更多人了解。

公司站群计划的实施分为三个步骤：建网过程；建网完成；稳步增长。

（3）Feel Life 品牌代理拓展实物准备。第一，完善的代理协议模板文件，两周内会确定好。第二，凡是 Feel Life 品牌的代理商，都会制作授权牌随货发给客户。第三，Feel Life 品牌代理商宣传品支持清单：DVD 光盘、宣传画册、Feel Life Logo 的钥匙扣、Feel Life Logo 的棒球帽、Feel Life Logo 的签字笔。Feel Life Logo 的挂画、Feel Life Logo 的卡通人物饰品、Feel Life Logo 的 T 恤共 8 种宣传品。第四，Feel Life 品牌代理商支持套餐计划。品牌独家代理：每月提供上述 8 种宣传品的所有品种支持。根据不同国家不同独家代理商的销售任务量和完成情况提供相应的数量。一般品牌代理商：每季度提供上述 8 种宣传品的 5 种支持，根据不同国家不同品牌商的销售任务量和完成情况提供相应的数量。

（4）我公司 Feel Life 品牌拓展的 3 个阶段发展规划及目标。第一阶段：即日起至 2013 年 4 月 25 日，我公司现有品牌代理商的国家共 6 个，为乌克兰、波兰、罗马尼亚、以色列、俄罗斯、丹麦。其中乌克兰和俄罗斯客户现在基本没有下单，后续需要更换。

第二阶段：2013 年 4 月 26 日至 8 月 25 日，争取签订的品牌代理商达到 15 家（包括客户 Logo 和 Feel Life Logo 放在同一包装上面推广的情况）。Feel Life 品牌烟油销售额占总烟油销售额的 30%。若达到签订品牌代理商 15 家的目标，公司会增加相应的推广投入。例如，把环球资源上的星级进行升级，在更多的专业论坛和媒体上做广告投放。若到了 2013 年 8 月 25 日，还没有达到签订品牌代理商 15 家的目标，则 2013 年全年都按照第二阶段进行相应的工作。

第三阶段：2013 年 8 月 26 日至 12 月 31 日，争取签订的品牌代理商达到 36 家（包括客户 Logo 和 Feel Life Logo 放在同一包装上面推广的情况）。Feel Life 品牌烟油销售额占总烟油销售额的 40%。若达到签订品牌代理商 36 家的目标，公司会在扩大媒体、平台等广告投入的同时，增加与客户的互动，即增加主动拜访客户的投入。

（5）外贸部团队人员的配备。第一，会增加对于阿拉伯语、俄语等小语种人员的招聘。第二，增加 B2C 人员的招聘。第三，到了一定的时候，会配备 FAE 在中国香港、深圳、广州办公室上班，专门为外贸销售人员和客户服务。

Hetzel 提出的"体验之轮"（Experiential Wheel）（见图17）尤其适合对企业战略进行客观评价并寻求创新。

惊喜
满足意外的需求
重新报价
方便消费者的日常生活

应对特别的需求
肢端肥大型
难以置信型
真实可靠型
复古怀旧型
未来主义型
不可思议型
梦幻迷人型

刺激消费者的五觉
营造家的氛围
在城市中心创造私密的和
"大自然"环境
营造趣味性
营造神圣感
营造"身处他方"感
营造神秘感

品牌反馈的信息
场景服务式品牌
品牌的"灵魂状态"
寺院品牌
存在的品牌

创建与消费者之间的联系
便利性
个性化
身份
道德规范
应节
亲近

图 17　Hetzel "体验之轮"（Experiential Wheel）

3. "80/20" 法则在电子香烟生态系统上的应用

"80/20"效率法则（80/20 Principle）又称为帕累托法则、帕累托定律、最省力法则或不平衡原则。

早在 19 世纪末，帕累托研究英国人的收入分配问题时发现大部分财富流向小部分人一边，还发现某一部分人口占总人口的比例与这一部分人所拥有的财富的份额具有比较确定的不平衡的数量关系。而且进一步研究证实这种不平衡模式会重复出现，具有可预测性。

经济学家把这一发现称为"帕累托收入分配定律"，认为是帕累托最引人注目的贡献之一。

管理学家从帕累托的研究中归纳出了一个简单的结果，如果 20% 的人占有 80% 的社会财富，由此可以预测 10% 的人所拥有的财富为 65%，5% 的人享有的财富为 50%。管理学家看重的是这一结果体现的思想，即不平衡关系存在的确定性和可预测性。正如里查德·科克有个精彩的描述："在因和果、努力和收获之间，普遍存在着不平衡关系。典型的情况是 80% 的收获来自 20% 的努力，其他 80% 的力气只带来 20% 的结果。"

总之，"80/20"效率法则告诉人们一个道理，即在投入与产出、努力与收获、原因和

愤怒的小鸟

- 2009年Rovio公司推出愤怒的小鸟，迅速成为公司最成功的产品，3个月内就登上芬兰下载排行榜冠军。

- 这个成功其实是累积自诸多失败而来，Rovio公司已经开发了51个产品，其中有15个是自己发展，另外36个是帮客户代工。过去看似失败的产品，其实为公司累积了非常扎实的游戏经验与研发实力。

- CEO迈克尔·海德（Mikael Hed）从失败中学到经验：

——不能把重心全放在看似量大的生意上。
——提出"80/20"法则让八成研发人力作外包，维持公司基本营运，两成开发新产品。如此一来，我们可以一直试，一直做到我们有一个成功的产品出现为止。

图18　"80/20"法则运用案例

结果之间，普遍存在着不平衡关系。少的投入，可以得到多的产出；小的努力，可以获得大的成绩；关键的少数，往往是决定整个组织的效率、产出、盈亏和成败的主要因素。

将"80/20"效率法则的理念和规律运用于组织人力资本管理活动中，管理者必须明确人力资本使用的特殊性，以及提高人力资本使用效率的重要性与可行性。

人力资本的存在形式和作用方式不同于物力资本。人力资本以人为载体。使用权主体只能间接控制，无法直接支配。运用权主体具有永久的唯一性。人力资本的使用效率，完全由载体个人劳动努力的供给决定。未来的发展往往取决于少数（比如20%）关键性的人才。对一个股份制企业组织而言，从董事会的角度考虑，关键人才一般包括以下人员：CEO、CFO等高级的管理人员；开发、生产、营销、人力资源等重要部门经理或项目负责人；高级研究与开发（R&D）人员；具有创造发明能力的高级技能型技术、工艺及制度设计人员；其他极具发展潜力的高素质员工。

基于此，如何构建"80/20"效率法则的组织人力资本管理制度就十分有意义。下面提出四项行动建议：

（1）精挑细选，发现"关键少数"成员。所谓发现"关键少数"成员，实际上是要发现"关键的"人力资本。人力资本无色无味、无形无态、无影无踪，本来就难以"发现"，更何况是对特定组织具有关键作用的人力资本。

为了找到合适人选，许多组织不仅要支付发现成本，而且还得冒因"招聘失败"而导致价值损失的风险。一般而言，所选人员职位越高，所付成本或所冒风险越大。招聘

CEO、CFO 等 "最关键" 的高级管理人员，可以委托专业 "猎头公司"（Head Hunter）进行。为此需要付出的服务费可达所获人才一年的年薪 30 万 ~ 100 万元。尽管费用不低，但对组织来说还是比亲自操作有效。

（2）千锤百炼，打造核心团队。发现 "关键少数" 成员十分重要，但更重要的，是把 "关键少数" 整合起来，从中选择核心成员，建立决策、管理、创新工作团队（Teams）。

建立团队，就是要把 "每个人的能力、经验、态度和价值交织在一起，创造出一个内容丰富的结构"。团队结构具有紧密、完整、协调特征，通常可以产生大大优于离散个体或松散群体之和的效率或力量。因而，在日趋激烈和国际化的竞争环境中，团队正逐步成为经济和社会活动主流的工作方式。

一个组织的存在与发展，取决于多种内生与外生变量。但是，在决策、管理和创新三个最重要的环节贯彻团队精神，落实团队工作机制，无论对于企业组织还是事业组织，都是成功的必要条件。团队决策是第一步。"一言堂"、"家长制"、"一把手说了算" 是小农经济性质的决策方式。这种方式不只流行于计划经济时期，时至今日，在竞争机制、价格制度和权力平衡结构尚未建立或不完善的国有垄断部门、事业单位、私营企业、官僚化的 "群众团体" 中，甚至在一些学术团体中，仍然普遍存在着决策权高度集中的现象。决策权高度集中，效率损失通常在所难免，资产流失的概率必然大大增加。

明晰产权边界，建立权力结构平衡的决策团队，实行团队决策，是组织成功的最优选择。同样，在生产要素交易、生产作业、产品营销、人力资源等管理环节，团队工作方式的收益必然大于非团队方式。技术、工艺与产品创新，是组织核心竞争力的决定因素。在知识分类全面精细化和劳动分工高度专业化的今天，单打独斗、闭门造车，最终只能以失败告终。配置优质人力资本，建立高效率研发（R&D）团队，强化合作博弈机制，是组织实现创新的必然选择。

（3）培训锻炼，提高 "关键少数" 成员的竞争力。核心竞争力是组织在激烈的市场竞争中获胜的必要条件。竞争环境的变化，要求组织不断调整和强化核心竞争力。组织的核心竞争力，表面上看，是体现在产品开发、性能改进和生产成本节约等一系列过程中的领先技术与工艺，但实际上，应该是创造、掌握和（或）运用技术与工艺的人，即组织中 "关键少数" 成员所具有的人力资本。激励根源于需要。当行为主体的需要未满足时，就会出现心理紧张，进而在身体内产生内驱力，去寻找能够满足需要的目标。目标一旦找到，需要得到满足，心理紧张即告消除。然而，人的需要是无限的，旧的需要得到满足。新的、更高层次的需要就会产生。需要的层次越高，满足的难度越大，激励的因素越复杂。

"关键少数" 成员的需要非同一般。按照亚伯拉罕·马斯洛（Abraham Maslow）的需要层次理论（Hierarchy of Needs Theory），应该是达到最高和次高层次的需要——自我实现需要和尊重需要。因此，只有提供满足这两种需要的条件或机会，才可能产生有效激励。这些条件或机会主要包括：获得荣誉、提升地位、受到尊重；分享决策权、管理权；进修、提高业务水平；确定的、令人满意的个人职业发展计划；发挥潜能、实现个人价值。

（4）优胜劣汰，动态管理"关键少数"成员。对组织中的"关键少数"成员和由"关键少数"成员构成的团队，要实行动态管理，即实行优胜劣汰制度。

保持组织员工的流动性十分必要。有两位美国学者，从理论上对员工流动的必要性进行了较有说服力的解释。一位是心理学家勒温（K. Lewin），他提出了"场论"，认为个人的工作绩效（B）是个人的能力和条件（P）以及个人所处环境（E）的函数，即 B = f (P/ E)。个人与环境之间一般总有一个从相互"适应"到"不适应"的发展过程。由于个人无法左右环境，环境通常也不会因为少数个人而发生改变。因此，当适应程度下降至不适应程度时，新的环境无论对于个人还是组织都是最佳选择。另一位是卡兹（Katz），他在大量调查统计的基础上提出了"组织寿命学说"，科研人员之间信息沟通水平最高、成果最多。之前，"新面孔"之间交流有限；之后，"老相识"之间"老话"连篇，信息沟通水平下降，组织成果必然减少。解决问题的办法就是人员流动。数年流动一次，一生流动 7~8 次是合理选择。

"流水不腐，户枢不蠹"。以绩效考核为依据，为"关键少数"成员团队不断引进优秀成员，这是维持组织人力资本活力，并进而保持组织核心竞争力的必要条件。

电子香烟产业链上，电子雾化液是利润最高的模块。应该将有些利润和技术门槛低的行业模块（80%的产业模块）进行外包，集中资源做好20%的高技术壁垒模块。

尤其是随着科技进步，行业红海趋势越发明显，生态系统发挥威力，自主进化往高度自动化方向发展，而能否在产业模块进入到红海时，发现那个20%未来获利空间大的环节，就是我们当前的功课。

（七）生物型产业链风险管理——告别工厂思维

生物型产业链最大的风险来自"度"的把握，生存的度、发展的度、创新的度、进化的度。

比如，创新往往是成长的兄弟，无论是微创新还是对模式修正式的创新，其中的"度"如何把握，是考验企业家智慧与胆略的试金石。向前半步，可能就是天堂；向前一步，很可能就是地狱。但向前是创业的主旋律。而我们崇尚的生物型产业链讲究的是自我学习、变异、适应，而这个"度"的把握主体往往有工厂的厂长、总监、研发室主管等，而这些工科毕业的人往往感性思维缺乏，思想的跳跃性决定了"度"的把控难度。

生物型产业链整体营销风险必须摆脱工厂思维。为了更好地生存，在转型过程中都提出了"两条腿走路"、"两条腿都要硬"的变革目标与发展战略。而事实证明，长期依赖于"一条腿"独步江湖的肌体似乎对稳定性更强、配合度更好、加速度更快的"两条腿"构造很不适应、很难适应，从而更加丧失原有的稳定性、配合度、加速度，"两条腿"的"排异反应"，让太多的产业链中的模块不适应。

同样是产品，同样面对消费者，同样只获取微薄的利润率，只不过是将以前的面对国外市场的笑脸转身面对国内，为什么就这么难呢？这是很多行业外贸企业转型过程中很难打开的心结。不少外卖企业的当家人的焦虑也是如此，我又不是不知道品牌打造的难度，可我愿意投入啊！我又不是不知道企业变革的阻力，可我愿意突破啊！我又不是不知道整体环境的恶劣，可我愿意储备啊！

当一些阶段性的变革受挫时，开始频繁免掉质量总监、车间主任，调整总经理，引进"空降兵"，变革的意图不可谓不大。此时的企业最想解决的是销售下滑、订单减少的眼前矛盾，而事实上其已经触及了企业战略转型的重大问题。对于众多想"两条腿"走路的外贸转型企业，应该摸着自己曾经十分健康，甚至为之骄傲的外贸"长腿"去思考一些关于"光吃饭、不长个"那条内销"短腿"的问题所在。尤其在这个过程中要学会告别"工厂思维"。

（1）什么是"工厂思维"？

微笑嘴型的一条曲线两端朝上，在产业链中，附加值更多体现在两端——研发和营销，处于中间环节的制造附加值最低。

微笑曲线中间是制造；左边是研发，属于全球性的竞争；右边是营销，主要是当地性的竞争。当前制造产生的利润低，全球制造也已供过于求，但是研发与营销的附加价值高，因此产业未来应朝微笑曲线的两端发展，也就是在左边加强研发创造智慧财产权，在右边加强客户导向的营销与服务，如图19所示。

微笑曲线有两个要点：第一个是可以找出附加价值在哪里；第二个是关于竞争的形态。

简而言之，"工厂思维"的主要公式是"成本＋利润"，着眼点是"产品＋订单"，主要的竞争手段是"价格＋信息"。体现价值的实现方式就是货柜从厂门口出去，基本在计算机上已经算出了大概的利润。这在外贸出口的状态下是一种"正常态"，因为企业只需要充当整个产品从研发到品牌、从工厂到市场、从价格到价值转换过程中的一个环节。很多时候这种模式的商业价值也是希望制造企业眼睛朝内，将成本和品质的性价比最大化。

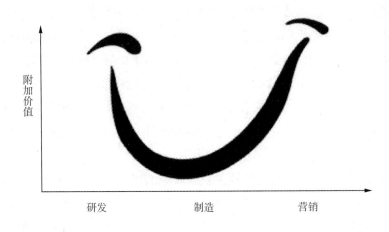

图19　微笑曲线

而产品研发和品牌、渠道的拥有者能够在最优产品价格的基础上发挥所有核心资源的价值最大化。

"工厂思维"在一个产业链集群分配的模式中，应该说有它合理的地方。所以不少研究世界产业分工的专家、学者也建议一些国家、地区在一定阶段要甘于做"世界工厂"，而不是盲目地、超能力地追求所谓的核心技术、核心价值。而事实上，目前的前提是外部的环境发生了变化，继续保持加工的成本、品质也不能获得更多的国外订单时，外贸企业不得不在市场环境压力下，考虑所谓的"两条腿"走路，这个时候最大的障碍与最难以改变的就是已经固化、曾经产生过辉煌的"工厂思维"。

（2）为什么要告别"工厂思维"？

2008年，中国迎来了改革开放30年纪念，今天的中国说起社会主义市场经济似乎没有任何不适应。而我们回头看，曾经的"市场经济"字样对于整个国家来讲直接要回答的就是"姓资姓社"的问题，甚至就是一个"共和国改颜色"的问题。而邓小平的一句"资本主义也有计划，社会主义也有市场"的"新思维"推动了中国波澜壮阔的改革历程。

同样，"工厂思维"是一种惯性思维，由于外贸业务是不少企业的起家业务、核心业务、唯一业务，所以当这些企业开始内销业务时，更多地着眼于一单、几单的业务短期收益，所以往往容易急功近利或是频繁换将；"工厂思维"是一种惰性思维，由于以往利润模式的设计和实现过程都比较简单，因此不少外贸企业做内销后觉得太复杂、太麻烦、太漫长，于是总是希望将市场"一包了之"，最终使得企业在资源整合方面处于被动；"工厂思维"是一种定向思维，更多的着眼点在产品能不能生产出来、价格能不能控制下来。

所以，梵活生物作为营销主体，面对全球外贸企业转型，不改变"工厂思维"是行不通的。因为我们之前面对的产品、订单，更多考验的是我们对固定因素的控制能力，而面对内销市场多样的消费者需求、残酷的同行竞争、需要利益平衡的营销环节以及漫长而又复杂的品牌打造，除了对能力的更高要求外，更多的是需要企业像从"姓资姓社"的定向困惑中走向"资本主义也有计划、社会主义也有市场"一样的"思维转换"。

（八）品牌聚焦战略

梵活生物的前身为深圳如烟生物科技，改名是为了拓展品牌的外延性，不局限于电子烟行业，同时也避开了国家广播电影电视总局对于凡是带"烟"的字眼都不允许出现在传媒上的国家政策。

品牌聚焦建立是一个真正长期的战役，从企业的整体视觉设计入手发展到在全球将近70 个国家运营 F&L 与 Cigstar 子母品牌战略。

多品牌战略是企业在发展的某一阶段所采用的一种参与竞争的手段，通常我们看到的有同质化多品牌战略和差异化多品牌战略两种形式，而用得比较多的是差异化多品牌战略。梵活生物将各个独立运营产业链分为烟草电子雾化液、浓缩烟油、电子烟、PCBA 等品类，于是为了扩大终端数量或者走专业化路线，引入多品牌战略，引入梵活 F&L 与 Cigstar，形成 Feel Life 子母品牌的运作。

梵活生物认识到，选择差异化的多品牌战略中的子母品牌的运作模式，既借用了原有母品牌所沉淀下来的品牌资产，又在自己的一个专业领域里面获得发展空间，并不影响原有母品牌的发展。

当然，选择这一种模式如何去运作且不形成内耗是重要问题。通常两个品牌同时存在于一家企业，难免会发生内耗，最明显的就体现在经销商层面，如果两个品牌存在于同一终端或者同一经销商，尚且影响不大，如果存在于不同的终端、不同经销商，虽然说定位有所差异，但难免还是会形成内部经销系统的竞争与内耗。如果要形成渠道剥离，又不造成内耗，其实也有相应的方法。企业在选择子母品牌的运作模式时，其实主要也是在考虑在原有系统内的扩张。如果已经是既定的战略，那么规避的唯一方法就是彻底剥离——独立的公司，独立的运作团队，独立招商，必须做到彻底让经销商看不出两个品牌之间有任何关联。梵活生物体系中电子烟产品采用"烟趣世家 Cigstar"独立体系与梵活产业链体系下的其他产品参与国际竞争。

多品牌战略是企业发展到一定阶段，所必须面对的一个战略性问题，不管是同质化多品牌战略还是差异化多品牌战略，不管是子母型差异化多品牌战略，还是兄弟型差异化多品牌战略，任何一种战略的实施都需要根据企业所掌握的资源和所希望达到的目标以及所处的市场位置来展开，战略本身就是一种选择，没有对和错，只有适合与不适合。梵活生物建立生物型产业链建构的精髓是在企业大的生态体系下，品牌是企业参与国际市场的利器之一，品牌的聚焦只有符合市场和自身的体系发展需要和特征才有生命力，正如我们品牌的广告词——Feel Alive，Feel Life！

六、附件

附件1　电子雾化液香气的评析

1. 范围

GB/T 14454 的本部分规定采用三角评析法来评析和判定待测试样的香气与标样之间的差别，适用于电子雾化液香气的常规控制。

2. 规范性引用文件

凡是注日期的引用文件，其随后所有的修改单或修改版均不适用于本部分。鼓励根据本部分达成协议的各方研究是否可使用这些文件的最新版，凡是不注日期的引用文件，其最新版本适用于本部分。

下列文件中的条款通过 GB/T 14454.2—2008 的引用而成为本部分的条款。

3. 术语和定义

下列术语和定义适用于 GB/T 14454.2 的本部分。

三角评析法：将 4 根辨香纸分别标记，用其中 2 根辨香纸蘸取待测试样，用另外 2 根辨香纸蘸取标样，混合这 4 根辨香纸。任意抽走 1 根，保留 3 根，让评析员找出香气不同的那根辨香纸。

4. 原理

将待测试样与标样进行比较，根据两者之间的香气显性差异来评估待测试样的香气是否可接受。

根据感官分析法中三点检验法的数学统计模型，在最低的显著水平是 5% 的情况下，评析员轮流独立地对准备好的辨香纸进行评析，出示抽出的辨香纸标记符号给主持者，由主持者记录，不讨论。每人进行 3 次（勿重复进行），分别对样品的头香、体香和尾香进行评析，把每次评析都视作一次独立判定，如果为 5 人的话，共评析 15 次，如果抽出正确的辨香纸低于 9 次，则低于最低的显著水平 5%，可判定待测试样的香气与标样有差异，但在可接受范围内。因此，本方法的操作需由不少于 5 位（最佳 7 位，单数，具体的评析员数及其判断临界值见附表 1）、经培训合格的或是嗅觉灵敏的评析员组成的评析小组进行，一次评析的样品量不应超过 15 个，以确保评析员集中精力。

附表 1　二项分布显著性表（a = 5%）

评析员数	评析次数	临界值
5	15	9
6	18	10
7	21	12
8	24	13
9	27	14
10	30	15
11	33	17

5. 评析前的准备

（1）评析室。评析室内部设施均应由无味、不吸附和不散发气味的建筑材料构成，室内应具有洗漱设施。

应控制噪声，避免评析员在评析过程中受干扰，应有适宜的通风装置，避免气息残留在评析室中。

温度和湿度应保持稳定，让评析员感觉舒适。

（2）评析员。第一，评析员的选择：评析员应身体健康，具有正常的嗅觉敏感性和从事感官分析的兴趣；对所评析的产品具有一定的专业知识，且无偏见；无明显个人体味。

第二，评析员的培训：挑选不同香型的样品 3～4 个并构成香型组（烟草型、水果型、花香型），然后反复使评析员熟记；对评析员已熟记的香型进行稀释，然后让评析员排出强弱差别，可逐渐稀释倍数以提高辨香难度；以上培训需长期坚持，每年用盲样对评析员进行测试。

第三，评析员评香前的要求：每次在评析前必须洗手，身上不带异味（包括不使用加香的化妆品）；不能过饥或过饱；在评析前，1 小时内不抽烟，不吃东西，但可以喝水；身体不适时不能参加评香。

（3）辨香纸。干净、无污染的辨香纸。用质量好的无嗅吸水纸（厚度约 0.5mm），切成宽 0.5～0.8cm、长 10～15cm 的条形。

（4）标样和待测试样。

6. 操作程序

（1）主持者应先确保评析环境符合要求，然后通知评析小组成员，时间最好选择在上午或下午的中间时段。

（2）准备好标样和待测试样，并可提前准备好辨香纸。

（3）主持者将4根辨香纸不蘸取样品的一端用独特的代号/符号进行标记。

（4）取2根标记过的辨香纸浸入标样中约1cm蘸取料液，在标样容器口把多余的料液刮掉，辨香纸从标样中拿出后勿将蘸有料液的一端向上竖放，避免多余的料液下滴。主持者记录其代号/符号。

（5）取另2根标记过的辨香纸浸入待测试样中，蘸取料液的高度应与标样一致，主持者记录其代号/符号。

如果不能确保蘸取同样高度的话，最好将4根辨香纸都单独蘸取，避免评析员从蘸取料液的高度上进行辨别。如果两个样品在辨香纸上出现可见的色差时，调暗评析室的亮度。

（6）由主持者将4根蘸有样品的辨香纸交叉混合，此过程应避免蘸有样品的一端相互接触、污染。任意抽出一根放置一旁，保留其余3根辨香纸，置在辨香纸支架上，交给评析员评析。

（7）在评析时需注意，辨香纸与鼻子需保持1~2cm的距离，且勿让辨香纸接触鼻子，缓缓吸入，在感觉到嗅觉疲劳时，评析员可以嗅一下自己的衣袖。

（8）剩下的3根辨香纸中必然有1根蘸取的料液是来自不同的样品，评析员根据自己的嗅觉寻找香气不同的辨香纸。

（9）如评析小组集中进行评析，在评析过程中评析员应不互相讨论，且需对同一组标样和待测试样进行3轮蘸取和评析，每位评析员只需在30分钟内，每隔10分钟寻找一次香型不同的辨香纸，主持者只记录每位评析员每一轮评析所找出辨香纸的代号/符号。

7. 结果的表述

（1）如果不是小组成员集中进行评析，评析员应根据自己评析结果给出意见：与标样相符；与标样有一定的差异，但可接受；与标样差异明显，拒绝。

应至少有5位评析员参与，最终的结果应综合评析员的意见。如5人参加评析，1人的意见是"拒绝"，4人的意见是"与标样有一定的差异，但可接受"，则最终可判定为"与标样有一定的差异，但可接受"。

（2）如果是小组成员集中进行评析，则根据三角评析时抽出的那根辨香纸是否正确来判定。如果评析员留下的3根辨香纸中抽出的那根就是来自不同的样品时，则结果视为正确。

（3）结果分析。原假设：不可能根据特性强度将两种试样区别开，在这种情况下识别正确的概率为 $P_0 = 1/3$。

备择假设：可以根据特性强度将两种试样区分开，在这种情况下识别正确的概率为 $P > 1/3$。

如果正确回答的数目小于附表 1 中的临界值，则认为待测试样与标样没有显著差异，属可接受范围；反之，正确回答数大于临界值，即认为待测试样与标样在香气上有显著的差异，超出可接受范围。

（4）如果标样与待测试样的评析结果显示待测试样不在可接受的范围内，而待测试样经过验证后，确认为具有代表性的正确样品时，则再用上批次的样品与待测试样进行评析，以排除在标样被污染、陈化、变质等情况下，对待测试样的香气产生误判。

本方法为仲裁法。

附件 2　电子雾化液香味的品吸

1. 范围

YC/T 145.7 – 1998 的本部分规定了电子雾化液香味的品吸。

本部分适用于电子雾化液香味的品吸。

2. 规范性引用文件

凡是注日期的引用文件，其随后所有的修改单或修改版均不适用于本部分。鼓励根据本部分达成协议的各方研究是否可使用这些文件的最新版，凡是不注日期的引用文件，其最新版本适用于本部分。

本部分修改采用 YC/T 145.7 – 1998。

3. 品吸前的准备

（1）品吸室。参照 GB/T 14454.2 品吸室布置。

（2）品吸器材。品吸器材要求卫生、环保，适合品吸使用。

（3）品吸小组。参照 GB/T 14454.2 品吸员的挑选及培训。

4. 品吸流程

（1）原理。采用三点检验法，通过品吸试样和标准样品的电子雾化液（包括香气、协调、杂气、刺激性、余味）判定试样与标准样品是否一致。

（2）品吸方法。同时向品吸员提供一组 3 个编码试样，其中 2 个是完全相同的，需品吸员挑出单零的那个样品，3 个不同排列次序的样品组中，两种样品出现的次数应相等。它们是：

BAA ABB

AAB BBA

ABA BAB

品吸组：由 6 个以上具备相应资格的品吸员组成。

（3）品吸步骤。在空气清新无杂气的品吸室内，主持人按（2）的要求向品吸员提供一组 3 个编码的试样或标准样品的电子雾化液，由品吸员用感官进行品吸比较，品吸员应指出 3 个中单零的一个。

5. 结果分析

原假设：不可能根据特性强度将两种试样区别开，在这种情况下识别单零试样的概率为 $P_0 = 1/3$。

备择假设：可以根据特性强度将两种试样区别开，在这种情况下识别单零试样的概率为 $P > 1/3$。

该检验是单边的，检验的主持人希望知道能否将这两种产品区别开来。

如果正确回答的数目小于附表 2 中的临界值，则对 5% 的显著水平，接受原假设 $P_0 = 1/3$，即认为待测样品与标准样品没有显著的差异。

如果正确回答的数目大于或等于附表 2 中的临界值，则对 5% 的显著水平，将拒绝原假设 $P_0 = 1/3$，而接受备择假设 $P > 1/3$，即认为待测样品与标准样品有显著的差异。

附表 2 二项分布显著性表三点检验法 （a = 5%）

品吸员数	临界值	品吸员数	临界值
5	4	18	10
6	5	19	11
7	5	20	11
8	6	21	12
9	6	22	12
10	7	23	12
11	7	24	13
12	8	25	13
13	8	26	14

品吸员数	临界值	品吸员数	临界值
14	9	27	14
15	9	28	14
16	9	29	15
17	10	30	15

注：详表可见 GB 4086.1 – 4086.6。

附件3　电子雾化液相对密度的测定

1. 范围

GB/T 14454 的本部分规定了测定电子雾化液相对密度的方法。

本部分适用于电子雾化液相对密度的测定。

2. 规范性引用文件

下列文件中的条款通过 GB/14454 的本部分的引用而成为本部分的条款。凡是注日期的引用文件，其随后所有的修改单或修改版均不适用于本部分。鼓励根据本部分达成协议的各方研究是否可使用这些文件的最新版，凡是不注日期的引用文件，其最新版本适用于本部分。

GB/T 14454.1　电子雾化液试样制备（GB/T 14454.1 – 2008，ISO 356：1996，MOD）。

3. 术语和定义

下列术语和定义适用于 GB/T 14454.1 的本部分。

（1）相对密度。一定温度（$t℃$）下，一定体积的电子雾化液的质量与相同温度下同样体积的蒸馏水的质量之比。

注：其表示符号为 d_t，没有单位。

（2）绝对密度。一定温度（$t℃$）下，一定体积的电子雾化液的质量与体积之比。

注：其符号表示为 ρ_t，单位为 g/ml。

4. 原理

在一定温度（$t℃$）下先后称量密度瓶内同体积的电子雾化液和水的质量。

5. 试剂

（1）所用试剂均为分析纯试剂，水为蒸馏水或纯度相当的水。

（2）蒸馏水，新煮沸并冷却至一定温度。

6. 仪器

实验室常用的仪器，特别是下列仪器：玻璃密度瓶，最小标称容量为 5ml。

7. 操作程序

试样的制备：

按照 GB/T 14454.1 的规定，试样的温度要接近测定的温度。

8. 操作程序

（1）打开仪器开关，将温度恒定在测定温度，预热 30 分钟。

（2）待仪器稳定后，用进样器吸取蒸馏水注入测样管，使蒸馏水充满管内，不得有气泡，待显示数字稳定后记录读数（ρ 样）。

（3）吸出蒸馏水，按仪器使用说明清洗，干燥测样管。

（4）吸出试样，用（2）的方法进行测试，记录读数。

（5）吸出试样，用（3）的方法进行测试，干燥测试管。

（6）结果的计算：

$$d_t = ρ \,水 / ρ \,样$$

（ρ 水为测得水的绝对密度，ρ 样为测得电子雾化液试样的绝对密度）

9. 实验报告

实验报告应包括：所用的测试方法；所得到的测试结果；如果重复性已得到核实，最后所得到的结果。

实验报告还应该说明本部分中未规定的任何操作条件或认为可选用的操作条件，以及可能影响测试结果的任何事件。

实验报告应包括对样品的完全鉴定所需要的所有详情。

附件 4　电子雾化液折光指数的测定

1. 范围

GB/T 14454 的本部分规定了测定电子雾化液折光指数的方法。

本部分适用于电子雾化液折光指数的测定。

2. 规范性引用文件

下列文件中的条款通过 GB/14454 的本部分的引用而成为本部分的条款。凡是注日期的引用文件，其随后所有的修改单或修改版均不适用于本部分。鼓励根据本部分达成协议的各方研究是否可使用这些文件的最新版，凡是不注日期的引用文件，其最新版本适用于本部分。

GB/T 14454.1 电子雾化液试样制备（GB/T 14454.1 – 2008，ISO 356：1996，MOD）。

3. 术语和定义

下列术语和定义适用于 GB/T 14454.1 的本部分。

折光指数：当具有一定波长的光线从空气中射入保持在恒定的温度下的电子雾化液时，入射角的正弦与折射角的正弦之比。

注：波长规定为（589.3 ±0.3）nm，相当于钠光谱中的 D1 线与 D2 线。

4. 原理

按照所用仪器的类型，直接测量折射角或者观察全反射的临界线，电子雾化液仍保持各向同性和透明性的状态。

5. 试剂

（1）所用试剂均为分析纯试剂，水为蒸馏水或纯度相当的水。

（2）标准物质，测折光指数（RI）用的试剂，用于校正折光仪，具体如下：蒸馏水，20℃时的折光指数为 1.3330；对异丙基甲苯，20℃时的折光指数为 1.4906；苯甲酸苄酯，20℃时的折光指数为 1.5685；1 – 溴萘，20℃时的折光指数为 1.6585。

6. 仪器

实验室常用的仪器，特别是下列仪器：折光仪，可直接读出 1.3000 ~ 1.7000 范围内的折光指数，精密度为 ±0.0002。

7. 操作程序

（1）试样的制备：

按照 GB/T 14454.1 的规定，试样的温度要接近测定的温度。

（2）折光仪的校准：通过测定标准物质的折光指数来校准折光仪；

保持折光仪的温度恒定在规定的测定温度上。

在测定的过程中，该温度的波动范围应为规定温度 ±0.2℃。

8. 测定

将制备的试样放入折光仪，待温度稳定后，进行测定。

（1）测定前清洗棱镜表面，可用脱脂棉先后蘸取易挥发溶剂乙醇和乙醚轻擦，待溶剂挥发，棱镜完全干燥。

（2）将恒温水浴与棱镜连接，调节水浴温度，使棱镜温度保持在所要的操作温度上。

（3）校准折光仪读数。重复（1）和（2）的操作。

（4）用滴管向下面棱镜加一滴电子雾化液，迅速合上棱镜并旋紧。电子雾化液的样品应充满视野而无气泡，静置数分钟，待棱镜温度恢复到所要的操作温度。

（5）对准光源，由目镜观察，转动补偿器螺旋使明暗两部分界线明晰，所呈彩色完全消失。再转动标尺指针螺旋，使分界线恰通过物镜上"×"线的焦点。

（6）准确读出标尺上折光指数至小数点后四位。

9. 实验报告

实验报告应包括：所用的测试方法；所得到的测试结果；如果重复性已得到核实，最后所得到的结果。

实验报告还应该说明本部分中未规定的任何操作条件或认为可选用的操作条件，以及可能影响测试结果的任何事件。

实验报告应包括对样品的完全鉴定所需要的所有详情。

附件5　电子雾化液旋光度的测定

1. 范围

GB/T 14454 的本部分规定了测定电子雾化液旋光度的方法。

本部分适用于电子雾化液旋光度的测定。

2. 规范性引用文件

下列文件中的条款通过 GB/14454 的本部分的引用而成为本部分的条款。凡是注日期的引用文件，其随后所有的修改单或修改版均不适用于本部分。鼓励根据本部分达成的协议的各方研究是否可使用这些文件的最新版，凡是不注日期的引用文件，其最新版本适用于本部分。

GB/T 14454.1　电子雾化液试样制备（GB/T 14454.1 - 2008，ISO 356：1996，MOD）。

3. 术语和定义

下列术语和定义适用于 GB/T 14454.1 的本部分。

（1）旋光度。在规定的温度条件下，波长为 589.3nm ± 0.3nm（相当于钠光谱 D 线）的偏振光穿过厚度为 100mm 的电子雾化液时，偏振光振动平面发生旋转的角度，用毫弧度或角的度数来表示。

注：若在不同的厚度进行测定时，其旋光度应换算为 100mm 厚度的值。

（2）溶液中的旋光度。比旋度：电子雾化液溶液的旋光度与单位体积中电子雾化液的质量之比。

4. 试剂

（1）所用试剂均为分析纯试剂，水为蒸馏水或纯度相当的水。

（2）溶液（仅在测定点在雾化液的比旋度时使用）：最好使用 95%（体积分数）的乙醇，使用前应先检查所使用的溶剂的旋光度是否为 0°。

5. 仪器

实验室常用的仪器，特别是下列仪器：

（1）旋光仪，精度至少为 ±0.5 毫弧度（±0.03°），用水调整到 0° 和 180°。

旋光仪应该用已知旋光度的石英片进行校验。如果没有石英片，就用每 100ml 中含 26g 无水纯净蔗糖的水溶液来校验。此溶液在 20℃，厚度为 200mm 时的比旋度应为 +604 毫弧度（+34.62°）。此仪器应在稳定的状态下使用，非电子型仪器应在黑暗中进行。

（2）光源，任何波长为 589.3nm ±0.3 nm 的光源均可以使用，最好是钠蒸气灯泡。

（3）旋光管，通常长度为 100mm ±0.5mm。

当测定低旋光度的浅色电子雾化液时，可使用长度为 200mm ±0.5mm 的旋光管。当测定深色的电子雾化液时，如有必要，可使用长度为 50mm ±0.05mm 或 10mm ±0.05mm 的旋光管，甚至更短的旋光管。

在 20℃ 或者其他规定的温度下测定，应使用配有温度计的双壁管，以确保水在所需温度下循环。

对于常温测定，可使用上述旋光管，也可以使用其他任何类型的旋光管。

温度计测量范围在 10～30℃，具有 0.2℃ 或者 0.1℃ 的分刻度。

恒温控制器，用以将试样的温度控制在 20℃ ±0.2℃ 或者其他规定的温度。

6. 操作程序

（1）试样的制备。当测定比旋度（见第 5 条第 2 部分）时，应按照有关电子雾化液标准中规定的浓度和溶剂配制该电子雾化液的溶液。

（2）测定。接通电源（第 3 条第 2 部分），待其至充分亮度。

如有必要，可将试样（第 6 条第 1 部分）的温度调至 20℃ ±1℃ 或者其他规定的温度，然后将电子雾化液注入同等温度的适当的旋光管（第 5 条第 3 部分）中。在恒温控制下，开始水循环，使旋光管在测试过程中保持在规定的温度（±0.2℃）。

将电子雾化液注满旋光管，确保管中无气泡。

将旋光管放入旋光仪（第 5 条第 1 部分），根据仪器上的刻度读出电子雾化液右旋（＋）或者左旋（－）旋光度。

（3）测定次数。同一试样至少测定 3 次。3 次测定的值相互之差不得大于 1.4 毫弧度（0.08°），取 3 次读数的平均值即为所测结果。

7. 实验报告

实验报告应包括：所用的测试方法；所得到的测试结果；如果重复性已得到核实，最后所得到的结果。

实验报告还应该说明本部分中未规定的任何操作条件或认为可选用的操作条件，以及可能影响测试结果的任何事件。

实验报告应包括对样品的完全鉴定所需要的所有详情。

附件 6　电子雾化液烟碱和二甘醇的判定

1. 范围

本标准规定了电子雾化液烟碱和二甘醇的气相色谱仪（GC）测定方法。

2. 原理

各类电子雾化液产品经气相色谱仪（GC）进行测定。

3. 试剂

纯 PG。

化学标准品：烟碱、二甘醇。

标准储备液：取 0.1g 烟碱和 1.0gDEG，用 PG 稀释至 100g，摇匀，再取上述混标 0.1g，用 PG 稀释至 100g。则配成 1ppm 烟碱 + 10ppmDEG 的标准储备液。

标准使用液：取 3ml（1 吸管的量）标准储备液，再加 3ml 乙醇，摇匀即可。

4. 仪器、容器

仪器：气相色谱仪。

GC 色谱柱：DB - WAXTR，50m × 0.32mm × 1.00μm。

分析天平：精度 0.0001g。

一次性吸管。

棕色玻璃瓶：120ml。

白色样品瓶。

5. 分析步骤

（1）分析条件见附表3。

附表3

进样模式	分流进样模式，分流比为20∶1
进样体积	$1.0 \pm 1\mu l$
进样口温度	200℃
色谱柱	DB－WAXTR，50m×0.32mm×1.0μm
载气	氮气
最高温度	250℃

（2）进标准使用液：取第3条第2部分配置好的标准使用液，用进样针进样，进样量为1μl。

（3）试样处理：取3ml电子雾化液，加入3ml乙醇，摇匀。取1μl，进样。

（4）定性确认：将试样和标准使用液运行的谱图调出来，在相同的保留时电子雾化液烟碱和二甘醇的判定。

附件7 亚硝胺盐和邻苯二甲酸盐的测定

1. 范围

本标准规定了电子雾化液中亚硝胺盐和邻苯二甲酸盐的气相色谱—质谱联用仪（GC－MS）测定方法。

本标准规定了电子雾化液中亚硝胺盐（8 种）和邻苯二甲酸盐（18 种）等物质含量的测定。

2. 原理

各类电子雾化液产品经气相色谱—质谱联用仪（GC－MS）进行测定。采用离子全扫描模式（SCAN），以碎片的丰度比定性，以标准样品离子外标法定量。

3. 试剂

（1）色谱级甲醇。

（2）色谱级丙酮。

（3）色谱级二氯甲烷。

（4）化学标准品：N－亚硝基二甲胺，N－亚硝基二乙胺，N－亚硝基二丙胺，N－亚硝基吡咯烷，N-亚硝基降烟碱（NNN），N-亚硝基新烟碱（NAT），N-亚硝基假木贼碱（NAB），4-（甲基亚硝胺基）-4-（3-吡啶基）-1-丁酮（NNK），DIDP，DBP，BBP，DEHP，DINP，DIDP，DMP，DEP，DMEP，BMPP，DEEP，DPP，DHXP，DCHP，邻苯二甲酸二苯酯，DNP，DIBP，DBEP 的化学标准品。

（5）标准储备液：各称取 0.05g 化学标准品（N-亚硝基二甲胺，N-亚硝基二乙胺，N-亚硝基二丙胺，N-亚硝基吡咯烷，N-亚硝基降烟碱（NNN），N-亚硝基新烟碱（NAT），N-亚硝基假木贼碱（NAB），4-（甲基亚硝胺基）-4-（3-吡啶基）-1-丁酮（NNK），DIDP，DBP，BBP，DEHP，DINP，DIDP，DMP，DEP，DMEP，BMPP，DEEP，DPP，DHXP，DCHP，邻苯二甲酸二苯酯，DNP，DIBP，DBEP，用色谱甲醇定容至 5ml，浓度为 1000ppm。

（6）标准使用液：各取 100 μl 浓度为 1000ppm 的标准品到 10 ml 的容量瓶里，用色谱甲醇定容，混标的浓度为 10ppm。

4. 仪器、容器

（1）GC-MS：气相色谱—质谱联用仪。

（2）GC-MS 色谱柱：HP-5MS，0.25mm ×30m ×0.25μm。

（3）分析天平：0.1mg 的分辨率。

（4）移液枪，规格：20μl~200μl、100μl~1000μl、1ml~10ml。

（5）容量瓶，规格：5ml、10ml、25ml、50ml。

（6）棕色拧紧瓶盖玻璃瓶，规格：25ml、50ml。

5. 分析步骤

（1）试样处理：

用 10ml 容量瓶在电子分析天平称取 1.0g 的样品（电子雾化液），用色谱甲醇定容至 10ml，从 10ml 容量瓶里取约 1ml 样品放进 2ml 样品瓶，进行 GC-MS 分析。

（2）空白实验：

实验中使用的试剂按（1）处理后，进行 GC-MS 分析。

（3）仪器分析条件见附表4。

附表4

选择模式	SCAN 模式
进样模式	分流进样模式，分流比：20:1
进样体积	1.0 ±1μl

续表

选择模式	SCAN 模式
进样口温度	250℃
色谱柱	HP－5MS，0.25mm×30m×0.25μm
载气	纯度大于0.99995的氦气
最高温度	300℃
离子 M／Z 扫描范围	m／z 29～400

（4）定性验证：在（3）的仪器条件下，试样待测液和标准品的选择离子色谱峰在相同保留时间处（±0.5%）。

（5）运行校准方法：建立校准曲线使"每个化合物的峰面积比与浓度比"的线性回归系数（R）≥0.995。

（6）GC－MS 仪器状态稳定性检查。

（7）配制 1mg/L 的标准校准溶液，每 5～10 个样品进一次标准校准溶液，标准校准溶液回收率应在 85%～115%。

（8）GC－MS 仪器进入空白样品，检查仪器有没有受污染。

（9）物质离子定性要求：分析物的保留时间与标准物质的保留时间相差在 ±0.5% 以内，对样品的质谱特征离子强度比的比较在 ±30% 以内。

（10）样品读数的选取：若样品含有目标物质且浓度在标线范围内，可正常读取并计算最后结果；若样品含有目标物质但浓度大于标准曲线的最大浓度，要把样品进行稀释处理并且最后读数浓度要在标线范围内，才可进行计算得出最后结果。

6. 参考标准

（1）GB/T 5009.26－2003 食品中 N－亚硝胺类的测定。

（2）GB/T 23228－2008 卷烟主流烟气总粒相物中 N－亚硝胺类的测定。

（3）GB/T 21911－2008 食品中邻苯二甲酸酯的测定。

附件8 电子雾化液双乙酰的测定

1. 范围

本标准规定了电子雾化液中双乙酰的气相色谱—质谱联用仪（GC－MS）测定方法。本标准规定了电子雾化液双乙酰物质含量的测定。

2. 原理

各类电子雾化液产品经气相色谱—质谱联用仪（GC－MS）进行测定。采用选择离子模式（SIM），以碎片的丰度比定性，标准样品离子外标法定量。

3. 试剂

（1）分析纯乙醚。

（2）色谱级丙酮。

（3）化学标准品：双乙酰（99%）的化学标准品。

（4）标准储备液。

（5）标准液的配制：各称取 0.25g 化学标准品〔双乙酰（99%）〕用分析纯无水乙醚定容至 25ml，浓度为 1000ppm。

（6）标准使用液：各取 100 μl 浓度为 1000ppm 的标准品到 10 ml 的容量瓶里用色谱甲醇定容，混标的浓度为 10ppm。

4. 仪器、容器

（1）GC‒MS：气相色谱—质谱联用仪。

（2）GC‒MS 色谱柱：HP‒INNOWAX，0.32mm×30m×0.50μm。

（3）分析天平，0.1mg 的分辨率。

（4）移液枪，规格：20μl～200μl、100μl～1000μl、1ml～10ml。

（5）容量瓶，规格：5ml、10ml、25ml、50ml、100ml。

（6）棕色拧紧瓶盖玻璃瓶，规格：10ml、25ml、50ml。

（7）一次性滴管，规格：2ml、5ml。

5. 分析步骤

（1）试样处理：用 10ml 容量瓶在电子分析天平称取 1.0g 的样品（电子雾化液），用分析纯乙醚进行定容至 10ml，从 10ml 容量瓶里取约 1ml 样品放进 2ml 样品瓶，进行 GC‒MS 分析。

（2）空白实验：实验中使用的试剂按（1）处理后，进行 GC‒MS 分析。

（3）仪器分析条件见附表5。

附表5

选择模式	SIM（筛选例子）模式
进样模式	分流进样模式，分流比：10∶1
进样体积	1.0μl
进样口温度	200℃
色谱柱	HP‒INNOWAX，0.32mm×30m×0.50μm

选择模式	SIM（筛选例子）模式
载气	纯度大于 0.99995 的氦气
流速	2.0 ml/min

（4）定性验证：在（3）的仪器条件下，试样待测液和标准品的选择离子色谱峰在相同保留时间处（±0.5%）。

（5）运行校准方法：建立校准曲线使"每个化合物的峰面积比与浓度比"的线性回归系数（R）≥0.995。

（6）GC–MS 仪器状态稳定性检查。

（7）配制 1mg/L 的标准校准溶液，每 5～10 个样品进一次标准校准溶液，标准校准溶液回收率应在 85%～115%。

（8）GC–MS 仪器进入空白样品，检查仪器有没有受污染。

（9）物质离子定性要求：分析物的保留时间与标准物质的保留时间相差在 ±0.5% 以内，对样品的质谱特征离子强度比的比较在 ±30% 以内。

（10）样品读数的选取：若样品含有目标物质且浓度在标线范围内，可正常读取并计算最后结果；若样品含有目标物质但浓度大于标准曲线的最大浓度，要把样品进行稀释处理并且最后读数浓度要在标线范围内，才可进行计算得出最后结果。

6. 参考标准

BS 5202–12：2000 烟油和烟草制品含量的测定（气相色谱法）。

附件9　电子雾化液微生物学的测定

1. 范围

GB/T 4789.1：食品微生物学检验　总则——规定食品微生物学检验基本原则和要求；

GB/T 4789.2：食品微生物学检验　菌落总数测定——规定食品中菌落总数的测定方法；

GB/T 4789.3：食品微生物学检验　大肠菌群测定——规定食品中大肠菌群计数的方法；

GB/T 4789.15：食品微生物学检验　霉菌和酵母菌测定——规定食品中霉菌和酵母菌的计数方法。

本部分适用于电子雾化液微生物学的测定。

2. 规范性引用文件

下列文件中的条款通过 GB/T 4789 的本部分的引用而成为本部分的条款。凡是注日期的引用文件，其随后所有的修改单或修改版均不适用于本部分。鼓励根据本部分达成协议的各方研究是否可使用这些文件的最新版，凡是不注日期的引用文件，其最新版本适用于本部分。

3. 术语和定义

下列术语和定义适用于 GB/T 4789 的本部分。

（1）菌落总数。食品检样经过处理，在一定条件下（如培养基、培养温度和培养时间等）培养后，所得每克（毫升）检样中形成的微生物菌落总数。

（2）大肠菌群。在一定培养条件下能发酵乳糖、产酸产气的需氧和兼性厌氧革兰氏阴性无芽孢杆菌。

4. 原理

通过比较实验中实验菌的恢复生长结果来评价整个检验方法的准确性、有效性和重复性。

5. 试剂

所用试剂均为平板计数琼脂培养基、孟加拉红培养基、月桂基硫酸盐胰蛋白胨肉汤、煌绿乳糖胆盐肉汤、磷酸二氢钾、氯化钠。

6. 仪器

（1）恒温培养箱、均质器、振荡器、恒温水浴锅、电子天平、显微镜；

（2）无菌吸管、无菌平皿、无菌锥形瓶、无菌试管、无菌广口瓶。

7. 操作程序

（1）菌落总数、霉菌的测定。

1）检样稀释及培养。

以无菌操作：

一是固体和半固体样品：称取 25 g 样品置盛有 225 ml 磷酸盐缓冲液或生理盐水的无菌均质杯内，8000 ~ 10000 r/min 均质 1 ~ 2 min，或放入盛有 225 ml 稀释液的无菌均质袋中，用拍击式均质器拍打 1 ~ 2 min，制成 1：10 的样品匀液。

二是液体样品：以无菌吸管吸取 25 ml 样品置盛有 225 ml 磷酸盐缓冲液或生理盐水的无菌锥形瓶（瓶内预置适当数量的无菌玻璃珠）中，充分混匀，制成 1：10 的样品匀液。用 1ml 无菌吸管或微量移液器吸取 1：10 样品匀液 1ml，沿管壁缓慢注于盛有 9 ml 稀释液的无菌试管中（注意吸管或吸头尖端不要触及稀释液面），振摇试管或换用 1 支无菌吸管反复吹打使其混合均匀，制成 1:100 的样品匀液。

根据食品卫生标准要求或对标本污染情况的估计，选择 2~3 个适宜稀释度，分别在做 10 倍递增稀释的同时，即以吸取该稀释度的吸管移 1ml 稀释液于灭菌平皿内，每个稀释度做两个平皿。稀释液移入平皿后，应及时将凉至 46℃ 的营养琼脂培养基注入平皿约 15ml，并转动平皿混合均匀。同时将营养琼脂培养基倾入加有 1ml 稀释液的灭菌平皿内作空白对照。待琼脂凝固后，翻转平板，菌落总数测定平皿置 36±1℃ 温箱内培养 48±2h，霉菌及酵母菌计数平皿倒置于 28℃±1℃ 恒温箱中培养 3 天（必要时延至 5 天）。

2）菌落计数的报告。

平板菌落数的选择：选取菌落数在 30~300CFU 的平板作为菌落总数测定标准。一个稀释度使用两个平板，应采用两个平板平均数，其中一个平板有较大片状菌落生长时，则不宜采用，而应以无片状菌落生长的平板作为该稀释度的菌落数，若片状菌落不到平板的一半，而其余一半中菌落分布又很均匀，即可计算半个平板后乘 2 以代表全皿菌落数。平皿内如有链状菌落生长时（菌落之间无明显界线），若仅有一条链，可视为一个菌落；如果有不同来源的几条链，则应将每条链作为一个菌落计。

稀释度的选择：一是应选择平均菌落数在 30~300CFU 的稀释度，乘以稀释倍数记录下来（见附表 6 例次 1）。

二是若有两个稀释度，其生长的菌落数均在 30~300CFU，则视两者之比如何来决定。若其比值小于或等于 2，应报告其平均数；若大于 2 则报告其中较小的数字（见附表 6 例次 2 及例次 3）。

三是若所有稀释度的平均菌落数均大于 300CFU，则应按稀释度最高的平均菌落数乘以稀释倍数报告之（见附表 6 例次 4）。

四是若所有稀释度的平均菌落数均小于 30CFU，则应按稀释度最低的平均菌落数乘以稀释倍数报告之（见附表 6 例次 5）。

五是若所有稀释度均无菌落生长，则以小于 1 乘以最低稀释倍数记录下来（见附表 6 例 6）。

六是若所有稀释度的平均菌落数均不在 30~300CFU，其中一部分大于 300CFU 或小于 30CFU 时，则以最接近 30CFU 或 300CFU 的平均菌落数乘以稀释倍数记录下来（见附表 6 例次 7）。

菌落数的报告：菌落数在 100CFU 以内时，按其实有数报告，大于 100CFU 时，采用两位有效数字，在两位有效数字后面的数值，以四舍五入方法计算。为了缩短数字后面的零数，也可用 10 的指数来表示（见附表 6 "报告方式" 栏）。

附表6　稀释度选择及菌落数报告方式

例次	稀释液及菌落数			两稀释液之比	菌落总数（CFU/g 或 CFU/ml）	报告方式（CFU/g 或 CFU/ml）
	10^{-1}	10^{-2}	10^{-3}			
1	多不可计	164	20	—	16400	16000 或 1.6×10^4
2		295	46	1.6	37750	38000 或 3.8×10^4
3		271	60	2.2	27100	27000 或 2.7×10^4
4		多不可计	313	—	313000	310000 或 3.1×10^5
5	27	11	5	—	270	270 或 2.7×10^2
6	0	0	0	—	$< 1 \times 10$	< 10
7		305	12	—	30500	31000 或 3.1×10^4

3）霉菌和酵母菌计数的报告。

计算方法：通常选择菌落数在 10～150CFU 的平皿进行计数，同稀释度的 2 个平皿的菌落平均数乘以稀释倍数，即为每克（或毫升）检样中所含霉菌数及酵母菌数。

报告：每克（或毫升）食品所含霉菌以 CFU/g（CFU/ml）表示。

（2）大肠菌群测定。

1）检样稀释：以无菌操作将检样 25g（或 25ml）剪碎（或液体样）放于含有 225ml 灭菌生理盐水的灭菌三角瓶中，经充分振摇做成 1∶10 的均匀稀释液。用 1ml 灭菌吸管吸取 1∶10 稀释液 1ml，注入 9ml 灭菌生理盐水内，振摇混匀，做成 1∶100 的稀释液。另取 1ml 灭菌吸管，按上述操作依次做 10 倍递增稀释液，每递增稀释一次，换用 1 支 1ml 灭菌吸管。根据食品卫生标准要求或对标本污染情况的估计，选择 3 个稀释度，每个稀释度接种 3 管。

2）乳糖发酵试验：将待检样品接种于乳糖胆盐发酵管内，接种量在 1ml 以上者，用双料乳糖胆盐发酵管，1ml 及 1ml 以下者，用单料乳糖胆盐发酵管。每一稀释度接种 3 管，置 36±1℃恒温箱内培养 24±2h，如所有乳糖胆盐发酵管都不产气，则可报告为大肠菌群阴性。如有产气者，则按第 4 条和（3）进行。

3）分离培养：将产气的发酵管分别转种在伊红美蓝琼脂平板上，置 36±1℃温箱内，培养 18～24h，然后取出，观察菌落形态，并做革兰氏染色和证实实验。

4）证实实验：在上述平板上，挑取可疑大肠菌群菌落 1～2 个进行革兰氏染色，同时接种乳糖发酵管，置 36±1℃温箱内培养 24±2h，观察产气情况。凡乳糖管产气、革兰氏染色为阴性的无芽孢杆菌，即可报告为大肠菌群阳性。

5）报告：根据证实为大肠菌群阳性的管数，查 MPN 检索表，报告每 100ml（g）大肠菌群的 MPN 值。

8. 实验报告

实验报告应包括：所用的测试方法；所得到的测试结果；如果重复性已得到核实，最后所得到的结果。

实验报告还应该说明本部分中未规定的任何操作条件或认为可选用的操作条件，以及可能影响测试结果的任何事件。

实验报告应包括对样品的完全鉴定所需要的所有详情。

拓幂科技金融创新服务项目

作者：黄庆华

任何产品、任何企业、任何服务在当下都面临着一个在互联网时代怎样进一步发展的问题。营销方式的改变，战略方向的选择，商业模式的变化，都绕不开"互联网化"。马化腾说，"互联网＋"是以互联网平台为基础，利用信息通信技术与各行业跨界融合，推动产业转型升级，并不断创造出新产品、新业务与新模式，构建连接一切的新生态。"互联网＋"代表的是一种能力、一种"信息能源"，能够促使互联网与传统产业不断融合。

在当今的商业环境中，"互联网＋"的能力已然成为传统行业转型必不可缺的一种能力，它是传统企业十分渴求的刚需，但这种能力并非每个中小传统企业都可以打造或轻易获得。对于三大BAT公司而言，它们已经远远地走在时代的前沿，而那些一开始就具有互联网基因的公司也早就顺势而为，只有那些传统的中小企业还在苦苦挣扎，寻求转型创新之路。

拓幂科技金融创新服务项目是一个集"互联网＋"科技服务与互联网金融服务的集合项目，旨在"互联网＋"时代帮助传统行业实现"互联网＋"的快速转型，重塑中小企业和谐健康的商业生态系统。

基于我司自主开发的数据库系统tooadmin，我们已成功应用于两个平台——金三角与必投网，这两个平台都是"互联网＋"传统小额贷款公司的真实应用。我们这套系统也可以广泛应用于其他传统中小企业的"互联网＋"转型，tooadmin的优势在于后期定制开发成本低、业务结合上线快，可以低成本地解决中小企业"互联网＋"的刚需。

我们借助tooadmin帮助客户实现"互联网＋"分三步走：第一步，在线。在线是任何一家企业走向互联网化必须经过的一个步骤。我们会帮助客户将内部的产品、服务、流程等环节尽可能地往互联网上搬，因为这在未来是一个非常基础的要求。第二步，互动。以前的传媒技术如报纸、广播、电视，核心技术都是单向传播的。互联网是一次大的技术革命，所有的交流都是双向的，而且是实时的，不是滞后的。我们会帮助客户建立可以与它的客户互动的前端平台，让它的产品和服务得到实时用户反馈。让我们的客户实实在在地接触到它的客户，并且为它的客户进行直接的服务。在线和互动带来的最大价值是可以第一时间跟用户面对面直接互动。你知道他是谁、知道怎样改进服务，所有这些都是基于数据。第三步，联网。互联网最终是一个大网，是把越来越多的点连在一起。很多企业完成了在线和互动之后还是线性结构，还是用原来的方法服务客户，只是这次跟客户的关系是直接的。这并没有充分利用互联网的更大价值，即联网。我们会帮助使用 tooadmin 系统的客户联网，让它们跟同样的企业有更多的协同，促进它们跟上下游进行新的组合，让原来看起来完全不搭界的服务，产生一些混搭创新的机会，这些只有在联网之后才会发生。

必投网是我们基于 tooadmin 系统自主开发并自主运营的互联网金融理财平台，是以上三个步骤的自运营实践项目。首先，通过 tooadmin 系统开发了线上运营的平台，让我们的金融理财产品、客户服务和业务交易变成在线。其次，逐步通过全网运营与客户形成互动。必投网是基于稳健线下业务而打造的 O2O 理财亲情社区，我们通过线下业务与线下活动来增强客户黏性与忠诚度，并通过平台运营提高业务的规范性与透明度，它的小众性与半开放性更易于风险管控与客户价值的深度挖掘。最后，必投网通过运营实践将形成一套成熟的应用平台和标准，为未来服务更多传统小额贷款公司、担保公司做好充分准备。当我们帮助更多类似于必投网的 O2O 理财亲情社区成功运营时，我们将打造 O2O 理财亲情社区联盟，并通过大数据进行资源互换，最终形成联网，让一个个看似独立运营的 O2O 理财亲情社区有效地联结起来，促进它们相互间有更多的协同，推进它们跟上下游进行新的组合，一方面更好地服务于投资客户，另一方面更好地服务好贷款客户，相互促进和谐发展。除了上述标准化运营实践与推广，必投网本身就服务于一群理财客户和贷款客户，有独立的盈利模式与能力。

金三角和必投网两个项目联合并行推进，我们统称为"拓幂科技金融创新服务项目"，这个项目的最终目标是给传统企业输送"互联网＋"与金融两项服务，当"拓幂＋必投网＋N 个传统企业"的模式初见成效时，和谐发展的商业生态环境就形成了。

一、公司/项目概述

拓幂科技金融创新服务项目是一个集"互联网＋"科技服务与互联网金融服务的集合项目，旨在"互联网＋"时代帮助传统行业实现"互联网＋"的快速转型，打造和谐健康的商业生态系统。

拓幂科技自主开发的数据库系统平台名叫 tooadmin。首先，它是在 yiiframework 框架的基础上，改进后得到的一个 php 开发框架，开发者可以在建立数据库后，直接对数据表进行编程操作，而无须再生成控制类、视图、数据 module 等烦琐的操作，并且融入了大量的通用函数，从而大大地节省了开发成本，提高了开发效率。其次，tooadmin 还是一个数据库管理平台，跟 phpMyAdmin 有些类似，都是管理数据库结构、字段、数据等。它的最大优势在于可以通过该平台自定义开发整个应用系统的后台管理，包括后台的菜单、列表数据、编辑的表单、表单字段的验证、字段数据的统计、后台操作的权限控制等，在无须做代码编程的情况下通过配置的方式以及可视化功能的操作实现整个后台管理的开发。目前我们的开发团队已经基于 tooadmin 数据库系统成功开发了两个应用平台，即金三角与必投网，实践验证，这套系统已经可以广泛应用于传统中小企业的"互联网＋"转型。我们的优势在于后期定制开发成本低和业务结合上线快。

二、产品与服务

拓幂科技金融创新服务项目有两项核心服务：

1."互联网＋"服务

基于我公司自主开发的数据库系统 tooadmin，我们帮助客户实现"互联网＋"。这项服务包括为客户提供"互联网＋"平台系统、全网运营咨询、运营代理等服务，收费模式包括直接收取服务费和对赌式股权收益两种方式。tooadmin 的优势有如下四点：

（1）数据管理中的 android 开源平台。tooadmin 平台的设计思维跟 IOS 平台、android 平台有很多的相似，首先都是作为一个上层应用开发的基础系统，开发者可以在这个平台的基础上，做相关的应用开发；其次它不是一个固定应用的软件，而是个平台，在这个平台上可以快速地为企业定制自己的数据管理系统。

（2）配置应用，即时开发，即时应用。基于 tooadmin 的应用开发，已经将传统的代码编程模式开发创新为可视化操作配置，即时配置，即时看到应用程序效果，企业就可以即时应用，省去了大量编写代码的工作量，使得从提出业务需求到实现应用开发几乎可以做到同步实现，同时也减少了由开发人员人为因素所造成的安全隐患和系统漏洞。

（3）优化改进，自动升级。对于现有应用中的所有数据平台所需要优化的内容以及平台自身发展需要扩展的功能模块，我们一直在不断地优化和改进，所有基于 tooadmin 开发的数据系统都可以实现版本的自动更新和升级，使系统运行得更加稳健。

（4）自主研发，用最好的平台做最好的产品。tooadmin 是我们历经多年的自主研发，是对数据管理应用开发的总结和创新，对企业数据管理提出了行之有效的解决方案，同时也为企业提供了一套对应的平台来实现数据的最优化管理，为企业"互联网＋"模式的发展以及大数据时代的应用提供最基础的安全设施保障。

2. 理财与融资服务

目前我们有必投网为亲人、朋友提供理财与融资服务，O2O 的服务模式具有较强的社交属性，这种基于亲情社区的服务模式会更贴心、更安全，更易于建立长久的信任度，同时会通过一级朋友圈、二级朋友圈不断地向外扩散，当服务容量达到相对平衡时，客户群体将保持相对稳定。当一个个 O2O 理财亲情社区形成联盟，并通过大数据进行资源互换时，就可帮助客户实现更多理财与融资渠道选择。

必投网目前上线的有抵押标、信用标、过桥散标、天天盈、过桥宝共 5 种产品，我们的借款人一般为信用良好、有偿还能力的小微企业，而我们的理财人则一般为收入稳定、有一定闲钱的人士，且大部分是我们周边的亲朋好友。

必投网最为特色的产品是过桥宝，也是我们的核心业务。过桥宝的特点为：贷期短、利率高、安全性较高，所有过桥业务均来自各大银行推荐的优质客户，合伙股东拥有 30 多年银行从业经验，在这方面积累了大量资源。

三、行业情况

因项目涉及"互联网＋"与"互联网金融"两个行业，下面将分别来阐述这两个行业的情况。

1. "互联网＋"的行业情况

李克强总理在今年的政府工作报告中首次提出，"制定'互联网＋'行动计划，推动移动互联网、云计算、大数据、物联网等与现代制造业结合，促进电子商务、工业互联网和互联网金融健康发展"。"互联网＋"随即成为关注和讨论的热点。

传统行业要走"互联网＋"之路，面对的必然选择就是要自建平台系统，把自己的产品或服务互联网化，前面已提到互联网化的三个步骤：一是在线，二是互动，三是联网。要快速地实现这三个步骤都离不开技术能力的支撑，但对于那些长期用传统商业方式运作的中小企业而言，它们很难构建这种技术能力，目前能够提供给中小企业的只有两种选择：要么接受技术外包服务、要么自建技术团队定制开发。选用前者，虽然成本相对较低但开发进度与质量安全都不可控，后续维护优化服务也没有保障；若选用后者成本很高，技术团队很难打造与管理。目前大部分中小企业只能选择技术外包服务，但里面存在很多痛点。

我们这个专为中小企业打造的"互联网＋"服务将全面解决这些痛点。我们服务的创新点主要体现在以下几个方面：

（1）我公司自主开发的数据库系统 tooadmin 使得信息处理的经济成本降低，将使强有力的数据库解决方案进入更多的企业，特别是中小型企业。随着不断在各行业实践应用，在应用中与客户互动反馈并优化，我们这款开源数据库在功能上将日益强大和完善。它的最大优势在于可以通过该平台自定义开发整个应用系统的后台管理，在无须做代码编程的情况下通过配置的方式以及可视化功能的操作实现整个后台管理的开发。

（2）与传统外包服务不同的是，除了提供上述数据库系统，我们会帮助客户自定义开发整个应用系统的后台管理和前台应用，客户只需要配置一名懂业务的产品经理和一名 UI 工程师即可快速实现"互联网＋"的三个步骤。

（3）我们与客户形成的是战略合作伙伴关系，我们会长期为客户提供后期的维护与优化服务，并且服务成本极低，更多采取的是线上业绩增长的分红来收取服务费。

（4）我们的"互联网＋"服务是针对一个个行业逐步应用实施的，当同一个行业应用客户不断累积后，我们后台的数据将为这个行业的客户免费提供大数据服务，让企业更易获得精准的行业运行与发展数据。

我公司"互联网＋"服务目前正在互联网金融领域进行实践应用，已应用于两个客户——必投网和金三角。在 P2P 应用领域我们已经形成了一套完整的系统标准，可帮助客户一个月内快速上线运营。我们这套应用于网贷行业的系统非常适合传统的小额贷款公司或担保公司使用。截至 2014 年底，全国小贷公司的贷款余额达到 9420 亿元，小贷公司数量达 8791 家，从业人员约为 11 万人，行业整体利润达到 430 亿元。可见这套系统的应用市场较大。目前市面上应用的系统存在价格高、上线慢等弊端，我们具有价格低、上线快的优势。因目前政府对 P2P 这个行业的监管政策还不明朗，若监管政策明朗后且严格执行，估计会对这一市场产生较大影响，预计在 2016 年 6 月前在全国将增加 10～100 个 P2P 的应用客户。具体数量我们要根据 P2P 行业的发展情况再确定。

2016 年 6 月前我们计划在"互联网＋中小学课外辅导教育"和"互联网＋智慧社区"两个领域进行开发应用。目前已有意向客户要求定制开发。

2. 互联网金融的行业情况

2007 年以来，P2P 投资理财模式成为一种新型的理财方式进入中国市场，在这 7 年中，P2P 投资理财平台快速发展，平台数量剧增，交易量也得到了极大的提升。纵观 P2P 投资理财平台在中国的发展历程，大概可以分为三个阶段。

第一阶段：以纯线上为主的成长期（2007～2010 年）。P2P 投资理财行业发展的初期，许多创业者之前都是互联网的从业人员，没有民间小额贷款和风控经验，因此他们采取的是纯线上模式，借款人在网络上填写借款申请书，然后经过他们风控审核后，条件符合的即可在平台发放借款标。由于我国的公民征信体系目前并不完善，再加上各个 P2P 投资理财平台之间缺乏沟通与合作，导致出现了一个借款人在多个平台同时申请借款的情况。最为著名的是天津的一个借款人，他在数个投资理财平台借款总额达到 500 多万元，最后 1 分未还，形成坏账。

第二阶段：线上线下相结合的发展期（2011~2013 年）。从 2011 年开始，一些具有民间借贷经验的创业者开始关注互联网金融这块大蛋糕，他们吸取了纯线上模式的教训，采取线上融资、线下放贷的模式，主要针对本地人做贷款，同时实地考察借款人的资金用途、还款来源和抵押物情况。这种模式有效地降低了借款人的风险，快速推动了 P2P 投资理财行业的进一步发展。

第三阶段：市场细分专业化的成熟期。随着 P2P 投资理财行业竞争的进一步加剧，各个 P2P 投资理财平台开始对借款人市场进行细分，尽量选择与还款能力强、风控成本低的人建立长久的合作关系。

P2P 投资理财平台有效地弥补了传统银行的缺陷，推动了中小企业的发展，其贡献也得到了国家的肯定。但 P2P 行业仍然存在着良莠不齐的状况，随着年底银行业监督管理委员会监管政策的出台，P2P 行业将面临一次较大的洗牌。留下来的必然是有实力、风控过硬的投资理财平台。

必投网是我们基于 tooadmin 系统自主开发并自主运营的互联网金融理财平台，与其他 P2P 不同的是，必投网是基于稳健线下业务而打造的 O2O 理财亲情社区，我们通过线下业务与线下活动来增强客户黏性与忠诚度，并通过平台运营提高业务的规范性与透明度，它的小众性与半开放性更易于风险管控与客户价值的深度挖掘。必投网通过运营实践将形成一套成熟的应用平台和运营标准，为未来服务更多传统小额贷款公司、担保公司做好充分准备。

必投网自 2015 年 1 月上线至今，会员用户已达 1409 户，累计交易额超过 1.6 亿元，为客户创造利息收益超过 112 万元。预计 2016 年必投网每月过桥业务平均将达 6000 万元，全年累计交易突破 6 亿元。在稳健运营网贷业务的同时，我们正在整理一套创新的 O2O 理财亲情社区的运营模式，这套模式将帮助我们快速复制类似于必投网的理财亲情社区，即帮助传统的小额贷款公司互联网化，并用理财亲情社区模式巩固及扩大客户群体，最终形成理财亲情社区联盟，共享大数据和资源整合。

四、市场方案

下面分两个方面来阐述市场方案。

1. "互联网＋"服务的市场方案

因我们的"互联网＋"服务走的是行业深化应用路线，故而这个服务我们主要采取线下推广方式，也可以跟一些推广"互联网＋"服务的平台合作。我们有大量的线下商圈和商会资源，这里面有大量的客户需求，我们从中选取有良好线下业务基础和广阔市场空间的客户进行合作。2016 年 6 月前，我们计划在"互联网＋中小学课外辅导教育"和"互联网＋智慧社区"两个领域进行开发应用，目前已有意向客户要求定制开发。在 2016 年，我们还会在技术领域持续投入，不以盈利为目的，找到一两个有爆发增长潜力的应用行业，与其形成战略合作伙伴关系，共同在该应用行业里寻求大的发展。

2. 必投网的市场方案

必投网的定位是基于稳健线下业务而打造的 O2O 理财亲情社区，我们的借款客户已有稳定来源，我们只需要通过线上和线下结合的方式找到跟借款金额对应的理财客户即可。因我们贷款业务安全真实可靠，给到理财客户的收益率也非常可观，备受对我们业务比较了解的亲朋好友青睐，我们只需要对老客户做好全面贴心服务，就可以赢得好的口碑，客户将从一级朋友圈辐射到二级朋友圈甚至三级朋友圈。我们在线下建有高端私人会所，专为接待理财客户所用。在打造理财亲情社区方面我们有一套创新的运营模式，会大大提高客户的认同度与忠诚度。用这种市场推广方案，比起当下流行的高息或投入大量的广告费要好很多，而且吸纳的理财客户都是稳定的优质客户。

五、商业模式设计

我们这个项目的商业模式是一个创新的商业模式，是在不断实践中摸索出来的。从单独一个业务来看，可能体量都不大，没有广阔的想象空间，但把每项业务串联起来形成一个系统，就完全不同了。

最早我们是做私募基金的，为了更好地服务私募基金的客户，2013 年我们投资建设了一个高端私人会所，后来发现私募基金的客户群体太小，会所资源浪费严重，当时恰逢互联网金融元年，社会各界炒得火热。我们恰好有个小额贷款公司线下业务做了七八年，就想是否可以通过 P2P 的模式把业务搬到线下来放大，同时还可以利用线下的会所资源增加客户黏性。于是在 2014 年我们花了 3 个月时间做出了必投网。在这 3 个月里，我们是走了弯路的，刚开始我们想把必投网的平台开发进行外包，投入了几十万元，却迟迟上不了线，还耽误了不少业务。最后我们找到了技术方面的战略合伙人，帮我们用 tooadmin 系统自主开发必投网的交易平台，必投网快速上线并得到了持续优化的能力。在那段技术外包迟迟上不了线的煎熬日子里，我们找到了很多跟我们一样陷入困境的 P2P 创业者，他们有线下良好的业务，苦于得不到"互联网＋"的服务。于是我们开始思考在打造必投网技术能力的同时，是否可以把"互联网＋"服务作为一个独立业务输出给中小企业。必投网的业务体量不足以支撑一个强大的技术团队的运营费用，我们本身也需要其他具有共性的客户来分摊平台技术开发成本和后期的维护成本。由前海智库投资的拓幂科技公司应运而生，我们很快聚合了一个来自世界五百强企业的技术创业团队，他们有过硬的技术、创业的冲劲以及创新的能力。

前海智库和拓幂科技公司将以股权置换的方式进行战略合作，拓幂科技公司为必投网提供可持续的技术优化服务，并依托必投网作为业务窗口获得更多的 P2P 应用客户，同时必投网也可将理财亲情社区的运营模式推广给这些应用客户，以形成理财亲情社区联盟，并通过大数据进行资源互换，一方面更好地服务于投资客户，另一方面也更好地服务好贷款客户，相互促进和谐发展。另外，前海智库公司的商圈资源可帮助拓幂科技公司找到更多的"互联网＋"服务的应用客户，前海智库公司的股权私募基金可为拓幂科技公司"互联网＋"创新应用领域的项目提供领投资金。在现阶段，前海智库公司可通过必投网的业务来支持发展；拓幂科技公司可通过提供 P2P 系统来支持发展；两个项目在现阶段都有各自的盈利点，在后续发展中，这种交汇相互支持的模式将促进双方快速发展，两个公司的客户不断累积，将会形成"'互联网＋'＋互联网金融＋传统行业"的商业生态系统，让处于这个系统中的任何一方都得到更多共享的数据和资源，促进共同和谐发展。

六、收入和财务预测

下面分两个方面来阐述收入和财务预测。

1."互联网＋"的服务收入和财务预测

前面已经提到，因我们的"互联网＋"服务走的是行业深化应用路线，2016年6月前我们计划在"互联网＋中小学课外辅导教育"和"互联网＋智慧社区"两个领域进行开发应用。目前已有意向客户要求定制开发。在2016年，我们还会在技术领域持续投入，不以盈利为目的，找到一两个有爆发增长的应用行业，我们将与其形成战略合作伙伴关系，共同在应用行业里寻求大的发展。

对于已经开发应用成熟的P2P系统，在未来一年内，我们希望在10～100家小额贷款公司中予以应用。按最低10个使用客户预计收入为150万元，这笔收入将全部投入到打造技术开发团队中。

2.必投网的服务收入和财务预测

表1　必投网2015年5～12月经营目标测算

单位：元

序号	支出项目	5月	6月	7月	8月	9月	10月	11月	12月	累计
1	办公租金	30000	30000	30000	30000	30000	30000	30000	30000	240000
2	办公用品	5000	5000	5000	5000	5000	5000	5000	5000	40000
3	人员工资	100000	100000	100000	100000	100000	100000	100000	100000	800000
4	人员保险	10000	10000	10000	10000	10000	10000	10000	10000	80000
5	行政管理费（差旅及业务提成）	10000	10000	10000	10000	10000	10000	10000	10000	80000
6	推广费	10000	10000	10000	10000	10000	10000	10000	10000	80000
7	业务奖励	20000	20000	20000	20000	20000	20000	20000	20000	160000
	支出合计	185000	185000	185000	185000	185000	185000	185000	185000	1480000
	收入合计	225000	190000	225000	285000	320000	355000	390000	460000	2450000
	经营结果	40000	5000	40000	100000	135000	170000	205000	275000	970000

注：经营目标会根据业务开拓情况每季度进行合理化调整。

七、风险

1."互联网＋"服务的风险分析

（1）政策风险：目前国家大力扶持并倡导传统企业进行"互联网＋"的创新转型，

无政策风险。

（2）研发风险："互联网＋"服务这项业务装在深圳拓幂科技有限公司这个壳里，这个公司由研发团队控股，研发团队大部分来自五百强的高科技公司，研发实力强，团队稳定，无研发风险。

（3）市场政策风险："互联网＋"服务切合传统中小企业的刚需，政策也大力扶持，无市场政策风险。

（4）运营风险："互联网＋"服务业务只有三个运营核心部分：一是研发，二是市场开发，三是实施服务。因我们的研发团队人力配置非常精简，并已经完成开源数据库的基础开发，后续研发投入不大，这部分无运营风险。市场开发我们采取的是行业深化应用路线，故而对这个服务我们主要采取线下推广方式，也可以跟一些推广"互联网＋"服务的平台合作。我们有大量的线下商圈和商会资源，这里面有大量的客户需求，我们从中选取有良好线下业务基础和广阔市场空间的客户进行合作。2016 年 6 月前，我们计划在"互联网＋中小学课外辅导教育"和"互联网＋智慧社区"两个领域进行开发应用，目前已有意向客户要求定制开发。在 2016 年，我们还会在技术领域持续投入，不以盈利为目的，找到一两个有爆发增长的应用行业，我们将与其形成战略合作伙伴关系，共同在应用行业寻求大的发展，故而暂无市场运营风险。另因我们前期服务的客户不会太多，一年之内也只是选两家做实施导入服务，我们的服务力量相对集中，所以这部分也暂无运营风险。

（5）财务风险：前面提到对于已经开发应用成熟的 P2P 系统，在 2016 年，我们希望在 10 ~ 100 家小额贷款公司中予以应用。按最低 10 个使用客户预计收入为 150 万元，这笔收入将全部投入打造技术开发团队中。开发团队本身的投入成本也不大，暂无财务风险。

（6）对公司关键人员依赖的风险：公司关键人员都是创业合伙人，互补性强，在过去的时间里也已经充分磨合了解，不存在关键人员依赖的风险。

2. 必投网理财服务的风险分析

（1）政策风险：目前国家对 P2P 的监管政策还没有明确下发，但已经有些监管大纲，这些监管条款对目前 P2P 行业的发展有较大影响，故而存在政策风险。我公司已经研究了这些监管条款，并做了严密部署，让实际运行尽量符合未来的监管政策，可以说是做好了未来全面接受监管的准备工作。

（2）研发风险：由于必投网是基于 tooadmin 平台开发的，所以对数据的维护管理汇集了 tooadmin 的所有优势，并且后续有联营拓幂公司的研发团队支持，后续的优化维护有坚强的保障，故而无研发风险。

（3）市场政策风险：目前我们推荐给理财客户的标的主要是过桥标的，过桥业务来自银行的一些风控政策，若银行的风控政策发生变化，我们的主营业务就会存在市场风险，这块主营业务就会存在萎缩的风险。为了规避这个风险，我们的业务团队也正在大力开发一些创新业务。当这些创新业务占的比重越来越大时，这个市场风险是可以规避的。

（4）运营风险：PSP 平台的运营风险主要包括平台系统风险、内部管理风险、业务风险三个方面。前面提到必投网与其他 P2P 平台不同的是，必投网是基于稳健线下业务而打造的 O2O 理财亲情社区，我们通过线下业务与线下活动来增强客户黏性与忠诚度，并通过平台运营提高业务的规范性与透明度，它的小众性与半开放性更易于风险管控与客户价值的深度挖掘。必投网通过运营实践将形成一套成熟的应用平台和运营标准。基于这样的经营模式，决定了我们借贷客户群体呈现小众化的特征，小众化就大大降低了平台系统风险和内部管理风险。另外我们目前主营的过桥业务是非常安全可靠、收益相对可观的业务，故而业务风险不大。

（5）财务风险：基于我们主营业务是过桥业务，这类业务期限非常短，资金流出几天就回来了，另外有投资人的资金进入专管账户，财务部会每天盘点流入流出资金，除了平台系统本身的统计，还有一套纸质存档完整的原始报表，暂无财务风险。

（6）对公司关键人员依赖的风险：公司关键人员都是创业合伙人，互补性强，在过去的时间里也已经充分磨合了解，不存在关键人员依赖的风险。

八、融资计划

1. 深圳拓幂科技股份有限公司（为中小企业提供"互联网＋"服务）的融资计划

（1）融资目的和额度：加强研发团队力量，坚实"互联网＋"服务能力，为开发优质新客户提供前期开发费用；融资额度为 300 万元。

（2）拟向投资者以 300 万元价格出让 30% 股权，作价 1000 万元。作价依据为：①已经完成初期开发投入；②已经有实际应用的客户案例；③已有后续应用的方向及意向客户；④原股东在前期投入的基础上，继续投入 100 万元，即现有运营资金留存 100 万元；⑤后续应用的项目预计在 1 年内落地，当该项目落地后，公司有望估值为 1 亿元，到时再进行 A 轮融资。本轮融资为天使轮。

（3）资金用途和使用计划：主要用于支付研发团队工资和办公费，每月预计为 30 万元。融资 300 万元加运营资金留存 100 万元，再加一年内互联网金融应用客户预期收入100 万元，总共 500 万元，可支撑研发运营团队在两个创新领域导入"互联网＋"的服务,并将该服务迅速推广到大量同类客户中。

（4）融资后项目实施计划。

表 2　项目融资后首运营费用预算

时间	人员（人）	人员工资（万元）	房租（万元）	其他办公费用（万元）	市场开发费用（万元）	合计（万元）	备注	项目效果
7 月	7	12	2	10	0	24	办公设备＋办公装修费	完成平台应用开发
8 月	8	14	2	20	0	36	服务器、机房布置	
9 月	9	16	2	3	0	21		
10 月	10	17	2	3	5	27		第一个客户上线运营辅导并优化
11 月	11	18	2	3	10	33		
12 月	12	19	2	3	15	39		大力开发新应用客户,每月新增 2 个,累计 15 个,终端使用人群达 $15 \times 200 = 3000$（人）
1 月	13	20	2	3	20	45		
2 月	14	21	2	3	10	36		
3 月	15	22	2	3	10	37		
4 月	17	24	2	3	10	39		
5 月	19	26	2	3	10	41		
6 月	20	27	2	3	10	42		
合计		236	24	60	100	420		

（5）投资者可享有以下监督和管理权利:享有 1 名董事席位,由委派董事参与公司重大经营事项表决;可查看财务报表;可查看项目进度。

（6）公司将为投资者提供年度损益表、资产负债表和年度审计报告。

（7）投资的变现方式:可按协议价回购;在我方同意情况下可将股权转让,同等条件我方优先回购;可在 A 轮、B 轮融资过程中按协议价退出。

（8）融资后 3~5 年平均年投资回报率及有关依据。

表 3　融资后 3~5 年平均年投资回报率及有关依据

时间	估值（亿元）	估值增长（倍）	依据
初始融资	0.1		

续表

时间	估值（亿元）	估值增长（倍）	依据
融资后第1年	1	10	15个企业客户、3000个终端客户（假设一个课外辅导机构有200个学生家长或一个社区有200个使用的业主）
第2年	3	30	200个企业客户、40000个终端客户
第3年	5	50	500个企业客户、100000个终端客户
第4年	10	100	1000个企业客户、200000个终端客户
第5年	20	200	2000个企业客户、400000个终端客户

2. 必投网（为大众提供互联网理财服务）的融资计划

暂无融资计划，可考虑与某行业中的领头企业或上市公司合作，有意向者面谈。

九、团队构建

1. 深圳拓幂科技股份有限公司的团队构建

（1）团队成员的介绍。总经理：赵碧阳，毕业于中南大学，从事软件开发和设计15年，具有丰富的软件架构设计经验，曾先后就职于UT斯达康和华为技术有限公司，从事电信软件系统的开发、设计及开发管理工作，在系统架构设计及开发管理方面积累了大量经验，对软件的开发方法和开发模式有深入的研究。

技术总监：吴井顺，毕业于中山电子科技大学，从事软件开发8年，对代码编程和数据库开发有丰富的实践经验，具有创新精神。独自开发了tooadmin系统，并成功导入两个P2P平台。

业务合伙人：黄庆华（笔名梦卓然），中南大学工科学士、清华—英国威尔士工商管理硕士，历任华为人力资源管理师、国内环保龙头上市公司东江环保集团总部人力资源总监、一览英才网副总裁、通信产品加工制造业上市公司大富科技副总裁，具有14年大中型企业中高层管理工作经验。从企业离职后曾从事自由撰稿人及天使投资人工作。现任深圳前海智库资本有限公司董事总经理、深圳市深港智库投资有限公司董事总经理。曾独自创办深圳市恒通卓尔管理咨询有限公司、梦卓然中小企业管理研究与实践工作室和深圳市乐琪文化教育有限公司及担任广州知帆软件科技有限公司合伙人，创业期间曾为十几家中小企业提供过系统培训和管理咨询服务。具有扎实的企业管理、商业模式、投资评估、网络营销的理论基础和实践经验，精通企业人力资源管理，擅长公司全面预算管理和目标管理；擅长组织结构设计和流程改造；擅长企业管理咨询项目的整体实施和投融资项目的策划运作；擅长企业资源管理培训，能够设计开发并讲解相关课程；掌握人才测评和员工职业生涯规划技术，可快速打造高绩效团队；具有良好沟通和协调能力，拥有良好的社会关系和人脉资源。

（2）管理体系采用华为研发管理体系。

（3）融资后除加强研发人力配置外，还要设立市场开发团队。

（4）管理层及关键人员全部采取股权激励机制和年终分红机制。

（5）管理层的薪酬为第一年拿创业工资，后续逐步调整到外部同等岗位薪酬水平，第一年加入公司的员工全员享有持股计划。

2. 必投网的团队构建

目前全职有 17 人，能够维持 2015 年的整体运营需求，因该项目不融资，只是寻求战略合作方，核心团队成员介绍可上必投网查看，此处略。

物车网商业计划书

作者：蒋佰伍

随着中国改革政策出台使得经济迅速发展，基于互联网迅速崛起，目前我国物流行业正从传统的 PC 互联网向移动互联网转变，物流蓝海领域待大家挖掘，车源与货源信息不对称、不流通导致资源大量浪费，是物流管理上急迫要解决的问题。长途货运和零担市场目前还是一片空白，物流行业还没有一个完善的公用管理平台。

云端移动 APP（物车网）的设计和开发主要是在车主和货物之间搭建一个管理平台，充分解决以下几方面的实际问题：一是货主找车难，无法监管货物发放后的进程，付款不便捷，物品意外难以保障；二是车主找货难，对经常碰到只有半车或 1/3 车的货车主无法处理，车主不能及时对货物运行情况进行报告；三是因个人及企业诚信问题无法得到有效保障，双方需要一个诚信保证金支付平台；四是减少车辆放空出现燃油成本增加和时间浪费；五是后续为车主提供停车场、维修站、住宿、查违章及交费、代驾等辅助功能。

目前，在同行有物流 QQ、运满满、骡迹物流、无忧运力、物流小秘等竞争对手，都是最近两年成立的，各自都有一些用户资源，尚未出现行业龙头。经分析其产品并未解决用户真正需求，产品出发点都是以自己利益为中心，包括营销方式也不例外。以下几点为目前市场上所有产品的通病：

（1）发布参数简单，不能给用户提供精准需求，用户需一一筛选，耗时耗精力，效率低。

（2）信息未做到端对端，还是通过第三方信息部，还得提交昂贵信息费，无法争取利益更大化；导致很多用户不使用，并收取车主使用费；平台未实现自由民主交易，各自不能获取更多利润。

（3）平台没有支付功能，不能提供诚信金和交易公正平台，导致部分业务无法深入。

（4）双方电话沟通后无法对有意向的资源做简单记录和分类处理。

（5）浏览过的信息未做处理。

（6）无法看到车辆和货物图片。

（7）货物发放后无法跟踪。

（8）平台没有黏性，太单一化。

云端物车网 APP 不单单以盈利为出发点，更注重以用户需求为出发点解决实实在在的问题，它除解决以上通病外，在产品设计风格和用户使用习惯上做了大量工作，以智能傻瓜的方式体现，车源、货源机器人自动配对是整个项目王牌，让用户操作易上手、效率高、不劳神。云端物车网 APP 的研发团队由资深骨干技术人员组成，都具有高等学历。

在营销方面采用以物流园和零担市场为突破口的地推方式，直接面向最终端用户。设置区域负责人，迅速复制成功经验。一是让司机成为我们的业务员；二是向全国车辆进行二维码推广；三是充分发挥物流园内信息中介部的作用让其也成为业务员；四是从工业开发管理员入手，通过他们对工业区厂家推广。

在市场份额方面，2015 年注册用户 5 万人，交易金额 2700 万元，暂未计入资金沉淀、广告费、会员费、保险费等收益。云端 APP 在全国物流市场具备一定知名度。预算以 2015 年 12 月为例，当月交易用户数量 500 次/天乘以 22 天/月得出总交易量 1.1 万次/月，与单笔交易 2500 元相乘得出总交易金额为 2750 万元，1% 利润为 27 万元，如 2016 年交易用户数量 5000 次/天乘以 270 天/年得出总交易量 405 万次/年，与单笔交易 2500 元相乘得出总交易金额为 101.25 亿元，利润为 1 亿元。

完成研发所需投入：100 万元；达到盈亏平衡所需投入：1078.5 万元；达到盈亏平衡所需时间：到 2017 年底。

计划融资 1500 万元出让 25% 股份；以上市套现退出，希望引入熟悉物流货运行业和互联网行业的投资者，担任公司战略顾问，对经营发展提供指导意见。

一、公司介绍

1. 公司宗旨

以国家政策为指导，以客户需求为目标，整合全国货源和运力信息，实现物流市场多方共赢。

2. 公司简介

公司名称：长沙云端物流有限公司

注册号：430121000111631

公司类型：有限责任公司

注册地点：湖南省长沙县湘龙街道中南物流园 G168 号

法人代表：蒋佰伍

注册资本：人民币叁佰万元整

成立时间：2015 年 1 月 19 日

经营范围：普通货物运输；货物仓储；仓储咨询服务；软件开发；软件服务；软件的销售

目前主营业务：物流货运信息及垫资

3. 经营目标

（1）近期目标。2015 年 3~8 月完成物流货运 APP 产品开发，8~10 月进行湖南市场测试，10 月 1 日起面向全国推广。根据现有市场行情和经验，预计单笔交易金额平均为 2500 元，交易提成毛利润按总交易额的 1% 计算，暂未计入资金沉淀、广告费、会员费、保险费等收益。

表1

年份	注册用户（万人）	日均交易用户（人）		总交易量（万次）	总交易金额（万元）	毛利润（万元）
2015	5	500	22 天/月	1.1	2750	0
2016	50	5000		11	2.75	275
2017	150	15000		33	8.25	825

（2）远期目标。用 5~10 年完成海运、陆运、空运三大领域的覆盖与整合，与国际物流市场对接，推向全球市场。

4. 主要股东

表2

股东名称	出资额（万元）	出资形式	股份比例（%）	联系人	联系电话
甲方	200	现金	66.67	蒋佰伍	18684946917
乙方	100	现金	33.33	张芳	18684946817

5. 目前资产情况

表3

项目	2014 年度
销售收入（万元）	150
毛利润（万元）	58.5
纯利润（万元）	42
总资产（万元）	310

续表

项目	2014 年度
总负债（万元）	50
净资产（万元）	260
负债率（％）	16.1
净资产收益率（％）	16.1

二、产品与服务

1. 主营产品

（1）产品简介。云端移动 APP 软件的设计和开发主要是在车主和货源之间搭建一个管理平台，系统介绍见图 1。

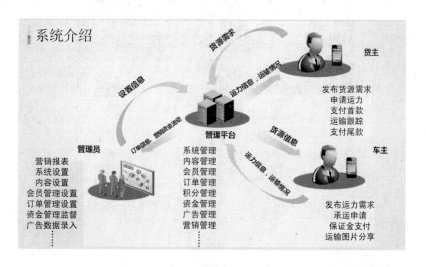

图 1

（2）产品特点：①操作简单，直接解决货主找车难、车主找货难的问题，覆盖 iOS 和 Android 两大移动平台；②通过需求平台自己筛选配对，无须花费过多精力，减少货主与车主之间的沟通成本；③无须通过中介达成交易，平台提供移动支付功能及保险、税额等计算功能。

2. 前端主要功能

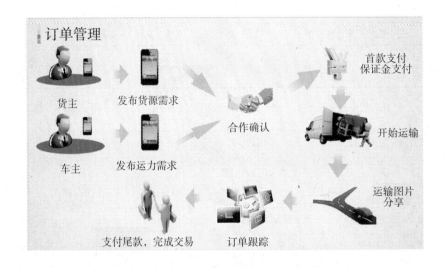

图2

3. 后台主要功能

4. 研发计划及时间表

（1）产品开发。云端物流公司自己开发产品。

整体方案的具体设计：制定《云端物流 APP 客户端设计文档》。

系统设计文档审定：确定最终的《云端物流 APP 客户端设计文档》。

编码开发和测试：用原型的开发方式，严格控制项目进度和质量。

图 3

整体测试、系统优化：应用市场审核发布，稳定运行的系统上线。

（2）时间表。

版本 0.1　　　　更新日期 2015/4/25

项目年度规划

	4月			5月			6月			7月			8月			9月			10月		
	10	20	30	10	20	30	10	20	30	10	20	30	10	20	30	10	20	30	10	20	30
需求分析																					
UI设计																					
架构设计																					
后台编码																					
Android编码																					
IOS编码																					
测试																					
官方网站																					

	11月			12月			1月			2月			3月			4月			5月		
	10	20	30	10	20	30	10	20	30	10	20	30	10	20	30	10	20	30	10	20	30
试运营									春节												

图 4

（3）项目进度由软件管控。

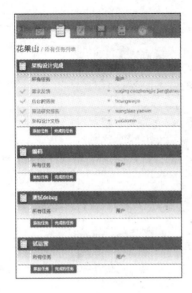

图 5

（4）未来 3～5 年开发资金和技术人员投入计划。

表 4

时间	第 1 年	第 2 年	第 3 年	第 4 年	第 5 年
资金投入（万元）	200	400	600	700	800
技术人员（人）	11	20	30	40	50

5. 人才保护机制

关键技术人员：员工持股。

技术队伍：给予工龄、特殊贡献等方面的激励。

三、市场分析

1. 市场规模与结构

经过 30 多年的发展，我国物流行业发展势头良好，但是信息化水平还有待提高。在这个信息为王的时代，不重视信息化的发展必然会被淹没在时代的浪潮中。信息化管理水平的提高，不仅有助于提升物流行业整体经济效益，而且有助于提升我国物流业在未来国际市场中的竞争力。由此可见，开展移动互联网营销，对提升物流企业信息化管理水平有着至关重要的作用。

随着智能手机等移动终端的普及，货车司机移动互联化的程度不断提升，"打车"的模式在物流货运领域的跨界已然成为一种趋势，越来越多的企业或机构开始开发物流货运APP，搭建物流货运行业的移动互联网平台。业内人士十分看好物流货运行业在移动互联网领域的发展，有专家表示，物流货运APP可以帮助企业简化不必要的环节，节省大量的人工、沟通成本，优化资源配置，并且为用户提供个性化的服务，进一步扩大消费群体，缓解物流货运行业竞争激烈的现状。因此，谁抢占了移动互联网先机，谁就拥有了未来物流货运行业的广阔市场。

2. 市场分析

目前国内单一大型物流园司机每天可达到上千人，经过调研，具备代表性的三类经营模式如下：

（1）纯人工买卖模式。

代表：江苏无锡物流园。

经营模式：物流园收取司机10元门票费。司机与第三方信息部达成交易后支付单笔200元左右的信息费。第三方信息部工作模式：一张办公桌，一部手机，一个记录本，一支笔，通过电话联系货主和车主，因担心个人资源泄露，目前仍未使用互联网，更未涉及手机APP。

（2）PC互联网买卖模式。

代表：湖南长沙中南物流园。

规模：每天进出车辆达到上千辆，进出人员2000人。

经营模式：物流园收取司机停车费、店铺出租、佣金；第三方中介通过软件平台发布和查找信息，促使厂家与司机达成交易后收取信息费。

（3）第三方信息买卖模式。

代表：湖南天骄物流信息公司。

经营模式：软件公司驻进物流园向中介PC端软件收取年费1800元，手机APP使用费500元。

3. 目标市场

根据中国物流与采购联合会、中国物流学会于2012年9月联合发布的《第三次全国物流园区（基地）调查报告》，最终核实确认的物流园区（基地）数量为754家，对比2006年的207家，增长264%；与2008年的475家相比，增长58.7%。

主要分布情况为：长江中游经济区最多，为 139 家；其次是北部沿海经济区 128 家；之后依次为西南经济区 98 家；黄河中游经济区 93 家；东部沿海经济区 93 家；南部沿海经济区 84 家；西北经济区 63 家；东北经济区 56 家。

物流园区作为联系产业链上下游的纽带，是各项物流活动开展的重要载体。调查显示，我国物流园区发展转型升级态势明显，正在从土地招商的初级阶段向服务创新、管理创新的发展阶段过渡。部分地方政府在园区建设方面开始由初期的规模导向转向效益导向；部分城市调整了物流园区规划，将规模小、分布散的物流园区重新整合为规模较大的物流园区。通过重组、共建等方式整合总量、优化存量，由粗放式发展向内涵式发展转型。

从全国来看，库房/货场租金、办公楼租金仍然是物流园区的主要收入来源，排在前两位；也有部分园区依靠土地增值、税收优惠、国家扶持资金等。目前，各种增值服务收入已经开始成为物流园区重要的收入来源。图 6 中的百分比数据是勾选选项在被调查园区占有效调查样本总量的比例。

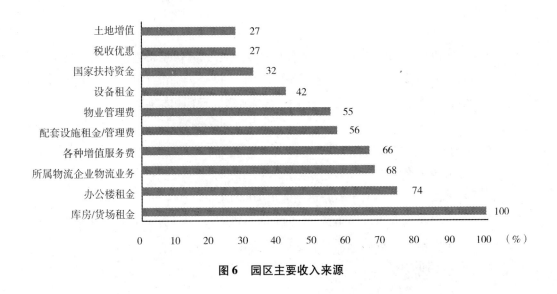

图 6　园区主要收入来源

因此，物车网的目标市场定位为全国工业园区以及物流园区司机，以提供移动互联增值服务的方式进行战略合作。

4. 市场趋势与行业政策

中国科学院预测科学研究中心于 2015 年 1 月 23 日发布的《2015 年我国物流业发展展望》报告指出，2014 年中国物流行业呈现"增速趋缓、质量提升"的基本特征，全国物流业景气指数（LPI）平均值为 54.8%，反映出我国物流业总体仍处于平稳发展期，投资环境出现较大改善。国务院发布《物流业发展中长期规划（2014~2020 年）》，确定了多式联运、物流园区、农产品物流、制造业物流与供应链管理等 12 项重点工程，提出到 2020 年基本建立现代物流服务体系。

报告预计，2015 年全年 LPI 平均值会保持在 54.7% 左右，物流业增加值将达到 3.24 万亿元，同比增长 8%，效益增长势头减弱；社会物流需求旺盛，物流市场规模持续扩大，社会物流总额约为 229.8 万亿元，同比增长 8%；社会物流运行效率逐步提升，社会物流总费用将达到 10.4 万亿元，同比增长约 9%。

报告认为，2015 年我国将加快实施《物流业发展中长期规划（2014~2020 年）》的落地工作，产业结构调整和发展方式的转变步伐将进一步加快，作为基础行业之一的物流业将迎来更加有利的发展机遇。平台整合与区域物流融合加速，物流网络日趋完善；国际型物流企业群体逐渐形成，企业服务能力持续提升，自贸区物流建设将成热点。

四、竞 争 分 析

1. 竞争分析

以以下几家物流作为竞争对手分析，分别是物流 QQ、运满满、骡迹物流、无忧运力和物流小秘，尚未出现行业龙头。

表5　主要竞争对手 APP 开发及运营特点

序号	竞争分析	简介
1	物流 QQ	共开发 11 个不同用户群体版本，iOS + Android、PC 端
2	运满满	iOS + Android，2013 年 11 月 iOS 上线
3	骡迹物流	分为找车版和找货版，iOS + Android，2014 年 7 月 iOS 上线
4	无忧运力	车货主板二合一
5	物流小秘	分为货主版和司机版，PC 版 + iOS + Android，2014 年 9 月 iOS 上线

2. 主要竞争对手

表6　主要竞争对手分析

序号	竞争对手	简介
1	物流QQ	①发布参数单一、不全面，发布完后不能直接跳到搜索出来的结果，要看结果还得进入找车找货模块
2	运满满	②信息未做到端对端，须通过第三方信息部，还得提交昂贵信息费，无法争取利益更大化
		③平台没有支付功能，不能解决端对端诚信金和交易
3	骒迹物流	④平台没有双方亮价，导致时间浪费及精力消耗。无法实现自由交易，各自争取更多利润
		⑤双方电话沟通后无空间做记录，对有意向的用户无法做相应记录
4	无忧运力	⑥浏览过的信息未做处理
		⑦无法看到车辆和货物图片
5	物流小秘	⑧无法进行货物发放后跟踪
		⑨平台没有黏性，太单一化

3. 竞争优势

（1）团队优势：团队人才互补性强，具备多年行业成功经验。

（2）功能优势：找车和找货使用同一版本，避免用户在使用过程中选择混淆；功能设计聚焦货物配对和交易，使整个业务形成闭环，切实解决实际交易过程中存在的普遍性问题；UI设计及操作更加人性化。

（3）运营优势：采用以物流园为突破口的地推方式，直接面向最终端用户；设置区域负责人，迅速复制成功经验；司机成为我们的业务员；全国车辆进行二维码推广。

五、市场营销

1. 营销目标

（1）2015年注册用户5万人。

（2）2015年平台总交易金额2700万元。

（3）云端APP在全国物流市场具备一定知名度。

2. 营销策略

采用以点带面的目标集中策略。全国市场划分为以下四种：

战略核心型市场——长沙；

重点发展型市场——长沙、江苏、广州；

培育型市场——四川；

等待开发型市场——新疆。

（1）目标市场。以湖南长沙为核心，重点发展样板工程，大力发展重点区域，迅速促进产品的市场覆盖及销售额提高。

（2）产品策略。重点关注产品的实用性和易用性，根据用户反馈，迅速迭代升级。

（3）价格策略。APP 免费下载和使用。

（4）推广策略。推广渠道分为三类：一是聘用制或代理制的区域负责人，二是与物流公司合作，三是用户推荐（司机）。

前期以物流园驻点的方式进行地推，每个目标物流园配置专人负责协助用户下载、注册、培训、答疑，同时在园内投放广告及在车辆上贴二维码。后期选择行业媒体进行广告投放。

（5）人员策略。业务团队扁平化管理，分为业务员、区域负责人、总公司负责人三级。

3. 销售预测

表 7　公司未来 3 年销售预测

年份	2015	2016	2017
交易额（亿元）	0.27	2.7	8.7

表 8　公司融资后 3 年销售预测

年份	2015	2016	2017
交易额（亿元）	0.27	50	100

六、投资说明

1. 资金需求

拟融资金额：1500 万元。

2. 资金使用计划

表9　融资资金使用计划

年份	项目名称	投入金额（万元）	说明
2015	APP 开发	148	iOS + Android 双版本以及管理后台，使用阿里云服务器，计划 2015 年 3～7 月完成开发，8～9 月测试，10 月正式全国推广。从 2015 年 3 月开始聘请 11 人，月均薪资 1.5 万元。PC + 手机版官方网站
	人力资源	53	物流园驻点 3 人，月均薪资 3000 元；前台 1 人，月均薪资 4000 元；客服 1 人，月均薪资 5000 元；推广人员 5 人，月均薪资 6000 元；营销总监 1 人，月均薪资 1.5 万元；总经理 1 人，月均薪资 8000 元
	办公运营	17	场地 150 平方米，每平方米 80 元；装修 5 万元；电脑 10 台，每台 4000 元；水电及电话费用每月 1000 元
	推广费用	50	物流园区广告、行业媒体广告、营销费用
	差旅费用	10	公关及差旅费用
	合计	278	
2016	技术人员	99	月均薪资 1.65 万元，主要进行产品维护及升级
	人力资源	392.4	物流园驻点 18 人，月均薪资 3000 元；前台 1 人，月均薪资 4000 元；客服 3 人，月均薪资 5000 元；推广人员 30 人，月均薪资 6000 元；产品总监、运营总监、营销总监、财务总监各 1 人，月均薪资 1.65 万元；总经理 1 人，月均薪资 8000 元
	办公运营	79.6	场地 500 平方米，每平方米 80 元；装修 20 万元；电脑新增 20 台，每台 4000 元；水电及电话费用每月 3000 元
	推广费用	200	物流园区广告、行业媒体广告、移动广告、营销费用
	差旅费用	30	公关及差旅费用
	合计	1078.5	

完成研发所需投入：100 万元。

达到盈亏平衡所需投入：1078.5 万元。

达到盈亏平衡预计时间：2017 年底。

3. 投资形式

现金出资 1500 万元。

4. 资本结构

以股权长期资本形式介入，拟出让股权比例为25%。

5. 所需支持

投资者介入公司经营管理的程度：希望引入熟悉物流货运和互联网行业的投资者，担任公司战略顾问，对经营发展提供指导意见。

七、投资报酬与退出

股票上市：对公司上市的可能性做出分析，对上市的前提条件做出说明。

股权转让：投资商可以通过股权转让的方式收回投资。

股权回购：公司实施股权回购计划时应向投资者说明。

利润分红：投资商可以通过公司利润分红达到收回投资的目的，公司实施股权利润分红的计划时应向投资者说明。

八、风险分析

资源风险。

市场不确定性风险：其他行业巨头的介入。

研发风险：车源与货源最佳配对有一定难度。

成本控制风险。

竞争风险：至今还没有行业龙头，便于快速占领市场。

政策风险：目前国家出台政策大力支持互联网及"互联网＋"的发展。

财务风险：营销资金保障，通过融资方式来填充。

管理风险。

破产风险。

九、公司的管理

1. 公司组织结构

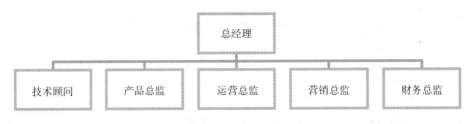

图7　公司组织结构图

（1）主要管理者。

总经理：蒋佰伍，男，33岁，湖南长沙市人。

学历：学士；毕业院校：长沙铁道学院；2011年在清华大学进修2年；工作年限：10年；目前行业工作年限：4年。

主要经历和成就：2008～2011年在香港京环宇科技有限公司任职运营总监，负责手机研发运营管理；在物流运输行业经营信息提供及垫资4年。

产品总监：褚金正，男，37岁，北京人。

学历：学士；毕业院校：中南大学；工作年限：15年。

主要经历和成就：2008年8月至2014年9月在诺基亚（中国）投资有限公司工作，主要负责诺基亚S30平台应用程序开发、维护和新游戏移植。

技术顾问：曾峰，男，38岁，广东梅州人。

学历：博士；毕业院校：中南大学；工作年限：15年。

主要经历和成就：2006年10月至2007年5月在华为协议分析项目，项目由操作系统协议分析和数据库协议分析两部分构成，其负责数据库协议分析部分的技术路线设计和主要技术攻关，带领项目组成员对5个主流数据库的审计系统及日志机制进行深入分析，开发出针对各种数据库的数据操作监控软件；开发出长沙市雨花区公安局公安统计分析系统（VB＋SQL SERVER）；目前在中南大学任院长，对物联网有资深的研究经验。

财务：张芳，男，31岁，湖南长沙市人。

学历：大专；工作年限：8 年；曾在京基伟业和香港京环宇科技有限公司任财务管理。

营销总监：外聘。

（2）公司员工情况。

表 10　公司员工情况

员工人数	大学专科		大学本科		硕士（中级职称）		博士（高级职称）	
	人数（人）	比例（%）	人数（人）	比例（%）	人数（人）	比例（%）	人数（人）	比例（%）
管理人员	1	25	1	25	1	25	1	25%
普通员工	—	—	6	85	1	15	—	—

2. 管理制度及劳动合同

所有人员签订劳动合同。

3. 人事计划

目前正在规划设立营销和运营总监。

4. 薪资、福利方案

管理员工资 1.5 万元，技术工程师工资 1.2 万元。

5. 股权分配和认股计划

在技术研发方面公司给出 6% 的虚拟股。

公司对主要管理和技术人员采取的激励机制：底薪加虚拟股。

公司是否聘请外部管理人员：外部聘请会计师、顾问。

公司的知识产权、专有权、特许经营权等情况：无。

公司的商业机密、技术机密等保护措施：无。

公司是否存在关联经营和家族管理：无。

十、财务预测

1. 收益来源

广告费：APP 特定板块广告展示。

资金沉淀：每笔交易的预付定金、尾款结算前的资金沉淀及与银行洽谈合作的利率。

保险费：通过接口直接在线购买货运保险，收取返点。

会员费：承运方使用费。

金融：业务链垫资。

2. 财务数据预测

根据现有市场行情和经验，预计平均单笔交易金额 2500 元，交易提成毛利润按总交易额的 1% 计算，暂未计入银行利息、广告费、会员费、保险费等收益。

表 11　未来 3 年公司财务数据预测

单位：万元

年份	总交易金额	信息费收入	广告收入	银行收入	保险收入
2015	2700	27	0	待定	0
2016	27000	270	100	待定	待定
2017	82000	820	150	待定	待定

爱随行儿童关爱项目

作者：连红星

一、项目概要

1. 项目简介

根据不完全统计，中国每年有 20 多万名儿童失踪，0～17 岁遭受伤害的儿童有 1000 万名以上。经过几十年计划生育政策，独生子女成为新生代儿童的主流。儿童安全成为国家、社会、家庭最关注的社会问题。

爱随行儿童关爱项目是一个采用智能硬件和物联网技术，利用大数据平台设计开发的关注儿童安全和健康成长的高科技项目。

爱随行儿童关爱项目由大数据支撑管理平台、专用智能手机 APP、爱随行智能硬件终端组成（见图 1）。它通过实时智能传感器，感知和分析儿童所在位置、状态，并通过大数据分析，提供给监护人、学校、社会相关机构，对儿童进行安全和健康的全方位、立体化保护。

图 1 产品架构

公司通过终端产品销售和 PCBA 销售相结合的方式，在未来 3～5 年内力争占有目标市场 30% 以上的份额，年复合增长 50% 以上，在 3～5 年内年收入达到 3 亿元以上。

项目理念：关爱相随、健康成长。

项目愿景：3年内成为儿童安全数据平台具有影响力的厂商。

2. 产品及服务

公司主要以物联网安全技术服务于0～12岁儿童，为目标用户提供安全保障、位置查询、运动统计、成长状况分析及健康检测等服务；公司提供不同产品形态的终端产品以满足不同年龄段用户的需求（具体产品见"产品介绍"）。

表1 主要产品介绍

产品形态＼年龄段	0～3岁	3～7岁	7～12岁
智能卡片	—	—	适合
微型便携	适合	适合	适合
智能腕带手表	—	适合	适合
智能鞋	适合	适合	适合

3. 产品及项目进度

目前公司已经完成了基本的数据管理和支撑平台建设、APP软件开发工作，终端产品也已经建立了基本的产品体系。

表2 目前产品的开发现状和进度

产品类型	当前状态	说明
智能卡片	在销售	已建立初步的代理商体系
微型便携	在销售	正在通过网商销售
智能腕带手表	工程样机	有几家公司正在合作
智能鞋	PCBA	正在和几家公司洽谈

4. 产品介绍

下面是公司目前基本产品的概要介绍：

（1）儿童智能卡片——平安卡。

平安卡是儿童平安的守护者，通过它可以：

随时和家长通话；

随时查询孩子位置；

随时SOS紧急呼救；

随时进行儿童周边监听；

随时设定电子围栏；

支持学校远距离考勤；

支持校讯通功能。

（2）便携式定位器——最小的 GPS 双模定位器。

支持 GPS、基站双模定位；

支持实时定位、历史位置查询；

支持电子围栏；

支持定位间隔一键设定；

专用手机 APP（iOS、安卓）；

自建定位平台；

购机不附加任何服务费和平台费。

（3）腕带手表。

第一，最小的腕带手表 PCBA 板。

支持 GPS、基站双模定位；

内置 GPS 天线；

支持实时定位、历史位置查询；

支持电子围栏；

支持定位间隔一键设定；

实时续航能力评估；

实时工作状态显示；

专用手机 APP（iOS、安卓）；

自建定位平台。

第二，采用工业级 UBLOX 定位芯片。

采用 UBLOX G7020 工业级 GPS 专用定位芯片，定位精度高，性能稳定，漂移小。

第三，专用 APP，一个账号可以管理多个定位设备。

可以添加多个定位器设备；

可以实时显示电池状态；

可以实时显示设备的续航时间；

可以实时显示 GSM 信号状态；

可以实时显示 GPS 信号状态；

可以实时显示电子围栏状态。

第四，支持电子围栏设定、一键定时间隔设定。

二、公司及团队介绍

1. 公司简介

华安物联成立于 2014 年 5 月 26 日，公司以物联网安全为己任，成立一年来先后独立研发并上线运营了爱随行家校圈管理平台系统、服务于第三方的华安物联定位解析与服务平台、爱随行家校圈手机应用、爱随行家校圈智能学生证终端、爱随行"在哪儿"定位管理平台系统、爱随行"在哪儿"手机应用、爱随行"在哪儿"智能微型定位终端、爱随行"CarePlus"定位管理平台系统。

目前，正在研发爱随行"CarePlus"手机应用、爱随行智能童鞋产品、爱随行儿童智能手表产品。公司正朝着预定的目标风雨前行。

公司经过一年的发展，现在已经获得软件著作权 4 项，申请商标 3 例，正在申请双软企业。

在市场方面，公司目前已经在湖南、河南、陕西、山西、河北、新疆、内蒙古等地有一定的合作伙伴或已经建立代理，初步建立了一个全国销售网络。

2. 组织架构

虽然公司还在发展初级阶段，但是已经建立了完善的组织架构。

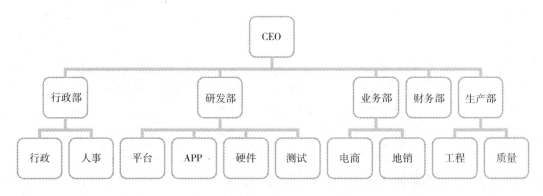

图 2　公司组织构架

3. 股权结构

公司以技术为核心，体现在股权结构上，公司的核心股东都从事技术研发和质量管控。

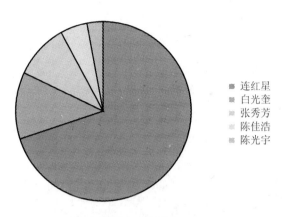

图3 公司大股东的股份比例

- 连红星
- 白光奎
- 张秀芳
- 陈佳浩
- 陈光宇

4. 成员介绍

（1）连红星：发起人、负责人、公司 CEO。

1993 年毕业于武汉测绘科技大学（武汉大学），2012 年起就读于深圳清华研究院，获得工商管理硕士学位。有 20 多年研发工作经验、15 年团队管理经验，拥有几十项发明专利，对企业知识产权建设有丰富的经验。

1993 年，进入诞生了中国第一台电信级程控交换机的巨龙集团，从事程控交换机硬件、软件、计费平台的研发工作。

2000 年来到深圳，先后从事过 Linux 和 Wince 嵌入式产品研发、电力线宽带产品研发、车联网产品研发。开发出了全国第一台无线公话及系统平台，世界第一台 85 兆、200 兆电力线宽带路由器、网络摄像机；开发出了中国最早的以后视镜为载体的车联网系统。

在公司担任项目负责人、深圳办事处经理、车联网事业部总经理等职务，具有长期的团队建设和管理经验。

1998 年成立洛阳天之翼计算机有限公司，2010 年成立深圳市华瑞海科技有限公司，2014 年成立深圳华安物联科技有限公司。具有多年创业经验。

（2）白光奎：硬件经理。

1999 年毕业于电子科技大学，学士学位。先后在富士康、路迪网络、奥联科技、金宏威等公司从事手机硬件、路由器、WiFi 产品、电力线路由器产品硬件的研发工作；熟悉硬件产品开发过程中涉及的硬件设计、layout、调试、试产、测试各个环节技术和流程。

自 2008 年起，先后任职硬件工程师、项目经理、部门经理职务，有硬件团队组建和管理经验。

2005 年以来，先后和连红星合作开发网络摄像机、WINCE 工业控制与管理平台等。2010 年和连红星成立深圳市华瑞海科技有限公司。

（3）陈光宇：硬件工程师。

1994 年毕业于黄石高等专科学校，先后工作于湖北拖拉机厂、东莞先豪集团、东莞常禾电子、深圳领华等公司，有着丰富的硬件设计、硬件生产及工程经验。

2008 年以来，一直和连红星一起工作，合作开发 WINCE 车载 DVD 产品、车联网后视镜产品、工业摄像机控制与管理系统等产品。

（4）陈佳浩：手机应用软件工程师。

2011 年毕业于郑州大学，先后在 Blighty、深圳翌讯科技从事 iphone 手机应用开发。担任过公司项目负责人、项目经理等职务。

三、市场分析

根据《中国人口统计年鉴》（2007），中国 0~3 岁的婴幼儿共计 7000 万人，其中城市孩子数量为 1090 万人。

又据国家统计局 2014 年 2 月 24 日的统计数据：2014 年中国幼儿园在园幼儿为 3894.7 万人；在校小学生为 9360.5 万人。

以目前单件终端产品最低按照 100 元计算，爱随行目标市场人群为 1 亿人以上，整个市场规模在 200 亿元以上。另外，对于部分爱随行的终端产品，如智能鞋和便携式终端，我们把它们作为易耗品设计，以成长期儿童平均每年更换一双童鞋计算，这无疑将是一个巨大的蓝海市场。

表3 儿童关爱产品市场规模预测

目标人群	人群数量（万人）	市场规模预测（亿元）
0~3 岁婴幼儿	7000	70
在园幼儿	3894.7	38
在校小学生	9360.5	93

根据多家市场分析机构的预测，智能穿戴市场的成长性曲线如图 4 所示，爱随行儿童关爱产品作为一种智能穿戴产品具有非常好的成长性。

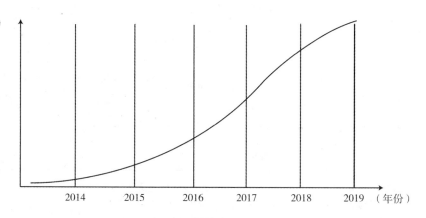

图 4　智能穿戴市场成长性预测

资料来源：http：//www. leiphone. com/news/201406/smartwatch－sales－will－explode. html.

四、竞品分析

由于公司对不同的产品形态采用不同的销售策略，所以下面我们从两个不同的市场对竞争对手的基本情况进行分析。

1. 成品市场竞品分析

表 4　智能卡片产品

产品	功能	优势	缺点
家校圈平安卡	定位、通话、SOS、考勤、网络校讯通	产品定位灵敏度高、精准、快速，管理系统完善，运营平台成熟	公司的公关能力比较弱，是一个关系型产品，产品形态的限制只能通过学校销售
守护宝智能学生证	定位、通话、SOS、考勤	市场拓展能力不错，有一定的客户群体	平台系统不完善，系统设计不能够长期运营
全球锁智能学生证	定位、通话、SOS、考勤、网络校讯通	进入市场早，有一定的影响	产品质量问题、客户投诉多，退货多

表 5　便携定位产品

产品	功能	优势	缺点
家校圈微型定位器	定位、工作模式选定、状态实时显示	目前市面上最小的 GPS 产品，技术上有较大突破；专用的平台系统，伸缩性、可扩展性强	市场后入者，产品外观设计不是特别吸引人
谷米系列定位器	定位、超长待机	有很大的汽车用户群体，有一定影响力	采用车载协议，对人群监控适应性不好，可扩展性不强，这些局限了其发展

表 6　智能手表产品

产品	功能	优势	缺点
爱随行智能手表	定位、通话、对讲、计步、运动统计、电子围栏	产品小巧，待机时间长，平台成熟，可以定制化管理	市场后入者，用户接受有一个过程
阿巴町儿童定位手表	定位、通话、对讲、计步、电子围栏	目前有 100 万台左右被客户使用，市场影响大，外观相对漂亮	产品过于笨重、佩戴不方便
城市漫步儿童定位手表	定位、通话、围栏	有一定的客户群体	功能单一，故障率高

表 7　智能鞋产品

产品	功能	优势	缺点
爱随行智能鞋	定位、计步、电子围栏、运动统计	产品精巧，待机时间长，拆装方便	市场后入者
云朵定位鞋	定位、计步	市场先行者，有一定的客户群体	功能单一，拆装充电不方便
360 定位鞋	定位、计步	产品设计比较好，充电拆装方便	功能上相对简单

2. 方案（PCBA）市场竞品分析

表 8　市面上做得相对比较好的几家方案公司的对比

公司	优势	缺点
华安物联	技术全面，具有成熟的平台、APP、软硬件方案，并且有一定的技术突破	市场后入者，用户接受需要一定的时间

续表

公司	优势	缺点
三基同创	起源于车载 GPS 行业，硬件能力不错，产品市场面比较广	没有完善的平台系统和手机应用系统
联华盈科	在 GPS 行业多年	技术上没有大的突破，硬件质量一般，没有平台，产品依旧采用原来的车载系统通信方式
城市漫步	在 GPS 行业多年，创新能力不错	技术上发展一般，产品技术及工艺控制能力一般，产品故障率较高
金康特	手机行业方案公司，目前在成人智能手表行业取得很大成功	对平台技术和 GPS 定位技术不熟，制约其进入这个行业发展

五、营销策略

1. 营销策略

根据近一年来的市场探索经验，目前我们确定的市场策略是以向客户提供整套解决方案为主、以最终产品销售为辅的产品营销策略，充分发挥公司以技术为本、合作共赢的特点。公司以技术创新为核心，以产品和 PCBA 销售为维持运营及积累客户的手段，以数据业务拓展为发展的重要目标。产品的盈利模式描述如图 5 所示。

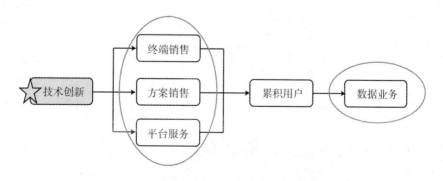

图 5 产品盈利模式

针对不同的产品形态，我们制定了不同的销售策略：

（1）在卡片产品和便携微型终端方面，我们一方面向客户提供最终产品，另一方面也面向生产厂商提供套料或 PCBA，以提供全套平台服务的方式进行销售。

（2）在智能手表、智能鞋产品方面，我们主要向客户提供全套解决方案和 PCBA。

销售方式采用网销和地面销售并行。目前公司已经通过 Alibaba 诚信通和百度进行了产品推广。

2. 销售预测

根据前面几节对产品市场的预测分析，我们对产品销售做的 5 年预测（见图 6）：

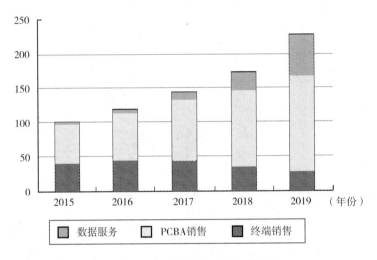

图 6　产品销售组成及预测

注：年复合增长率 50% 左右；逐年增加 PCBA 占比；逐年增加数据服务占比。

六、财务管理

1. 财务现状

公司成立一年多来，把主要的精力和资金都用在了研发和服务器建设与运营上，初步具备了盈利基础能力。公司初始投入 100 万元，资金主要来源于股东的私人筹资。

表9 2014年和2015年公司支出情况

单位：万元

财务开支	2014 年	2015 年
人力成本	70	30
研发投入	16	5
服务器运营	2	2
管理成本	32	3
总计	120	40

2. 未来3年投入预测

根据1年多公司资金投入情况，我们对融资后的市场投入做了3年的预测。

表10 融资后3年市场投入预测

单位：万元

投入预算	2015 年	2016 年	2017 年
人力成本	150	240	400
研发投入	40	80	100
服务器运营	10	20	40
管理成本	20	40	60
流动资金	50	150	200
总计	270	530	800

3. 未来三年收入预测

根据上文的市场投入预测，在保证持续投入的基础上，我们对未来3年的收入做了如下预测。

表11 公司未来3年收入预测

单位：万元

收入预测	2015 年	2016 年	2017 年
终端产品销售收入	400	1200	3000
PCBA 销售收入	580	2000	6200
数据业务收入	20	160	800
政府产业资助	20	100	300
收入总计	1020	3420	10300
毛利预测	400	1000	3200

4. 融资需求

为了保证公司在未来 1 ~ 2 年的顺利、高速发展，公司拟出让 20% 股份，融资 1000 万元。资金具体利用在如下项目：

（1）人力资源。

扩大技术团队（软件开发工程师、UI 设计工程师、测试工程师）；

建立销售团队（产品招商、网络推广销售）；

建立生产管理、质量管理团队（生产及质量控制、物料采购管理）；

建立基本的行政和财务队伍。

（2）研发投入。

增加研发投入，购置必要的研发工具，增大产品研发力度。

（3）增强运营能力。

建立可以支撑业务发展的服务器运营体系。

（4）增加销售投入。

增加销售团队预算，加强销售推广能力，拓展销售渠道。

（5）改善工作环境。

（6）增加流动资金。

5. 资金利用

根据上文我们对未来 3 年的投入预测，对融资资金做如下比例的投入和利用。

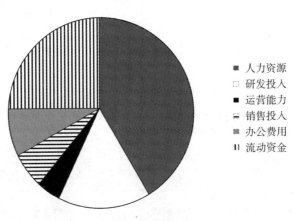

图 7　资金利用预测

七、风险及规避

1. SWOT 分析

表 12　公司 SWOT 分析

S（优势）	W（弱势）
具有核心技术，可以灵活应对市场变化 团队有较长时间的磨合，具有长期可持续合作能力 在市场上有一定的客户群体，目前口碑不错，为进一步发展打下了良好的基础	资金实力比较小，投资过于谨慎 没有专门的销售团队，营销能力弱 在整个行业里规模过小，缺乏抗风险能力
O（机遇）	T（危机）
市场需求极大 没有成熟的产品 没有行业垄断性公司 技术上大家都处于探索阶段	整个产业知识产权保护意识差 模仿者过多，很快会造成市场良莠不齐、鱼目混珠 市场推广存在很大风险 资金压力比较大

2. 风险规避措施及方法

（1）尽快建立起知识产权保护体系，包括软件著作权、发明专利、商标等。

（2）开发具有特色的产品，在行业内建立品牌知名度。

（3）持续增加产品研发投入，建立行业技术标杆，建立仿制者的防火墙。

（4）快速建立市场推广队伍，通过行业联合，建立产品销售体系。

（5）拓展融资渠道，尽快解决企业发展的资金瓶颈。

在街上店铺——最好用的实体商家手机店铺

作者：卢文胜

  智能手机带来互联网化的变革，全国团购网站和全国性优惠资讯平台的大规模整合和竞争，生活服务类网站"根植本土，深度O2O"的趋势越来越明显。在内容为王的互联网背景下，以砸钱收买消费者形成流量进而绑架商家的平台模式难以为继，"服务本土商家，创造价值内容"成为本土生活服务平台的运营核心，也成为用户聚集、粉丝活跃的第一大驱动力。

  移动互联网时代O2O商业模式是实体商家必然的选择，发展趋势是商家需要有自己真正的粉丝客户而不是平台的客户。而现有的类似团购平台，更多考虑的是利用实体商家来充实自己的平台，并没有真正考虑实体商家的诉求，在执行的过程中往往牺牲了实体商家的利益，单向取悦消费者，忽视了商业行为最初的买卖对等关系，O2O平台需要不断创新的商业模式和全新的客户体验。顺应发展，点石科技推出了最好用的实体商家手机店铺——在街上店铺。

  在街上店铺分为商家版和会员版两部分。商家版是一款手机平台工具，实体商家通过PC端店铺后台管理系统或手机店铺APP，可以实时将店铺情况、优惠信息、商品信息或者其他促销活动等进行快速编辑，生成专属的、形式新颖、易于自媒体传播的H5手机网站。会员版是帮助消费者快乐、方便、实惠地寻找店铺商家的移动社交平台，以优惠券、代金券、特价商品、游戏活动等为切入点，以优惠营销数据分析为基础，以精确营销策划为手段。实体商家推送至自己的在街上手机网站的所有信息，同步更新到在街上会员APP、PC端及线下终端，消费者以游戏、社交快乐获取到最新资讯，也能及时轻松地与商家沟通反馈并参与商家发展，从而有效转换成商家的忠实粉丝，帮助商家店铺增加交易机会、减少交易环节、降低交易成本、提高交易信誉，以更有效交互式地营销推广，实现一站式优惠营销生态型服务理念和目的。

  目前，类似竞品主要有拍拍微店、微店、有赞、微盟以及其他团购平台。与它们相比，在街上店铺以商家和消费者为主体，专注于本地实体商家发展O2O的优惠营销需求，且已经具备多年的线下实体商家优惠营销服务经验，非常了解商家的需求和实现的细节。在街上店铺将电子商务、移动互联网以及线下终端O2O模式立体有机结合，充分发挥"Social"（社交）、"Local"（本地）、"Mobile"（移动）的主要特点，形成一套完整的本地移动社交 O2O 模式，并已经实现了各平台支付宝及微信支付的闭环，帮助商家发展真正属于自己的粉丝，同时实现商家销售的快速增长。

在帮助商家提高销售业绩的同时，在街上店铺目前主要通过收取相应的服务费用和广告费用，获得属于平台自己的收入。按照《中国年鉴》统计数据，2013 年中国的批发和零售业法人企业超过 1000 万家，实体商超过 500 万家，按目前在街上店铺基础服务费 300 元/季度计算，每年将有百亿元以上的市场，参考团购网站，平台商家的交易额又是个每年千亿元的大市场。要获得这样的收入，需要有实体被商家广泛接受的真正好用的手机店铺产品，需要有经验丰富的投资机构，需要有高效率的经营团队。管理层有丰富的创业与管理经验，有一致的价值观与处事原则，保证团队运营的稳定性。整个团队具有很强的执行力，始终秉承承诺到必须要做到的宗旨，将每一项工作都落实到位。投资方应用自身优势资源，积极帮助经营团队在进步中得到发展，可以通过上市、回购、转让以及资本市场退出来获取自己的利润。

一、公司/项目概述

公司全称福建点石网络科技有限公司，寓意点石成金，成立于 2010 年 4 月，注册资金人民币 500 万元，主要股东有四位自然人卢文胜、陈阿权、王学人、林华坚和一家企业法人，其中卢文胜为第一大股东。现公司员工总人数将近 50 人，以"80 后"、"90 后"为主，"90 后"占 60%，全部为大专及以上学历。点石科技是一群平凡人在一起做一件很有意义和有价值的事情：让消费者省钱和让商家多赚钱！打造国内最多优惠和最优惠的本地生活消费平台，构建"网站端 + 手机客户端 + 线下媒体多应用终端"的生态平台，迎接移动互联网时代以 O2O 生活方式解决未来营销和发展的新商业模式。

公司主营产品为在街上店铺。现阶段，已经实现了从数据库、表结构等庞大系统后台到 Web 网站、商家 H5 手机网站、手机 APP（商家版和会员版）和线下终端机等多前端展现的研发和迭代，进入了在街上店铺管理系统二期的全面升级。产品采取边研发边逐渐投入市场使用边反馈更新再回到市场的循环策略，在街上店铺经过从 2014 年底上线后至今几个月的市场开发推广，目前在厦门以及福州、泉州等城市都取得了很好的效果，获得了商家及消费者的肯定，具备了一定的影响力。尤其是在厦门，已经成为实体商家手机店铺的不二选择，现已经启动了在福建省福州市、泉州市等城市的复制。下一步便是区域市场的全面拓展推广，加快在全国其他一二线城市的快速复制。

二、产品与服务

公司的主营产品为在街上店铺。在街上店铺分为商家版和会员版两部分。产品主要是为城市实体店铺商家服务，帮助商家增加交易机会、减少交易环节、降低交易成本、提高交易信誉、提升营业额，更有效交互式营销推广，带动品牌建设，维护好会员，进行精准的营销和贴心的客服，实现一站式优惠营销生态型服务理念和目的。其中，餐饮类、酒店娱乐类以及购物类商家因其竞争的严峻性以及强烈的推广需求，成为平台的主要客户。

在街上店铺以完整的数据库系统作为后台支撑，线下商家在平台上的优惠信息推送行为和消费者的消费轨迹都将变成可供挖掘的数据。通过电子优惠券获取、打印记录、使用及商家优惠信息发送等用户行为能够准确得到每一用户的消费特征，通过后台进行数据挖掘和统计分析，进而识别重要用户并提供个性化服务以提高用户满意度和忠诚度，有效维系现有顾客并吸引潜在顾客，从而帮助商家降低成本、提高营销效率，使商家更好地满足消费者的需求。

同时通过 H5 手机店铺、在街上线下终端机、在街上 APP（消费版）、微信公众号端同步推广商家品牌服务，最大化地扩大商家和消费者的接触面，使得商家名称、性质、特点、位置等基础信息以及优惠活动信息得到全面的宣传。

在街上店铺在不到半年的时间内已经多次更新迭代，性价比高，推出到市场后已经得到众多商家的认可。合作后由专业的客服团队一对一提供系统的指导服务，包括电话沟通服务、QQ 微信网络服务以及上门培训，并且在每周五邀请合作商家到公司现场进行集体培训。

三、行业情况

近几年来，本地化的消费市场是一块被无数企业看好的几万亿元市场的大蛋糕，无数消费类的平台应运而生，如大众点评网、美团网、微盟等。过去 5 年，团购一直是 O2O 市场的主角，如图 1 所示，截至 2014 年 7 月，整个团购行业的成交额达到 69.5 亿元。《2014 年中国移动互联网行业年度研究报告》显示，2013 年中国移动互联网市场规模为 1060.3 亿元，同比增长 81.2%，预计到 2017 年，市场规模将接近 5000 亿元；且移动营销

和移动购物所占的比重将会越来越大，到 2017 年将占到整个移动互联网市场的 72.4%
（见图 2）。

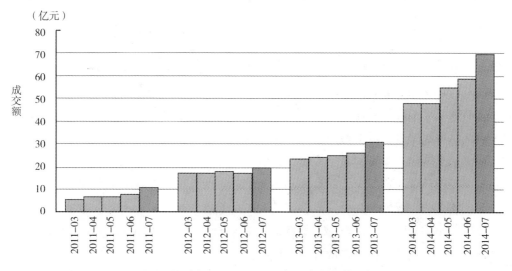

图 1　团购行业 2011～2014 年同期相比的数据

资料来源：团 800 资讯，http：//zixun. tuan800. com/a/tuangoushujubaogao/20140825/50181. html.

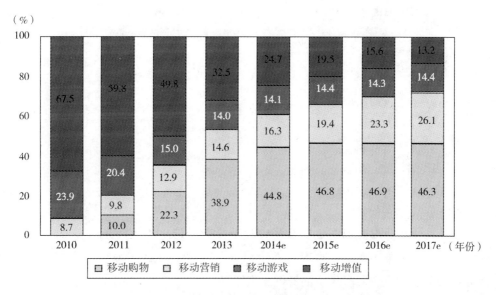

图 2　2010～2017 年中国移动互联网细分行业结构占比

注：移动营销包括移动搜索、移动应用广告、移动视频广告等；从 2012 年第二季度开始，移动购物统计的市
场规模为营收规模；2013 年中国移动互联网市场规模为 1060.3 亿元。

资料来源：综合企业财报及专家访谈，根据艾瑞统计模型核算。

加上今年全国"两会"期间，国务院的政府工作报告提出"互联网＋"的概念，极大地促进了整个互联网和移动互联网行业的发展，故我们有理由相信接下来的 3～5 年将是移动互联网也是 O2O 行业发展的最佳时期。

目前市面上的拍拍微店、微店以及美团等团购平台是与在街上店铺比较类似的产品。拍拍微店虽然依托了京东和腾讯强大的用户基数，但也是因为京东及拍拍微店的购物类电商基因，所以并没有针对实体商家落地；微店属于平民化的平台，有卖家版与买家版两款 APP，但卖家版的下载量是买家版的近十倍，卖家数远远多于买家数，且门槛过低，审核不严，无法装修店铺，与实体店铺 O2O 关系不大；美团是已经估值数百亿美元市值的团购第一品牌，也主要服务线下实体商家，在提升实体商家营业额等方面有帮助，但是对合作的实体商家来说团购平台只是一个第三方平台，活动优惠的力度与时间等都不能完全自主决定，且粉丝只是团购平台的粉丝，实体商家并不能自主持续运营；窝窝网店通是商户自己进行线上营销、运营的系统工具，但要看到商家的页面一定要下载，也就是说每个商家相当于有一个独立的 APP，会耗费消费者的内存与流量，且它是一个纯粹的销售平台，除了产品和介绍，没有其他更多的辅助推广渠道。

相较于类似产品，在街上店铺对用户的定位更加精准，专注于实体商家和消费者，而把自己的作用更加弱化，服务主体更加明确，对客服及商家培训更加到位。公司产品和服务的更新换代，主要根据运营过程中积累的经验和数据的不断完善与补充，更新周期确保每个月一次。公司现在正在进行产品的著作权申请，并逐步开展相应的软件产品登记工作。

四、市场方案

1. 市场定价和销售方式

通过市场比价以及对类似产品的调研，现阶段产品定价为 100 元/月，以季度、半年和一年为周期，其中半年和一年具有优惠价，分别为 500 元和 1000 元。目前销售的成本主要为人员薪资、推广费用和相应的管理支出。

销售方式主要以地推人员上门拜访为主，当进行城市复制，特别是进入省外城市拓展时，销售的模式将更多地参照淘宝开店的模式，并通过事件营销、广告等推广，实现批量商家入驻。公司暂未考虑代理商，有专门的客服团队，对售后进行维护。

2. 销售目标

第一阶段要实现福建省内福州、厦门、泉州等城市的拓展，达到 10 万用户数，年销售额达到 1000 万元。

第二阶段在福建省内其他城市以及四川省成都市、湖南省长沙市、湖北省武汉市、浙江省杭州市等南方省会城市进行拓展，达到 100 万用户数，年销售额达到 5000 万元。

第三阶段实现主要一二线城市的拓展，达到 500 万用户数，年销售额达到 1.9 亿元。

具体的预测数据如表 1、表 2 所示。

表 1　2015～2017 年在线商家年销售额和用户数预测

年份	2015	2016	2017
年销售额（万元）	1000	5000	19000
用户数（万家）	10	100	500

表 2　2015～2017 年地区份额占比预测表

年份	2015	2016	2017
地区	福建	一二线主要城市	全国
份额占比（％）	80	60	70

3. 市场团队建设

团队建设方面通过高提成、高收入、区域储备干部培养，以及职业化培训等方式方法对地推人员进行激励，同时也采用末位淘汰制以及相关的市场部管理制度和地推团队手册对地推人员进行约束，从而保证他们在符合公司战略发展的基础上，创造更好的业绩。

4. 与竞争对手在销售策略上的对比

京东拍拍微店采取的销售策略是依托京东和腾讯强大的用户基数和 CRM，实行从内部已有的客户中发掘潜在的客户，且采取免费的价格策略。

有赞主要是跟淘宝抢客户资源，简单来说其是基于微信的淘宝商家版，定位的还是购物类电商客户。

微盟的销售策略也同样是依附于微信，致力于做微商平台。价格定位主要根据的是功能模块的实现程度，有高有低，销售优劣势均在于对微信的依赖性。

窝窝网店通本身就是一个纯粹的销售平台，其销售策略就在于让原有窝窝团的商家能够使用，并以此实现留住原先跟窝窝团合作的商家，所以基本上它是一个窝窝团自救的平台。

相比之下在街上店铺的销售策略具有价格优势、服务优势、市场细分的优势和理念上的优势。首先，在街上店铺定价 100 元/月的收费不高，适合各种类型的商家，并且仅仅抓住大众不珍惜免费产品的心理，收取一定的费用，从而让商家更加关注；其次，通过给商家提供一对一、上门培训等服务让商家觉得物有所值，甚至物超所值；再次，在街上店铺的服务对象为实体商店，更有针对性；最后，我们的理念是还原交易过程中商家和消费者这两大主体，而把平台的作用弱化，从而真正符合商家和消费者的需求。

五、商业模式设计

淘宝、美团、饿了吗、滴滴等平台开创期以砸钱等获取商家及消费者关注，发展期小利培育商家内容、发展消费者，成熟期以消费者流量捆绑商家，这一模式难以为继。"服务本土商家，共创价值内容"的循环生态型模式成为营销平台发展必然。

在街上店铺平台运营和商家服务分离，前期资金来源以实体商家使用在街上店铺的使用费为主，后期资金来源以店铺升级服务、平台运营资金沉淀、商家供应链整合等增值内容的服务费为主。突出帮实体商家自主建设 H5 手机店铺，服务和协助实体商家发展、维护、运营消费者成为实体商家长期持续经营会员的价值取向，专注于本地实体商家发展 O2O 的优惠营销需求。在此基础上复制实体商家、消费者及活动到在街上平台，分离运营，相辅相成，目标回归服务实体商家。

中小型企业，尤其实体商家商铺是我们"精确营销平台"的巨大直接客户；品牌企业，尤其是消费类如 KFC、麦当劳、必胜客等是我们的长期客户；政府商贸、旅游机构是我们平台的合作客户。随着时间的推移，基于线下良好的和本地众多商家合作的资源优势，今后可按行业特性发布分析报告，提供给政府进行决策、商业模式分析和研究。

通过云端数据统计分析系统管理后台，为支撑城市分站和多平台应用提供最初的基础；利用在街上店铺管理系统，充分解决商家自主使用应用问题，并结合在街上 PC 网站、在街上 APP、在街上终端机等优惠获取方式，解决实体商家优惠信息投送和消费者优惠获取；全方位覆盖服务地域和人群，更大限度地满足用户的使用需求；实现实体商家与消费者的实时互动、数据及时分析反馈而形成地理位置、时间、支付方式等消费行为模型，洞察真实的消费者动机；实现连续定向数据跟踪，以此为依据制定具有针对性的营销策划方案，真正做到让消费者省钱和让实体商家赚钱。

在消费者到达即将进行消费的地点之前，提供优惠券能够"干扰"其原有的消费计划，从而形成对"品牌的拦截"，使提供优惠的商家更容易俘获消费者；数据库券生活模式下的精确优惠营销可以使企业长期与目标者进行有效的"一对一"互动。

通过 solomo 模式，打造本地惠生活 O2O 电子商务平台，让更多的实体商家入驻，以此实现店铺的盈利；并在简单的商务模式基础上，进一步打造本地惠生活 mall，实现招募线下实体商家入驻线上在街上店铺，并通过在街上平台的各个终端拦截，推送给线下的消费者，最终实现公司盈利、实体商家赚钱、消费者省钱的良性商业模式。

六、收入和财务预测

2014 年度公司的财务数据如表 3 所示。

表 3　2014 年基本财务数据

单位：万元

主营业务收入	185
主营成本	107
主营利润	78
管理费用	111
财务费用	0
净利润	−12
补贴收入	20
总资产	210
总负债	33

未来 3 年预计在线商家的销售额达到 2.3 亿元，商家服务费 1500 万元，网站商家广告推广 500 万元，预计收入达到 2.5 亿元以上。此部分业务虽然收入、利润均不乐观，目的在于贴近客户，了解需求，为介入销售代理做准备。

2015 ~ 2017 年的预测利润表和资产负债表如表 4、表 5 所示。

表4 2015～2017年利润表

单位：万元

项 目	2015 年	2016 年	2017 年
（一）营业收入	1100	5600	20400
在线商家销售额	1000	5000	19000
商家服务费	100	500	1000
网站商家广告推广	0	100	400
减：营业成本	1020	5060	19100
营业费用			
营业税金及附加	5	45	55
（二）经营利润	75	495	2390
减：管理费用	140	240	1040
财务费用	1	8	15
（三）营业利润	−66	247	348
加：投资收益			
补贴收入			
营业外收入			
减：营业外支出			
加：以前年度损益调整			
（四）利润总额	−66	247	348
减：所得税	0	0	43
（五）净利润	−66	247	305

表5 2015～2017年资产负债表

单位：万元

资产	期初数	2015 年期末数	2016 年期末数	2017 年期末数	负债及所有者权益	期初数	2015 年期末数	2016 年期末数	2017 年期末数
流动资产					流动负债				
货币资金	166	22	108	391	短期借款				
短期投资					应付账款	3	10	50	280
应收账款	4	23	198	285	其他应付款	1	20	89	291
减：坏账准备					应付工资	7	10	25	36
应收账款净额	4	23	196	285	应付福利费				
应收补贴款					未交税金	0	8	14	15
其他应收款	2	20	93	145	未付利润				

续表

资产	期初数	2015 年期末数	2016 年期末数	2017 年期末数	负债及所有者权益	期初数	2015 年期末数	2016 年期末数	2017 年期末数
预付账款	6	19	173	268	其他未交款				
待摊费用	5	8	25	37	预提费用				
待处理流动资产净损失					一年内到期的长期负债				
一年内到期的长期债券投资					其他流动负债				
其他流动资产									
流动资产合计	178	84	572	1089	流动负债合计	11	48	178	622
长期投资					长期负债				
长期投资					长期借款				
					应付债券				
固定资产					长期应付款				
固定资产原价	71	101	1705	1809	其他长期负债				
减：累计折旧	38	37	51	105	其中：住房周转金				
固定资产净值	33	64	1654	1704					
固定资产清理									
在建工程					长期负债合计				
待处理固定资产净损失					递延税项				
					递延税款贷项				
固定资产合计	33	64	1654	1704					
无形资产及递延资产					负债合计	11	48	178	622
无形资产	5	389	1838	2020	所有者权益				
递延资产					实收资本	500	550	1000	1000
					资本公积		300	3000	3000
无形资产及递延资产合计	5	389	1838	2020	盈余公积				
其他长期资产					其中：公益金				
其他长期资产					未分配利润	-295	-361	-114	191
递延税项					所有者权益合计	205	489	3886	4191
递延税款借项									
资产总计	216	537	4064	4813	负债及所有者权益总计	216	537	4064	4813

　　我公司的主要税种和税率如表 6 所示。我公司已获得双软证书和高新技术企业证书，根据国家税务局的有关规定可以享受企业所得税"两免三减半"的优惠政策，固定资产加

速折旧，研发费用加计减除。

表6　主要税种和税率

税种	税率（%）
企业所得税	25
增值税	3
城建税	7
教育附加	3
地方附加	2
印花税	0.3

七、风险

存在的风险主要包括以下几个方面。

1. 速度风险——只有第一，没有第二

移动互联网意味着创建全新品类的机会。敢于创新，做出实用性、差异性以及性价比高的产品，并且在最短的时间占领市场，比第二名的企业占有高于两倍的市场，才能生存发展下来，因为速度的快慢决定着平台的成功。要应对这类风险，我们就只能下手早、行动快。

2. 选择风险——选择比努力更重要

品牌企业核心：定位品质用户满意，是选择淘宝卖货还是做自己的APP？

零售企业核心：产品丰富、价格实惠、消费体验好。

垂直移动电商：产品类选择？切入点？

O2O定位：服务小商户还是颠覆小商户？

频次是关键：JD扩品类案例、ZAPPOS案例。

价格要定对：Sweet spot价格带、唯品会。

3. 时间风险——创始人的时间花在哪儿

在大部分的创业公司，创始人很多时间其实是浪费了，创始人应该要聚焦用户、洞察产品体验，要花大量的时间招人而非把时间花在其他的事情上。公司的创始人已经深刻意识到这点，并已经在改进。

4. 融资风险——融资要快、金额要大

融资金额要大到让你的对手望尘莫及；

不要太在乎股权的稀释，控制董事会就好；

充足的资本也是迅速做大的门槛；

找到合适的投资者：认同你的理念，长期"持有"！

5. 竞争风险——短兵相接勇者胜，基业长青身体要好

基于互联网的竞争是残酷的，要么做大要么出局，价格战不可避免，间谍战防不胜防，平台企业存在二元法则（京东＋阿里、赶集网＋58同城、大众点评＋美团、亚马逊＋eBay），品牌企业属于细分市场，百花齐放，争做第一。第一、第二一旦合并，形成垄断，非常赚钱，所以必须在最短的时间占领最大的市场份额。同时，创业者需要强大的内心和好的身体。

6. 广告风险——打造行业第一品牌

伟大的公司从好名字开始，打品牌要舍得花钱持续投放，不像 PC ，移动互联网时代一旦获取用户，维护成本不高，要抓紧投入。

综上所述，以上提及的种种风险都是在可控和可预见范围内，公司必然通过各种管理及运营的策略，最大限度地降低风险。

八、融资计划

为了配合公司的整体战略规划，完成平台的迭代，实现 8 个城市的复制扩张，接下来一年我们有 4000 万元的融资需求，计划出让一定股权，根据投资者的需要提供资产负债表、损益表、审计报告等相应数据。投资者按章程规定参与董事会决策，若投资者有经营优势可参与管理。投资者的变现方式包括上市、转让、回购等。如公司按预计发展，融资后 3 ~ 5 年，年平均投资回报率为 100%。融资资金的具体使用计划如表 7 所示。

表7 融资资金的用途和使用计划

单位：万元

成本科目	总部研发提升	总部运营培训中心	其他城市复制（8个）	预计效果
系统平台升级	500	70		APP平台完成
品牌营销推广	400	180	100	城市知名
设备投入	50	10	30	占据线下主要终端
员工薪水	400	120	80	有竞争力
管理费用	100	70	25	合理高效
不可预测费用	100	50	15	
合计	1550	500	250×8＝2000	

未来6个月我公司的发展计划：

手机APP等应用升级上线（全平台迭代）；

3个月内不少于5000家合作商家入驻；

6个月内达到5万活跃用户；

启动城市复制（杭州、成都、北京等）。

未来1年预计达到：

入驻商家不少于30000家；

手机APP用户达到10万人。

九、团队构建

公司以执行董事卢文胜为核心。

卢文胜，男，43岁，硕士，毕业于清华—威尔士MBA班和湖南大学建筑系（1989年9月至1993年7月），具备丰富的创业经验和服务大型知名品牌外资企业的工作经验，务实开拓，且具备优秀的管理能力。

王学人，男，44岁，会计学硕士，厦门大学会计系毕业，先后任职于中国农业银行厦门市分行、厦门东纶股份有限公司等单位，历任银行职员、营业部主任、财务经理、财务总监、副总经理等职务，现任厦门东纶股份有限公司董事长助理兼副总经理。拥有多年金融工作经验及企业财务管理经验。

张培选，男，35岁，技术总监，毕业于吉林建筑工程学院计算机科学与技术专业，10

年的技术开发管理从业经验,在东软、中资源等上市企业均担任过重要的技术岗位,精通 JAVA 技术开发,熟悉安卓、iOS 等新兴技术,具有高水平的技术能力。

李远亮,男,33 岁,运营总监,十余年资深的电子商务领域从业经验,熟悉跨境电商、O2O 等运营模式,具备敏锐的市场洞悉能力,极高的事业素养,在厦门深圳等地成功创办了多家跨境电商企业。

王磊,男,29 岁,市场经理,毕业于厦门大学嘉庚学院。4 年的市场业务经验,曾任职于交通银行信用卡部,业绩连续 4 年为厦门地区的第一名,带领的团队也多次获得奖励,具有丰富的市场开发和团队管理经验。

汪欣彤,女,25 岁,行政经理,本科,毕业于集美大学。计算机专业背景出身,十分热爱互联网行业。一直从事互联网/软件行业人力资源的工作,具有扎实丰富的人力资源工作经验。

公司采用扁平化管理,因事设岗,采用项目责任制。公司的组织架构简单,总经理办公室下设置市场部、技术部、综合部三个部门,严格遵循公司的《行政人事制度》。

融资后需要设立的机构就是各地的分公司。其中人员配备主要包括区域城市负责人 1 名,市场负责人 1 名,业务员若干(根据业务量增减),行政后勤 1 名,会计 1 名。

目前,管理层的薪酬普遍低于业界的平均水平,管理层的人员都自降薪资,只为实现共同的理想和目标。除了原先设定的股东层持股外,为了激励核心员工,公司拿出 10% 的股份作为激励。

十、进 度 表

各项目进度如表 8 所示。

表 8 项目进度表

序号	内容	计划时间	进度
1	手机 APP 等应用升级上线(全平台迭代)	2015 年 1 月 1 日至 2015 年 5 月 30 日	2015 年 5 月 10 日前完成全部第一期迭代
2	3 个月内不少于 5000 家合作商家入驻	2015 年 3 月至 2015 年 6 月	现已实现新增 1000 家商家入驻

序号	内容	计划时间	进度
3	6个月内达到10万下载使用量，5万活跃用户	2015年6月至2015年12月	
4	福建省内的城市复制	2015年至2016年	正在进行中，已经启动福州的复制
5	福建省内其他城市的拓展以及四川省成都市、湖南省长沙市、湖北省武汉市、浙江省杭州市等南方省会城市的拓展；达到100万用户	2016年至2017年	
6	实现主要一二线城市的拓展，达到500万用户	2017年至2018年	

酱香原浆基酒众筹

作者：芦彦平

一、项目描述及市场分析

我国酒文化的历史，可以追溯到上古时期（夏商），至今已有三千多年，是中华民族五千年历史文化的重要组成部分。据统计，我国白酒行业年销售额约 6000 亿元，其中三大主流香型——浓香、酱香、清香占据了主要市场份额。

我公司以互联网商业模式，推出"酱香原浆基酒众筹"项目，颠覆传统白酒行业通过层层代理、广告、包装拉高价格的方式，并彻底杜绝酒精勾调酒对消费者身体的伤害。从酒厂直接到消费者，去除所有中间环节，让消费者以最低的价格轻松购买到正宗的高品质酱香美酒。此项目融入很多创新元素，同时具备名人珍藏、投资（我们可回购，每年给予 8% 回报）、个性化定制（企业接待、婚庆、周年、重大事件纪念等）等特殊功能。

酱香白酒的特殊商品属性：由于其特殊的工艺及原材料，酱香酒没有保质期，时间越长酒质越好，且酱香酒是其他很多香型白酒的调味酒，具备较好升值功能。

众筹优势：

（1）价格：如众筹数量达到 50 吨，可享受出厂价 50 元/斤（市场价 198 元/斤）。

（2）存储：酒厂承诺存储期限不超过 10 年，前 3 年免费存储，第 4 年起收费，客户可直接装瓶发走，也可放在酒厂存储，50L/坛收取存储费加保险费 200 元/年，250L/坛收取存储费加保险费 600 元/年，500L/坛收取存储费加保险费 800 元/年。

（3）升值：由于酱香酒特殊的生产工艺，酒质越存越好，存储 3 年后即为 5 年原浆基酒，目前 5 年原浆基酒出厂价 120 元/斤，市场价约 398 元/斤。

（4）灌装：3 年内可随时提取，每年可申请两次免费灌装。可按照您的要求灌装成标准白色乳玻瓶装（只收 8 元/支材料费加运费）、礼盒装（只收 35 元/支材料费加运费）、陶瓷坛装（5 斤坛每斤加收 20 元材料费加运费，100 斤坛及不锈钢桶每斤加收 10 元材料费加运费）。

（5）定制：白色乳玻瓶、礼盒都免费提供个性化定制酒标服务，可将您个人或企业 LOGO、名称设计在酒标中，既能彰显尊贵，又能很好地宣传企业。

（6）投资功能：存钱不如存酒！因酱香基酒每年都有较好升值空间的独特属性，如您不想提酒，我们承诺按当年出厂价协助您销售出去；如未能销售出去，我们承诺给予每年 8% 的固定收益进行回购，也会得到非常可观的投资收益。

（7）增值服务：如众筹成功，将建立茅台基酒文化交流群平台，以酒会友，促成众筹伙伴间更多互动及项目合作。

（8）品质保证：如需要可提供 2 瓶样品，一瓶用于品尝，另一瓶用于封样，确保品质如一。如发生品质问题，我们承诺给予原价 5 倍赔偿。

（9）产权保护：众筹成功将签署购买协议，并将每坛基酒编号写入协议中，产权归购买者所有，酒厂只作为保管方，存储过程中全程网络摄像头实时监控，客户可在手机端登录监控。

（10）保险：统一购买保险，防止意外破损、火灾、被盗等给您带来的损失。

二、竞争分析

（1）此项目融入了众筹、个性化定制、投资等特殊属性，在白酒行业属首创，没有竞争。

（2）目前，没有酒企全方位开启个性化定制服务，有部分酒厂在做但不专业，我们专注个性化定制服务已有 2 年。

（3）市场定位为名人珍藏酒、企业接待用酒等。

三、项目实施方案

（1）产品定位：名人珍藏及个性化定制，从酒厂直接到消费者点对点，高性价比销售。

（2）市场推广：互联网裂变传播。

（3）渠道建设：省会城市成立 30 个分公司或平台，供货速度快，节省物流成本。

（4）生产安排：我公司与茅台镇排名前五的五星酒业集团合作已近 3 年，为保证酒质，我公司出资收购酒厂部分股权，成为酒厂股东，先后推出了自己的品牌中兴酱酒、金传酱酒、原浆定制酒等系列产品，酒质、口感都得到了客户的一致好评。

贵州五星酒业集团成立于 1993 年，经过多年的发展，目前已经成为中国酒都十强民营企业和遵义市白酒工业十星企业。集团旗下拥有 5 个基酒厂，传统发酵窖池 600 多个，年生产优质酱香型白酒 5000 多吨，储酒能力 15000 多吨，基酒储存量在茅台镇名列前三。配有 5 条现代化的灌装和包装生产线，现代化的勾兑、过滤设备和一流的产品检验、化验设备，全厂占地面积 200 多亩，拥有员工 600 多名，是茅台镇历史悠久的酱香白酒企业之一。

（5）实施时间表：正在实施过程中，现在已完成募集 58 坛。

四、财务管理

（1）资金需求量：500 万元。

（2）资金筹措方式：进行股权融资，融资 500 万元，增发 20% 股份。

（3）资金用途：专项用于基酒项目。

（4）项目市场效益分析：由于去除所有中间环节，直接做平台点对点销售，会有 30% 利润，一年可做 5 轮周转，500 万元资金可产生 3500 万元销售额，毛利润大约 700 万元，纯利润 500 万元。

（5）预计收益和损失：由于酱酒越存酒质越好的特殊属性，故项目没有损失，储存的基酒会随着时间的流逝而增值，可轻松实现销售。

五、风险和应对

我们会以定金的方式储备一批基酒，只使用 10% 资金，故风险只有 50 万元，再以订单方式进行裂变推广。目前市场上低价、优质的原浆基酒缺口非常大，且高品质的大众快消品无政策风险。

六、退出机制

每年利润的 50% 进行分红，模式一旦推开会有裂变式增长，预计收回期是 3 年，大概回报为每年 30% 以上。

七、团队架构

公司有专门的立项小组，由总经理芦彦平先生亲自带队，公司传统销售部、网络部共同推广。

如果此项目推广非常成功，还可将公司五常稻花香米、东北有机杂粮等优质产品也借鉴此模式进行推广。

整体解构医学美容

作者：吕向东　吕向阳

一、医学美容定义

1. 什么是医学美容

美容是人体美的一个重要组成部分，一个人在容貌上或形体上的缺陷在某种程度上是可以通过化学或物理的方法来掩饰和遮盖的。如使用各种化妆品可以给人的容貌增添光彩，这是化学方法；而利用色彩上的反差，造成人们视觉的错觉，可以掩盖缺陷，就像什么样的脸形应该配什么样的发型，什么样的体形应该穿什么颜色和款式的衣服，这些都是物理的方法。以上所说的化学方法和物理方法可统称为化妆。

美容的体现手法，大致可分两类：一类就是上述的化妆，即生活美容，主要通过化妆技巧来美化仪容。通过化妆虽然可以使老人变得年轻，年轻人更加容光焕发，但美容效果不彻底、不持久。而另一类是通过手术和药物治疗来恢复和美化仪容，通常称为医学美容。

医学美容主要包括两种：一种是指通过改善营养或肌体代谢达到增白、润肤等美容效果；另一种是指采用医疗器械或设备对现有容貌进行手术来达到美容的效果，如割双眼皮、作隆胸等。就像一座已建成的建筑物需要进行装修以消除缺陷达到美丽的感观。医学美容在恢复人体形态及机能的同时，更注重的是外形的美感和解除求医者由于缺陷和形态不美所产生的病态心理。所以，也有人称医学美容为永久性的化妆。

医学美容的优点在于效果持久和彻底，对于那些由于工作和生活的压力而没有充足的时间化妆打扮的人，以及化妆美容无法消除自身缺陷的患者更为适宜。缺点是病人需要经过一次手术的痛苦，而一次手术也只能解决某部位的缺陷，有些健康状况较差的患者，还不能进行手术治疗。

2. 医学美容与医疗美容、生活美容的区别

1793 年，印度医生采用局部皮肤及皮下组织带蒂移植再造鼻耳，这就是闻名世界的古

印度皮瓣造鼻耳美容术。这时生活美容与医学美容既相互渗透又有所区别。直到 18 世纪中叶两者才分开，生活美容成为独立的学科。

现在人们经常遇到"医学美容"、"医疗美容"和"生活美容"这些概念，看似差不多，其实是有一定区别的。医学美容指的是所有与医学相关的美容方式，包括那些借助了医学原理的生活美容，它并不一定都要由医生来操作；而医疗美容必须由医护人员进行操作，在进行治疗前，还要有问诊的过程，即使是使用药妆品，也会因其特殊成分而令使用过程具有一定风险，须在医生指导下使用。然而，因为医疗美容并非治病，许多求美者对其医疗行为的风险意识薄弱，并不在意由谁来为自己实施治疗，由此会带来较大的风险。

一般人都认为，传统的整形外科就是所谓的医学美容，事实上所谓的医学美容开宗明义来说就是以医疗行为作为手段达到美容目的，这包括整形手术、肉毒杆菌注射、玻尿酸填充物、激光疗法、果酸护肤、整形术后护理、激光术后照护、皮肤护理美容等。由此可见，整形美容仅仅只是医学美容的一部分。简言之，借助医学的力量，达到肌肤保养减缓老化，以医疗方式达到肌肤面貌年轻美丽的效果，就是医学美容。

生活美容的内涵虽然同样包含很多项目，如发型、化妆、护肤、服饰、健身等，但都不属于医学范畴，不侵入表皮以下的皮肤。除因使用劣质化妆品可能造成皮肤刺激或损伤外，其他都不至于发生意外或并发症。生活美容也是一种短期行为，需要每日或经常反复施行才能达到美容目的。因此，生活美容为不涉及医疗行为的美容行为，生活美容是我们日常生活中自己能做或到美容院可以让美容师操作的护理性美容。

进行手术的美容项目为医疗美容，是必须在专业的医疗机构接受专业医生进行治疗的。然而，好多消费者却仍然不知道，除了动刀子的项目以外，还有好多治疗同样是需要医生来操作的。如激光注射就属于医学美容的范畴，应该在专业医生的指导下进行或者直接接受专业医生的治疗。

医疗美容需要科学、安全与严谨，需要行医者的诚实，治疗行为也应该是恰当而不过分的。医疗美容属于商业医疗的范畴，它是带有消费性质的特殊的医疗行业，大多数就医者都是健康的。求美的过程，一方面是解决美容方面的问题；另一方面也是一种消费，甚至类似奢侈品消费。因此，尽可能多地掌握相关的知识，消费者便可以更好地保护自己的权益。

医疗美容作为一种消费，最大的特点就在于它的选择性。作为求美的消费者可以选择接受治疗的时间、地点、机构、方式、价格，当然也包括能够信任的医生。这种选择性为就医者带来了更多的机会和寻求更加可靠的治疗的可能，所以，在做出决定之前，多咨询、多了解是必要的，包括对医生的背景进行调查。在接受治疗之前，一定要与实施美容治疗的医生当面沟通，沟通得越充分，治疗的安全系数越高。

无论是医学美容还是生活美容，都要由美容医师或美容师进行操作。两者虽在手段上有深浅度的不同，但其目的都是美化人体形态或容貌。在 18 世纪以前两者是相互渗透的，18 世纪中叶意大利赫尼医学博士为教学课程安排方便才将两者一分为二。中国传统医学自《黄帝内经》起历代经典医药著作中都有美容医法和方药记载，但到 20 世纪 80 年代才有中国传统医学美容和生活美容的概念出现。两者并非绝对无关，在医学美容技术实施中也会用按摩、化学剥脱、面膜、倒模等生活美容技艺；生活美容的面膜、倒模、染发制品中也多含有砷、苯胺类化学物质，其基本原理也同样是通过损伤性（针刺、机械摩擦、酸碱物质刺激等）、浸入性（制品的有效物质渗透到皮内或毛发中起效）来达到美容目的，如果这些制品中主要物质浓度和一次使用量与使用频率超标时，则很容易造成人体伤害。因此，求美者和美容师都要掌握一定的医药卫生知识。

生活美容和医学美容并不相互矛盾，而是互补的。当人的皮肤还很健康的时候，可以做生活美容保养一下。而在肌肤出现问题的时候，则要懂得第一时间找医生解决。

3. 细胞水平的医学美容

细胞水平的医学美容是从人的整体观出发，从细胞结构特征及代谢功能入手，采用纯天然生物活性物质，通过高新生物技术手段，使人获得自然的健康，并表现出自然的美丽。因此谁拥有了细胞青春活力，谁就拥有了健康，谁才能享受到美容。就像一座美丽漂亮的建筑物，其本身的结构就拥有着结构的美。如果把美容当作一座建筑物，生活美容体现的就是装饰，医疗美容就是装修，而细胞水平的医学美容就是塑造美的结构。

细胞水平的医学美容的基础理论来自细胞学和胚胎学。美容是机体健康的外在表现，健康是一切美容的基础，健康源自细胞活力，细胞青春活力是美容的基石。细胞是一切生命的最小基本组成单位，是能够独立生存的最小生命体。人体大约由 60 万亿个细胞所构成，人体皮肤最薄处也有十几个细胞构成其厚度。人体是由细胞构成的，细胞是人体的最基本单位，人的衰老就是细胞的衰老，细胞构成了人体的各种组织器官。人的肌肤出现的所有问题，都是人的机体各个组织或器官衰老或病变的表现。给衰老的细胞提供充足的营养，增强细胞的免疫能力，用自身的细胞修复病变的或受损的人体各个组织或器官从而达到人体机能的年轻化、健康化，从而解决了各种肌肤表现出的问题，如色素沉着、青春痘、痤疮、皱纹等，达到美容的效果。细胞具有再分裂产生新细胞的能力，新细胞具有生长发育的能力，细胞具备了旺盛的生长代谢功能，才能呈现出细胞青春活力。拥有了青春活力的细胞，机体才有健康保证，所以说细胞活力是机体健康的标志，也是一切美丽的基础。这种细胞正常更新的能力越强，就表示细胞越健康，细胞越健康，人体才能获得自然、健康的美丽。

拥有细胞的青春活力，就拥有了健康，才能享受医学美容带来的幸福。从细胞生物学角度来说，要想留住青春、延缓衰老只有以下方法：其一是使人体整个组织细胞再生新细胞的能力与速度强于细胞衰老死亡的能力与速度，使得机体组织始终处于年轻态，这就是人们常说的"你还是像过去一样年轻"。其二是持续地供给细胞足量的营养，维持及调动细胞的正常代谢功能，使细胞衰老周期延缓。前者是改善细胞自身功能，促进细胞新生；后者是改善细胞营养环境，延长细胞生命周期。活性多胜肽就是采用世界最先进的仿生学透皮载体技术，将产品中的营养成分复合高分子物质和小分子多胜肽迅速地渗透到皮肤的基底层，激活休眠的表皮细胞进行分裂，代替病变或衰老的细胞，同时营养成分供给细胞正常活动所需要的营养和能量，让年轻充满活力的细胞对问题皮肤进行修复，达到美容的效果。

"内调、外养"是细胞水平的医学美容学的两个操作环节，外养是由高营养的美容产品，通过皮肤的渗透吸收，直接供给皮肤细胞营养成分，快速地修复受损或衰老细胞，对皮肤出现的皱纹、红血丝、青春痘、斑点等问题，进行有效的解决。内调是利用人体细胞的激活和自我复制的特性，对病变和衰老的组织和器官的细胞进行替代或复制，让机体内在年轻化、健康化，从而表现出健美的皮肤。

人体从生长、发育、衰老到死亡，影响肌肤细胞水平的医学美容的因素是多方面的，但从细胞生物学角度观察可分为外在因素和内在因素。外界最直接的因素是大气环境，如大气污染造成的有害气体、有毒气体，大气中的酸碱含量，粉尘、沙粒。其次是辐射如紫外线。是表皮所接触到的固体、水质的影响。最后是表皮使用的化妆品的潜在影响。外在因素对肌肤美容影响最大的是辐射，它会造成细胞损伤，形成色素沉着、肌肤暗淡。此外一些配制的化妆品对肌肤有沉积性累积伤害，使肌肤失去光泽。即日用化妆品的使用对肌肤有的弊大于利，而不是利大于弊。

内在因素又可分为不可改变因素和可改变因素。不可改变的内在因素是指人体遗传因素对美容的影响，如皮肤汗腺的分布、皮肤的类型、皮肤毛孔的大小等都是由遗传因素决定的，这些性状是后天不可改变的。因此，肌肤特性的不同，决定了选择美容方式和产品类型、种类的不同。可改变的内在因素又可分为营养环境因素和细胞功能因子因素。改善肌肤细胞环境的营养条件，可以使细胞营养得到改善和补充，能延缓细胞衰老周期。细胞功能因子因素是延缓衰老、留住美丽的最有效方法，有助于恢复细胞再生能力，使细胞具有青春活力。细胞功能因子包括细胞生长因子、细胞分裂因子、细胞免疫因子、神经生长因子、DNA 和 RNA 合成酶以及新细胞生成所需的各种合成酶系统。

二、医学美容概况

美容业的历史源远流长，据记载可追溯到公元前几世纪的古埃及、希腊和中国。

1. 国外的医学美容概况

最古老的整形美容医术为公元前 2500 多年前的印度造鼻术。而早在 1198 年的古埃及，医学文稿中记载可以除掉"讨厌的老年斑"。

早在原始社会，人类就已经学会将自然界的矿物、有色土壤、植物的叶和果实，动物的骨、皮、毛等，用来美化、装饰、打扮自身。以后又出现了纹身、图腾等各种形式，以避免蛟龙和凶兽之害。随后逐渐发展成为单纯的人体审美情趣，如少女纹身表示美丽姣好，男子纹身表示形体俊美。

在古埃及发掘出来的坟墓中，不仅发现有梳子、镜子等陪葬品，还找到了记载以孔雀石和方铅矿画眼睛的文献。传说埃及艳后是历史上有名的美女，她拥有 15 余种不同气味的胭脂和擦面粉。而古希腊和罗马对美容的兴趣也不亚于埃及。"美容"这一名词便是来自于希腊文，最初的含义是"条理"或"整理"，后来被引申为保养身体、矫躯体缺陷以臻于健美之意。古罗马流行的美容品，有染发皂、搽脸的铅粉、牛奶和杏仁配制的润肤乳、亚麻油和牛角中的脂肪制成的香膏等。

14 世纪初，随着埃及、中东地区贸易关系的发展，大批异国美容品涌入罗马。由于许多美容剂同时具有医疗保健作用，从而使生活美容与医学美容开始发生密切关系。当时著名的妇产科专家特罗托拉·鲁杰罗，对美容艺术颇有研究。她曾经出售各种乳剂和油膏配方，用以治疗面部毛发过多、多汗症以及各种皮肤病。现今使用的涂眼皮油膏，便是最初埃及作为驱虫剂和预防眼疾的药品。在抗生素发明之前的漫长岁月中，抹眼皮用的孔雀绿和硫酸盐溶一直被认为是防治沙眼的良药。14 世纪法国皇宫侍医提出了脱毛、整发、整颜及乳房的美容整形。15 世纪，意大利学者除了造鼻子外，还提出了对耳朵的整形。18 世纪法国有了祛皱纹的美容设想，后来加拿大的瓦鲁士尼发明了面蜡隆鼻术。1887 年德国进行了鼻缩小手术和狮子鼻的修复手术。1901 年记载了耳前皮肤切除增加面部容貌美。1911 年记载了重睑手术和石蜡注射技术。1931 年报告了面部的上提手术。20 世纪初德国柏林大学的约瑟夫教授又采用象牙作为隆鼻材料。

医学美容在世界发展史中真正步入科学阶段的时期则是在第二次世界大战以后。由于战争使许多人的颜面及其他部位造成组织或器官的缺损或畸形，又因工业发达和交通事故造成了各种创伤，这些伤残者在文明社会里深感外貌丑陋和缺损的苦恼。由于社会的需要，医学美容随之发展起来。当时的美容医术只局限于割双眼皮、隆鼻、除疤、隆乳、除皱等范围。

到了文艺复兴时期，美容达到登峰造极的地步。人们为了防衰老，永葆青春，不惜时间和代价，往颜面上施脂搽粉。英国女王伊丽莎白一世，为了显示其皮肤的鲜嫩，让宫女在她的前额和两鬓涂上一层厚厚的脂粉，仿照纤细透明的血管画上几条青筋。

19 世纪文艺复兴以后，由于生物科学、人体解剖学、组织再生学以及麻醉术和无菌术等学科的相继发展，尤其是 1939 年帕杰特和胡克发明了切皮机，在第二次世界大战期间皮瓣移植术得到了广泛应用。此后，医学美容便从外科中独立出来。1975 年 8 月，在希腊首都雅典举行了第 29 届国际美容学大会，会议将化妆品学、美容学、医学美容学分别设立了独立的学科组。

自从 20 世纪 60 年代以来，医学免疫学、医学工程学、医学遗传学、人体生命力学、人体功能学等学科的不断发展，医疗器械和医疗材料的不断革新，激光美容、冷冻美容、超声波美容等医学美容术的出现，以及人类健康水平的提高、人们对健美需求的不断增长，都促使了医学美容的高速发展。随着消费水平与生活品质的提升，现代人们更注重美容保养，除为增加美感及社交活动所需外，也希望通过生物医学技术的进步，让自己看起来健康美丽更有自信。法国的美容馆兴起于 1950 年，至今已有 1500 余家。美容馆代销美容品、化妆品、美容器械等，美容对象以 25~60 岁的妇女为多。

美国从事医疗美容业的专业整形美容医生要经过长达 10 年以上的严格培养，才能拿到上岗执照。美国发达的高科技研究工作对医疗美容业的发展起着强大的推动作用。许多医疗美容诊所里都配有监视仪，受术者可以通过它观察手术的最终结果。受术者的相貌被扫描到屏幕上，借助电脑及应用软件修改形象直至满意，并将最终结果储存在电脑中，指示手术台上整形医生的手术操作。另外，美国不断研发的新型医疗美容材料，被各国医疗美容机构广泛使用。

英国的医疗美容行业法规不够健全，英国的执业整容师无须相关认证，整容手术没有法定的安全标准和监督机制，医疗事故频发。但人们对医疗美容仍充满热情。据报道，25% 的女性和 15% 的男性正准备通过手术完善自己的外表，全英国平均每年施行 10 万例整容手术。

韩国医疗美容业虽然只有 20 余年的发展历史，但从业医师整体技术水平较高，培养年限一般在 12~14 年，行业发展也相当成熟规范。韩国整形美容院众多，首尔就有 900 多家，著名的"整容一条街"上有 200 多家整形医院和诊所。韩国整容已发展成为一项全民运动，年青一代对整容更是推崇备至。目前，韩国医学美容业已成为全球医学美容圣地，在接待大量国外整形游客的同时积极向国外发展。

日本医疗美容业对医疗美容从业人员的资格要求非常严格规范，医疗条件先进，环境优美卫生，整形师技术水平较高，行业管理规范，并制定了相关的法律法规。如日本的《美容师法》对开业条件、从业人员资格、培训及考试都有严格的规定。

欧美、日韩等地的医学美容业发展历史较长，行业已经进入健康、规范的发展轨道。其中统一管理是国外医疗美容业成功的一大基本条件。医学美容发达国家的发展轨迹对我国医学美容业的规划、管理和发展具有极其宝贵的借鉴价值。

2. 国内的医学美容概况

无论在任何年代、任何国度，追求健康和美丽是人类生活永恒的主题。每个国家都有其自身的美容方式和相应历史。作为一个文明古国，在春秋战国时期，美容就已开始风行。我国的医学美容有着悠久的历史，早在秦代就有唇裂的修复手术，到了晋代已开始有文字记载，比西方国家早了约 10 个世纪。我国古代医学对美容方法的研究和使用历史悠长，据记载，中国人远古时代就开始涂脂抹粉，春秋时"周郑之女，粉白墨黑"，就是用白粉敷面，黑颜色画眉。唐朝以前就已经开始使用白粉、胭脂、香水等化妆品，来掩饰颜面的瑕疵。随着中医药的发展，还出现了用中草药以及按摩、推拿、气功、针灸等方法来增进人体健美。颜面经汉至唐，人们尤爱打扮与美容。我国古代从武则天、杨贵妃到慈禧太后都很讲究化妆修眉，不惜以名贵的珍珠、白玉、人参为原料制作各种化妆品。唐太宗吞食"仙丹"，以求长生不老。

虽然我国古代采用手术美容的方式不多，但全世界第一部药典《新修本草》中便有银膏镶牙的记载，清朝《疡医大全》中出现了兔唇修补术的记载。在中药美容方面，先辈们积累了极其丰富和宝贵的经验，可以说是最早使用天然药物美容的国家之一，距今已有2000 多年的历史。而且，有的药物迄今依然作为美容的常用药而广为使用。

中药美容历史悠久，战国时期所著《韩非子集·显学》即有记载"脂以染唇，泽以染发，粉以敷面，黛以画眉"。《山海经》中就有关于治疗痤疮、疣、狐臭等美容药物的记载，如"荀草，服之美人色"等，共载有 126 种药物。马王堆出土的《五十二病方》中，有 6 首防治瘢痕的处方，有治疗"巢"、"面皰赤"、"白处"等损容性皮肤病的方剂 7首，并有美容用法和剂型的记载。如治疗狐臭的膏脂剂、薰剂、粉剂等剂型，对后世产生了巨大影响。此外，同时出土的《养生方》和《杂疗方》也有美容作用的养生方剂记载，是现存最早记载中医美容方剂的医籍。

我国现存最早的经典著作《黄帝内经》中与美容有关如颜面五官、人体形态、皮肤毛发等论述在各篇中皆有记载，奠定了中医美容学的理论基础。东汉华佗根据《吕氏春秋》中"流水不腐，户枢不蠹"的理论，创立了五禽戏，也推动了健身美容的发展，后其弟子所著《华佗神医秘传》也记载美容内服、外用方共 38 首。东汉时代的我国第一部药学专著《神农本草经》载药 365 种，其中 160 种具有保健和美容作用。常用"长肌肤"、"润泽"、"好颜色"、"延年"等表述美容防治功效。如白瓜子"主令人悦泽，好颜色"，白僵蚕"灭黑皯，令人面色好"，白芷"长肌肤，润泽，可作面脂"等。张仲景所著《伤寒杂病论》，书中所列之方药，史称"经方"，如麻子仁丸治疗燥热所引起的皮肤粗糙、当归芍药散可用于治疗肝血瘀滞引起的肝斑、猪肤汤能润肤悦颜祛皱等，许多经方沿用至今。

晋代葛洪所著《肘后备急方》是第一部集中收载中医美容方剂的医书，除载有许多损容性皮肤病的治疗方剂外，还有不少保健美容方剂和化妆品。《肘后备急方》中包含 66 条美容方药，其中第五十六篇的"治面疱黑发秃身臭方"包含了治白癜风、痤疮、酒渣鼻等方法，乃是最早的美容专篇。另有张贵妃面膏以新生鸡蛋作为原材料，在当时甚为风行，流传于世。隋朝开始对损容性疾病的病因病机进行研究，如巢元方所著病理学专书《诸病源候论》，书中虽未记载方药，却阐明了损容性疾病的临床特征和病因病机，为后世研究奠定基础。

唐朝进入了美容蓬勃发展的时代，此时期集中医美容之大成著作如王焘的《外台秘要》与孙思邈的《千金方》相继现世。孙思邈在其所著《备急千金要方》和《千金翼方》中，设有"面药"和"妇人面药"专篇，分别载有 81 首和 39 首美容方剂，另外美容内服、外用方与保健方药也可散见在其他篇章，各有 50 首和 4 首，内容丰富，如治"面黑不净"的澡豆洗手面方，"治唇焦枯无润"的润脾膏，"令面光悦，却老去皱的面膏方"等。王焘的《外台秘要》专用一卷分门别类收录美容方剂，430 余首，是收载美容方剂数量和种类最多的医书。《食疗本草》是我国第一部食疗本草，其中记载了不少美容保健食品，丰富了中医美容食膳内容。杨贵妃之所以能"回眸一笑百媚生，六宫粉黛无颜色"，主要还是借助和得力于"太真红玉膏"，它是历代帝妃常用的有名的美容化妆品之一。

宋朝，因与国外的贸易往来不断加深，外国的丁香、乳香、沉香、檀香、麝香等香药大量输入我国，进一步丰富了我国的美容方药。王怀隐等编著的《太平圣惠方》共收载美容方剂 980 余首，其中含美容方、须发专方、驻颜以及治疗损容性皮肤疾病方剂。《太平圣惠方》中和美容有关的内容有三卷，尤其以第 40 卷为主，列有美容相关疾病 21 种，记载方剂 336 首。如在中医洗面膏的基础上发展的美肤方，其中以"永和公主澡豆方"最为著名，取鹿角胶、桃仁、白及、沉香、白芷、皂荚、杏仁等共制成膏，香气芬芳，兼有去污、润肤之效。

金朝和元朝，几大医家创制的防风通圣散、补中益气汤、黄连解毒汤迄今依然是临床治疗损容性皮肤疾病的药方。《普济方》总结收载了明朝以前大量美容方剂，其中载有 1 首"美容膏"，是率先提出"美容"专有名词的医学专著。

明朝李时珍在《本草纲目》中记载珍珠粉涂面，令人润泽好颜色。《本草纲目》中收载的美容药物达 270 余种，功效涉及增白、驻颜、防老抗皱、生须眉、疗脱发、乌发美髯、祛痤疮、祛瘢痕疣目、香衣除臭、洁齿生牙、治酒渣鼻等各个方面。

清朝的中医保健美容主要在宫廷中得以发展。宫廷对中医美容术、美容方药的运用非常讲究。在保留至今的清朝宫廷医案中，有很多是慈禧和光绪的保健美容医方，从内服的延年益寿驻颜方，到外用的美肤美发方，俯拾皆是，为医学美容素材的选用提供了宝贵的资料。

随着科技的发展，我国的美容事业已经取得了长足进步，美容的范围越来越广泛，美容的方法也在不断完善。目前我国美容采取的措施，就是以人体形象美为理论指导，再通过药物、器械、手术等手段来维护、修复和塑造人体形态美，具体包括生活美容和医疗美容两大部分。由于中华民族有着特殊的历史文化背景，比之西方先进国家，又有其不同特点，如气功、传统医学药、针灸美容法等。可见美容是一个多学科、多功能的庞大领域。

我国近代的化妆品工业始于 1830 年，其中以谢宏业创办的扬州谢馥春日用化工厂最具代表性，后来还有 1862 年的杭州孔凤春化妆品作坊、1896 年的香港广生。中华人民共和国成立后，全国一些主要的城市相继建立了化妆品厂，至 1956 年已经有 288 家。20 世纪 70 年代末期我国实行改革开放政策以来，化妆品工业得到了迅速的发展，年增长率约 15%，2005 年全国注册的化妆品企业超过了 4500 家，产值已超过 600 亿元，化妆品工业的发展速度已高于国民经济 GDP 的增长速度，化妆品工业已经成为国民经济的重要组成部分，化妆品也已经成为人民生活的必需品。进入 21 世纪以来。随着精细化工、生命科学、分子生物学、高新技术的迅速发展，化妆品的科技内涵也随之提升。

由于化妆品生产规模化，美容业兴起，药物美容作用及机制以及美容药物新制剂的研发也得到长足的发展。不少速效、长效的内服、外用美容药物纷纷诞生。如绿茶中的茶多酚，可减少紫外线照射对细胞 DNA 的损伤，而有防晒作用。近年来又开发了不良反应少的新型窄谱维 A 酸衍生物，如异维 A 酸、阿维 A 酯、芳香甲乙酯、他扎罗汀、阿达帕林等。该类药物具有多种生物活性，如免疫调节、促血管生成、真皮基质合成、拮抗皮质类固醇、抑制皮脂腺、抑制黑色素、抗炎以及促进上皮分化与修复等，用于多种损容性皮肤疾病而引入皮肤美容领域，被誉为皮肤科临床治疗学的巨大变革。近年来，α-羟酸类、细胞生长因子、胶原蛋白、维生素 A 等，因对皮肤具有良好的护理作用，是现今流行的抗皱美容药物。

近年来，无论是对美容药物作用机制的研究，还是对美容新制剂的研发，都取得了丰硕成果。内服和外用的美容药物制剂的研究，均取得了一些成就。如我国研制的注射用胶原蛋白，扩大了美容的用药途径。尤其在传统记载的具有美容功效中药的研发方面，也取得了较好成绩，如珍珠霜、蜜源花粉类护肤品，远销国外，深受欢迎。

近年来要求医学美容的人越来越多，20世纪80年代初期，我国开展美容手术的医院主要集中在上海、北京、西安等大城市，现在几乎遍及全国各大中城市，且医疗美容水平不断提高。

20世纪60年代以后，由于科学的发达、医学的进步、各种医疗器械的创新、激光在医学上的应用、理疗范围的扩大、多种新型的填补材料的发明，把医学美容推向了新的高峰，使得许多过去认为复杂的和难以达到良好疗效的美容手术变得简单化和疗效理想化了。医学美容的范围也从皮肤、五官、颜面扩大到毛发、骨骼、乳房、腹壁、躯干、四肢以至内脏。医学美容的方法也多种多样，如一个割双眼皮手术就有几十种方法。

医学美容学是20世纪80年代在中国兴起的一门医学与美学交叉、结合的医学科。医学美学是从生理、心理和社会适应状态三方面的全方位来研究和增进人体美及其生命美感普遍规律的；而医学美容学则主要是针对形式美的目标来直接增进人体美及其生命美感，以促使其心理的和社会适应等方面问题的解决。医学美学具有医学人文学科和医学技术学科双重特征，即理论和实用双重特征；而医学美容学则主要以应用性为特征，即以人体形式美理论为指导，着重运用医学手段于医学美容实践。它们都是以维护、修复和塑造人体美为对象，以增进人的生命美感为目的的医学科。

1990年11月，中华医学会医学美学与美容学会在武汉正式成立。来自全国27个省市和自治区的340多名代表出席了会议。会议期间，交流论文近300篇，内容涉及医学美学与美容学基础理论研究、美容外科、皮肤美容、口腔颌面美容、中西医结合临床各科的应用美学研究等诸多领域。在国内外学术界产生了一定的反响。1991年8月，中华医学会医学美学与美容学会和江西医学美学与美容学会，在庐山联合召开了全国首次医学美学与美容学基础理论研讨会、江西省第二次医学美学与美容学术交流会。全国共有220多人参加会议。会议收到学术论文280余篇，其中医学美学与美容学基础理论32篇、美容外科74篇、皮肤美容58篇、口齿美容18篇、器具美容42篇、综合性医学美学56篇，初步显示了学科融合的发展趋势，理论研究与应用研究进一步密切结合。

近年来，随着医学美容实践的广泛深入开展，从而为医学美容学理论提供了丰富而又可靠的科学实验依据。如关于中国人容貌美三维结构的研究，关于人体黄金分割值的研究，重睑眼的动静态美学研究等，都具有基础性、理论性、前缘性、实用性的科学意义。理论来源于实践，反过来对新的实践又具有指导意义。例如，人体黄金分割值与临床实践的有机结合，导致了重睑术的革新；颌面损伤清创过程中的美学应用；面部除皱术和酒窝成形术的革新；乳房整形术，下颌整形术……诸如此类的整形美容术，由于灌注了医学美容学的新理论，从而使之更加完美，进一步受到人们的欢迎。

展望医学美容的未来,它将随着社会的需要日益进步和普及,给人类带来精神上和生活上的美的满足和享受。

3. 医学美学与医学美容的形成和发展

我国传统的医学美学思想和医学美容技术发展同样历史悠久,国内外与"美容"、"整形"相关的医学技术的发展都对我国当代医学美学和医学美容整体学科的形成和发展有着决定性的影响。

西方整形外科学的发展对医学美容技术的发展有着密切的关系。战争促使了整形外科的诞生。在世界大战期间,大量因战而伤的伤残士兵为了生存和更好地生活,有着整形、美容的需求,随着长期的医学实践,手术的技术和方法一再创新提高,外科医学也得到相应的发展。

在一些医疗比较先进的国家,整形外科便从外科学分化出来,形成了独立的医学分支学科。随着社会的进步,人们的审美需求不断提高,并产生出一些新的审美需求。有些整形外科医师敏锐地觉察到人们审美需求的变化,开始思考如何通过整形和再造的技术来美化健康人的体态与容貌问题。如德国的矫形外科医师 Jacques Joseph,利用业余时间进行健美手术设计;另有一些整形外科医师开始在神秘场所试做美容整形手术。第二次世界大战以后,随着生活水平的提高,人们在衣食住行等生活条件得到满足以后,对自身体态和容貌美的追求欲望随之不断高涨,要求做美容手术的人与日俱增。20 世纪 70 年代,有的国家美容外科开始从整形外科中分离出来,形成了一门独立的"美容整形外科"。

医学美学概念的提出,不仅对医学美学的系统研究和学科的形成起了很大的促进作用,并为医学美容整体学科的研究奠定了一定的理论基础,而且当代医学美学与医学美容的整体学科得以同步发展。我国当代医学美容的整体学科逐渐兴盛和发展,是我国传统医学美容精华的继承和发扬,是当代医学美学理论研究的成果和医学美容实践经验的总结,同时又是国外医学美容先进技术引入融合的产物。在美容外科方面,较早进行这一研究和实践的有张涤生、宋儒耀、朱洪荫等著名学者,他们开展了多种美容手术,随后许多学者相继开展了这类手术,并发表了相关论文和出版专著。我国当代医学美学与医学美容作为一个独立的新兴学科于 20 世纪 80 年代中后期至 90 年代初期初具雏形,并得以迅速发展,日趋完善。

4. FALARY 的品牌故事

1989 年,拥有生物学和细胞学国际双博士学位的 Doctor Yang 与他的团队在美国创立了 FALARY 生物科研工作室,为生物细胞科研做文献考目,致力于探索生命构成及其中的奥秘。

在漫长的细胞活化与修复实验研究中,合伙人疲惫而暗沉无光的肌肤却在几个月内有了鲜明的改善，如若细胞新生般红润透亮起来。这一惊喜的发现促使 Doctor Yang 就此针对细胞活化与修复展开了更为深入的探究，在反复地筛选、甄别、确认之后，这项改善肌肤的神秘因子终被找到。经过后期严谨的科学实验、提炼与作用，完美的细胞活化因子终在众人的期盼中诞生。这一消息迅速在科研团队间扩散，在欣喜的试用与感受之后，FALARY 悄然间已成了圈内众所周知的"医美私享家"。

在细胞生物学的研究上，美国、德国以及我国台湾一直掌握着全球顶尖技术，同时有着浓厚的研究氛围。在反复思量后，Doctor Yang 毅然回到美丽的中国台湾，最先提出医学美容概念，FALARY 也自此而成为一个专业医美品牌。鉴于纯粹的医学基石，FALARY 很快便与全球领先的 PIC/S 级知名老牌药厂形成了战略联合，并成功研制出独家专利成分——多胜肽复合细胞修护因子，能有效增强上表皮肌肤弹性、刺激胶原蛋白作用，从根本上解决细胞受损、老化等问题。与此同时，FALARY 雄厚的科研团队基础与领先国际的尖端设备也让其成为全球华人圈内首家量产 EGF 美丽因子的荣誉品牌，在医学美容护肤发展史上增添了浓墨重彩的一笔。

伴随着欧洲医学美容概念深入人心，20 世纪 80 年代的中国台湾实行自由化与国际化的经济转型，积极借鉴全球前沿的护肤技术，并在特用化学及制药、医疗保健领域取得极大进展。FALARY 审时度势，积极联合各种尖端科技及医学力量，研发出多种高效安全的专利技术，在我国台湾医学美容领域逐步奠定重要地位。

钻研和突破一直是 FALARY 的永恒追求，凭借持续不断的科学研究，在奢华高端的医学护肤领域一直处于领先地位。FALARY 产品的强效配方均结合卓越的医学技术、多领域研发力量及达到医级疗效的原料成分，让效果卓著又保证安全性的护肤产品横跨医学与美容护肤两大领域后脱颖而出。

FALARY 以高端科学技术和卓越品质著称，由国际生产资质的老牌知名大药厂出品，保持品牌国际级医学护肤的尖端水准。先后通过了美国食品和药物管理局的药品生产品质标准认证（US FDA GMP APPROVED）、药品检查协定和药品监察检查合作计划的药品生产品质管制规范鉴定（PIC/S GMP CERTIFIED）、品质管制体系认证和医疗器械品质管制体系鉴定（ISO9001/ISO13485 CERTIFIED）。

FALARY 荟萃先端医学科研与奢华神奇的护肤配方，不吝选取造价不菲的医药级护肤成分，只为确保产品的高效品质与丰富内涵。

2014 年，随着前海法拉瑞的成立，FALARY 正式进驻中国内地市场，并主要针对中华民族瑰宝进行提炼，倾力关注并研究自然赋予的天然植物及成分功效，注重天然的极致萃取与使用，从自然中寻找人类身体机能的平衡与养护，将细胞活化推向极致。FALARY 品牌不仅是对医学美容的极致研究，更是对爱美女性一个代代传承的美丽承诺。

在所有化妆品原料中，最高级是医药级，其次是食品级，最后是化妆品级。而"FALARY 法拉瑞"的产品均采用医药级原料标准，远高于化妆品级，是真正的类医学护肤品，敏感肌肤也能使用，真正做到天然、安全、有效。

5. FALARY 领航医学级美容科技护肤新时代

医学美容级保养品的崛起不是"碰巧的偶然"，它是时代的必然产物，是伴随着消费需求、消费观念以及生物技术与基因工程技术的改变而诞生的。医美护肤品概念兴起的原因在于，传统化妆保养品被认为对于肌肤构造及功能没有显著影响，而大众对护肤品卓越功效的追求以及整体化妆品产业对于化妆保养品的高度期待，决定了医美护肤品的产生及生产。

随着人们生活水平的提高和思想观念的改变，不添加化学防腐剂及合成香精的护肤品已经是日用化妆品朝安全性、高效性、天然性、环保性方向发展的必然趋势。大众思想观念的改变让安全、高效、天然成为现代化妆品的潮流，为医美护肤品的诞生提供了契机。

随着时代的进步及科技的发展，掀起了生物细胞学与基因学的研究狂潮，不但皮肤生理研究、分子生物学领域突飞猛进，相关生化成分及化工制程的进步更让化妆保养品提升到一个前所未有的境界。化妆品研制的日新月异，纳米化科技的普遍，微脂粒科技的使用及各种加强成分吸收方法的应用，都让化妆保养品成分越来越容易渗入皮肤底层，被吸收的量也越来越多。尖端科技的研发为高效医美护肤品的产生奠定了良好的技术基础。

在 20 多年前美国宾州大学皮肤科教授就提出结合化妆品及药品的新概念，意思是指具有药理特性的化妆品，但在当时大多数化妆品品牌都不重视这一概念。但源自我国宝岛台湾 1989 年诞生的顶尖医学级护肤品牌"FALARY"却独具慧眼，看准"医学美容"的价值以及潮流趋势，致力于医学美容护肤品的研究与开发。而今在国外，结合化妆品学、皮肤科学及药理学所形成的医学美容级保养品也成为化妆品市场的新起之秀。众多国外化妆品牌开始重视对医学美容级保养品的研发，尤其是以瑞士为领头军的化妆品牌纷纷从细胞学与基因学的角度来开发护肤品，莱珀妮、柏菲妮、丝维诗兰等品牌更是将医学美容级保养品推向了新高度。伴随着欧洲医学美容概念的深入人心，在我国台湾，FALARY 积极借鉴全球前沿护肤技术，集合多名国际顶尖的细胞生化学研究领域的权威博士，研发出多种高效安全的专利技术，采用尖端科研技术及达到医学级疗效的天然原料凝萃，加上全球知名 PIC/S 级药厂保障，专门针对各种细胞修复抗衰保养，其安全性和卓越功效令受众口碑载道。极致卓越的细胞疗肤理念，打破了医药与美容护肤品之间的屏障，奠定了FALARY 品牌在医学美容界的殿堂级地位。

FALARY 是具有代表性的医美级护肤品品牌，一经推出，便深受广大台湾消费者的青睐。

（1）FALARY 三重护理理念。FALARY 以"医学美容，科技护肤"为研发理念，致力于将医药级科学技术与美容护肤融会贯通，成就卓越超凡的护肤体验。伴随着现代科技的飞速发展，自然环境恶化、空气污染、阳光和电磁辐射，使我们的肌肤遭受各种各样的伤害，甚至逐渐影响到身体健康，打破人体细胞的正负电位，削弱自身的代谢机能，加速肌龄日趋老化。FALARY 研发团队多年潜心研究肌肤细胞，形成全球首创——"缝合，赋活，新生"三重护理理念，层层推进，针对不同肌肤问题，深入肌肤底层，强化机能，高效修复受损细胞，补充肌肤营养，激活细胞再生，让肌肤恢复与生俱来的健康光彩。医学美容级保养品必须是从根本上寻找肌肤问题，从根源解决肌肤问题。

（2）前沿科技的应用。FALARY 联合各尖端科技及医学力量，研发出先进的水溶性高分子聚合物科技、多胜肽复合细胞修护因子、高氧无感燃烧等多种高效安全的专利技术，将前沿科技应用到医学美容级保养品的开发中，凭借持续不断的科学研究，在奢华高端的医学护肤领域一直处于领先地位。医学美容级保养品要想从根源解决肌肤问题就必然需要前沿科技的技术辅助，前沿科技是医学美容级保养品的充分条件。

（3）高标准的设备生产。FALARY 所有产品严格按照国际标准选材与生产。拥有全球知名 PIC/S GMP 级药厂保障，具备医学级美容保养品必需的高标准生产设备及条件，可以对各种珍贵原料进行精密萃取，使其分子比纳米更细小，可直接进入人体细胞胞膜，供给肌肤各种所需营养。

（4）天然无添加的产品。FALARY 采用自动无菌生产，引进国际最新护肤理念，使产品更有效、纯净、安全，敏感肌肤也能使用。不添加酒精，不添加苯甲酸酯类防腐剂，不添加合成色素，不含矿物油，不使用动物实验。FALARY 所有产品均采用卓越的医学技术，结合医药级疗效的原料成分，让效果卓著且安全的护肤产品横跨医学与美容护肤两大领域后脱颖而出，向大众演绎医学美容级保养品的完美真谛。

6. 表皮细胞生长因子的由来

FALARY 产品中拥有的表皮细胞生长因子（EGF），是人体内的一种活性物质，由 53 个氨基组成的活性多胜肽，借由刺激表皮细胞生长因子受体之酪氨酸磷酸化，达到修补增生肌肤表层细胞，对受伤、受损之表皮肌肤拥有绝佳之疗效。EGF 最大特点是能够促进细胞的增殖分化，从而以新生的细胞代替衰老和死亡的细胞。EGF 还能止血，并具有加速皮肤和黏膜创伤愈合，消炎镇痛，防止溃疡的功效。EGF 的稳定性能极好，在常温下不易失散流动，能与人体内各种酶形成良好的协调效应。众所周知，女人年龄越小肌肤越好，越白皙娇嫩，其根源就是年龄越小肌肤中 EGF 含量越高，细胞更新速度就越快，肌肤就娇嫩。EGF 收缩毛孔、抗皱作用十分显著，原因是 EGF 能促进表皮细胞组织内多种细胞的生长分裂，使表皮细胞变得饱满，恢复年轻状态。它还可以促使胶原蛋白生长能力，修复老化断裂的胶原弹性纤维。EGF 是一种人体本身就能够产生的生物因子，十分安全。

EGF 最初由 Dr. Stanley Cohen 于 1962 年发现，1986 年获诺贝尔奖。1999 年，EGF 的研究成果被世界最具权威性的学术期刊——美国《科学》杂志评为当年十大科学成就之首。因 EGF 可以使衰老的皮肤变回年轻，被科学界誉为"美丽因子"。EGF 的研究是当今生命科学领域中最尖端、最前沿的学科。

早在 20 世纪 60 年代初 Montalcini 和 Cohen 教授在纯化小鼠颌下腺神经生长因子（NGF）时发现一组可促进新生小鼠提早开眼、长牙且对热稳定的多胜肽类物质。最早发现它具有抑制胃酸分泌作用，故又称抑胃素。随后将这一活性组分加入培养的皮肤表皮时发现，它可直接促进表皮生长，为此而定名为表皮生长因子（EGF）。1974 年从人尿中提纯出人的表皮生长因子（hEGF），其结构由 53 个氨基酸组成，分子量 6201 道尔顿，分子内有 6 个半胱氨酸组成的二硫键，形成 3 个分子内环型结构，组成生物活性所必需的受体结合区域。EGF 无糖基部位，非常稳定，耐热耐酸，广泛存在于体液和多种腺体中，主要由颌下腺、十二指肠合成，在人体的绝大多数体液中均已发现，在乳汁、尿液、精液中的含量特异性地增高，但在血清中的浓度较低。研究表明，EGF 可刺激多种细胞的增殖，主要是表皮细胞、内皮细胞，用于角膜损伤、烧烫伤及手术等创面的修复和愈合取得了很好的疗效。Montalcini 和 Cohen 教授因为发现 EGF 并分析其结构和作用机理，获 1986 年诺贝尔生理学及医学奖。

EGF 收缩毛孔、抗皱作用十分显著，原因是 EGF 能促进表皮细胞组织内多种细胞的生长分裂，使表皮细胞变得饱满、恢复年轻状态，它还可以促使胶原蛋白生长，修复老化断裂的胶原弹性纤维。但是前期 EGF 的产量极少，每克售价近 200 万美元，大大限制了EGF 在美容领域的应用。1992 年，美国詹姆士药物实验室将 EGF 添加到化妆品中，开创运用 EGF 进行祛皱抗衰的生物美容新领域，标志着生物基因美容时代的到来。

7. 什么是医美级护肤

医美级护肤，即医学美容级别的护肤，是以科学的角度探究皮肤问题，追根究底了解皮肤衰老、痘疮、斑点等问题的形成原因，再根据皮肤需求研制的医学美容级护肤品。医美级护肤品是将生物医学级的原料结合美容专业保养概念，凝制而成的专业保养护肤产品。一切皆是经过缜密的分析与试验，从协助皮肤自愈的角度，为皮肤提供每一分营养。

从成分上来说，医美级护肤品将医疗美容领域所运用的玻尿酸、辅酶 Q_{10} 等成分进行融入，从而让爱美的女士达到类似于医疗美容治疗的效果。简而言之，也就是说医美级护肤品只需通过日常护肤的行为，就可以达到医疗美容的效果。并且与医疗美容相比较，医美护肤品有着低敏感、无风险、更安全的优势。

医美级护肤品具备传统护肤品所没有的三大特点。

（1）医美级护肤品并不需要处方。医美级护肤品又称为药妆护肤品、活性护肤品，采用纯天然成分研制。虽然具有医学背景，但是此类护肤品非常安全，所以不需要处方药即可购买。FALARY 选用最昂贵真菌植物牛樟芝。

（2）医美级护肤品过敏率更低。医学级护肤品配方成分简单，不含有对人体有害的物质，使用起来更加安全，而且是经过临床后才会正式进入市场，从产品的研发、生产到营销，每个环节都高于市场标准，较其他普通护肤品更有效、安全、适用。

（3）医美级护肤品适合所有肤质。很多人觉得医美级护肤品更适合敏感肌肤使用，确实它的安全性更高，对肌肤没有刺激性，非常适合敏感肌肤使用，但它不是敏感肌肤的专属，而适合任何肌肤使用，是非常好的护肤保养品。

FALARY 的产品完全按照消费者需求特点来设计，同时推出很多产品，呈现相当多的产品层次。同时，FALARY 强调的是功效性，即对不同的皮肤对症下药，使用后可以解决一定的皮肤问题，如斑、痘、松弛等。

三、人体美与皮肤美

1. 什么是人体美

人体美产生于人的自由自觉的创造活动中，是人将自身作为审美对象观照所认识到的美。一般认为，人体美既指人的自然身体形式的美，也包括人的内在精神和心灵美，美的人体应该是感性的自然身体形式同内在的精神、心灵美的统一。

人体美主要由两个层次构成：一个层次是人的自然身体形式美，这是针对人体的构造规律而言的，是指人体合乎发育的目的、合乎形式美的规律，表现出健康状态的美。另一个层次则是人的内在蕴含，这种内在蕴含主要就是人的精神美。对精神美的认识，同对人体的健康美以及合目的性与合规律性美的认识一样，也是人类各民族的审美共识。人体美首先表现在身体样貌的美，但带有社会性。人体的自然性因素来自先天的遗传禀赋，是自然美的最高形态；人体又是人类在改造客观世界、同时也改造自身的社会劳动实践过程中形成和演变的，体现了人的本质力量和特定时代、民族的审美观念、审美态度。人体美包括两方面，就人的形体、体态、容貌而言，由形式美法则决定，要求人体线条挺拔，富于变化，匀称，有魅力，各部分的比例以及肤色、动作、姿态符合人类的普遍尺度。就人体美的本质而言，它是健、力、美的统一，展现出人的活泼、勇敢、热情、蓬勃向上的精神状态。人体美的发展同社会条件密切相关，不同时代、民族的人对人体美的审美标准有同又有异，文明的社会环境、美好的社会生活和长期的锻炼、保养为人体的日益美化提供了可能性。人体美是人的重要的审美对象，能使人愉悦，坚定对人的本质力量的自信。

谈起人体美，国人无不津津乐道于形式美的法则，尤其是人体比例美的学说。对于医学美容而言，人体形式美的法则固然重要，但仅此远远不够。而且，如果一味地固执于形式美的法则，机械地照搬形式美的法则，有时会适得其反。求美者和医学美容从业人员要想臻于更高的美学修养和道德境界，还必须积极关注和审慎对待人体美的文化差异和时代变迁，重视人体美的文化内涵，贯穿人体美的文化理念，使医学美容成为人体美文化的载体，再现人体文化之美，甚至创造人体文化之美。

关于人体美的本质，人们从不同的角度对其有丰富和精到的阐释。从进化论的角度来看，人体美积淀了生物进化和文化进化的丰富内涵。它遵循"进化优势原则"和"非专门化原则"。从哲学美学的角度来说，所谓身体的美就是欲望、技术和大道的游戏显现。身体的美在根本上在于身体自身的表演，也就是它在欲望、技术和大道的游戏中是如何显示自身的。

2. 人体美的文化差异

人的身体意识既是自然的，也是文化的。也就是说，身体是在人的生活世界中和文化中，不断得到塑造的。中国传统人体美学与西方人体美学都尊重人类对于美的追求，中国传统人体美学中强调的整齐平衡、和谐对称、符合比例的审美情趣及审美思想，与西方人体美学认为人体形式美是表现为比例、对称、均衡、色彩等的统一的理论不谋而合，既维护了人的美欲，同时也都满足了人类社会对于美的追求；两者都将容貌美作为人体审美的核心部位，都将女性作为主要的审美对象；两者都将美建立在健康的基础上，都属于形式美的范畴。其差异性表现在根源不同，中国传统人体美学建立在中国传统文化的基础上，而西方人体美学主要建立在西方开放文化的基础上。由于时代、民族、中西方文化的不同，两者审美的具体标准不同，甚至迥异。中国传统人体美学定性多于定量，宏观多于微观，更加强调人的自然属性、整体性以及人与自然社会的和谐，与哲学联系紧密；西方人体美学则定量多于定性，微观多于宏观，更强调标准化、客观化、精确化，与解剖学联系紧密。两者内容不同，中国传统人体美学基本不涉及性美学；而西方人体美学则与性美学不可分割。

中国传统文化对身体（裸体）具有一种无法克服的羞耻感。身体只能遮蔽，不能表现。因此，中国没有裸体艺术。儒道释文化体现在身体上，儒家是礼乐化的身体，道家是自然化的身体，而禅宗是戒定慧中的身体。与此形成对比，西方文化对身体有更坦然的态度。身体是敞开的，不是遮蔽的，是值得欣赏的大自然的杰作。因此，裸体艺术一直是西方艺术中一个重要的领域。并且不同时代的文化赋予身体以不同的意义：古希腊的维纳斯显现了爱与美的观念；中世纪十字架上的上帝不仅意味着道成肉身，而且意味着死而复活；近代的蒙娜丽莎神秘的微笑正是人性的光辉；现代艺术中各种身体表现的是个人存在的焦虑、无聊和失望等；后现代艺术的身体则是各种欲望机器的变式。不断生成中的人体美，由于文化的差异，由于生活世界的不同，就有了不同的内涵和侧重。这种人体美的文化差异表现在许多方面。

首先，中西方关于人体美和人体艺术的观念不同。古希腊人神合一的理想化精神追求体现在人体审美和人体艺术创作上，重视和表现人体的自然属性，人体艺术得到了发展和繁荣；到了文艺复兴时期，由于从神学的束缚下解放出来，人获得了身心的自由、人性的解放，人体审美和人体艺术方面也就体现出强调性感与美感统一。而在中国古代，由于封建文化强调宗法观念和血缘继承关系，因此本能地反对"伤风败俗"、"诲淫诲盗"的人体艺术。中国传统文化中缺乏人体美的概念，在西方人以裸体为天地间至美之物时，中国人却总是透过层层的文化附加物去遥遥地观照和念想人体之美，总要"吴带当风"、"曹衣出水"，却将肉体锁闭在礼教的"防护服"里面。西方从自然科学的观点去阐释人体美，中国则从伦理道德的视角去品评人物。

其次，中西方在人体美上的审美趣味不同。东方文化的含蓄内敛和西方文化的自由开放已经作为精神气质从人的外形中体现出来。反过来说，人体成了文化的表现，成了精神气质的载体。因此，传统的东方美人和传统的西方美人就完全不是一个类型。在文艺作品中，中国美女常常被描述为婀娜多姿、端庄秀丽，靠的是服装彩带轻盈飘拂、璎珞掩饰叮当作响，美女是体态和服饰的完美结合；而西方美女常常表现为线条比例和形体轮廓的完美，即所谓造型美。也就是说，西方人似乎比东方人更加重视美女的身体，重视美女的第二性征。中国文化中的美人大多是"貌美"，所谓貌若天仙；西方文化中的美人同时也是"体美"，所谓魔鬼身材。《诗经》等传统主流文化文本里描写的美女，除了重在刻画她们的神韵以外，在对身体的描写方面，大多都只描写她们的容貌和着衣后显露出来的部位，基本不涉及第二性征。当然，少数有违礼教的所谓色情文学除外。而西方传统主流文化中，不但有对女性的容貌描写，也重视对她们的第二性征描写。

中国传统人体美学历史悠久，值得尊重，在中华民族几千年来的文化积淀中久经考验，其优势不可否认，需要很好地继承和发扬；而西方人体美学也是同样需要吸收和借鉴，我们了解两者的异同，最初的出发点和最终的目的并不是举一弃一，而是要找到一个融合点，把古今中外的人体美学都包容进去，结合时代特征、个体特点，以创造最贴切的方式展现出人体美。

有人认为中国传统人体美学更为出色，因为传统人体美学中最为强调的神韵之美才是美的最高境界。也有人认为西方人体美学更占优势，因为解剖学、数学的发展，让我们发现了神奇的黄金分割率"0.618"，让视野扩大到肌肉、细胞。其实，两者应该是两个有交集的圆形，既不是毫无关系，也不是一个观念中完全包含了另一观点，两种观察各有千秋，孰是孰非，那就仁者见仁、智者见智了。经济的全球化并不必然带来文化的全球化。当前国际上的选美标准虽然是东西合璧的，但显然西方的元素多一些，东方的元素少一些，以西方的标准为主。人体审美不但有文化差异，而且有个体差异。不但不同文化的审美趣味不同，不同个人的审美趣味也不同。人们的自然和生活条件、生活方式、伦理道德、文化传统观念、时尚价值观念、种族、民族、年龄、性别等都会影响其审美观。如果我们在宽泛的意义上把这些都叫作文化差异，那么人体美的文化差异可谓大矣。

3. 人体美的变迁

人体美的观念和标准不但因文化差异而不同，而且因时代发展而变迁。现代人，尤其是年青一代，审美观已较之古代有很大的不同。如樱桃小口已不再受欢迎，取而代之的是较大、较丰满的唇型。溜肩、平胸，不但不以此为美，反被认为是一种美的缺陷。然而，美毕竟是一种客观存在，不同民族、不同时代的审美观既存在差异，也必定具有共同性。

不同的时代，人体美的标准是不一样的。中国历史上的"环肥燕瘦"就是一个很好的例子。在汉唐时代，人们崇尚健美，那时的美女往往是宽颐硕体、肩圆胸阔，显得雍容华贵。到宋代以后，人们逐渐崇尚柔媚，那时的美女往往是削肩平胸、柳腰纤足，显得文弱清秀。在西方同样如此。尽管历史上对美女的要求基本上都是面部迷人、身材窈窕、温柔而且性感，但在不同的时代，美女又有不同的特征。古希腊人眼中的美女形象是椭圆形的脸、平滑的额头、笔直挺起的鼻梁、扁桃形的眼睛，表情宁静，甚至略有些严肃。文艺复兴时期人体审美标准受达·芬奇等人的影响，非常强调身体各个部位之间的比例。

对于某些不同时代看似相同的人体美标准，常常有完全不同的审美解读。例如，同样是对丰乳肥臀的崇尚，在古代和现代就有完全不同审美追求。远古时代，人们崇尚丰乳肥臀主要是因为生殖崇拜文化；而在后现代，人们崇尚丰乳肥臀则主要是因为所谓线条美。因为在远古时代，人类以生存、繁衍为第一要务，因此其人体美的标准是男子要精力旺盛，女子要丰乳肥臀。比如，奥地利出土的3万年前的"上古时代的维纳斯"和我国辽宁喀喇沁左翼大凌河西岸东山嘴村出土的两件女性陶塑裸体像，其胸部和臀部都被离奇地夸大了，这不是为了体现我们现代人眼中的所谓线条美，而是意在强调女性能哺育、能生育的人体美。按今天的审美标准，这些形象无疑是比例不协调、过度臃肿肥胖的，毫无美感可言。今天人们欣赏的丰乳肥臀是要与身高和三围等因素成比例的。

当今时代人们所崇尚的人体美，是健康和活力之美，这种审美价值取向是值得推崇的。健康是指生理与心理的健康，医学美容不应以牺牲健康为代价。历史上那种缠足束胸以致损害健康的残酷的美，已经为时代所唾弃。今天医学美容的丰胸和抽脂等也要以健康为限度。那种用不可逆的填充材料的丰胸、不合生理科学的抽脂、为美而打断腿骨的增高等，不但不应提倡，而且要坚决抵制。那种因为心理不健康所产生的美容要求，也是不应该接受的。当今流行的一些迎合低俗的审美趣味所产生的美容要求，是不值得倡导的。对于当前流行私处美容等特殊美容要求，则要辩证地看待。对那些因生理畸形而明显属于疾病，或者明显影响其功能或生活质量，并且通过手术可以得到较大改善的，要积极满足；而对于那些形态和功能正常，不影响生活质量，完全是出于个人偏好，或出于求新求奇求刺激的庸俗的美容要求，则要劝其退出，否则就是医学美容的异化。男性美容是医学美容的处女地，有很大的发展空间。爱美不是女性的专利，男性对于人体美的追求，只要是不明显地损害健康、符合人体美的本质以及人体美文化对男性美的诠释的美容领域，就值得开拓。

医学美容对人体美的追求，不应该被异化，不应该媚俗，而应该按照"大道"的指引来满足欲望和运用技术，努力追求化欲为情、由技到艺和肉身成道。医学美容技术如果仅仅沦为欲望的工具，而不是情感和艺术的结合，那就是人体美的异化，从而也是对医学美容的异化。医学美容不应该仅仅是技术，而应该成为一门艺术，应该从追求欲望的满足上升到追求情感的再现，从追求性感上升到追求美感，慎重对待人体美的文化差异和时代特征，最终成为人体美文化的载体和生长点。

有人说"丑就只能克制，美人才会放肆"，现实生活中，很多已婚女性会觉得，反正已经完成了嫁人的终极目标，就不需要再刻意打扮自己了。随着时间的流逝，很多家庭主妇的美丽被生活琐事侵蚀，常年在厨房徘徊，经油烟熏陶，结果脸上变得暗淡无光，最终抱怨自己的丈夫对自己越来越冷淡，却又不敢过于纠结。而自己想要抓得更牢，反而是起到了适得其反的效果。在这个时候，就需要变换自己的方式，而不是失去理智般地朝着泼妇的方向放肆发展。女人最大的投资不是投资其他，而是自己的健康和美丽，生活中适当的彩妆可以帮助你看起来更年轻，但始终治标不治本，而且残留的化妆品，容易给肌肤带来更大隐患，不如选择医学美容方法省时省力。

善待自己，不能失去自我。女人可以放肆，但不能不美。拥有 FALARY，给你放肆的机会。

4. 健美的皮肤

皮肤作为人体最大的感觉器官，位于人体与周围环境的交界面，与外界联系密切。它除了具备正常的组织结构和生理功能外，还作为人体的第一道防线，适应外界环境的变化，抵御各种不良因素的刺激。另外，皮肤犹如反映人体健美的一面镜子，我们可以通过皮肤由表及里地洞察全身。皮肤还是人体审美的第一观察对象，具有重要的审美价值。

虽然美的标准在不同的国家、不同的民族、不同的地区、不同的历史时期，甚至不同的阶层的人们都有着不同的标准，但是也有一些标准是相同的：①皮肤的弹性。在正常情况下，皮肤的真皮层有弹力纤维和胶原纤维，皮下组织有丰富的脂肪，使皮肤富有一定的弹性，显得光华、平整。而随着年龄增长或身患疾病，皮肤逐渐老化，真皮层萎缩变薄，皮肤的弹力纤维和胶原纤维退化变性，弹力降低，透明质酸减少，皮肤就失去弹性，变得松弛，出现皱纹。②皮肤的湿润。真皮内有丰富的血管及淋巴管，是人体中仅次于肌肉的第二大"水库"。保持皮肤的湿润是皮肤滋润有光泽的前提，对保持皮肤的营养，防止皮肤干燥、出现皱纹均有重要作用。③皮肤的色泽和纹理。皮肤的颜色随种族不同而异，有白、黄、棕、红、黑不同颜色。这主要是由皮肤所含色素的数量及分布不同所致。④皮肤的清洁和活力。皮肤应当没有污垢、污点，经常保持清洁状态。⑤皮肤正常并能耐老。正常的皮肤应当不敏感、不油腻与不干燥。总之，美的皮肤应该是健康的皮肤，红润有光泽，柔软细腻，结实富有弹性及活力，既不粗糙又不油腻，有光泽感而少有皱纹。

人体美也是一种自然美，所谓"天生丽质难自弃"就是白居易描述杨贵妃的自然美的名句。而皮肤、脸形、体态、发式等均是人体外在美的具体表现，都应遵循正常、健康、匀称、自然等各民族所共有的标准，在这共同标准的基础上，各民族之间还有各自不同的标准。一般来说，健美皮肤的特点随着年龄的增大、身体的衰老而逐渐减少，处于衰老过程中的人，皮脂腺、汗腺、毛囊和角质层都逐渐萎缩，同时，由于真皮内的弹性蛋白变性而失去弹性，脂肪和水分也随之减少，使皮肤和毛发干燥，从而失去光泽，所以富有活力的健康的皮肤是最美的皮肤。

当然，不同的民族对皮肤也有不同的审美标准。吉普赛人、非洲人以及我国的有些少数民族常以纹身为美，在自己的手臂、胸部、背部、下肢，甚至面部刺上各种各样的花纹。白种人常进行日光浴，使皮肤发黑而达到健美的目的，而东方人却认为肤色雪白才是最美的标记。

皮肤由表皮、真皮和皮肤的附件所组成。皮肤的颜色由肌体的黑色素细胞和酪氨酸酶系统决定，白种人的皮肤中黑色素细胞较少，且酪氨酸酶系统的活力较弱，所以皮肤呈现白色。黑种人皮肤中黑色素细胞较多，且酪氨酸酶系统活跃，皮肤呈现黑色。黄种人则介于二者之间。白种人由于皮肤内黑色素较少，抵御阳光及外来刺激的作用较差。黑皮肤则由于黑色素过多，防御力较强，在阳光较弱的地方常发生皮肤过敏等症。所以，从健康的角度来说，黄皮肤是最理想的皮肤。

但对于黄种人来说，最美丽的肤色应该是白色的，因为白色给人以端庄、文雅、纯洁、秀丽的感觉。当然，任何事情都不是绝对的，世上不是还有"黑牡丹"、"黑玫瑰"的美称吗？所以皮肤的美除表现在它的色泽外，主要表现在它的细腻、弹性以及与人体的协调一致。

但是，并不是所有的人都能具备这些最基本的要求，由于这样那样的原因，常造成皮肤的不美或缺乏美感。一方面，皮肤是人体的外层组织，它就不可避免地会受到外界环境的影响，如气温的变化、空气湿度的改变、不同职业以及性别、年龄、社会条件、饮食状况等都可影响皮肤的健美。同时，外界的物理化学刺激和生物学因素又会造成皮肤的烧伤、烫伤、感染和皮炎，更破坏了皮肤的美。另一方面，皮肤又不是一个孤立的器官，它与身体内部有着密切的联系，任何影响皮肤健美的皮肤病均与全身状况有关。譬如好发于青年人的痤疮就不是单纯的皮肤病，它和情绪、饮食、胃肠状态、感染、内分泌以及新陈代谢等多种因素有关。遗传因素也直接影响皮肤的健美，雀斑、白化病、汗孔角化症等多由于遗传所致，并有家族好发倾向。

为了维持皮肤的健美，必须对皮肤进行有效的保养，避免外来的各种不良刺激，并对有碍皮肤健美的疾病进行积极治疗。

5. 人体皮肤美的意义

皮肤的健美是建立在身体健康基础上的，是人体健美的反映，是人体美的重要组成部分。皮肤作为一面镜子、一个信息平台，更是一条警戒线，皮肤的健美状态会随着身体健康状况的改变而发生相应的变化。一位瑞尔黑变病患者（面部呈紫蓝色或蓝黑色）或面部皮肤长满了脓疱、囊肿、瘢痕的痤疮患者，一般不会给人以美的感受。健美的皮肤是人体在组织结构、生理功能、心理状态和社会适应能力等方面处于健康状态的外在标志，而机体的内在结构和功能状态又以正相关的关系反映在皮肤的状态及功能上，所以，临床医生也会根据观察到的皮肤的状态帮助诊断疾病。例如，红润光洁、晶莹剔透的肌肤显示了人体的健康状态；眼睑部位水肿则提示可能存在肾脏病变；风湿性心脏病患者会在面部表现出特殊的"二尖瓣面容"，即双颧绀红、口唇发绀；系统性红斑狼疮患者会在面部出现蝶形红斑。

美感的特征是直觉性、愉悦性、生动性与形象性，健美的皮肤则是刺激审美主体产生直觉上审美愉悦感的物质基础。富有动感和质感的肌肤，又是充满生命活力的体现，向审美主体传递出更加耐人寻味的生命美感信息。

皮肤生命美感信息的释放，一般依人的性别、年龄、职业、种族和情感而异。在性别上，女性的皮肤较男性更为细腻、光泽、柔嫩和圆润，蕴含着女性的温柔与亲切、善良与娴熟，这是女性阴柔之美的生命信息的释放；而男性的皮肤则肤色较深、纹理清楚、起伏强烈、血管充盈、体块坚实，富有强悍的内张力，使人感到有一股威慑力，这是男性阳刚之美的生命信息的释放。在年龄上，柔嫩润滑的少女肌肤，婀娜多姿的躯体，表现出青春自然美的生命气息；而中老年人的皱纹或白发，则是饱经风霜岁月的写照，是丰富的内涵美与成熟美的生命信息的流露。在种族和色泽上，西方的女性以浅色的皮肤传递有教养、懂规矩及温柔善良的美感信息，而深色肌肤给人以泼辣大方、热情如火的印象；在中国，肤色却成为地位和身份的象征，浅色的皮肤代表生活条件优越，工作条件良好，深色皮肤则象征着常年经受风吹日晒的体力劳动者。在一些国家和地区，也有男性把皮肤晒成古铜色作为一种皮肤健美的时尚。

健美的皮肤是人体形态美的一种外在表现形式。一般认为，人体形态美与气质美密切相关，是气质、遗传、环境等因素的综合体，它通过人的职业形象、生活态度、言行举止、兴趣爱好和情绪性格等，反映人的天赋智慧、文化素养和思想品质。人的气质美往往是通过一定的外化形态表现出来的。例如，宽阔的额头体现智慧，内在精神可以体现在炯炯有神的双眼，口形的变化可生动地表现出温柔的性格、端庄的神情、悲喜的情态……这些外化形态都与皮肤的健美密切相关。

6. 人体皮肤美的要素

美的标准对于不同的国家、地区、民族和阶层的人们在不同的历史时期都有着很大的不同，但是也有一些标准是共同的，对于皮肤来说也是一样的道理。

皮肤的色泽通常随着民族、性别、年龄、职业等的差异而不同。本文以黄种人的肤色为例。在正常情况下，微红、稍黄的皮肤是黄种人最健美的肤色；皮肤黄如"金娃娃"是重症肝炎胆道阻塞的表现；皮肤发红，需要考虑是属于生理性的，还是病理性的情况。

有光泽的皮肤是具有生命活力的体现，给人一种容光焕发、精神饱满而自信的感觉。它向人们传递着生理、心理状态的美感信息。若皮肤晦暗，往往是精神疾病或心理障碍的表现。

皮肤的滋润是皮肤代谢功能良好的标志。代谢功能的好坏，与生理年龄及皮脂腺、汗液的分泌多少有关，如婴儿皮肤含水率高达80%，故而显现出滋润的状态；更为令人关注的是与心理状态和社会因素的和谐以及美满的性爱有关。

细腻的皮肤无论是从视觉还是从触觉的角度来说，都给人以无限的美感。皮肤细腻一般指的是纹理细腻，其特征是：皮沟浅细，皮丘小而平整，毛孔细小，表面光滑，触之有柔软光滑感。

年龄、营养状态、皮下脂肪及组织间隙含液量会影响皮肤的弹性。寓于弹性的皮肤，坚韧、柔嫩、富有张力，表明皮肤含水及脂肪的量适中，血液循环良好，新陈代谢旺盛，展示着诱人的质感与动感，为人体美增添了无尽的美感信息。

体味是指人体散发出来的种种气息，主要由皮肤的汗腺、皮脂腺的分泌物所产生，有的也可由呼吸道、消化道、尿道、阴道等的黏膜分泌物产生。人的体味是这些气息的总和。体味因人而异，不同的体味传递着不同的人体美感信息，可分为生理性、病理性、情感性三类。生理性体味是人体健康状态的信息反映，如女性在月经期、妊娠期间大汗腺分泌活跃，分泌物的气味也最浓。病理性体味则是人体疾病状态的信息反映，如有机磷中毒者会散发出一种大蒜气息。人的体味有时也可因某种特殊情感的变化而变化。在情绪高昂时，分泌物及其气味会释放得更强烈，也正是某些体味之香，吸引恋人神往。因此，人的体味美有助于信息的传递、情感的流露和语言的交流。这类体味一般称为"情感性体味"。在生活中，人们常常利用体香味的原理在身上或环境中喷洒令人陶醉的香水，以创造宜人的气氛。在地中海东部的克里特岛，新人在举行婚礼时都必须喷上芳香的橙花水，以营造幸福及快乐的婚礼氛围，而且在数百年前人们就把橙花作为新娘的手捧花和头饰，帮助新人平抚婚前的紧张情绪。

健康人表情自然，神态安怡，传递出自信的精神面貌。当脸部呈现笑容时，表情肌进行舒展活动，可以使面部皮肤新陈代谢加快，促进血液循环，增强皮肤弹性，给人一种年轻和健康的美感。面部表情过于夸张，如挤眉弄眼、愁眉苦脸等会诱发皱纹过早产生，加快人面部衰老状态，进而影响到美感。人在病后常出现痛苦、忧虑、疲惫的面容，某些疾病发展到一定程度病人还会表现出特征性面容与表情，如破伤风患者的苦笑面容。

皮肤的生理功能是多方面的，只有功能完整、有效、相互协调，特别是对冷、热、疼、痛等刺激和各种神经反射十分灵敏的皮肤，才能称为健美的皮肤。

7. 影响皮肤健美的因素

皮肤在显示人们的美貌和健康状况方面起着十分重要的作用。面部皮肤的状态直接反映了一个人的健康和美学修养水平。实际生活中，由于皮肤与机体的内部组织器官是一个紧密联系的整体，当机体内部的组织器官发生病变时，往往会以不同的形式反映到皮肤上来，同时受到外界各种理化因素的影响，以及自身年龄的变化而出现皮肤的老化、皱纹的出现，真正完美的皮肤非常少见。皮肤的健美涉及人体的各个方面，受到遗传、健康状况、营养水平、生活和环境等多种因素的影响。遗传因素属先天因素，一般较难改变，而健康、营养等因素可通过人们的努力，影响皮肤的健美。

（1）健康因素：人的皮肤是人体健康状况的"晴雨表"。当身体健康状况良好时，皮肤光亮、红润；当身体处于非正常状况时，皮肤就会灰暗无光，甚至出现各种缺陷。人体的健康因素又分为精神因素和体质因素。

1）精神因素：影响皮肤健美及导致皮肤疾患的内因较多，但精神因素为首要因素。传统中医学认为，人的喜、怒、忧、思、悲、恐、惊这7种感情的改变都会引起皮肤状况的改变和皮肤疾病。虽然精神看似抽象，但却严重影响皮肤的健康。

2）体质因素：身体其他器官的健康状况也直接影响皮肤的健康。肝脏是人体最大的"化工厂"，它不仅与糖、蛋白质、脂类、维生素和激素的代谢有密切的关系，而且在胆汁酸、胆色素的代谢和生物转化中也发挥重要重用。肝脏具有储存、化解毒素以及调整激素平衡的功能。当肝脏功能发生障碍，如患慢性肝炎时，表现在皮肤方面就是容易发生日光过敏，出现皮肤干燥、痤疮、肝斑等现象。胃是机体重要的消化器官。当胃酸分泌减少时，皮肤的酸度就会降低，油脂分泌增强，面部皮肤倾向油性；当胃肠功能减弱时，糖类分解不佳，鼻和脸的毛细血管扩张，易造成局部发红。此外，一些其他慢性消耗性疾病，如肾炎、结核病、贫血、内分泌紊乱及肾上腺、卵巢、子宫等发生异常情况时，也会出现日光性皮炎等皮肤疾病。因此，要保持皮肤的健美，关键是保持身体机能的健康。

（2）年龄因素：随着年龄的增加，皮肤的代谢也会发生异常。皮肤的细胞膜会随着胆固醇的积聚增加而硬化，这会因脂质的过氧化作用产生脂褐素。脂褐素的堆积以及内分泌失调引起的黑色素的增加都会使皮肤出现老年斑。由于老年人皮肤的三个层面厚度减少，皮脂腺与毛囊萎缩，皮肤表面变薄，同时皮脂分泌降低，使皮肤保持水分的能力减退，皮肤干燥甚至皱裂。

（3）营养因素：人类的生存和健康依赖于各类营养成分，即碳水化合物、脂肪、蛋白质、矿物质、维生素、水分、膳食纤维。皮肤是全身最大的器官，自然这7类营养素也是影响皮肤健美的因素。

1）碳水化合物：即米、面类，是机体能量的来源，当它供应不足时，人体会产生疲倦、乏力等症状；当它供应过剩时，会转化为脂肪储存于皮下，使面部臃肿或导致皮肤病症的出现。

2）脂肪：脂肪也能产生能量。适量的皮下脂肪会使皮肤柔软、丰满、有弹性。脂肪是脂溶性维生素的溶剂，使其能够被机体吸收，脂肪还是激素的原料。当它供应不足时，人会出现消瘦、乏力等症状；当脂肪供应过剩时，会产生脂肪堆积，引起皮肤病、面部臃肿。

3）蛋白质：蛋白质对皮肤的构成以及维持皮肤组织的生长发育是必需的。它不仅促进皮肤组织的生长，还可以起修补和更新作用。当长期缺乏足量的蛋白质时，特别是不能补充足量的必需氨基酸时，全身的组织就无法及时更新，于是出现结构和功能上的老化现象。皮肤处于机体的最外层，是较容易察觉到老化的标志。当蛋白质供给不足时，必然导致营养不良性贫血的出现和全身免疫功能下降，各器官会变得衰弱，外观表现为面色苍白无华，如慢性疾病长期缠身不愈，原来有光泽、有弹性的皮肤就会完全消失。当蛋白质过剩时，抑制了各器官的活动，降低它们的各项功能，还可能引起过敏性皮肤病。

4）矿物质：钙、磷、铁、镁、铜、锌、钾、钠等许多矿物元素与人体的代谢有关。矿物质是构成人体组织的重要材料，可以维持体液的渗透压和酸碱平衡。许多元素直接参加酶的活性基团，有些是酶的活性因子。一定比例的钾、钠、钙、镁是使肌肉、神经产生正常兴奋性所必需的元素。钙和磷是骨骼和牙齿的主要成分。据报道，如摄入的营养中缺乏锌，青年人可出现严重的囊肿性痤疮。当矿物质供应不足时，会产生各种全身性疾病，同时也会影响碳水化合物和脂肪的代谢，造成能量匮乏，使内脏变得虚弱，各种皮肤问题的症状接连出现，肥胖问题也来了。但矿物质过多也不行，会引发各种疾患。

5）维生素：机体的健康离不开维生素，皮肤的健美也离不开维生素。与皮肤有关的主要维生素有维生素 A、B 族维生素、维生素 C、维生素 D、维生素 E 等。

维生素 A：可以促进人体的生长，维持上皮细胞的健康，预防干眼病、皮肤干燥等症。

B 族维生素：包括维生素 B_1、维生素 B_2、维生素 B_6、维生素 B_{12} 等。对皮肤的保健较重要的是维生素 B_2 和维生素 B_6，它们又被称为"美容维生素"。维生素 B_2 可以强化皮肤的新陈代谢，改善毛细血管的微循环，使双眼更加明亮，唇部光滑湿润，当它缺乏时，皮肤会产生小皱纹，发生口角溃疡、唇炎、舌炎，甚至会对日光过敏，出现皮肤瘙痒、发红以及红鼻子等皮肤病。维生素 B_6 有抑制皮脂腺活动、减少皮脂的分泌、治疗脂溢性皮炎和粉刺等功效，当体内缺乏时，会引起蛋白质代谢异常，从而使皮肤出现湿疹、脂溢性皮炎等。

维生素 C：作为还原剂参加一些重要的羟化反应。羟化后的胶原蛋白才能交联成正常的胶原纤维。所以维生素 C 是维持胶原组织完好的重要因素，缺乏时将导致毛细血管破裂、出血，牙齿松动，骨骼脆弱易骨折，伤口不易愈合等。另外，维生素 C 还可以增强皮肤的紧张力和抵抗能力，防止色素沉淀。

维生素 D：可以在皮肤上表面经紫外线照射后形成，它能促进钙的吸收，是骨骼及牙齿正常发育和生长所必需的。如果缺乏维生素 D，对于儿童会引起佝偻病，对成人可引起骨软化或骨质疏松，容易骨折。

维生素 E：可防止细胞组织的老化、扩张毛细血管及防止毛细血管的老化。它还能促进卵巢黄体激素的分泌，对于女性的健康非常重要。维生素 C 和维生素 E 还是天然的抗氧化剂，在体内可以抑制脂质的过氧化反应，使血液和器官中过氧化脂质水平降低。由于减少了由过氧化反应所导致的生物大分子的交联和脂褐素的堆积，延缓了机体的衰老，表现在皮肤上就是老年斑的出现较晚或减少。

6）水分：成年人体重的 2/3 是水，机体一旦缺水，轻者皮肤干燥，失去光泽；重者引起机体的失衡，严重时甚至引起死亡，所以说水是生命之源，是身体健康和皮肤健美的保证。水还是体内的清洗剂，它将体内的有毒物质通过胃肠道随粪便及通过肾脏随尿液排出体外。皮肤通过蒸发和排汗也排出一部分水分。汗腺分泌的汗液是一种低渗溶液，所以在排汗时也排出一些无机盐。水还是廉价的特效美容洗涤剂，能洗去皮肤上的污物，使皮肤能够正常呼吸。在正常情况下，人体水的来源有三个途径，即饮水、食物中的水分及体内生物氧化所产生的水。正常人每日水的摄入量和排出量在 2500 毫升左右，水处于平衡状态。每天喝 6~8 杯水为宜。

7）膳食纤维：膳食纤维包括纤维素、半纤维素、果胶及植物胶质等。膳食纤维可大量吸附水分，促进排便和清除毒素，增强水化功能。膳食纤维还具有降血脂、血糖及预防肠癌等作用，同时对皮肤的健美也有一定的作用。

人体是一个有机的整体，只有五脏六腑的阴阳平衡、气血畅通，容貌才会美。所以真正的美容要从营养上着手，调节生理机能，合理摄取营养，特别注意摄取有益于皮肤健康的营养，使身体各部分组织处于良好状态，才能达到身体健康、容颜焕发、青春常驻的目的。

（4）环境因素：影响皮肤健美、加速其老化的另一个重要原因是环境因素，如温度、湿度、阳光、尘埃、季节的变化等。

1）温度：皮肤对体温有调节作用，当温度升高时，汗腺排汗量增加，大量的汗液会带出部分皮脂，使皮肤干燥，这对干性皮肤是不利的，所以干性皮肤的人在高温环境下应注意及时补充水分；当环境温度降低时，容易造成皮肤毛细血管的收缩，血液循环不畅，同时皮肤的收缩、皮脂分泌的减少会使皮肤变得干燥、无光泽，因此，在寒冷的环境中应注意保暖。

2）湿度：皮肤表皮细胞中微量的代谢物使皮肤具有一定的保湿性，能防止皮肤过于干燥，保持皮肤的柔软。如果长期处于干燥的环境，皮肤表面的水分散失过多又得不到补充的话，皮肤的老化就会加速，皱纹会增多，使皮肤干燥无光泽；但环境湿度过大则会造成皮肤的角质湿润、膨胀，使皮肤变得粗糙。

3）阳光：阳光可以促进皮肤的新陈代谢，皮肤在阳光下可以合成维生素 D，帮助钙的吸收，阳光中的紫外线可以杀死皮肤表面的细菌。但同时，阳光也对皮肤产生一定的伤害，因为由于紫外线波长短，可以穿透角质层、颗粒层直到生发层的基底细胞上，使其中的黑色素细胞产生黑色素的作用加快。所以，长期暴晒太阳不仅会患日光性皮炎，使皮肤出现发红、脱皮、疼痛等现象，还使色素沉淀，形成黄褐斑，甚至使皮肤局部的免疫能力下降，严重时会有皮肤的病变。因此日晒也应适度。

4）尘埃：悬浮于空气中的尘埃容易附着在人的脸、手等暴露部位。皮肤有呼吸功能，如果尘埃阻塞了皮肤的毛孔，就会使它无法正常呼吸，影响新陈代谢，发生皮肤病。加之尘埃中不乏有一些细菌，若侵入毛孔，则会引起痤疮等皮肤疾病。

5）季节：一年四季的变化使皮肤所处的外界环境也随之变化。南方的春天温暖、湿度大，皮肤较湿润，北方的春天风沙较大，气候干燥，应注意给皮肤补充水分和油分；夏季炎热，应多喝水，注意防晒；秋天色素沉淀会加重，皮肤干涩，有绷紧的感觉，应注意护理；冬天也如此。

（5）生活因素：包括生活规律、饮食习惯、居住环境、不良嗜好等，其中以下几方面尤为重要。

1）睡眠：每个人都有自己的生物钟即生物节律，倘若违背了这个节律，就会影响健康。如果长期睡眠不足，就会造成皮肤细胞再生能力的衰退，使皮肤变得粗糙，眼圈发黑。

2）吸烟：吸烟的人皮肤衰老比实际年龄提前 20 年出现。研究发现，烟雾中的尼古丁和焦油等有害物质可以损害血管，引起皮下血管收缩、痉挛，致使皮肤正常血液循环受到破坏，造成供血不足、营养缺乏。此外，烟雾中还有大量的一氧化碳，极易与血管中的血红蛋白结合，使血红蛋白携氧能力下降，造成整个机体组织细胞严重缺氧。尤其是皮肤上的毛细血管由于缺氧，细胞的正常新陈代谢不能进行，如此长年累月缺血、缺氧，大大加快了人体皮肤的老化程度，导致皮肤过早衰老，面色灰暗，失去光泽，布满皱纹，医学界称为"烟容"。

3）饮酒：饮酒过量会使血管膨胀。长期酗酒的人可导致面部血管运动功能失调，长期扩张，致使酒渣鼻出现。咖啡中的咖啡因有收缩血管的作用，使皮肤的血供应减少，长期饮用咖啡会使皮肤变得暗淡无光。

8. 皮肤的组织结构

皮肤是人体最大的器官，其重量占体重的 16%。皮肤位于人体的表面，是人体的第一道防线。皮肤的厚度随年龄、性别、部位不同而异，为 0.5～4 毫米。眼睑、乳房和外阴等处皮肤最薄，枕后、项背、臀及掌跖处皮肤最厚。表皮的厚度为 0.04～1.6 毫米，平均为 0.1 毫米，眼睑处最薄，手掌处最厚。真皮厚度是表皮的 15～40 倍，为 1～4 毫米，脸部最薄，股部最厚。总体来说，成人皮肤厚于儿童，男性皮肤厚于女性。皮肤上因真皮结缔组织纤维束排列方向的不同，而形成具有一定方向的张力线，又名皮肤切线。外科手术时，按此方向切开，愈合后瘢痕较小。皮肤的颜色与种族、年龄、性别以及外界环境等因素有密切关系。即使同一人体的皮肤，在不同部位其颜色深浅也不同。皮肤有其特有的组织形态，总体来说分为内部的真皮及皮下组织和外部的表皮组织两大部分。真皮对表皮起机械支持作用。皮肤还附有毛发、皮脂腺、汗腺及指（趾）甲等附属器。皮肤由表皮、真皮和皮下组织构成，其中含血管、淋巴管、神经、肌肉及各种皮肤附属器，表皮与真皮之间由基底膜带相连接。

（1）表皮：是皮肤的最外层，平均厚度为 0.07～2.0 毫米，属复层鳞状上皮。表皮内无血管，划伤表皮后不会出血，但含有丰富的神经末梢，可以帮助我们感知外界的事物。表皮与真皮之间以波浪结构连接，表皮伸入真皮中的部分称表皮突，真皮伸入表皮中的部分称真皮乳头。表皮内主要含有角质形成细胞、黑素细胞、朗格汉斯细胞和梅克尔细胞等。其中黑素细胞、朗格汉斯细胞和梅克尔细胞属于非角质形成细胞。

1）角质形成细胞又称为角朊细胞，是表皮的主要构成细胞，数量占表皮细胞的 80% 以上，在分化过程中可产生具有防水及保护功能的角蛋白，并参与免疫反应。角质细胞分裂、分化在表皮全层内形成不同的细胞层次，由浅至深可分为角质层、透明层、颗粒层、棘层、基底层。透明层只能在手掌、足底等角质层厚的部位找到。实际上，表皮的各层是由处于角化过程的不同阶段的细胞形成的。

角质层结构位于表皮最上层，由 5～20 层已经死亡的扁平无核的角化细胞构成，细胞之间交错排列成叠瓦状，结构紧密。在掌跖部位可厚达 40～50 层。角质层上部细胞间桥粒可消失或形成残体，故易于脱落，使表皮厚度处于稳定平衡状态。角质层是表皮层重要的屏障，可以说是皮肤的"卫士"。光线在厚薄不一的皮肤中散射后，表皮颜色会出现变化，如光滑、含水较多的角质层有规则的反射可形成明亮的光泽，而干燥、有鳞屑的角质层以非镜面反射的形式反射光线，使皮肤晦暗。如果角质层过厚，皮肤会显得粗糙、暗淡无光；角质层过薄，如过度"去死皮"、"换肤"等，皮肤的防御功能减弱，容易受到外界不良因素的侵害而出现皮肤问题，如出现皮肤潮红、毛细血管扩张、色素沉着、皮肤衰老，甚至引起某些皮肤疾病。角质层的主要成分角蛋白及脂质紧密有序地排列，能抵御外界各种有害因素对皮肤的侵袭。角质层使皮肤吸收紫外线，主要是中波紫外线（UVB），因而具有防晒功能。角质层是皮肤吸收外界物质的主要部位，占皮肤全部吸收能力的 90% 以上。一方面，由于角质层的主要成分是角蛋白，具有较强的吸水性，使皮肤含水量保持在 15%～20%，使皮肤柔软，不发生干燥、皲裂现象；另一方面，角质层间隙以脂质为主，所以角质层主要吸收的是脂溶性物质，故皮肤的外用药物和美容化妆品多是乳剂和霜剂。正常角质层中的脂质、天然保湿因子使角质层保持一定的含水量，从而使皮肤光滑、柔韧而有弹性。

透明层仅见于掌跖部位，由 2～3 层较扁平的细胞构成。细胞界线不清，但紧密相连，光镜下胞质呈均质状并有强折光性。透明层细胞的主要成分是角母蛋白和磷脂类物质，有很强的疏水性，可以防止体内外的水、电解质通过，起到屏障作用。

颗粒层是在角质层薄的部位由 1～3 层梭形或扁平细胞构成，而在掌跖部位细胞可厚达 10 层。细胞内含有较多大小不一、形状不规则、HE 染色呈强嗜碱性的透明角质颗粒，沉积于张力细丝束之间，故名颗粒层。由于透明角质颗粒是强折光性半固体物质，可以折射光线，为人体抵抗光照损伤。另外，在颗粒层上部，被膜颗粒增多，并向细胞膜移动，渐与细胞膜融合，可释放出酸性黏多糖和疏水磷脂，形成多层膜状结构，充满细胞间隙，在颗粒层与角质层角质细胞之间形成一道防水屏障，使水分不易从体内渗出，也阻止表皮内水分渗入，如此可造成角质层细胞内水分减少约80%，是使角质细胞成为死亡细胞的原因之一。

棘层由4~8层多角形细胞构成。细胞表面有许多细小凸起，相邻细胞的凸起互相连接，形成桥粒。棘层吸收淋巴液中的营养成分；供给基底层养分；初离基底层的棘细胞仍有分裂能力，可参与表皮损伤后的修复。

基底细胞层为表皮的最内层，与真皮呈波浪式相接，由2~4层不同形状的细胞构成。此层是表皮的增殖部分，增殖后的新细胞向外层推移，并逐渐分化为其他各层细胞。此层细胞内含有血红素、胆红素、黑色素，其黑色素细胞的活跃程度可决定肤色的深浅，每10个基底细胞间有一个能产生黑色素细胞，黑色素的代谢在正常范围内可保护底层的脆弱细胞不被紫外线削减，同时有阻止紫外线穿透皮肤使深部组织免受伤害的作用。一般来说，皮肤细胞在基底层繁殖，在棘细胞层增殖，在颗粒层过度，在透明层吸收，在角质层形成弱酸性保护膜，然后脱落消失。在健康状况下，表皮完成新细胞的生长时间约为28天，即3~4周新陈代谢一次。

2）黑素细胞：起源于外胚层的神经嵴，位于基底层与毛基质处，其数量与部位、年龄有关，而与肤色、人种、性别等无关，约占基底层细胞总数的10%，面部、乳晕、腋窝及外生殖器部位数目较多。电镜下可见黑素细胞胞质内含有特征性黑素小体，后者为含酪氨酸酶的细胞器，是合成黑素的场所。1个黑素细胞可通过其树枝状突起向周围10~36个角质形成细胞提供黑素，形成1个表皮黑素单元。黑素能遮挡和反射紫外线，保护真皮及深部组织免受辐射损伤。

3）朗格汉斯细胞：是由起源于骨髓的单核—巨噬细胞通过一定循环通路进入表皮中形成的免疫活性细胞。多分布于基底层以上的表皮和毛囊上皮中，密度因部位、年龄和性别而异，一般面颈部较多而掌跖部较少。其具有吞噬功能，可识别、处理与传递抗原，参与多种异体移植的排斥反应。

4）梅克尔细胞：多分布于基底层细胞之间，多位于手部、毛囊、口腔、外生殖器等部位。在感觉敏锐部位（如指尖和鼻尖）密度较大，这些部位的神经纤维在邻近表皮时失去髓鞘，扁盘状的轴突末端与梅克尔细胞基底面形成接触，构成梅克尔细胞—轴突复合体，是一种触觉感受器。

（2）真皮：由排列致密而不规则的致密结缔组织构成，由中胚层分化而来。此层由成纤维细胞及其产生的胶原纤维、弹性纤维、网状纤维和基质组成，故皮肤具有很大的弹性和很强的韧性。胶原纤维呈条束状交织成网，约占95%，是真皮的主要成分。弹性纤维富于弹性，多盘绕在胶原纤维束上及皮肤附属器和神经末梢周围。网状纤维是胶原纤维的前身。基质是无定形的均质胶状物，由成纤维细胞产生，是含有水分、电解质、黏多糖和蛋白质的复合物。基质填充于纤维束间和细胞间。真皮内有血管、淋巴管、神经，还有毛囊、皮脂腺和汗腺等附属器。真皮以基膜与表皮分界，分界处呈高低不平的波浪状；真皮与皮下组织之间则无明显分界，而是由网状层逐渐过渡为皮下组织。真皮由浅部的乳头层和深部的网状层构成。

1）乳头层：紧贴表皮深面，由薄层的细密结缔组织构成，大量胶原纤维和少量弹性纤维交织成网，网眼中散布着较多的细胞（以成纤维细胞为主）。此层组织形成许多突向基底层的乳头状隆起，称为真皮乳头，使真皮、表皮连接面呈波浪状，大大增加了表皮与真皮之间的接触面。此层内还可见到一种含有黑素颗粒的载黑素细胞，本身不能产生黑色素，但能吞噬黑素细胞所分泌的黑素颗粒。在婴儿臀部皮肤的真皮内有时可聚积较多的载黑素细胞，使局部皮肤呈现蓝色，此即所谓"蒙古斑"。在乳头中有丰富的毛细血管和淋巴管以及连于感觉神经末梢的各种感受器，将其含有毛细血管袢的称为血管乳头，含有触觉小体的称为神经乳头。

2）网状层：位于乳头层深面，两者分界不明显。此层较厚，是真皮的主要组成部分，大量的粗大呈带状的胶原纤维纵横交织成密网状，亦有较多的弹性纤维。纤维束的排列方向与体表的张力线一致，相邻纤维之间形成一定的角度以适应各方面的拉力。但有少数纤维垂直进入皮下组织，以便进一步固定皮肤，此种纤维称为皮肤支持带。真皮内纤维多且排列特殊，故真皮具有很强的弹性和韧性。在各纤维束之间有少量细胞，以成纤维细胞为主。当有异物侵入需要清除时，巨噬细胞亦可增多。当有炎症发生时，可见到大量白细胞。

（3）皮下组织：位于真皮下方，其下与肌膜等组织相连，由疏松结缔组织及脂肪小叶组成，又称皮下脂肪层。其含有血管、淋巴管、神经、小汗腺和顶泌汗腺等。皮下组织对外来冲击起衬垫作用，以缓冲冲击对身体的伤害；是热的不良导体和绝缘带，以防寒和保温；高能物质合成、储存和供应的场所；特殊的网状内皮组织，参与机体防御反应；脂肪的厚度随部位、性别及营养状况的不同而有所差异，可以塑造形体曲线；脂肪颗粒可用于自体脂肪移植等美容手术。

（4）皮肤附属器：包括毛发、皮脂腺、汗腺和甲。

1）毛发：掌跖、指（趾）屈面及其末节伸面、唇红、乳头、龟头、包皮内侧、小阴唇、大阴唇内侧、阴蒂等部位皮肤无毛，称为无毛皮肤；其他部位皮肤均有长短不一的毛，称为有毛皮肤。头发、胡须、阴毛及腋毛为长毛，眉毛、鼻毛、睫毛、外耳道毛为短毛；面、颈、躯干及四肢的毛发细软、色淡，为毳毛。毛发位于皮肤以外的部分称毛干，位于皮肤以内的部分称毛根。毛根末端膨大部分称毛球，包含在由上皮细胞和结缔组织形成的毛囊内。毛球下端的凹入部分称毛乳头，包含结缔组织、神经末梢和毛细血管，为毛球提供营养。毛发由同心圆状排列的角化上皮细胞构成，由内向外可分为髓质、皮质和毛小皮。毛小皮为一层薄而透明的角化细胞，彼此重叠如屋瓦状。毛囊位于真皮和皮下组织中，由内毛根鞘、外毛根鞘和结缔组织鞘组成。毛发的生长周期可分为生长期、退行期和休止期，其中80%的毛发处于生长期。各部位毛发并非同时或按季节生长或脱落，而是在不同时间分散地脱落和再生。正常人每日可脱落70~100根头发，同时也有等量的头发再生。头发生长速度为每天0.27~0.4毫米，经3~4年可长至50~60厘米。毛发的性状与遗传、健康、激素水平、药物和气候等因素有关。毛发的作用有御寒、遮光、防摩擦。

2）皮脂腺：位于真皮内的毛囊和立毛肌之间，以短的导管开口于毛囊，但位于口唇外侧角、乳晕、小阴唇和包皮内面的皮脂腺导管则直接开口于皮表（因这些部位无毛和毛囊）。皮脂腺为哺乳动物特有，以面部和背部分布最多，手掌、足底和阴茎龟头无皮脂腺，故手掌和足底易发生皲裂。皮脂有润泽皮肤和毛发的作用。皮脂腺发育和分泌会受到性激素的影响。

3）汗腺：分布于全身皮肤，有200万~500万个，最多位于腋下、手掌、脚掌、额头。根据结构与功能不同可分为小汗腺和顶泌汗腺。小汗腺为单曲管状腺，由分泌部和导管部构成。小汗腺的分泌细胞有明细胞和暗细胞两种，前者主要分泌汗液，后者主要分泌黏蛋白和回收钠离子。除唇红、鼓膜、甲床、乳头、包皮内侧、龟头、小阴唇及阴蒂外，小汗腺遍布全身，总数160万~400万个，以掌跖、腋下、额部较多，背部较少。小汗腺受交感神经系统支配。小汗腺的作用有润泽肌肤、调节体温、排泄废物等。顶泌汗腺又称大汗腺，属于大管状腺体，由分泌部和导管组成。顶泌汗腺主要分布在腋窝、乳晕、脐周、肛周、包皮、阴阜和小阴唇，偶见于面部、头皮和躯干。此外，外耳道的耵聍腺、眼睑的睑板腺以及乳晕的乳晕腺也属于变形的顶泌汗腺。顶泌汗腺也被视为第二性征的一种表现，从青春期开始，由于受到性激素的影响，分泌旺盛，显示功能活跃。

4）甲：由多层紧密的角化细胞构成。甲的外露部分称为甲板，呈外凸的长方形，近甲根处的新月状淡色区称为甲半月，伸入近端皮肤中的部分称为甲根，甲板周围的皮肤称为甲襞（廓），甲板下皮肤称为甲床，其中位于甲根下者称为甲母质，是甲的生长区。甲下真皮富含血管。指甲生长速度约每3个月1厘米，趾甲生长速度约每9个月1厘米。指（趾）甲是健康状态和某些疾病的外部标志，也是一种重要的美容器官。

（5）皮肤的神经、脉管和肌肉。

1）神经：皮肤中有丰富的神经分布，可分为感觉神经和运动神经，通过与中枢神经系统之间的联系感受各种刺激、支配靶器官活动及完成各种神经反射。感觉神经可以感受压觉、触觉、热觉和冷觉；运动神经来自交感神经节后纤维，其中肾上腺素能神经纤维支配立毛肌、血管、血管球、顶泌汗腺和小汗腺的肌上皮细胞，胆碱能神经纤维支配小汗腺的分泌细胞，面部横纹肌由面神经支配。

2）血管：皮肤血管具有营养皮肤组织和调节体温等作用。真皮中有由微动脉和微静脉构成的乳头下血管丛（浅丛）和真皮下血管丛（深丛），这些血管丛大致呈层状分布，与皮肤表面平行，浅丛与深丛之间有垂直走向的血管相连通，形成丰富的吻合支。皮肤的毛细血管大多为连续型，由连续的内皮构成管壁，相邻的内皮细胞间有细胞连接。皮肤血管的这种结构不仅有利于给皮肤提供充足的营养，而且可以有效地进行体温调节。

3）淋巴管：皮肤的淋巴管网与几个主要的血管丛平行。皮肤毛细淋巴管盲端起始于真皮乳头层的毛细淋巴管，渐汇合为管壁较厚的具有瓣膜的淋巴管，形成乳头下浅淋巴网和真皮淋巴网，再通连到皮肤深层和皮下组织的更大淋巴管。毛细淋巴管管壁很薄，仅由一层内皮细胞及稀疏的网状纤维构成，内皮细胞之间通透性较大，且毛细淋巴管内的压力低于毛细血管及周围组织间隙的渗透压，故皮肤中的组织液、游走细胞、细菌、肿瘤细胞等均易通过淋巴管到达淋巴结，最后被吞噬处理或引起免疫反应。此外，肿瘤细胞也可通过淋巴管转移。

4）肌肉：立毛肌是皮肤内最常见的肌肉类型，一端起自真皮乳头层，另一端插入毛囊中部的结缔组织鞘内，当精神紧张及寒冷时立毛肌收缩引起毛发直立，即所谓的"鸡皮疙瘩"。此外尚有阴囊肌膜、乳晕平滑肌、血管壁平滑肌等，汗腺周围的肌上皮细胞也具有某些平滑肌功能。面部表情肌和颈部的颈阔肌属于横纹肌。

9. 皮肤的功能

皮肤除具有屏障、吸收、感觉、分泌和排泄、体温调节、物质代谢等功能外，同时还是一个重要的免疫器官，有多种免疫相关细胞分泌多种免疫分子参与机体的各种免疫反应并发挥免疫监视作用。

（1）保护功能：具有双向性，一方面保护体内各种器官和组织免受外界有害因素的损伤，另一方面防止体内水分、电解质及营养物质的丢失。

1）对物理性损伤的防护：皮肤对机械性损伤（如摩擦、挤压、牵拉以及冲撞等）有较好的防护作用。表皮角质层致密而柔韧，在防护中起重要作用，经常受摩擦和压迫部位（如掌跖）的角质层可增厚形成胼胝，显著增强皮肤对机械性损伤的耐受力。真皮内的胶原纤维、弹力纤维和网状纤维交织成网状，使皮肤具有一定的弹性和伸展性。皮下脂肪层对外力具有缓冲作用，使皮肤具有一定的抗挤压、牵拉及冲撞的能力。

2）对化学性刺激的防护：角质层细胞具有完整的脂质膜、丰富的胞质角蛋白及细胞间的酸性糖胺聚糖，有抗弱酸弱碱作用。正常的皮肤，20～30分钟就可以恢复正常的酸碱度。

3）对微生物的防御：致密的角质层和角质形成细胞间通过桥粒结构相互镶嵌排列，

能机械地防止一些微生物的侵入。角质层含水量较少以及皮肤表面弱酸性环境不利于某些微生物生长繁殖。角质层生理性脱落，也可清除一些寄居于体表的微生物。一些正常皮肤表面寄居菌（如痤疮杆菌和马拉色菌等）能产生脂酶，可将皮脂中的甘油三酯分解成游离脂肪酸，后者对葡萄球菌、链球菌和白色念珠菌等有一定的抑制作用。

4）防止营养物质的丢失：正常皮肤的角质层具有半透膜性质，体内的营养物质、电解质不会透过角质层丢失，同时角质层及其表面的皮脂膜也可使通过皮肤丢失的水分大大减少。

（2）吸收功能：皮肤具有吸收外界物质的能力，经皮吸收也是皮肤局部药物治疗的理论基础。皮肤主要通过三种途径进行吸收：角质层（主要途径），毛囊、皮脂腺，汗腺管。皮肤的吸收功能受很多因素的影响。皮肤的吸收能力与角质层的厚薄、完整性、水合程度、通透性以及被吸收物质的理化性质有关。不同部位皮肤的角质层厚薄不同，因而吸收能力存在差异，一般来说，阴囊＞前额＞大腿屈侧＞上臂屈侧＞前臂＞掌跖。皮肤损伤导致的角质层破坏可使损伤部位皮肤的吸收功能大大增强，因此皮肤损伤面积较大时，局部药物治疗时应注意药物的过量吸收所引起的不良反应。角质层的水合程度越高，皮肤的吸收能力就越强。临床上常利用这个原理在局部用药后用塑料薄膜封包起来以提高局部用药的疗效，但也应注意药物的过量吸收。完整皮肤只能吸收少量水分和微量气体，水溶性物质不易被吸收，而脂溶性物质吸收良好（如脂溶性维生素和脂溶性激素），油脂类物质也吸收良好，主要吸收途径为毛囊和皮脂腺。外界环境也会影响皮肤的吸收功能，如环境温度升高、湿度增大可使皮肤吸收能力提高。

（3）感觉功能：可以分为两类：一类是单一感觉，皮肤内感觉神经末梢和特殊感受器感受体内外单一性刺激，转换成一定的动作电位并沿相应的神经纤维传入中枢，产生不同性质的感觉，如触觉、痛觉、压觉、冷觉和温觉；另一类是复合感觉，皮肤中不同类型的感觉神经末梢或感受器共同感受的刺激传入中枢后，由大脑综合分析形成的感觉，如湿、糙、硬、软、光滑等。此外，皮肤还有形体觉、两点辨别觉和定位觉等。这些感觉有的经过大脑皮质分析判断，做出有益于机体的反应，保护机体免受进一步的伤害，如对烫的回缩反射。痒觉是一种引起搔抓欲望的不愉快的感觉，属于皮肤黏膜的一种特有感觉，其产生机制尚不清楚，组织学至今未发现特殊的痒觉感受器。

（4）皮肤的分泌和排泄功能：皮肤的分泌和排泄功能主要通过皮脂腺和汗腺完成。小汗腺的分泌受到体内外温度、精神因素和饮食的影响。正常情况下小汗腺分泌的汗液无色透明，其中水分占99%，固体成分仅占1%，后者包括无机离子、乳酸、尿素等。小汗腺的分泌对维持体内电解质平衡非常重要。另外，出汗时可带走大量的热量，对于人体适应高温环境极为重要。顶泌汗腺的分泌在青春期后增强，并受情绪影响，感情冲动时其分泌和排泄增加。局部或系统应用肾上腺素能类药物也可使顶泌汗腺的分泌和排泄增加，其机制目前尚不清楚。皮脂腺的分泌有润泽皮肤和防止皮肤干裂的作用，还可控制某些细菌的生长繁殖。各种激素（如雄激素、雌激素、垂体激素等）可以调节皮脂腺的分泌，其中雄激素可加快皮脂腺细胞的分裂，使其体积增大，皮脂合成增加；雌激素可抑制内源性雄激素产生或直接作用于皮脂腺，减少皮脂分泌。禁食可使皮脂分泌减少及皮脂成分改变。此外，表皮损伤也可使损伤处的皮脂腺停止分泌。

（5）体温调节功能：正常成人皮肤体表面积可达 1.5 平方米，为吸收环境热量及散热创造了有利条件，使得人的体温（腋温）经常保持在 36～37℃。皮肤动脉和静脉之间吻合支丰富，其活动受交感神经支配。这种血管结构有利于机体对热量的支配：冷应激时交感神经兴奋，血管收缩，动静脉吻合关闭，皮肤血流量减少，皮肤散热减少；热应激时动静脉吻合开启，皮肤血流量增加，皮肤散热增加。四肢大动脉也可通过调节浅静脉和深静脉的回流量进行体温调节：体温升高时，血液主要通过浅静脉回流使散热量增加；体温降低时，血液主要通过深静脉回流以减少散热。体表散热主要通过热辐射、空气对流、热传导和汗液蒸发，其中汗液蒸发是环境温度过高时主要的散热方式。

（6）代谢功能：皮肤在解剖结构和生理功能上具有特殊性，有许多自身的特征，同时，皮肤又与其他组织器官一起参与整个机体的代谢活动，有着共同的生化代谢过程。所以，当机体发生代谢障碍时，由于可影响皮肤的正常代谢，会导致某些损容性皮肤病发生，如糖尿病患者，血糖增高的同时，皮肤内的葡萄糖含量也增高，使皮肤易发生细菌和真菌的感染；反之，皮肤的代谢发生障碍时，也可影响整个机体的代谢。皮肤内含水量较高，主要储存在真皮内，是身体储藏水分的重要器官。当机体脱水时，皮肤可提供其水分的 5%～7% 以补充血容量。皮肤中含有多种电解质，包括氯、钠、钾、钙、镁、磷、铜和锌等。其中以钠和氯的含量最高，是细胞外液的主要电解质；钾对维持细胞内外的酸碱平衡及渗透压起着重要作用；细胞内钙离子对细胞膜的通透性及细胞间的黏着性有一定作用；镁与某些酶的活动有关；铜会影响黑色素和角蛋白的形成；锌在体内是 20 多种酶的组成成分之一，并与这些酶的活性有关。皮肤脂类包括脂肪和类脂：前者主要存在于皮下组织，其主要功能是氧化供能；后者是构成生物膜的主要成分。皮肤内的蛋白质可分为纤维性蛋白质和非纤维性蛋白质两大类：前者主要包括角质形成蛋白、胶原蛋白和弹性蛋白等；后者包括细胞内的核蛋白以及调节细胞代谢的各种酶，分布在真皮的基质和基质膜带中，常与黏多糖类物质结合形成黏蛋白。

（7）免疫功能：皮肤既是免疫反应的效应器官，又具有主动参与和调节皮肤相关免疫反应的作用。表皮与真皮都含有参与免疫反应的细胞，如角质形成细胞、朗格汉斯细胞、淋巴细胞和巨噬细胞等。许多免疫反应首先产生于皮肤，如角质形成细胞可以分泌白介素

（IL）－1、2、3、6、7、8 等细胞因子，参与皮肤免疫功能的调节，趋化和激活粒细胞。朗格汉斯细胞能结合处理抗原，并能将抗原信息传递给免疫活性细胞，以启动免疫反应；还能分泌表皮细胞衍生的胸腺活化因子（ETAF），以促进 T 细胞增殖活化。真皮的免疫活性细胞主要是淋巴细胞、巨噬细胞和粒细胞。如 T 淋巴细胞及其亚群、B 淋巴细胞及其亚群以及自然杀伤细胞（NK）等。其免疫功能主要为发挥抗感染免疫作用，包括非特异性免疫和特异性免疫。前者为多形核粒细胞和单核—巨噬细胞的杀菌作用；后者为针对各种微生物、具有抗原性物质的细胞免疫和体液免疫，同时还发挥免疫监视作用，以识别发生突变的恶性细胞，从而调动各免疫活性细胞效用。总之，皮肤是人体免疫系统的重要组成部分。皮肤的各种免疫分子和免疫细胞共同形成一个复杂的网络系统，并与体内其他免疫系统相互作用，共同维持着皮肤微环境和机体内环境的稳定。

10. 皮肤的颜色

肤色是指人类皮肤表皮层因黑色素、原血红素、叶红素等色素沉着所反映出的皮肤颜色。肤色在不同地区及人群有不同的分布。人类皮肤颜色与黑色素在皮肤中的含量及分布状态有关。黑色素集中在表皮的生发层的细胞中及细胞间。真皮层中一般没有黑色素，但具有色素时，可透过皮肤而呈青色，如新生儿骶部及臀部灰青色的斑。此外，皮肤的颜色还与微血管中的血液、皮肤的粗糙程度及湿润程度有关。身体在不同部位的颜色也常常不完全一样，背部的颜色比胸部要深得多，四肢伸侧比屈侧的颜色要深些，颜色最深处是在会阴部及乳头处。手掌和脚掌是全身颜色最浅的部位，甚至在色素极深的人群中，这些部位的颜色也明显比其他部位浅。不同的生活条件也会造成皮肤颜色深浅的不同。

皮肤的颜色因种族、年龄、性别、营养及部位不同而有所差异。在人类学中，肤色被认为是与人种差别具有重要关系的标志。人的肤色与动物相比，从白色到黑色变异范围甚广。决定肤色的因素有：皮肤本身的颜色和厚度、黑色素颗粒的数量与分布状态、胡萝卜素等色素的数量以及血液等。人种肤色差异的形成决定于黑色素颗粒。如黑色素颗粒的数量多，可遮断有害于活体细胞波长的紫外线，也可遮断生成维生素 D 所需的波长的紫外线。除此之外，还有很多因素直接或间接地影响皮肤的颜色。

（1）紫外线的照射：紫外线能使黑色素细胞兴奋，并能氧化皮肤的巯基而使细胞内铜离子活跃，从而促进酪氨酸酶活性产生黑色素，使皮肤增黑。生长在不同纬度的人皮肤色泽不同，这与紫外线的照射有直接关系。

（2）体内色素的影响：角质层中存在着一种黄色色素，叫作胡萝卜素，女性含量较男性多，所以女性面色较男性略黄。

（3）皮肤血液的影响：血液供应丰富，血流通畅，含氧量高，则肤色红润，富有生气；血液供应不足，则肤色苍白或萎黄；血流瘀滞，含氧量低，则肤色青紫。

（4）外界某些重金属或类金属的影响：对人体肤色能产生影响的金属有的属于人体内所需的微量元素如铜离子；有的属于人体并不需要的有害物，如铅、铋、砷等离子进入皮肤之后，一是由于它们本身的灰黑颜色；二是因为它们抢夺了巯基，使铜的活性增加，加强了酪氨酸酶的催化作用，形成黑色素。例如，有的化妆品中含有铅的成分，铅氧化物中的铅还原成铅离子而沉着于皮肤。由于铅本身为厥黑色，因此，久用含铅化妆品，皮肤会越变越黑。

（5）个人皮下脂肪及表皮薄厚的影响：在同等因素作用条件下，皮肤的色泽与皮下脂肪的丰满与否有关。皮下脂肪丰满的人，由于脂肪组织的反射与衬垫作用，可使皮肤色泽增白；反之，皮肤则显得灰暗。同时，肤色还与表皮的薄厚，尤其是角质层的薄厚有关：角质层薄，则皮肤显得鲜明而洁白；角质层厚，则带灰暗色。

（6）其他：人们生活的自然环境、年龄、性别、工作条件等，都给皮肤的色泽带来一定的影响。

11. 皮肤的衰老

皮肤衰老是由自然因素或非自然因素造成的皮肤衰老现象。人出生后皮肤组织日益发达，功能逐渐活跃，当达到某种年龄就会开始退化，这种退化往往在人们不知不觉中慢慢进行。皮肤组织的成长期一般结束于 25 岁左右，有人称此期为"皮肤的弯角"，自此后生长与老化同时进行，皮肤弹力纤维渐渐变粗。40~50 岁初老期，皮肤的老化慢慢明显，但老化程度因人而异。

皮肤衰老现象主要表现在两个方面：一是皮肤组织衰退。皮肤的厚度随着年龄的增加而有明显改变。人的表皮 20 岁时最厚，以后逐渐变薄，到老年期颗粒层可萎缩至消失，棘细胞生存期缩短，表皮细胞核分裂增加，故黑色素亦增多，以致老年人的肤色多为棕黑色。由于老化细胞附着于表皮角质层，使皮肤表面变硬，失去光泽。真皮在 30 岁时最厚，以后渐变薄并伴有萎缩。皮下脂肪减少，并由于弹力纤维与胶原纤维发生变化而渐失皮肤弹性和张力，更进一步导致皮肤松弛与皱纹产生。二是生理功能低下。皮脂腺、汗腺功能衰退，汗液与皮脂排毒减少，皮肤逐渐失去昔日光泽而变得干燥。血液循环功能减退无法补充皮肤必要的营养，因此老年人皮肤伤口难愈合。

皮肤衰老的类型：①自然性皱纹：多呈横向弧形，与生理性皮肤纹理一致。自然性皱纹与皮下脂肪规程有关，伴随年龄增大皱纹逐渐加深，纹间皮肤松垂。如颈部的皱纹，为了颈部能自由活动，此处的皮肤会较为充裕，自然形成一些皱纹，甚至刚出生就有。早期的体位性皱纹不表示老化，只有逐渐加深、加重的皱纹才是皮肤衰老的象征。②动力性皱纹：面部表情肌与皮肤相附着，表情肌收缩，皮肤在与表情肌垂直的方向上就会形成皱纹，即动力性皱纹。动力性皱纹是由于表情肌的长期收缩所致。早期只有表情收缩，皱纹才出现，以后表情不收缩，动力性皱纹亦不减少。例如，长期额肌收缩产生前额横纹，在青年即可出现；而鱼尾纹是由于眼轮匝肌的收缩作用所致，笑时尤甚，也称笑纹。③重力性皱纹：是在皮肤及其深面软组织松弛的基础上，再由于重力的作用而形成皱襞和皱纹。重性皱纹多分布在眶周、颧弓、下颌区和颈部。④混合性皱纹：由多种原因引起，机制较复杂，如鼻唇沟、口周的皱纹。

预防皮肤衰老的要点：①维护全身健康，保持开朗乐观的情绪，调整不良的心理状态；有规律地生活，合理营养，平衡膳食；坚持适当的体力劳动和体育锻炼，丰富文娱生活；注意休息和睡眠，养成良好卫生习惯，防治各种疾病。②注意保护皮肤，避免受到外伤、阳光、强风、寒冷、热浪与化学品的伤害，保持皮肤卫生，经常正确地按摩皮肤。③讲究饮食营养，不偏食，少食白米、白面，限制食盐，既要有足够的蛋白质、脂肪、碳水化合物，又要有丰富的维生素及必要的矿物质，增强皮肤弹性，延缓皱纹出现。④要调节生活习惯，改变大笑、皱鼻、皱眉、眯眼等不良动作，切不可熬夜，避免失眠，做到劳逸结合，精神愉快。

12. 皮肤的类型及特点

人的皮肤各有不同，它的差异如同指纹，是人形象的重要组成部分。从肌理的特征来看，皮肤大致可以分为五种类型。

（1）中性皮肤：是标准肤型，是理想的皮肤状态。这种皮肤表面柔软、稳定，皮肤组织光滑细嫩，没有粗大的毛孔或太油腻的部位，弹性好，脸色红润健康，不会出现脉管。外观感觉光滑、新鲜、清洁、不厚不薄，表面偶见斑点，比较白净，是一种能很快调整变化的皮肤。中性皮肤多见于青春发育期前的少女。中性皮肤对外界刺激不敏感，没有皮肤瑕疵。中性皮肤随季节变化而变化，冬天偏干，夏季偏油。同时，随着年龄的增长，皮肤会向干性或油性发展。中性皮肤的 pH 值在 $5 \sim 5.6$。

（2）干性皮肤：皮脂分泌率降低，皮肤紧绷，呈透明状。由于干燥而不含油脂，如同纸张再现褶皱，一些弯曲部位与重复活动部位特别容易出现皱纹。干性皮肤的皮脂分泌量较少，且易干燥，易起细小皱纹，特别是眼周会过早出现皱纹。皮肤毛细血管较明显，易破裂，对外界刺激较敏感，皮肤易生红斑。但是干性皮肤不易长痤疮或疙瘩。干性皮肤的 pH 值在 $4.5 \sim 5$。干性皮肤可分为干性缺水皮肤和干性缺油皮肤两种。干性缺水皮肤多见于 35 岁以上人群及老年人。

（3）油性皮肤：皮肤皮脂分泌过多，皮脂腺管与毛囊增厚变成黑头，毛孔粗大，皮肤呈油光滑亮的状态，自斑点。皮肤比较粗糙，厚而呈现不平衡组织。由于毛孔容易张开，一受到外来刺激，就会长出面疮，变成紫红脸，这种是最容易被感染皮疹、最容易被污染的皮肤。但是，这种皮肤的好处是皱纹不太明显，使人显得年轻。油性皮肤多见于 25 岁以下年轻人。油性皮肤的 pH 值在 5.6~6.6。可分为普遍油性和超油性两种。

（4）混合性皮肤：是干性皮肤与油性皮肤的混合型皮肤，又称为"脂漏性皮肤"。混合性皮肤主要是新陈代谢不均衡，是黄种人中常见的皮肤类型，多见于 25~35 岁的人。常见的混合性皮肤又进一步细分为三类：一是 A 型混合性皮肤。只有整个鼻部为油性，其他部位偏干性。二是 T 形混合性皮肤。只有鼻部和额部为油性，其他部位偏干性。三是 O 形混合性皮肤。鼻部、额部和颧骨部位均为油性，只有腮部偏干性。

（5）过敏性皮肤：又称为"敏感性"皮肤，主要是指当皮肤受到各种刺激如不良反应的化妆品、化学制剂、花粉、某些食品、污染的空气等，导致皮肤出现红肿、发痒、脱皮及过敏性皮炎等异常现象。敏感性皮肤可见于上述各类皮肤。它的特点是受客观条件制约，如因季节交替引起的气温变化，有些人的皮肤就容易出湿疹、长痤疮，这种皮肤就是敏感性皮肤。敏感性皮肤的护理要特别留意。最有效的措施是寻找出过敏诱发因子，避免再接触这种物质。

皮肤的类型不是一成不变的，一般年轻的时候多偏油性，随着年龄的增长及皮脂腺的退化，皮肤会逐渐变干。同时，皮肤也会受到季节和气候的影响，一年四季中，冬季趋向于干性，而夏季趋向于油性。因此，要根据当时的实际情况来判定自己皮肤的类型。

13. 皮肤类型的判定方法

（1）测试皮肤含水量：用仪器测定皮肤含水量，将仪器的测试笔放在皮肤上即可显示皮肤的含水量。此类仪器目前国内并不多见。也可用下列调查问卷的方式进行测试。

1）皮肤外观状况：

①润滑；②中等；③粗糙；④很粗糙。

2）皮肤是否干而紧：

①否；②偶尔是；③经常是；④一直是。

3）用水洗脸后皮肤是否感到紧绷：

①无；②较轻；③较明显；④明显。

4）平时皮肤是否有脱皮：

①无；②偶尔有；③有；④经常有。

5）粉底与皮肤附着力：

①强；②较强；③不甚容易；④附着困难。

如果答案多数是①，说明皮肤水分充足；如果答案多数是②，则皮肤含水量稍有不足；如果答案多数是③，则说明皮肤较干燥；如果答案多数是④，应做皮肤护理，为皮肤增加营养及水分。

（2）测试皮脂腺的分泌量。

1）目测法：早晨起床后，在不洗脸的情况下，用眼睛观察面部皮脂分布的部位及量的多少，并据临床经验按上述皮肤分类法进行判定。

2）纸巾擦拭法：被测者于晚上将脸洗净后，不涂任何护肤品，在第二天起床后用干净的面巾纸或吸油纸分别轻按额部、面颊、鼻翼、下颌等处，对光观察面巾纸或吸油纸上油污的多少，以判定皮肤性质。如果面巾纸或吸油纸上沾的油污面积不大，呈微透明状，为中性皮肤；如果面巾纸或吸油纸上见大片油迹，呈透明状，为油性皮肤；若面巾纸或吸油纸上基本不沾油迹，为干性皮肤。

3）洗面法：用洗面奶进行洗面，洗面 30 分钟后皮肤紧绷感消失的为中性皮肤，洗面 20 分钟后面部皮肤紧绷感消失的为油性皮肤，洗面 40 分钟后面部皮肤紧绷感才消失的为干性皮肤。

4）美容放大镜观察法：手持放大镜对准皮肤，观察放大镜视野中皮肤纹理、毛孔等放大后的情况。

5）美容透视灯观察法：美容透视灯内安装有紫外线灯，发出的紫外线光能穿透皮肤，使我们对皮肤表层情况进行观察。在透视灯的视野中，将看到不同颜色的荧光斑块以及油脂、尘埃等在皮肤表面覆盖的情况及数量的多少。正常皮肤呈蓝白色荧光，油性皮肤呈橙黄色荧光，过敏性皮肤呈紫色荧光，色素皮肤呈暗褐色荧光，干性皮肤呈蓝紫色荧光，角化性皮肤呈白色荧光。使用透视灯之前要清洁皮肤表面，灯与面部距离为 5～6 厘米。市场上有一种皮肤测试仪，可以迅速、简单地对皮肤进行测试，但仅能区分中性、干性和油性皮肤。

6）微电脑皮肤检测仪：微电脑皮肤检测仪又称为光纤显微皮肤、毛发成像检测仪。通过光纤显微技术，采用新式的冷光设计、清晰的高效视像，通过足够的放大倍数，直视皮肤基底层，微观放大，即时成像。被检测者可以透过彩色银幕目睹皮肤的情况，判定皮肤的性质以及瑕疵情况。

14. 皮肤肌理的改造

皮肤表面有些细小的纹沟，称为"皮沟"，而皮沟间的隆起处则称之"皮丘"。在皮沟与皮沟的交接点附近有许多毛孔形成，这些毛孔的大小及数目正是决定肌理细密与否的要因。如果将肌肤置于显微镜下仔细观察的话，将会发现肌肤凹凸的情况不但因人而异，更是因身体、脸部部位的不同而大有差异。男性激素分泌旺盛的人肤色较深，且毛孔明显，肌理紊乱、粗大，可比之为柑橘型肌肤。反之，女性激素分泌旺盛的人不但肌理细密，毛孔不明显，皮沟更是整齐如一，称得上是葡萄柚型肌肤。东方女性肌肤之美是举世皆知的事实，然而其中的奥秘说穿了，也不过是因为东方女性拥有较西方女性为佳的先天条件——细密、整齐的肌理。

无论男性或女性，只要他（她）的男性激素分泌较为旺盛，其肌理便会显得较为粗大。一般而言，这类人多半属于油性肌肤，除了有毛孔粗大、容易藏污纳垢、易长青春痘等特征外，肌肤的凹凸现象亦格外明显。皮肤肌理的形成，首先是遗传与生理等内在因素，其次也有风吹日晒、环境污染等外在因素。只要建立正确的保养计划并持之以恒地付诸实行，同样能保有柔细、透明感十足的肌肤。对皮肤肌理的改造，也要"对症下药"，进行综合性"治理"。

（1）减少皮肤的皱纹：皱纹并非代表衰老或不美，也不是都可以通过整容或化妆来消除的。皱纹有许多种，大致分为先天性和后天性两类：一类是先天性皱纹。先天性皱纹是胎儿时形成，出生之日起伴随一生的，最具代表性的有指纹和掌纹，双眼皮也是其中的一种。这些皱纹根本不需要去消除。另一类是后天性皱纹。后天性皱纹的生成情况多种多样：①运动纹：脸部皮肤是脸部肌肉的支撑，脸部肌肉不断收缩运动，产生褶皱，久而久之，这些褶皱沟纹的张力逐渐衰退，形成固定的皱纹。运动纹多存在于活动关节，如肘纹、腋纹等。这类皱纹很难通过整容或美容消除。②生理纹：人体生理变化或生理活动产生的皱纹，如女性的乳房纹、生育纹，或因风吹日晒等环境导致生理变化产生的皱纹等。这种皱纹只要悉心保护皮肤，是可以减轻的。③老化纹：人体皮肤由于衰老老化变质，张力弹性退化，皮下组织和真皮层萎缩，皮层变薄，角化层相对增加，出现皱纹。老化纹被及全身，是很难靠整容和美容消除的。④年龄纹：随着年龄的增长，皮肤张力弹性逐渐降低，产生皱纹。这种皱纹可以通过护肤来延迟它的出现。消除皱纹，就是通过神奇的化妆术，将皱纹拉平或将皱纹掩盖。但这只是暂时的办法。俗话说，"防患于未然"，最好的办法是预防皱纹的出现。保持心情舒畅，可以使面部皮肤变得滋润；经常在烦恼中生活，会给面部皮肤留下痕迹。所以要防止皱纹过早出现，最好的是精神疗法。乐观开朗是抗皱的良方，幸福感是润肤的灵丹妙药。此外，还要辅之以一些抗皱的具体方法：用护肤品保持皮肤滋润，维持皮肤的水分；不过多地在烈日下曝晒；要有充足的睡眠；少吃刺激性食物；适当运动。皱纹是人体衰老的表现，这是不可抗拒的自然规律，我们可能延缓皱纹的出现，却不能不让它出现。

（2）延缓皮肤的老化：当皮肤外表苍黄而有皱纹，因角质层厚度增加而轻度萎缩，表皮变薄而干燥，肌肉弹性张力消失，结实程度减少而出现松弛时，皮肤就衰老了。皮肤的衰老，首先由遗传与生理的内在因素造成，烟酒过多、睡眠不足、不当饮食方式等，都可以使皮肤过早衰老。其次也有很多外在的因素，演员、节目主持人等，由于工作的需要，经常要进行化妆。化妆品成年累月地刺激皮肤，再加上皮肤护理不当，也很容易使皮肤过早老化。要延缓皮肤的老化，就要从内、外两方面采取措施。做到：①要养成健康的生活方式。染上烟瘾的人，皮肤会变得干燥，面色发黄，显得憔悴苍老。女子吸烟还会引起月经不调等症状，如果造成提前闭经，就意味着加速衰老。为了保持皮肤光泽柔润、富有弹性，千万不要养成吸烟的习惯。②要保持充足的水分。水是一个人生命的甘露。一个人的皮肤含有足够的水分，才会有滋润感，水分是细柔鲜嫩皮肤的主要成分。美容离不开水，如果缺水，就会引起皮肤干燥，增添许多皱纹。如果不常喝水，更会引起便秘，而便秘是美容护肤的大敌。为了青春常驻、健康美丽，不妨每天多喝水。只有保持人体充足的水分，皮肤才能柔软滋润。③不要过多地暴露在阳光下。阳光中的紫外线不但可以穿透表皮，而且可以到达真皮，直接影响皮肤细胞的生长。年轻时过度曝晒的人，通常会提早在 38 ~ 45 岁就出现老化现象。皮肤一旦失去弹性，就永远无法还原，可见护肤从年轻时就应开始。如果从 20 岁便开始保养皮肤，定会推迟皮肤的老化，延长皮肤的青春。

（3）皮肤质地的保养：人的皮肤各有不同，昼夜 24 小时都在不断地工作和变化着。它有时暴露在酷暑或严寒中，有时接触油烟和灰尘，不同质地的皮肤产生不同的反应，十分娇嫩敏感。要像对待最心爱的人那样，应该经常地关心它、体贴它、保养好它。早注意比晚注意强，注意比不注意强。

1）中性皮肤：中性皮肤是标准肤型，护理也比较简便，根据皮肤的状态做好基础护理就可以。清洁皮肤是护理中性皮肤的重要方面。中性皮肤能够很快地调整变化，最好一年四季分别选用不同的化妆品。中性皮肤平时只需要注意油分和水分的调理，使其达到平衡。平时使用爽肤水、乳液、眼霜应选用含油分不多的产品。春天和夏天应进行毛孔护理，适合选用清爽化妆水与乳液；秋天和冬天应注意保湿和眼部护理，可选用营养价值较高的面霜，并用面膜敷面。

2）干性皮肤的保养：干性皮肤的特点是皮肤粗糙，干燥而不含油脂，小皱纹引人注目。平日洗脸时要用温水，洗脸后擦上保湿的面霜，吸收空气中的水分，深入表皮，把水分储藏起来，以补充皮肤水分供应的不足。天寒地冻，或在大风、干燥的环境中工作时，干性皮肤的人必须使用保护霜；而烈日炎炎、阳光强烈时，干性皮肤的人切不可曝晒在阳光下，外出时必须涂抹防晒霜来保护自己的皮肤。做到：①清洁：应选用不含碱性物质的柔和、抗敏感洁面产品洗脸，避免抑制皮脂和汗腺的分泌，以免使皮肤更加干燥；②调理：选择滋润、温和、含有天然植物精华的滋养面膜，每周至少做一次；③补水：在皮肤还滋润时，选择滋养成分高的温和产品，以迅速补充水分脂擦，平衡酸碱值，实现皮肤的水油平衡；④日常保养：注意皮肤表层的水脂质膜的修复和加强，选择成分足、质量好、添加保温成分、防护性能强的润肤产品；⑤特别保养：眼部的肌肤最为薄弱，容易产生皱纹、眼袋，需要特别护理。

3）油性皮肤：油性皮肤的特点是肤纹粗，毛孔容易张开，受外来刺激容易感染，所以清洁是至关重要的。只有油性皮肤才需要在 24 小时之内至少清洗面部两次以上，早上洗脸，睡前净面。在选用化妆品时，要注意用适合油性皮肤的化妆品。做到：①清洁：油性皮肤保养的关键是保持皮肤的清洁，为了将分泌的油脂清洗干净，建议应选择洁净力强的洗面乳，一方面能清除油脂，另一方面能调整肌肤酸碱值。洗脸时，将洗面乳放在掌心上搓揉起泡，再仔细清洁 T 字部位，尤其是鼻翼两侧等皮脂分泌较旺盛的部位。长痘的地方，则用泡沫轻轻地画圈，然后用清水反复冲洗 20 次以上才行。②控油：洗脸后，可拍收敛性化妆水，以抑制油脂的分泌，尽量不用油性化妆品；晚上洁面后，也可适当地按摩，以改善皮肤的血液循环，调整皮肤的生理功能。③调理：每周可做一次薰面、按摩、倒膜，以达到彻底清洁皮肤毛孔的目的。面部出现感染、痤疮等疾患，应及早治疗，以免病情加重，损害扩大，愈后留下疤痕及色素沉着。油性皮肤的人在秋冬干燥季节也可适当地选用乳液及营养霜。④日常保养：入睡前最好不用护肤品，以保持皮肤的正常排泄通畅。多使用含油少、水质的化妆品。饮食上要注意少食含脂肪、糖类高的食物，忌过食烟酒及辛辣食物，应多食水果蔬菜，保持大便通畅，以改善皮肤的油腻粗糙感。夏季油性皮肤的保养是最为主要的，首先增加清洁皮肤的次数，每天为 2~3 次；每周使用一次磨砂膏以进行更深层的清洁，以免过多的皮脂、汗液堵住毛孔；外出时要在面部、手臂涂抹防晒霜、防晒油等，以减轻紫外线照射，防止皮肤被晒黑，应戴遮阳帽、遮阳伞、墨镜，以免紫外线刺伤皮肤和眼睛；最后还要注意调节室内的温度，避免过多出汗。

4）混合性的皮肤：混合性的皮肤，脸颊部位和嘴唇两边是干燥的，额头鼻子是油油的，下额处也会经常起小的痤疮，且毛孔粗大，做清洁型保养时要顾及干燥的部分，做滋润型保养时则要顾及较油的部分。混合性皮肤的状况并不是非常稳定，有时很干燥，有时会皮脂分泌旺盛，所以在每天例行保养中，最好是根据当天的皮肤状况去改变保养的方法。做到：①每天清洁皮肤时，在出油的部位多洗一次，每 3 天可以用磨砂膏进行一次深层清洁（去除角质）；②定期给予肌肤大扫除，敷脸的时候一定要分区做面膜，T 字部位用清爽的面膜，干燥部位用保湿、营养面膜；③在日常保养时，要加强保湿工作，不要涂油腻的保养品；④干燥的部分要着重保湿，用热敷促进新陈代谢，用化妆水、保湿乳液加强保湿，以补足水分。不要一股脑儿地整脸使用同一种护肤品，造成油的更油，干燥的地方还是老样子。其实彻底地清洁和保湿对于出油及痤疮部位才是最正确的保养。

5）过敏性皮肤：过敏性皮肤的护理，对经常需要化妆的人来说，显得格外重要。过敏性皮肤常因气候的冷暖、阳光的曝晒、食物的不适、环境的污染等引起皮炎。皮肤比较脆弱，提高它的抵抗力是第一需要。最好每天进行一次冷热疗法，经常做脸部按摩与敷面膜。过敏性皮肤容易受刺激，引起不良反应，使用化妆品一定要慎重。化妆品中的香料常引起过敏反应，应避免使用香味重的、油性的化妆品。多吃一些水果、蔬菜，少吃鱼虾、牛羊肉等食品。做到：①生活要有规律，保持充足的睡眠；②皮肤要保持清洁，经常用冷水洗脸；③要保持皮肤吸收充足的水分，避免炎热引起的皮肤干燥；④避免过度的日晒，否则会引起皮肤受到灼伤出现红斑、发黑、脱皮等过敏现象；⑤选用敏感系列护肤品，如冷膜、敏感面霜、细胞乳液霜等，以镇静皮下神经丛；⑥使用同一牌子化妆品，选择不含浓烈香味、酒精等刺激性的化妆品；⑦选用特效的敏感精华素，使皮肤增加纤维组织，使薄弱的皮肤得以改善；⑧尽量不化浓妆，如果出现皮肤过敏后，要立即停止使用任何化妆品，对皮肤进行观察和保养护理。

15. 皮肤的四季特点及护理

皮肤虽可粗分为油性、中性、干性、混合性类型，但并不是一年四季一成不变，也会受季节转变、温湿度变化影响而呈现出不同的特性。

（1）春天（3~5月）：气候多变，昼夜温差较大，太阳照射温和，无强风。皮肤的新陈代谢变得活跃，皮脂腺和汗腺的分泌也开始增多，皮脂腺、汗腺和较多的皮脂与代谢产物堆积于皮肤表面，与暖风带来的细菌、灰尘黏合，易导致各种皮炎、红斑。皮脂膜的含脂和含水量较多，皮肤抵抗力增强，能保水，有光泽，不易干燥脱皮，但如果基本肤质是偏油的，细菌滋生繁殖旺盛，也常引发面疱。此期间空气中各种花粉、尘、螨等过敏性物质也多，加之温差大，冷暖相差悬殊，而皮肤腺体分泌功能尚低下，冷暖空气交流使皮肤难以适应这种变化，皮肤易过敏。春天阳光温和，无强风，紫外线也随之增加，风吹和紫外线的照射，易使皮肤缺水干燥，发生红斑及光照皮炎。春季护肤的重点在于补水、防过敏。注意保持皮肤的清洁，选择温和的清洁产品。加强保水，预防水分蒸发，必须使用较不易蒸发的亲油性霜类，并且给予激励细胞再生的活性成分，强化新陈代谢。生活要有规律，饮食要注意调节。

（2）夏天（6~8月）：温度、湿度升高，阳光照射强烈。皮脂腺和汗腺大量分泌，皮肤变得污秽、油腻，毛孔扩张、部分阻塞，痤疮、面疱增多。紫外线照射强烈，黑色素细胞增生，容易晒伤或形成黑斑。夏天护肤的重点在于控油、防晒。注意皮肤的深度清洁，保持干燥，使用霜类除亲水性之外，要能抑制皮脂分泌，并有适当杀菌消炎的成分。外出时注意防晒，室内工作者慎防空调皮肤干燥症。

（3）秋天（9~11月）：温度、湿度渐渐降低，日晒渐趋缓和，空气比较干燥。皮脂腺和汗腺的分泌比较稳定，湿度不高，比较清爽。但经过一整个夏天的摧残，诸多后遗症都在秋天出现。秋季护肤的重点是补水、美白、去斑。主要改善皮肤的脆弱，并尽快将已沉着的色素代谢出来。护肤品最好选用保湿性强的保养品，也可进行面部按摩。

（4）冬天（12~2月）：温度偏低，雨水量稀少，寒冷的东北风使空气变得干燥。皮肤毛孔缩小，皮脂和汗水的排泄量减少，血管紧缩，容易缺水、脱皮，甚至龟裂、发痒，出现小皱纹。若不注意护理，易提早老化。冬季护肤的重点是补水、补充营养，防干裂。注重清洁，避免毛孔阻塞，选用抑制细菌滋生和有天然消菌成分的保养品，使用霜类应避免油腻，以较清爽的亲水性乳霜为佳，调节皮肤的水油平衡。

要想拥有漂亮迷人的皮肤，必须依循四季变化调整护肤保健要点，使皮肤在任何季节都呈现美好状态。

16. 皮肤护理的基本程序

完整的皮肤护理步骤包括：清洁→调整皮肤纹理→爽肤→均衡滋润→保护。

（1）清洁：皮肤清洁是保养最重要的基础，包含卸妆和日常的洁面，通常先卸妆再洁面。每天早、晚各一次的清洁工作，可以温和并彻底地卸除你脸上的化妆品和油脂及污垢。用指腹由下往上，由内往外（不要用力搓洗），避开眼周，然后用温热的清水冲洗，配合用滋润的美容纸巾擦拭干净。卸妆是清洁之前重要的一步，卸除脸部的残妆时，要注意眼部和唇部是脸部皮肤最娇嫩的地方，要给予特别的护理。如果皮肤没有清洁干净，不仅护肤品不易吸收，而且长此以往，肤色会晦暗，毛孔阻塞，易滋生痤疮。但如果过度清洁易造成水分流失，皮肤干燥，甚至敏感。适合自己肤质的洁面产品，应该是用后觉得干净，但洗后又不觉得紧绷的洁面产品。洁面产品分为乳液型和泡沫型：乳液型质地如乳液一般，含适量油分，适合干性肌肤、中性肌肤和混合性肌肤，秋冬季节和干燥的环境。泡沫型是能和水调出泡沫的洁面乳，清洁效果更强，适合油性肌肤；混合性肌肤、中性肌肤在夏季或湿热的环境也适合使用。泡沫型洁面乳，一定要先加水调和，揉出泡沫，再用于湿润的脸部。眼部肌肤和眼球都非常娇嫩，而同时眼部彩妆度比较防水，非常顽固，所以要用专门的眼部卸妆液，可以温和同时又彻底地卸除眼部彩妆，丝毫不刺激眼部。唇部清洁时将卸妆液倒在化妆棉上，在上唇向下抹，在下唇向上抹，最后轻轻抹掉所有的彩妆痕迹。

（2）调整皮肤纹理：由于皮肤的新陈代谢会日趋缓慢，角质层的正常脱落也会减缓，角质层就会渐渐堆积变厚，这就需要养成定期去除堆积死皮的护肤习惯，让肌肤恢复通透柔嫩。每星期敷两次面膜，可帮助剥除表面干燥细胞，使皮肤纹理光滑，呈现清新、光彩的容貌。可以温和去除堆积在皮肤表面的死皮，促进营养吸收。以向上、向外的手势将面膜平敷在洁净的脸部，避开眼周和唇部；静待 10 分钟，不要说话，不要挤压皮肤；10 分钟后，先用水湿润面膜，用手轻轻打圈按摩，可以进一步去除堆积死皮；然后再用清水，配合湿润的美容纸巾把面膜擦拭洗净；敏感肌肤，面膜敷 8 分钟，清洗时不要按摩，配合湿润的美容纸巾将面膜擦拭干净。

（3）爽肤：爽肤水的作用是补水保湿，同时可以软化角质，再次清洁肌肤，促进后续润肤营养吸收。还可平衡 pH 值，帮助收缩毛孔，增加肌肤的柔软感和湿润度。用爽肤水充分沾湿化妆棉，避开眼部，以向上、向外的手势轻轻擦拭脸部及颈部。重复擦拭，T区可以多擦拭，直到化妆棉上没有污垢及残留化妆品的痕迹为止。用化妆棉擦拭爽肤水不仅可以加强二次清洁的效果，更可有效地促进后续营养的吸收。而且棉片擦拭，涂抹均匀，用量好控制又节省。

（4）均衡滋润：均衡滋润是指使用乳液或面霜的保养步骤，能给肌肤补充必需的水分和养分，充分滋润肌肤，保持肌肤的柔润光滑。选择乳液或面霜，无论有什么特殊需求，如抗皱或者美白等，都要首先确保适合肤质能达到所需保湿的效果，在这个基础上抗皱或美白等保养才能发挥作用。均衡滋润这一步，有时是用一款产品，有时由于环境、年龄等因素，还需要用补充性保养品来配合。理想的保湿效果，应该是在用手指背面轻触时，时时能感觉到肌肤是湿润的。为达到最佳效果，使用保养品时一定要用中指和无名指的指腹，轻轻地以朝上和朝外的方式涂抹。通常眼霜应该用在面霜之前的步骤，涂抹眼周部位时请用轻柔的无名指指腹。

（5）保护：使用粉底，避免灰尘和污垢与皮肤直接接触，保护皮肤，并给予皮肤光滑、匀称的光彩。选择粉底也要根据肤质选择，再结合肤色需求以及特别需求。取适量粉底，先用五点法在额头、鼻子、两颊和下巴处，然后用中指和无名指指腹或海绵，将粉底轻点，分散开，然后轻轻将粉底向外向下推开、推匀。请特别注意下巴、发迹交接处，颜色要融合。

17. 皮肤衰老的对抗

衰老是一个不可避免的自然规律，也是一个渐进的过程。皮肤作为机体的一个部分，也随着机体的衰老而老化，而长期紫外线照射所致的光老化则加快了皮肤衰老的步伐。皮肤衰老及光老化对女性的影响比男性更大，因为女性皮肤的胶原含量低于男性，女性皮肤衰老要比男性早15年。随着社会生活水平的不断提高，人们特别是女性对美的渴望越来越强烈，如何防止皮肤的衰老、保持青春活力就成为一个重要的课题。

（1）衰老的基本理论：关于衰老主要有两种理论：一种理论认为，衰老是一种先天决定、不可避免的过程，其理论依据主要是端粒学说。端粒位于染色体末端，每经历一个细胞周期，端粒就缩短一点，当其到达临界长度后，细胞周期停止并发生凋亡。而另一种理论认为，衰老更大程度上是环境对机体的累积损害引起的。机体正常代谢可产生氧自由基等造成损伤，机体为抵御这种氧化损害，形成了一种细胞防御系统。寿命长的个体往往具有更完善的防御系统。抗氧化物的活性和水平随年龄增加而下降，从而使机体不断损伤而致衰老。而皮肤的自然老化与光老化就是体现了遗传和环境两方面对皮肤衰老的影响。

（2）皮肤自然老化和光老化的临床表现：皮肤自然老化属于生理退行性变，可发生于任何部位，表现为细碎皱纹，皮肤松弛、干燥、粗糙、脆性增加，甚至出现皮肤良性肿瘤，如软纤维瘤、脂溢性角化、老年性血管瘤等。而光老化则表现为皮肤弹性下降，皱纹粗大，皮革样外观，常伴色素沉着和毛细血管扩张，可出现恶性变，如日光性角化、基底细胞癌、扁平细胞癌。

（3）皮肤自然老化和光老化的组织学改变：自然老化皮肤表皮变薄，皮突变平，真表皮连接力下降，真皮弹性纤维变细，数量减少，朗格汉斯细胞和黑素细胞数量变少，同时伴有血管、毛囊、皮脂腺数量减少。光老化皮肤表皮增厚，真表皮连接变平，表皮细胞极性消失，形态不典型。真皮层纤维细胞增大、增多，大量炎性细胞浸润，弹性纤维增多、增粗、排列紊乱，而胶原纤维变少，呈嗜碱性变，分布异常，血管迂曲扩张，管壁增厚，还可见毛囊扩张，皮脂腺萎缩。

（4）中国女性皮肤衰老的特点：1999 年开始，中国和法国学者联合对中国苏州和法国贝桑松（与苏州环境、光照和降雨量有可比性）年龄段均等的各 160 名健康女性进行了标准统一、条件严格的对照研究。以眼角外鱼尾纹、眉间皱纹和口周皱纹的出现时间、密度以及面部色素斑出现的时间、程度等作为皮肤衰老的比较指标。结果表明，中国和法国女性皱纹按部位出现的时间顺序是一样的：眼角外鱼尾纹最先出现，继之是眉间皱纹，然后是口周的皱纹。但两者之间明显的不同，可基本揭示出我国女性皮肤衰老的特点，表现在以下方面：①眼角外鱼尾纹出现的时间和密度。法国女性明显早于中国女性，在 21～30 岁组的法国女性眼角外鱼尾纹发生率为 50%，在 31～40 岁组的几乎达到 100%；而 21～30 岁组的中国女性眼角外鱼尾纹几乎无鱼尾纹出现，31～40 岁组的发生率也少于 50%，两者之间的差异具有统计学意义。中国女性在 41～50 岁组，眼角外鱼尾纹发生率也仅为 85.4%，仍然低于法国女性，但 50 岁以上年龄组两国女性已无差异。眼角外鱼尾纹的密度也是法国女性高于中国女性。②眉间皱纹出现的时间。在 31～40 岁组的法国女性眉间皱纹的发生率已达到 70%；而中国女性在 41～50 岁组，眉间皱纹的发生率也仅为 54%，两者之间的明显差异具有统计学意义。③口周皱纹的出现时间和密度。21～30 岁组女性的口周皱纹太少，无法进行比较，但法国女性 31～40 岁年龄组的口周皱纹平均评分已经达到中国女性 41～50 岁年龄组的水平。因此，中国女性达到同一个口周皱纹密集度分数比法国女性晚 10 年。④面部色素斑出现的时间和密度。无论哪个年龄组，约 80% 的法国女性几乎没有色素斑，只有 5% 的人色素斑很多。相反，大多数中国女性有较多色素斑，且发生率随年龄显著增加，色素斑的发生时间和密度远高于法国女性。中国女性色素斑发生率高于法国的原因可能与日照有关，经调查，面部发生色素斑的中国女性，在童年期间经常受到阳光照射的占 62.2%，受正常阳光照射的占 37.8%，而法国女性童年期间不经常受到阳光的照射，提示童年期间过度阳光照射影响以后面部色素斑的发生。综合以上的对照研究提示，中国女性皱纹发生的时间和密集度分数比法国女性晚 10 年，但中国女性在

41～50 岁，皱纹和密集急剧发展，并最终赶上法国女性。中国女性色素斑的发生时间和密度高于法国女性，与童年时期的日照有关。由此可见，中国女性预防色素斑的发生应从童年开始，41～50 岁是抗衰老、减少皱纹发生的最关键年龄段。

（5）皮肤光老化的防护：女性皮肤的护理对她们来说很重要，对皮肤科医师来说也是一种挑战。遗传基因、激素状态、内环境紊乱、日光暴露等都会对皮肤的老化及光老化有影响。有研究认为，光老化 80% 发生于人生的前 20 年，因此，女性应该从年轻时就重视皮肤光老化的防护。应该学会自我检查，制订完善的健康计划，注重饮食结构，坚持锻炼身体，调节自身压力，保持充足睡眠，这些都对延缓皮肤衰老有益。具体防护措施分别表述如下。

1）避光措施：预防光老化最有效的措施就是减少皮肤接受日光辐射，主要方法有避免日光照射、穿着遮光衣服和外用防光剂。在 10～14 时最好不要外出，如外出应穿戴长袖衣服、帽子和太阳镜。最好选用紫外线保护系数（UPF）为 40～50 的衣服。防光剂以防中波紫外线（UVB）多见，可分为化学性和物理性两类。化学性防光剂以吸收光能为主，主要有对氨基苯甲酸及其酯类、肉桂酸盐、水杨酸盐等。物理性防光剂以反射或散射紫外线为主，主要有二氧化钛、氧化锌。但由于长波紫外线（UVA）在紫外线中所占比例较大，且可深达真皮，其对光老化的影响较 UVB 更大，应使用对 UVB 和 UVA 均有防护作用的防光剂以及配合使用保湿剂。戒烟也是很重要的，吸烟可以加重紫外线所致的光老化，同时可使面部皱纹增多。

2）维 A 酸类：长期以来，维 A 酸类一直是预防和治疗光老化的主要药物。其主要的作用机制可能是激活其受体 RAR 和 RXR，阻断 JNK—API—MMP 途径，抑制胶原酶活性，从而保护胶原免受降解，同时也可预防异常弹性纤维增生。0.05% 全反式维 A 酸润肤霜在维 A 酸类药物中是唯一被 FDA 批准用于光老化治疗的药物。有一项多中心随机对照试验比较了 0.01%、0.025%、0.05%、0.1% 浓度的他扎罗汀软膏和 0.05% 维 A 酸软膏治疗光老化的疗效。结果发现，对光老化均有很好的疗效，0.1% 的他扎罗汀软膏和 0.05% 维 A 酸软膏疗效相近。维 A 酸的治疗应个体化，根据年龄、皮肤类型、光老化程度及伴随疾病选择合适的药物。

3）抗氧化剂：抗氧化剂对防治 ROS 对皮肤的损害有很好的效果。一项为期 6 个月的随机双盲对照试验发现，外用维生素 C 可以使人皮肤皱纹明显减少。其主要作用机制是上调胶原和金属蛋白酶组织抑制剂（TIMP）的合成速度。辅酶 Q_{10} 参与线粒体电子传递链，也是皮肤的一种抗氧化剂，其在表皮中的浓度是真皮的 10 倍，试验证实，0.3% 辅酶 Q_{10} 外用也能有效减少皱纹的数量。α—硫辛酸具有抗氧化和抗炎作用，能有效减少转录因子如 NP—KB 产生，抑制炎症细胞因子的表达，3% 的 α—硫辛酸外用治疗光老化有很好的疗效。其他如口服辅助因子（如 L—脯氨酸、L—赖氨酸、锰、铜、锌、槲皮素、金雀异黄素、N—乙酰半胱氨酸、葡萄糖醛酸内酯等抗氧化剂）也有较好的防治效果。

4）雌激素：有一个横断面研究发现，口服雌激素可明显降低皮肤干燥、皱纹的发生率，主要机制是增加真皮胶原含量。外用雌二醇凝胶治疗也可有相似效果。

5）生长因子和细胞因子：国外有学者使用一种由 8 种生长因子混合制成的凝胶治疗 14 名光老化患者，疗程 2 个月，结果 11 例获得明显疗效，与对照组相比有显著差异。后又将其使用于体外皮肤样本，发现新胶原合成加快。

6）新化合物：有一种富岩藻糖的多糖"FROP—3"可以使成纤维细胞氨基葡聚糖合成增加，其制成的乳膏连续使用 4 周以后，试验区域光老化程度明显改善。另有研究发现，椰枣核提取物治疗 5 周能明显减少受试者皮肤皱纹的形成。

7）铁螯合剂：因为基质金属蛋白酶（MMP）的活性需要铁的参与，因此铁螯合剂可以通过降低 MMP 的活性防治光老化。其代表药物为曲酸，曲酸是米曲霉的提取物，以往多用于治疗色素性皮肤病，实验证实，外用曲酸对硫酸软骨素沉积、表皮增生、真皮变性等光老化表现有较强的逆转作用。

8）抗炎药：临床研究发现，氢化可的松、萘普生、布洛芬外用均可防止皱纹形成，阻止胶原损伤变性。最近的研究认为，塞来昔布外用可降低局部皮肤 pH 值 53 水平，减少 DNA 损害，与对照组相比，皮肤炎症因子水平明显下降。

9）中药及其提取物：近年来关于传统医学中药在延缓光老化方面的研究较多。中药及提取物抗皮肤光老化主要体现在以下几个方面：①光防护作用。骆丹等发现绿茶提取物表没食子儿茶酚没食子酸酯有较强的光防护作用，明显优于羟氯喹。黄芩和川芎也有一定的光防护作用。②自由基清除作用。试验发现，珍珠粉能有效降低血中脂质过氧化物（LPO）及其降解产物丙二醛（MDA）的含量，提高超氧化物歧化酶（SOD）活力。贺建荣发现，黄芩及甘草提取物黄芩多糖、黄芩总黄酮、甘草次酸等能有效清除羟自由基和超氧阴离子自由基，并存在明显的量效关系。另有研究发现，竹叶提取液及其有效成分竹叶黄酮能显著提高机体抗氧化酶活性，增强其清除自由基的能力。③胶原修复作用。研究发现，大剂量茯苓能提高大鼠皮肤羟脯氨酸含量，抑制胶原蛋白分子之间的交联。厚朴提取液能明显抑制胶原酶、弹性蛋白酶、透明质酸酶的活性。景天类植物提取物及丹参有效成分丹参酮可增强皮肤 SOD 活性，增加羟脯氨酸含量，改善皮肤弹性。④改善皮肤微循环。实验证实丹参及红花提取物能有效改善皮肤微循环，保持内环境稳定，延缓皮肤衰老。

10）物理及外科治疗：物理及外科治疗也是光老化治疗的一种重要手段。

18. FALARY 消除假皱纹的完美方案

可能很多女性并不知道，脸上皱纹也是有真假区分的。比如，当面部出现假皱纹的时候，只是人体的一种衰老信号，这个时候如果能够对面部加以呵护，是能够恢复肌肤活力的。但是，如果不能够及时改善，就会难以抹去岁月的痕迹了。对于很多爱美的女性来说，面部皱纹所发出的信号还是很要命的。

从年龄段来说，女性30岁是一道坎，如果面部长皱纹的话，一般都会过了30岁的。对于那些假皱纹的话，只要我们把面部清洗干净，然后对着镜子做出各种表情，当我们面部做出表情的时候才伴有皱纹，没有表情的时候就没有皱纹，这种情况就属于假皱纹。而当我们在面部没有表情的时候，还是会出现皱纹，那么就是产生真的皱纹了。

面部皱纹的产生和我们日常的生活习惯息息相关。一般来说，对于那些不怎么爱喝水的朋友，皱纹相对比较容易产生。我们都知道好的皮肤看上去是比较水嫩有光泽的，如果我们的皮肤能够保持较高的含水量的话，那么皮肤的状态看上去就会相对较好；而如果我们体内的水分不足，皮肤的含水量就会下降，就会变得比较干燥，长此以往，皮肤就会出现松弛，面部就非常容易产生皱纹了。

现在的都市女性压力一般比较大。在这样的氛围下，很多人都是愁眉紧锁的，对于很多原本具有娇嫩皮肤的女性来说，这可不是个好习惯。当我们经常性地出现这样的情绪后，面部表情就会变得非常僵硬，表情肌就会出现问题，从而产生皱纹。并且如果睡眠不好的话，也会让皮肤得不到很好的休息，容易出现面容憔悴的情况，从而让皮肤的调节功能出现问题，导致产生皱纹。而且对于很多户外工作的女性来说，经常性地经受风吹雨打，对面部皮肤的损害也是非常大的，而且当人的皮肤在阳光下曝晒的话，会造成皮肤下面的胶原蛋白变得十分脆弱，皮肤逐渐发干、变薄，最后因此丧失弹性而出现皱纹。

我们要做的，就是在出现假皱纹的时候，及时改善生活中的坏习惯并对面部皮肤加以呵护，消除假皱纹。那么怎么呵护，却是一大难题。FALARY 以"医学美容，科技护肤"为研发理念，致力于将医药级科学技术与美容护肤融合，成就超凡卓越的医学美容护肤体验。FALARY 肩负着解决肌肤根本问题的使命，通过研发团队多年潜心研究肌肤细胞，形成全球首创——"缝合、赋活、新生"三重护理理念，层层推进，针对不同肌肤问题，深入肌肤底层，强化机能，高效修复受损细胞，补充肌肤营养，激活细胞再生，让肌肤恢复与生俱来的健康光彩，消除假皱纹。

为什么说 FALARY 可以消除假皱纹？

首先，FALARY 医学美容护肤品采用先进的水溶性高分子聚合物科技。例如，FALARY 针对一般传统面膜布基材对精华液释放不良、效果不佳及导致人体皮肤过敏等缺点，研发出了对精华液释放良好且不易导致皮肤过敏的采用水溶性高分子聚合物基本技术的医药级面膜。

其次，FALARY 拥有独家专利成分多胜肽复合细胞修护因子，并搭配多种营养精华液如熊果素、洋甘菊、海藻糖、玻尿酸、芦荟、尿囊素等复合式成分，每瓶精华液蕴含高单位生物活性，能显著改善肌肤暗沉、抚平细纹、紧实肌肤、缩小毛细孔、修复肌肤、增强上表皮肌肤弹性、刺激胶原蛋白作用，减缓肌肤不适感，适合任何肤质使用，使用者在短时间内即可明显感受到肌质的改善。

最后，FALARY 将 EGF 独特地融于产品中，对促进肌肤的代谢和胶原蛋白的形成发挥着重要功能，对提亮、滋润、柔软皮肤有神奇功效，对增白、抚纹、改善皮肤弹性、皮肤修复等也有显著效果。

FALARY 为你解决假性皱纹的困扰，让你拥有年轻的自信。

四、美容药物的透皮吸收

1. 美容药物的基本概念

美容药物是指以美容为目的，用于美容治疗、保健和维护人体健美而使用的药用物质及其制剂，包括中药、化学药物和生物制剂。因为美容药物能够与机体相互作用，具有体内代谢的作用，所以不同于一般的化妆品。美容药物可用于患有损害美容疾病的病人，但更多的是用于追求美的健康人，如减肥药、防光剂、延缓皮肤衰老药、脱毛药等。

一般药物与美容药物具有相同性质，只是使用目的的不同。一般药物是指以改变或查明机体生理功能和病理状态为目的，用于治疗、预防和诊断疾病的物质。常见的美容药物有：

（1）美容中药：美容中药主要以中医的阴阳五行、辨证论治、理法方药等理论为指导，在组方上有"君臣佐使"之分。因此，必须先学习中医学的理论。市场上所谓"纯天然"和"绿色"化妆品，其实多是中草药制剂。所谓药膳，即膳食美容也是在中医理论指导下进行的，我们每天进食的粮食和菜基本上都是《本草纲目》中的药物，因此，也可归属于美容中药。我国是最早运用天然药物美容的国家之一，有两千多年的历史。早在秦汉时期，我国第一部药学专著《神农本草经》把所载药物分为上、中、下三品，而具有美容功效的药物属于上品中的就有人参、五味子、菟丝子、卷柏、菌桂、辛夷、柏实、桑寄生、白僵蚕、熊脂、蜂蜜、冬瓜子、白芷、当归、蒿本、川椒、桃花、杏仁、细辛等 20 多种。《本草纲目》中收载与美容有关的药物数百种，详细叙述了疮、黯及白发、脱发等的病因病机，同时系统地介绍了面部皮肤护理、增白、去皱、去斑、去疤痕及点疣、去痣、乌发、生眉、落发、狐臭的治疗方法。

（2）美容西药：美容西药分类较细，涉及目前大部分化学合成药、生物制剂。除正常皮肤的护理和肥胖等影响美容的全身性病症外，药物美容主要应用于处理皮表的一些影响美容的病症。大多数皮肤病在皮肤表面有形态学改变，除了本身存在着病变外，还直接影响人的容颜，如皮疹、癣、痤疮等。有些皮肤问题本质上并非病态，但影响容颜或不符合本人的意愿，如黝黑皮肤、潮红皮肤等。因此，美容药物的应用，不仅含纯以美容为目的的用药，也含对某些影响美容病症的治疗用药，在治疗原病症的基础上，恢复或达到美容的最终目的。美容西药凭借生命科学、药物学、药剂学、材料科学的发展更是日新月异。速效、高效、长效的美容药物层出不穷，例如，绿茶的茶多酚萃取物可减少日光晒伤细胞的数目，并保护朗格汉斯细胞不受紫外线损伤，减轻紫外线照射后的 DNA 损伤，可用作减少日光对人健康的不利影响的防护药，外用的辅酶 Q_{10} 能渗透到皮肤各层，有效对抗长波紫外线诱导的在角质形成细胞中的磷酸酪氨酸激酶的氧化应激反应，同时该药也能阻止 DNA 的过氧化性破坏，而且还能显著地抑制成纤维细胞中胶原酶的过度表达。胶原蛋白作为一种新型生物材料，无论在美容、矫形还是组织修复上都显示出其独特的优越性，特别是胶原羟基磷灰石人工骨在塑形上比磷灰石微粒完美，而将成为有良好应用前景的医用材料。胶原不仅具有支撑填充作用，还能诱导宿主细胞和毛细血管向注射胶原内迁移，合成宿主自身的胶原及其他细胞外间质成分。随着研究工作的不断深入，有望将胶原制成更接近于"自然皮肤"、有生理特性的"人工皮"。1946 年合成的维 A 酸具有生物学多样性，如免疫调节、血管生成、真皮基质合成、拮抗皮质类固醇、皮脂抑制、抗炎作用、上皮的分化和修复、抑制黑素作用等。维 A 酸在防治和治疗痤疮、皮肤光老化方面有较好的效果，可使局部小的皱纹消退，使点状色斑和皮肤的粗糙程度明显改善，是当今世界上比较流行的皮肤疾病类治疗药物。

2. 美容药物透皮吸收的意义

皮肤虽然能够阻止外界物质侵入体内，但也具有吸收外界物质的能力，此称经皮吸收、渗透或透入，这是皮肤科外用药物治疗皮肤病和现代经皮给药系统的理论基础。

外用美容药物的透皮吸收是指美容药物制剂涂于皮肤后，其有效药物成分经释放、透入皮肤并到达皮肤组织深部发挥药物作用的全过程。外用美容药物制剂中的有效成分通过透皮吸收才能发挥其护肤作用，如维生素 C 衍生物透皮吸收后可抑制皮肤中黑色素的生成，同时使深色的氧化型色素还原到浅色甚至无色，从而增白皮肤。由于透皮吸收的速度和程度与其药效发挥的速度和程度有直接关系，这一环节已成为开发美容药物的技术关键和热点问题。

外用美容药物的透皮吸收又与一般药物的吸收过程有一定的差别。一般药物制剂的有效成分都是经由毛细血管进入体循环，达到有效血药浓度后，产生药理效应；而外用美容药物主要是通过有效成分透入皮肤，并到达皮肤深部组织，进而在局部发挥药效。因此，理想的外用美容药物应可以顺利地被吸收到皮肤组织深部，产生局部效应，而不进入或极少进入体循环，以免产生全身性的不良反应，或降低局部药量，减弱疗效。外用美容药物与护肤养颜化妆品的皮肤给药也不同，后者绝大多数使用时是涂于面部等体表，起保湿、护肤的作用，一般不要求到达皮肤深层。

在美容药物的临床应用中，皮肤局部给药因其特殊的针对性、操作的简便和较好的疗效日益受到重视。皮肤病的病变大多局限于皮肤部位，全身给药后药物经过吸收、转运、分布和代谢，最终到达皮肤病变部位的药物浓度极低，难以达到理想的治疗浓度。而要取得治疗效果，势必要提高给药剂量，则可能引起全身性的不良反应。因此，针对皮肤局部问题，采用皮肤局部给药的方法，通过透皮吸收，使药物直接作用于病变部位，可有效提高药物的治疗指数，同时减少甚至避免药物的全身性不良反应。不同皮肤疾病涉及皮肤不同层次和部位，需要药物停留在相应部位发挥治疗作用，如防晒剂的活性成分只需要停留在皮肤表面；而治疗痤疮则需要药物靶向毛囊皮脂腺；银屑病的治疗应使药物进入表皮更深层次，甚至真皮才能发挥疗效。

对于绝大多数与美容相关的皮肤病的治疗，局部应用具备良好的透皮吸收性能的外用美容药物，是临床上非常理想的选择。但是，很多治疗皮肤疾病的药物在全身给药时疗效显著，一旦采取皮肤局部给药，往往由于透皮吸收性能的限制而不能发挥疗效。因此，提高外用美容药物的透皮吸收性能历来是研究的重点和难点。

3. 美容药物透皮吸收途径与过程

（1）透皮吸收途径：皮肤为一种亲脂性微孔膜，除小分子物质能够通过角质层外，各种微小囊泡，甚至亲水性可变形的微小物体，也能穿过皮肤屏障。药物透皮吸收主要有两种途径：一是直接经表皮透入真皮或皮下组织，这是外用药物透皮吸收的主要途径；二是经皮肤附属器（毛囊、皮脂腺和汗腺）透入真皮或皮下组织。皮肤附属器的可用表面积极其有限，只占总表面积的 0.1% 左右，因此，大多数药物还是通过表皮穿透皮肤。

1）经表皮直接透入：表皮层中的角质层细胞膜是类脂分子形成的脂质双分子层，类脂分子的亲水部分结合水分子形成水性区，而类脂分子的烃链部分形成疏水区，排列紧密。药物主要以被动扩散的方式穿过角质层细胞到达活性表皮，也可以通过角质层细胞间隙到达活性表皮。由于角质层细胞扩散阻力大，所以药物分子主要由细胞间隙扩散通过角质层。药物透过表皮的能力除受皮肤生理状况影响外，还与药物的极性、脂溶性、解离情况等有关。一般来说，极性药物多通过角质细胞间隙渗入皮肤深部，脂溶性药物以非解离状态透过角质层的能力较强。

2）经皮肤附属器透入：真皮层中有毛发（毛囊）、皮脂腺和汗腺，它们直接开口于皮肤表面，这些开口可以成为局部应用药物的入口，特别是在面部，开口很大且数目众多。目前经皮给药的新剂型微乳剂就是经由毛囊开口透皮吸收。微乳粒径与毛囊相近，选用与毛囊皮脂相溶的油脂作为连续相制备的油包水型微乳，可使一些水溶性大分子在微乳介导下穿透毛囊进入皮肤深部。皮肤附属器分散，它们的大小及分布部位各不相同，对药物的穿透能力也不尽相同。皮脂腺仅占人体皮肤面积的 $0.1\% \sim 0.5\%$，却是药物透皮吸收的一种有效捷径，药物通过皮肤附属器的穿透速率要比表皮途径快。皮脂腺深度可直达真皮层并被一层通透性较强的膜所包被。脂溶性药物可由毛孔渗入毛囊和皮脂腺，然后透过毛囊的外毛根鞘或皮脂腺的腺细胞进入真皮和皮下组织。头皮、额和面部的皮脂腺分布密度可达 $400 \sim 900$ 个/平方米，身体其他部位大概有 100 个/平方米。虽然数目有限，但皮脂腺的旁路通透，对总体物质的透皮吸收有着重要的意义。此外，小汗腺经导管开口于皮肤表面，水溶性药物可经此渗入真皮，但吸收量极少。顶泌汗腺开口于毛囊，药物经顶泌汗腺透入皮内者微乎其微。

在透皮吸收刚开始时，药物首先通过皮肤附属器途径透入，当药物通过表皮吸收到达血液循环后，经皮吸收达稳态，此时附属器途径的作用可被忽略。对于表皮途径透过率低的药物，如一些离子型药物和水溶性大分子难以通过富含类脂的角质层，只能依赖附属器途径透皮吸收。此外，在离子导入的过程中，皮肤附属器是离子型药物透过皮肤的主要通道。

（2）透皮吸收过程：皮肤是一种复杂的膜结构。最外层的表皮是由上皮细胞堆积成的无血管层，表皮的角质层是皮肤的主要屏障，是外来药物透入皮肤的主要阻力来源。角质层下方的活性表皮在生理学上更接近于其他的活性细胞组织。真皮是皮肤的主体部分，为皮肤提供结构强度，还为神经、血管网络及支撑表皮的附属物提供了环境。真皮的血液供应对经皮给药的全身吸收极为重要。药物透皮吸收从动力学角度可分为以下几个具体过程：

1）由基质向角质层的分配：在透入皮肤前，药物首先必须从给药系统的基质中释放出来，分配到角质层的表面。此过程依赖于药物从透皮吸收系统中释放的速率和难易程度。受采用的基质及生产工艺技术等不同因素的影响，药物在给药系统中所处的状态不同，因而从基质中释放的速率也有所不同。药物越容易从基质中释放出来，就越有利于其透皮吸收。

2）通过角质层的转运：角质层的结构非常致密，当药物分配进入角质层后，在角质层中扩散速度缓慢。在扩散过程中一部分药物可能与角质层的成分结合形成储库，而剩余游离的药物则继续扩散，最终到达角质层与活性表皮的界面。

3）从角质层向活性表皮的分配：角质层由已经死亡的角质细胞和细胞间脂质组成，

具有类脂膜的特性，因此有利于脂溶性强的药物穿透。而活性表皮是一个相对水性的环境，利于水溶性强的药物渗透。因此，脂溶性大的药物要通过角质层和活性表皮的界面，完成在这两个环境中的转换是非常困难的，其分配过程进度缓慢，是整个透皮吸收过程的限速步骤。对于某些脂溶性过强的药物，甚至可能无法通过而滞留在这个界面上。

4）通过活性表皮/真皮的转运：活性表皮对穿透药物来说，是一个相对水性的环境。药物在这种水性的蛋白凝胶中受到的阻力相对较小，更容易扩散。而真皮与活性表皮类似，含有大量水分，因此它们之间的分配系数近于1。药物在活性表皮和真皮中的扩散特点相似。

5）体循环分布和消除：药物穿透角质层和活性表皮后，进入真皮组织。皮肤的血液供应很充足，可达到皮肤表面0.2毫米厚度处。真皮乳头层分布有丰富的毛细血管，药物很快被血液循环吸收，进而随着体循环在全身分布，最终从机体内消除。

4. 影响外用美容药物透皮吸收的因素

通常，外用美容药物的透皮吸收会受到很多因素的影响，下面主要从两个方面进行探讨：

（1）药物性质：一般脂溶性药物较水溶性药物更易穿透皮肤。但组织液是极性的，所以，具有一定油溶性和水溶性的药物穿透作用较理想，而在油、水中都难溶的药物则很难透皮吸收。强亲油性药物可能聚积在角质层表面而难以透皮吸收。药物的一般相对分子质量在1000以下，水油分配系数为1mg/ml，饱和水溶液pH值为5~9的药物易于透皮吸收。相对分子质量若大于3000则不易透皮吸收。基质是药物的赋形剂，对主药的稳定性、释放与透皮吸收等均有一定影响。基质本身对机体亦可产生保护、润滑及湿润等作用，因而选择适宜的基质是必要的。凡士林、液体石蜡、硅油等基质完全或几乎不能进入皮肤，而猪油、羊毛脂、橄榄油则能进入皮肤各层、毛囊和皮脂腺。也就是说，皮肤对动植物油的吸收要比矿物油好得多。各种激素、脂溶性的维生素（如维生素A、维生素D、维生素E）等则很容易被吸收。

（2）美容药物的给药系统：从透皮吸收的过程我们可以得知，药物首先要从给药系统中释放出来，才能分配到皮肤表面，进而穿透皮肤。不同的剂型在很大程度上能够影响药物的释放性。药物越容易从给药系统中释放，就越有利于其透皮吸收。一般凝胶剂、乳剂型软膏中的药物释放较快。近年来发展起来的药剂学促透技术主要包括把药物制成微粒类给药系统，改变药物的物理性质，从而促进其透皮吸收。目前研究较多的新剂型有脂质体、传递体、非离子型表面活性剂囊泡、微乳等。

皮肤外用的脂质体制剂是当前最有发展前景的给药系统。脂质体是以磷脂和胆固醇为主要材料，将药物包封于类脂双分子层而形成的微型囊泡。有单层和多层之分，粒径约为

50～5000 纳米。脂质体把水溶性和脂溶性药物分别包裹在其水层和脂层，能直接进入角质层的深部，甚至真皮层。尤其是与皮脂相似的类脂形成的脂质体与角质层脂质有高度相似性，可增加药物在皮肤局部的积累，从而使药物持续释放。脂质体还具有药物全身吸收的限速膜屏障作用，可减少药物的全身吸收，从而尽量减小甚至避免药物的毒副作用。如以脂质体作为可的松类药物的载体，可在皮肤内形成储库而明显减少内部器官的药量，在皮肤中的药物累积量是其对照制剂的 4.56 倍，而在丘脑区的药量只有一般制剂的 1/3，从而降低了全身性的不良反应。因此，脂质体对皮肤的选择作用，在皮肤局部的较高药物浓度和较长作用时间以及较少的全身吸收等独特优越性，使其相关制剂的研究成为改进皮肤用药的新趋向。

另外一种新剂型微乳也可以明显改善药物的透皮吸收。微乳是粒径为 10～1000 纳米的乳滴分散在另一种液体中形成的透明或半透明胶体分散系统，由水相、油相和表面活性剂、助表面活性剂按适当比例自发形成的低黏度、各向同性、热力学稳定的溶液体系。可分为水包油型、油包水型和双连续型。微乳透皮系统优于一般乳剂、洗剂，性质稳定。比较 1% 浓度的盐酸四环素在微乳剂、凝胶和霜剂中通过皮肤的渗透性，结果表明在微乳剂中的透皮速率最大。微乳可增加药物的溶解度而提高通透浓度梯度，增加角质层脂质双分子层的流动性，破坏角质层中的水性通道，并可以完整结构经由毛囊透入皮肤。

药物在基质中的溶解状态对其透皮吸收有很大影响，只有溶解状态的药物才能进入皮肤。药物的透皮速率与制剂和皮肤中的药物浓度梯度有关。药物在基质中的过饱和状态可增大药物的化学势，从而大大提高透皮速率。如雌二醇的过饱和溶液，其透皮速率可提高13 倍，角质层的摄取提高 18 倍。透皮给药的新剂型微乳也可增加药物的溶解度，从而提高微乳与皮肤间的药物浓度梯度，使药物的透皮吸收明显增加。微乳中含药量越多，透皮吸收浓度梯度越大，透皮效果越好。

透皮促进剂是一种可暂时调节皮肤通透性的物质，它能可逆地改变角质层的屏障功能，而又不会损伤其他活性细胞。各种透皮促进剂的作用机制不一，有的直接作用于皮肤，有的则作用于制剂。如某些透皮促进剂可作用于角质细胞的间隙或使细胞变性、改变构型（如膨胀或水化），还可能改变类脂的屏障阻力，或可改变角质层对药物的溶解性以改善药物在角质层与制剂之间的分配系数等。

常用的透皮促进剂有月桂氮酮及其类似物、SEPA（缓释透皮剂）、萜（烯）类、亚砜类、脂肪酸及其酯、醇类、表面活性剂等。具有增强皮肤通透效果的化合物有几百种，根据需要可单独使用，也可复合使用。而透皮吸收促进剂单独使用有时效果不太理想，因此经常联合使用，即由一种亲水性和一种亲油性促透剂组成两组分体系，如丙二醇/月桂氮酮、油酸/月桂氮酮的两组分体系。很多植物挥发油也具有良好的透皮促进作用，如桉叶油、依兰油等。还有传统中药成分对某些药物也具有促透作用，如薄荷醇、花椒油、川芎提取物、小豆蔻提取物、冰片等。

皮肤外层角蛋白或其降解产物具有与水结合的能力，即水合作用。而皮肤含水量较正常多的现象称为水化。水合和水化作用使角质层的含水量从正常值 10% ~40% 增加到 50% ~70%，其厚度可增加到 48 微米，渗透性可增加 5 ~10 倍。含水量增加可使组织软化、皱褶消失；角质细胞膨胀，使原本紧密的结构形成多孔性；细胞间隙的水量增加，扩大了水分子的扩散通路，细胞间隙变大。同时还可以提升皮肤表面温度和皮肤的有效表面积，使外来药物的吸收大大增加。如在用药部位采取封包法或直接用凡士林、脂肪和油等涂布即可有效减少水分蒸发，且覆盖作用可增加角质层内源性水化作用，使皮肤的通透性增加。如在皮肤表面涂用激素类药物后，在用药区域覆盖塑料薄膜可使其透皮吸收增加 100 倍。在受试者前臂 100 平方厘米皮肤上分别应用三种不同的水杨酸酯，用塑料薄膜覆盖以使皮肤水化，通过测定药物的经尿排泄速率，计算经皮吸收速率。对照组用药部位无塑料薄膜覆盖。结果显示，覆盖塑料薄膜使水中溶解度较大的水杨酸乙二醇酯吸收速率增加 8 倍，水杨酸甲酯增加 2 倍，而溶解度低的水杨酸乙酯只增加 1 倍。油包水型乳剂基质能防止皮肤水分的蒸发而使皮肤水化，水包油型乳剂基质能提供水分给皮肤有利于水化。皮肤的水合和水化作用能有效增加皮肤对非极性脂溶性分子的通透性，而对极性药物的通透性影响不大。

环境的相对湿度也可影响角质层含水量。在相对湿度较低的环境下，皮肤干燥、无弹性；环境湿度高时皮肤湿润柔软。已知新生儿通过皮肤产生的水分蒸发速率与环境相对湿度有关。当相对湿度由 60% 降至 20% 时，水分蒸发速度降低约 1.4 倍。因此，相对湿度较低时，药物的透皮速率也会降低。

角质层的屏障作用在疾病或损伤的情况下会大大削弱，使其通透性增强。但即使角质层受损也不会形成外来物质百分之百的透皮吸收，因为除角质层以外，表皮的其他细胞层对大多数化合物都有一定的屏障作用。化学试剂、射线都会损伤皮肤，破坏角质层的结构，如非极性溶剂氯仿与极性溶剂甲醇的混合物能脱去角质层中的脂质部分，在薄膜中形成人工通道，增加局部通透性。而皮肤疾病往往也伴随角质层缺陷，透皮吸收会相应增加。如睾酮在银屑病斑中的通透性较正常部位强，损伤部位药物浓度通常比相邻皮肤区域高；皮肤有明显炎症时，尤其是急性渗出、糜烂性皮损等，均可使药物吸收加快；湿疹皮肤对药物的渗透性可达到正常皮肤的 8 ~10 倍。皮肤疾病还会引起皮肤内酶活性的改变，如银屑病病变皮肤中芳香烃羟化酶的活性明显低于正常皮肤，寻常性痤疮皮肤中睾丸素的分解比正常人高 2 ~20 倍。

但在角质层受损情况下造成的药物透皮吸收增加，往往可能引起疼痛、过敏及中毒等副作用，在临床用药的过程中要多加注意。此外，某些皮肤疾病还会造成角质层结构更加致密，从而影响到药物的吸收，如硬皮病、老年角化病等，直接影响到外用药物的治疗效果。

人体不同部位的皮肤存在结构差异，因此通透性也有所不同。如氢化可的松经阴囊部位透皮吸收效果最好，然后依次是颌、前额、头皮、背部、前臂内侧、掌及足弓的跖表面。从外用美容药物透皮吸收的途径可以得知，透皮吸收与用药部位皮肤角质层的厚度、皮肤附属器分布密度及表皮细胞的数目等都有关系。腹部的角质层厚度为 8.9 微米，而大腿皮肤的角质层厚度为 10.9 微米，因而很多外用药物经腹部皮肤的吸收要优于大腿皮肤。耳后的皮肤角质层中扁平层比较薄，且分布较为疏散，单位面积的皮脂腺和汗腺数目较多，真皮乳突伸入表皮的凹陷较深，毛细血管更接近于皮肤表面，因而表面温度较高，药物的透皮吸收则随之增加。掌跖部因角质层和透明层较厚，又缺乏皮脂腺，所以透皮吸收能力较差。通常，身体不同部位皮肤的渗透性按下列顺序依次减小：阴囊、耳后、腋窝区、头皮、手臂、腿部、胸部。而不同个体之间也存在差异，即使是相同部位的皮肤，其吸收能力和速度也大相径庭。

人体皮肤温度受皮肤内血流和外界气温的影响，一般低于 37℃。温度升高可使皮肤内的血管扩张，血流增加，有利于药物的吸收和转移。此外，如上所述，大部分药物的透皮吸收主要是通过表皮的脂质部分，而脂质部分的流动性可随温度升高而加强，因而脂溶性药物的通透系数可增加 100 ~ 1000 倍。同时，药物在皮肤中的活度系数下降而溶解度增加，也是增加透过的重要原因。皮肤温度每上升 10℃，其通透能力可提高 1.4 ~ 3 倍。因此，在应用外用药物的时候，若在皮肤表面加上一个合适的温度场，可有效改善皮肤的通透性而增加药物的吸收。

药物在透皮吸收的过程中可能会在皮肤中产生蓄积，形成储库。储库的形成由溶解于角质层的游离药物和结合于角质层的结合药物引起，其中结合药物起主要作用。亲脂性和亲水性的药物在透皮吸收过程中都可能与皮肤角蛋白发生结合或吸附，或由于很小的扩散系数而蓄积在角质层中，而后以极缓慢的速率扩散出来。

某些理化因素能影响储库效应，如增加角质层上方的温度和湿度可增强皮肤的储库作用。某些介质可提高药物透皮吸收的生物利用度，也会增加药物的储库效应，如二甲基亚砜可促进某些激素的透皮吸收和储库效应。

5. 促进美容药物的透皮吸收的方法

由于皮肤角质层的屏障作用，大多数药物不易透入皮肤，人们采用了多种方法以促进药物透皮吸收，目前采用的促进药物透皮吸收方法可分为药剂学法、物理学法和化学法。药剂学法主要采用透皮促进剂来促进药物透皮吸收，是最为方便而有效的方法；物理学方法主要包括超声波导入法和直流电离子导入法等；而化学法则以合成前体药为主。

（1）透皮吸收促进剂：是指能够促进药物制剂中的主药更快或更多地透入皮肤内或透过皮肤进入循环系统，从而发挥局部或全身治疗作用的物质。外用美容制剂中透皮促进剂的添加可增强美容药物的透皮吸收，从而增强其美容效果及治疗作用。理想的透皮促进剂应具备以下主要特点：①优良的生物相容性，对皮肤无毒、无刺激、无致敏性、无药理活性；②稳定的理化性质，无色、无味、化学反应惰性，在制剂中不降解，不与药物或其他成分产生物理化学作用；③起效迅速，持续时间长，适用于多种药物；④透皮促进剂撤除后，角质层屏障功能的恢复迅速而完全；⑤透皮促进剂只会单向降低皮肤的屏障功能，内源性物质不会通过皮肤扩散而损失；⑥价格低廉，易于获得；⑦在皮肤表面易于铺展且皮肤感受性良好。然而，完美的透皮促进剂实际并不存在。透皮促进剂本身作为人体的化学异物不可避免地存在药理学及制剂学等方面的不足，在实际应用中应有针对性地选择，避免滥用而增加毒副作用。

透皮促进剂作用机制复杂，普遍公认的是脂质—蛋白分配理论。透皮促进剂的作用与以下机制有关：①破坏高度有序排列的角质层细胞间脂质结构。大多数透皮促进剂可增加角质层脂质骨架的无序性以及角质细胞间脂质的流动性，从而增加皮肤的非均匀性，促进药物的渗透。②与角蛋白的相互作用。某些透皮促进剂可与角蛋白作用以改变其构象，松弛其结合力以致形成微细孔道，从而提高极性分子对细胞内通道的渗透性。③提高药物在基质与皮肤间的分配。某些促进剂可增强药物在角质层的溶解性和分配性，从而促进药物的透皮吸收。在实际应用中，为加强促透效果，通常联合使用两种不同的透皮促进剂以产生协同作用，如最常用的氮酮与丙二醇的二元复合促进剂。

目前，常用的透皮促进剂包括月桂氮酮类、二甲基亚砜类、萜烯类、表面活性剂以及脂肪酸类、脂类等其他有关类型的化合物。中草药中的天然透皮促进成分是当今透皮促进剂的研究热点。

（2）直流电离子导入：是指在电离子导入仪器施加的电场作用下，能有效增加离子型药物的透皮吸收的一种经皮给药的物理促透方法。阳离子药物在阳极处透过皮肤，而阴离子药物则在阴极处透过皮肤，中性分子药物也可通过电渗作用透过。离子导入系统有电源、药物储库系统和回流储库系统三个基本组成部分。当两个电极接触皮肤表面，电源的电子流到达药物储库系统，使离子型的药物形成离子流后通过皮肤，并在皮肤下面转向回流系统，最终回到皮肤进入回流系统，再转变为电子流。

直流电药物离子导入法在实际应用中具备很多优点。应用这种方法导入药物，药物离子主要分布在皮肤各层，可以使皮肤内保持较高的药物浓度，尤其适合皮肤和黏膜病变的治疗。用直流电导入的药物，在体内保留时间较长，其作用时间也较长；而且可以通过调节电流大小控制药物的转运速率和释药速率，从而维持恒定的给药速率；直流电离子导入使用过程中无疼痛，不损伤皮肤，极少产生全身性的不良反应；使用方便，安全有效。电离子导入是一个双向的过程，既可使离子进入皮肤，也能使其移出体外。因此，临床上还可利用离子导入从体内获得化学信息，进行诊断和临床检验。

（3）超声波药物导入：超声波能量促进药物透皮吸收的方法，是一种经皮肤和黏膜给药的物理促透方法。超声波导入可在高频范围促渗，其促渗效果主要是被动扩散和皮肤脂粒物理紊乱相耦合的结果；也可在低频范围通过空化作用促渗。近年来以研究低频范围内的超声促渗为主。

超声波能引起辐射部位组织温度升高、血管扩张、血流加快，从而带走更多的热量。组织温度升高可提高分子的扩散性能而促进药物转运。超声波能量可传递到较深部组织，产生高热现象，增加药物的溶解度和加快血流，均有利于药物的透皮吸收。

超声波在机体内热的形成，主要是组织吸收声能的结果。人体组织对声能的吸收量不同，因而产热也不同。一般超声波的致热作用在骨组织和结缔组织最为明显，脂肪和血液最小。如在超声波 5W/平方厘米、作用 1.5 分钟后，肌肉温度上升 1.1℃，而骨质为 5.9℃。超声波的致热作用既可普遍吸收，亦可选择性加热，主要是在不同介质的交界面上产热较多，尤其是在骨膜上可产生局部高热。

空化作用是超声波透皮给药的主要作用机制。空化作用是指超声波在介质中传播时，引起介质和细胞内气体分子、气泡的振动，气泡受到破坏而形成空隙或空囊。空泡内可产生瞬间的高温高压，并伴有强大冲击波或射线流等，足以使角质层脂质双分子层无序化，空化泡的振动能使大量的水进入无序化的脂质区域形成水性通道，药物通过这些通道的扩散要比正常脂质通道快得多，从而显著改变药物的通透性。空化作用的产生与超声波强度有关。在一定范围内，超声波强度越大，空化作用越明显。

多孔介质暴露在超声波场中时，所产生的液体流动，即为声致微流。空化作用也能产生声致微流。声致微流可引起药物对流转运透过皮肤，尤其是通过毛囊和汗腺的转运。声致微流产生的切变应力在某些条件下可以破坏细胞内的成分，损伤细胞膜，解聚细胞簇；还能破坏皮肤屏障，从而增加药物的透皮吸收。

机械作用是超声波基本的原发作用。超声波在介质中传播形成的交变声压可使组织细胞产生容积和运动的变化，改变细胞功能，引起多种生物反应，还可改善血液和淋巴循环，增强细胞膜的弥散过程，从而改善新陈代谢，提高组织再生能力。此外，超声波在改善皮肤通透性的同时，还可促进药物从基质中的释放，主要是通过影响基质的性能来加速药物的释放。

超声波产生的热有 79% ～82% 被血液循环带走，18% ～21% 由邻近组织的热传导散布。当超声波作用于缺少血液循环的组织时，如眼角膜、晶体、玻璃体、睾丸等部位应特别注意产热过强，以免发生局部损伤。

6. 化妆品的吸收性是关键

保养品只停留在肌肤表面，经过一昼夜也没有被吸收，反而是在第二天早上洁面的时候被无情洗掉。花了大价钱，尝试了各种护肤品，但是用下来，皮肤一点好转的迹象都没有。相信很多人都有这样的困扰，护肤品效果不明显，是护肤品不好，使用方法不对，还是其他原因？其实，化妆品能否起效，关键在于皮肤的相关部位能否吸收化妆品相应的有效成分。

化妆品的透皮吸收虽然非常重要，却因为皮肤屏障的存在而十分困难。皮肤最上层是由死亡的细胞构成的角质层，角质层坚实紧密，能有效地防止细菌、有害化学物质和病原体的侵入。在角质层的表面，还有一层由脂质及其他物质构成的薄膜，所以皮肤具有不透水性，它会阻止水分的浸透。皮肤是机体和外界之间的天然屏障，可防止外界有害物质的入侵，却也是化妆品经皮吸收和发挥其功效作用的主要途径。

人体细胞膜的厚度大约是 10^{-10} 米，仅有达到纳米级的水集团分子，才能渗透肌肤真皮层，深入彻底地注入细胞膜内。普通化妆品由于专业技术和高端设备的欠缺，产品的分子量无法达到纳米级，分子量过大不易被皮肤吸收，再珍贵的营养成分不被吸收也只能是浪费。

吸收性是判断护肤品效果优劣的重要因素之一，却也是普通化妆品永远的痛。虽然普通化妆品里面也添加有蛋白质、多胜肽、多糖、氨基酸、维生素、矿物质等营养物质，但是消费者使用后，皮肤问题并没有得到改善。普通化妆品里面的营养物质没有被皮肤吸收，效果当然就不显著。

我国台湾顶级医美护肤品 FALARY 成功化解化妆品吸收性差的难题。由细胞学、化学生物工程学和医药学等多领域的专家博士组成的顶尖专业研发团队，融合皮肤医学和美容技术，深入了解亚洲人肌肤优弱特性及保养需求，致力于解决皮肤衰老、光老化和其他个体皮肤问题产生的原理和过程，预防环境可能对皮肤造成的伤害、保护肌肤的健康及修复已形成的伤害，全方位研发吸收性强的产品。

现代女性在护肤品的选择上，纯天然、健康、安全是首选，医学级美容护肤品是绝对安全的潮流之选。FALARY 系列医美级护肤面膜采用高科技渗透技术，打开细胞吸收通道，精准直击衰老或受损的表皮细胞，让多胜肽精华直达皮肤深处，平复细纹，滋润干裂皮肤，淡化色斑痘印，提亮皮肤色泽。

五、化妆品基础知识

1. 化妆品的含义和分类

根据 2007 年 8 月 27 日国家质检总局公布的《化妆品标识管理规定》，化妆品是指以涂抹、喷洒或者其他类似方法，散布于人体表面的任何部位，如皮肤、毛发、指趾甲、唇齿等，以达到清洁、保养、美容、修饰和改变外观，或者修正人体气味，保持良好状态为目的的化学工业品或精细化工产品。

化妆品通常包括清洁人体用的洗涤化妆品；调整皮肤水分和油分，保养和滋润肌肤，以保持皮肤健康的基础化妆品；润饰容颜的美容化妆品；美化和保护毛发、指甲的化妆品以及口腔内使用的化妆品和芳香制品等。化妆品种类繁多，从其所含成分来看，化妆品是不同化学物质通过不同的工艺混合而成的。世界各国都把化妆品列为精细化学品或专用化学品。

随着科学、经济的发展和社会的进步，化妆品的定义在不断地更新。1938 年美国颁布的《食品药品化妆品条例》中对化妆品的定义为：用涂搽、倾注、喷洒、喷雾或其他方法应用于人体或人体的任何部位的物品，能起着清洁、美化、增加魅力或改变外观的作用。但不包括肥皂。日本"药事法"对化妆品的定义为：为了使人体清洁、美化、增加魅力、修饰容貌或者为了保持皮肤或毛发的健美，而在人体上涂抹、散布和采取与之类似的其他方法施加的，对人体作用柔和的物品。以清洁身体为目的而使用的肥皂和牙膏也被列入化妆品的范畴。

世界上大多数国家都把化妆品列入药典或食品药品条例中，对化妆品的使用对象、使用目的、使用方法和其安全性等方面均有一定规定，并列入有关法规。随着化妆品工业的迅猛发展及学科间的相互渗透，形成了一门新兴的综合性的学科，即化妆品学。从科学的角度将化妆品定义为：化妆品是在安全性方面受药典制约的、按照化妆品化学和皮肤学理论进行研究开发的、一种兼备生活必需品和嗜好品的化学制品。

化妆品按实际生活中使用情况分为五类：①日常护肤品；②护发用品；③清洁卫生用品，主要是除去皮肤表面的污垢；④美容化妆品；⑤兼有营养、药物疗效作用的化妆品。

护肤品是化妆品行业的主流产品。中国的化妆品市场每年销售额以 23.8% 的速率递增，2003 年销售额已超过 500 亿元，其中护肤类产品 175 亿元，占化妆品销售总额的 35%；护发类产品 140 亿元，占 28%；美容类产品 120 亿元，占 24%；香水类产品 40 亿元，占 8%。中国的化妆品工业在销售额上已居世界第八位，亚洲第二位。

按照我国化妆品生产、销售和有关化妆品法规实施情况，则将化妆品分为 7 大类，即护肤类、发用类、美容类、口腔类、芳香类、气雾剂类和特殊用途的化妆品。气雾剂类化妆品由于工艺特殊，有别于其他类别的化妆品；特殊用途化妆品必须经国务院卫生行政部门批准，取得批准文号后方可生产。所以，尽管这两类产品使用目的和部位与其他类产品有交叉，但都认为分别列为一类产品较为合理。此外，按剂型化妆品可分为液剂、乳剂、乳膏剂、固融体油膏剂、固融体棒形剂、粉剂、啫喱和丸锭剂等。化妆品剂型变化很大，往往同一功能或性质的产品，由于制备配方和工艺的变化、改变包装的要求以及使用方面的变化等原因而变化剂型，而且化妆品剂型与基质及其原料的物理化学性质也有密切的关系。

疗效化妆品是指含有活性制剂或具有疗效的药物制剂的化妆品。这类化妆品的使用以卫生、美化和改善身体的不愉快气味等为目的。疗效化妆品虽以化妆为主要目的，但又兼备以药品来防止或预防身体内部失调或不愉快的感觉以及尚未达到病态与诊治的轻度皮肤异常的功效，如米诺地尔局部应用于治疗生理性秃顶，一些维 A 酸类局部外用则可改善皮肤衰老的过程，还有一些增湿剂被用于治疗干燥性皮肤病等。

世界各国对这类化妆品的分类、含义和法规略有不同。日本《药事法》把含药化妆品称为医药部外品，其使用目的是防止口臭和体臭，防止斑疹和溃烂，防止脱发，育发和除毛，防止和驱除鼠、蝇、蚊及跳蚤。在美国，疗效化妆品被称为药物化妆品，列为无医师处方可合法出售的药品，它的制造、销售和注册需要遵从化妆品和药物的法规。许多化妆品，在某种程度上具有药品相似的功能，可预防和缓解一些轻度皮肤病态的作用。

我国《化妆品卫生监督条例》把疗效化妆品称为特殊用途化妆品。条例规定：特殊用途化妆品是指用于育发、染发、烫发、脱毛、美乳、健美、除臭、祛斑和防晒的化妆品。我国特殊用途化妆品的分类和含义如下，育发化妆品：有助于毛发生长、减少脱发和断发；染发化妆品：具有改变毛发颜色作用；烫发化妆品：具有改变毛发弯曲度，并维持相对稳定；脱毛化妆品：具有减少、消除体毛作用；美乳化妆品：有助于乳房健美；健美化妆品：有助于使体形健美；除臭化妆品：用于消除腋臭；祛斑化妆品：用于减轻皮肤表皮色素沉着；防晒化妆品：具有吸收紫外线作用，减轻日晒引起皮肤损伤功能。

化妆品、疗效化妆品和药品三者的法定含义、使用目的、对象、使用期间、效能和效果、管理法规等方面都有不同。最主要区别是使用对象和使用目的，化妆品、疗效化妆品使用对象是健康人或尚未达到疾病状态的人，使用目的为清洁、保护和美化人体；而药品的使用对象是患者，使用目的是为了诊断、治疗和预防疾病。

2. 化妆品的发展历史

在原始社会，一些部落在祭祀活动时，会把动物油脂涂抹在皮肤上，使自己的肤色看起来健康而有光泽，这算是最早的护肤行为。由此可见，化妆品的历史几乎可以追溯到自人类的存在开始。在公元前5世纪到公元7世纪，各国有不少关于制作和使用化妆品的传说和记载，如古埃及人用黏土卷曲头发，古埃及皇后用铜绿描画眼圈、用驴乳浴身及古希腊美人亚斯巴齐用鱼胶掩盖皱纹等，还出现了许多化妆用具。中国古代也喜好用胭脂抹腮，用头油滋润头发，衬托容颜的美丽和魅力。

20世纪70年代，日本多家名牌化妆品企业，被18位因使用其化妆品而罹患严重黑皮症的妇女联名控告，此事件既轰动了国际美容界，也促进了护肤品的重大革命。早期护肤品化妆品起源于化学工业，那个时候从植物中天然提炼还很难，而石化合成工业很发达。所以很多护肤品化妆品的原料来源于化学工业，截至目前仍然有很多国际国内的牌子还在用那个时代的原料，价格低廉、原料相对简单、成本低，所以矿物油时代也就是日用化学品时代。

20世纪80年代开始，医美专家发现在护肤品中添加各种天然原料，对肌肤有一定的滋润作用。这个时候大规模的天然萃取分离工业已经成熟，此后，市场上护肤品成分中慢慢能够找到天然成分。从陆地到海洋，从植物到动物，各种天然成分应有尽有。有些人甚至到人迹罕至的地方，试图寻找到特殊的原料，创造护肤的奇迹，包括热带雨林。当然此时的天然有很多是噱头，可能大部分底料还是沿用矿物油时代的成分，只是偶尔添加些天然成分，因为这里面的成分混合、防腐等仍然有很多难题很难攻克。也有的公司已经能完全抛弃原来的工业流水线，生产纯天然的东西了，慢慢形成一些顶级的很专注的牌子。

改革开放30年来我国化妆品市场销售额平均以每年23.8%的速度增长，最高的年份达41%，增长速度远远高于国民经济的平均增长速度，具有相当大的发展潜力。化妆品的流通渠道也在发生非常大的变化，特别是零售终端发生着前所未有的深刻变革。化妆品零售业的发展与创新大有可为。化妆品渠道是多样性的，各种零售终端以及整个流通渠道，呈现出各种各样的特点，都有自己相对应的市场和一部分目标客户群体。运用新的信息技术和互联网，以网购和电子商务为代表的网络销售风起云涌，网购化妆品的数量也在呈快速发展的趋势，改变和更新着人们的消费理念和消费模式。

3. 化妆品的有效性和安全性

化妆品作为一类日常生活消费品，除符合有关化妆品的法规外，还应具备以下的基本要求。

化妆品与药品不同，是长期使用品，因此必须严格要求长期使用的安全性。药品上市前必须经严格的市场前安全性和有效性试验。

化妆品与药品不同，其使用对象为健康人，化妆品有效性主要依赖于构成制剂的物质及其作为构成配方主体的基质的效果；而药品主要依赖于药物成分的效能和作用。化妆品要具有柔和的作用，还要达到有助于保持皮肤正常生理功能以及容光焕发的效果。有效化妆品的使用可提升和改善使用者自身的吸引力，继而使其心情愉悦最终达到身心获益，而且这种影响的范围已扩大到老年人。

对于化妆品，要考虑最终使用阶段和储存期，要求产品在胶体化学性能方面和微生物存活方面能保持长期的稳定性，在有效期内不变质。

化妆品与药品的另一不同之处是必须使人们乐意使用，不仅色、香兼备，而且必须有使用舒适感。美容类化妆品强调美学上的润色，芳香类产品则在整体上赋予身心舒适的感觉。

汞含量超标产品的美白或祛斑作用虽然很快，让皮肤看上去很白皙，但汞超标产品可破坏皮肤的正常生理结构，产生异常的皮肤色素沉着，出现黑皮症，甚至进而损害神经、消化和内分泌系统，导致内脏受损。

在选择化妆品时，要从以下两方面来考虑。

（1）化妆品的质量：首先，选择化妆品最重要的是看质量是否有保证。一般来说选择名厂、名牌的化妆品比较好，因为名厂的设备好，产品标准高，质量有保证，而名牌产品一般也是信得过的产品，使用起来比较安全。不能买无生产厂家和无商品标志的化妆品，同时要注意产品有无检验合格证和生产许可证，以防假冒。还要注意化妆品的生产日期，一般膏、霜、蜜类产品尽可能买出厂一年内的。其次，学会识别化妆品的质量：①从外观上识别。好的化妆品应该颜色鲜明、清雅柔和。如果发现颜色灰暗污浊、深浅不一，则说明质量有问题。如果外观浑浊、油水分离或出现絮状物，膏体干缩有裂纹，则不能使用。②从气味上识别。化妆品的气味有的淡雅，有的浓烈，但都很纯正。如果闻起来有刺鼻的怪味，则说明是伪劣或变质产品。③从感觉上识别。取少许化妆品轻轻地涂抹在皮肤上，如果能均匀紧致地附着于肌肤且有滑润舒适的感觉，就是质地细腻的化妆品。如果涂抹后有粗糙、发黏感，甚至皮肤刺痒、干涩，则是劣质化妆品。

（2）个人和环境因素：选择化妆品，除化妆品的质量外，还要考虑使用者和环境因素。具体：①依据皮肤类型。油性皮肤的人，要用爽净型的乳液类护肤品；干性肌肤的人，应使用富有营养的润泽性的护肤品；中性肌肤的人，应使用性质温和的护肤品。②依据年龄和性别。儿童皮肤幼嫩，皮脂分泌少，须用儿童专用的护肤品；老年人皮肤萎缩，又干又薄，应选用含油分、保湿因子及维生素 E 等成分的护肤品；男性宜选用男士专用的护肤品。③依据肤色。选用口红、眼影、粉底、指甲油等化妆品时，须与自己的肤色深浅相协调。肤色较白的人，应选用具有防晒作用的化妆品。④依据季节。季节不同，使用的化妆品也有所不同。在寒冷季节，宜选用滋润、保湿性能强的化妆品；而在夏季，宜选用乳液或粉类化妆品。

4. 护肤化妆品

（1）清洁剂：清洁皮肤就是去除皮肤上的污物、汗液、皮脂、其他分泌物、脱屑细胞、微生物以及美容化妆品的残留物，以保持皮肤的卫生健康。近年来，清洁皮肤用化妆品更加着重于温和、安全性，使洁肤和皮肤护理有机结合。

1）无水清洁霜和油剂：无水清洁剂是一类全油性组分混合而制成的产品，主要含有白矿油、凡士林、羊毛脂、植物油和一些酯类等，主要用于除去面部或颈部的防水性美容化妆品和油溶性污垢。近年来，在一些较新的无水清洁霜中，添加中等至高含量的酯类或温和的油溶表面活性剂，使其油腻性减少，肤感更舒适，也较易清洗。有些配方制成凝胶制品，易于分散，可用纸巾擦除。

2）油包水型清洁霜和乳液：冷霜是典型的油包水型清洁霜，蜂蜡—硼砂体系是冷霜的主要乳化剂体系。近年来，一些新的油包水型乳化剂、精制蜂蜡、合成蜂蜡、蜂蜡衍生物和其他合成或天然蜡类也已开始应用于油包水型乳化体系。制备油包水型清洁霜还可使用一些非离子表面活性剂作为乳化体系，有时添加小量的蜂蜡作为稠度调节剂。

3）水包油型清洁霜和乳液：是一类含油量中等的轻型洁肤产品。近年来很流行，也受消费者欢迎。一般洗面奶多属此种类型的产品。这类产品种类繁多，可满足各种不同类型消费者的需求。

4）温和表面活性剂为基质的洁肤乳液：这类皮肤清洁剂是温和和起泡的，一般在浴室内使用，使用后需用水冲洗。其对皮肤的作用比一般香皂缓和、易于添加各种功能制剂（如水溶性聚合物、杀菌剂、酶类和氨基酸其他活性成分），赋予产品特有的功效。这类洁肤制剂颇受消费者的喜爱。

5）含酶或抗菌剂的洁肤剂：这类洁肤剂具有洁肤、抑菌和消毒作用，对皮肤作用温和。此类洁肤剂含有缓冲性的酸类，可使皮肤保持其正常的 pH 值。

6）含磨料的洁肤剂：是一类含有粒状物质的水包油型乳液（无泡）或温和浆状物（有泡）。一般含有球状聚乙烯、尼龙、纤维素、二氧化硅、方解石、研细种子皮壳的粉末、芦荟粉等。这类洁肤剂的目的是通过轻微的摩擦作用去除皮肤表面的角质层并磨光皮肤，但应注意过度摩擦会造成刺激作用。

7）凝胶型洁肤剂：俗名为啫喱型洁肤剂，主要指含有胶黏质或类胶黏质，呈透明或半透明的产品。凝胶型产品包括无水凝胶、水或水—醇凝胶、透明乳液、透明凝胶香波和其他凝胶产品。透明凝胶产品外观诱人，单相凝胶体系有较高的稳定性，与其他剂型产品比较，凝胶更易被皮肤吸收。这类产品适用于油性皮肤的消费者，添加少量防治痤疮的活性物和消毒杀菌剂，对痤疮有一定的治疗和预防作用。

8）温和表面活性剂洁肤皂：洁肤皂使用的历史很长，仍然是流行较广的洁肤剂。近年来，含有温和表面活性剂的洁肤皂受到消费者的欢迎。这类产品对皮肤作用温和，在浴室内使用很方便。

9）化妆水：又称收缩水或爽肤水、养肤水、皮肤清新液、活肤液。我国市售的花露水也属于此类产品。化妆水一般呈半透明液体，兼清洁皮肤和补充水分、调整皮肤生理作用并保护皮肤的功能，通常在用洁面剂等洗净皮肤后使用。近年来，化妆水更着重于保持皮肤水分均衡、控制油脂积聚、营养皮肤、清除皮肤表面的过氧化脂质和活性酯酶，使皮肤清凉、爽洁。根据化妆水的功能分为收敛性化妆水、洁肤性化妆水、柔软和营养性化妆水和特殊用途的化妆水。

清洁剂也许会引起刺激，尤其是一些易感人群，如老人或特应性皮炎患者。影响刺激的因素包括表面活性剂的结构和性质、化学损伤、水温及清洁剂使用的时间和频率。

（2）护肤膏霜和乳液：化妆品膏霜是指固态或半固态乳化制品，也包括一些不含水的制品，如蜡—溶剂基的睫毛油、液态眼影膏和医用的油膏等。如果乳化制品的黏度较低，在重力作用下可倾倒，这样的乳化制品称为乳液或奶液。此类化妆品的特点是不仅能保持皮肤水分的平衡，而且还能补充重要的油性成分、亲水性保湿成分和水分，并能作为活性成分和药剂的载体，使之为皮肤所吸收，达到调理和营养皮肤的目的，产品使用范围很广。

1）润肤膏霜和乳液：使用该类产品的目的是恢复和维持皮肤健美的外观和良好的润湿条件。典型的润肤膏霜不含或少含特殊功能的添加剂，常选用传统的油脂、保湿剂和乳化剂体系。润肤乳液是比较流行的液态乳化制品，可代替粉底霜使用，含营养添加剂的润肤乳液可代替晚霜使用。近年来，轻质含水溶性聚合物的润肤乳液较流行，这类乳液质地细腻，外观诱人，用后肤感好，稳定性高。

2）晚霜：是专门夜间就寝前使用的润肤霜，主要用于面部和颈部。传统的晚霜含较多低溶点的油脂和酯类，这类膏霜含油量高，常为油包水型、软固状或黏液状膏体。晚霜在皮肤表面形成的吸留油层可减慢透过表皮的水分损失，起润滑皮肤表面的作用，赋予平滑肤感，使角质层最外层的锯齿形细胞变得平滑。近年来，所谓营养霜、抗皱、抗衰老的护肤霜纷纷上市，但其有效性尚难评价。

3）按摩霜：又称润滑霜，主要用于面部按摩，用作润滑剂，也可用于身体的其他部位。按摩霜可分为无水油性非乳化型按摩霜和油、含水乳化性按摩霜（一般为油包水型，也有水包油型）。按摩霜基质与冷霜、晚霜相近，采用流动点低、黏度较低的油脂、天然油、矿物油和蜡类为原料，常配合漂白剂、杀菌剂、皮肤柔软剂、营养成分和植物提取物。有时采用脂质体微囊、纤维素海绵状微球，产品呈柔软砂感。近年来随着化妆品学和美容技术的发展，发现按摩对美容有相当的助益作用后，按摩霜受到重视，而且演变成为兼备清洁、滋润、理疗等多种功能的按摩霜和油。

4）粉底霜：也是一种比较古老的传统润肤膏霜，也称为雪花膏。主要用于涂抹白粉及其他美容化妆品前涂抹在皮肤上，预先打下光滑而有润肤作用的基底。其有助于粉剂黏着于皮肤，也作为皮肤保护剂，可防止因环境因素（如日光或风）所引起的伤害作用。现代粉底霜有优良的外观和稳定性，不仅含有润肤剂，而且还可能含有防晒剂。

5）手用、体用护肤霜和乳液：此类产品主要是能保持皮肤水分和舒缓干皮肤的症状，降低水分透过皮肤的速率。其机制是通过形成吸留性保护膜起护肤的作用。现代手用、体用的护肤霜和乳液多数是水包油型乳化体系，能很快分散在皮肤上，有很好的外观，形成不黏的耐水膜，但不影响手部皮肤正常汗液的分泌。

6）防护和屏蔽膏或霜：是用于屏蔽表皮（主要是手部），以防止各种职业原因可能与皮肤接触有害物质的伤害和刺激。此类膏、霜必须是容易涂抹和分散，在皮肤上留下连续的保护膜，不刺激皮肤，用后容易除去，根据不同需要具有抗不同有害物质伤害的作用。

5. FALARY 生物纤维

FALARY 生物纤维是最新生化科技的研究结晶。钻研和突破一直是 FALARY 的永恒追求，凭借持续不断的科学研究，在奢华高端的医学护肤领域一直处于领先地位。FALARY 产品的强效配方均结合卓越的医学技术、多领域研发力量及达到医药级疗效的原料成分，让效果卓著又保证安全性的护肤产品横跨医学与美容护肤两大领域后脱颖而出。目前，FALARY 采用最新生化科研成果，选用生物纤维为面膜载体。由于生物纤维面膜具有超强的亲肤性，同时又具有能贴入皱纹与皮丘深处的包覆能力，因此较一般布织面膜更能提升敷面效果，并可紧贴肌肤，不会出现一般面膜脱落的现象。

生物纤维由植物性原料经严格挑选天然菌种，发酵产生微生物纤维素，是一项最新的生化科技，来自微生物工程。国际医学界将其广泛应用于人造血管及人工真皮产品，具有服帖保水特点，百分之百生物相容，亲肤无刺激，是划时代的产品，将面膜提升至医学美容的新境界。

我们可以对各种材质的面膜进行一下对比：①无纺布尤其是纯棉的，敷感柔润舒服，密封性好，但是透气性一般，精华液少时会翘起不服帖，更多需要躺着敷面膜才能达成完美效果。②蚕丝面膜，轻薄，服帖性好，透气性好，但是因为薄所以承载精华液有限，很多都留在面膜袋上，或者在敷的过程中精华液容易流失。③生物纤维面膜，服帖性好，同时透气不透水，低敏性，产品中蕴含着类似于人体表皮细胞核状中空的生物活性体，通过特殊的工艺，经过长达数十天与人体体温相同的恒温培养，从而将营养成分推入中空的生物活性体内。使用时只有当产品与皮肤温度一致且毛孔张开的情况下，营养成分才会缓慢地通过毛孔进入到皮肤深层，呈现完全吸收营养的饱满及不滴水的传奇现象。

生物纤维面膜由于其独特的成分，能更好地抑制酪氨酸酶的活性，防止皮肤的色素沉着与形成色斑、雀斑的现象，并且能清除含氧自由基，也有极佳的保温效果。它能促进皮肤的新陈代谢，更新老化角质，使皮肤自然白皙；抚平皱纹，使皮肤更光滑舒适。

生物纤维拥有超细纤维和卓越吸附性。生物纤维直径为 2～100 纳米，约为头发 1/1000 细，是传统无纺布的 1/133，能深入皮沟，紧紧抓住肌肤细胞，产生向上提拉作用力，负压作用下，迫使肌肤大量吸收精华液。生物纤维具有超强的储水功能，特强的水汽转水率，让肌肤更好地吸收。具有高弹性、适应性和生物兼容性。绵密网状 3D 微雕结构，精准修复每个细胞。

FALARY 面膜除了严格的膜材及精华液选择标准，在选择面膜辅材时也绝不放松，所有的辅材进入生产车间前，每批次都会有一次严格的抽查测试，通过方可采用。而 3 层复合的包装铝袋，其内层亦选用最安全的食品级 PE，安全系数高，精华液在其中反应稳定，不会释放有害物质，真正做到每个细节都保证了品质安全。

6. FALARY 拥有的生物纤维面膜系列

青春虽美好，但总让人觉得短暂，而且现代都市生活的压力越来越大，趁着年轻出去旅游是现在都市年轻人的心声。或许有的女孩会真的任性地来一场说走就走的旅行，将自己美美地融入到大自然中去，收获好的心情。但是现实总是差强人意，当你嬉戏于蓝天碧海之中，你的皮肤却默默地曝晒在阳光之下；当你穿梭于绿树丛林，享受神潭幽谷之美时，你的皮肤却在忍受着蚊虫叮咬；当你马不停蹄转悠于城市街巷与乡村旷野大饱眼福时，你可否注意到劳累漫长的旅途已使你面色无光？这些情况对皮肤的伤害都会在旅游中出现，并且夏季气温较高，因皮肤大量排出水分以调节体温，使得皮肤缺水会出现萎缩或小皱纹，在这些情况下，你的旅游心情必然大打折扣。

FALARY 为您全面打造顶级医药面膜，让您在旅途中无后顾之忧。在面膜普及率越来越高、产品越来越细分的今天，越来越多的高端面膜开始涌现，致力于满足广大白富美的高端护肤需求，几百至上千元一贴照样拥有众多"死忠"拥趸。面膜看起来复杂，其实最核心不外乎三个方面：一是精华液，二是材质，三是生产加工环境。高端医美品牌领导者 FALARY，主要针对中华民族瑰宝进行提炼，倾力关注并研究自然赋予的天然植物及其成分功效，注重天然的极致萃取与医学应用。从自然中寻找人体机能的平衡与养护，将细胞活化推向极致。FALARY 品牌不仅是对医学美容的极致研究，更是对爱美女性一个代代传承的美丽承诺。

（1）牛樟芝生物纤维面膜：中国台湾得天独厚的地理位置，孕养了全球最昂贵的真菌植物——牛樟芝。牛樟芝的子实体内含有比灵芝更丰富的高达200多种的三萜类活性物质，价值远超灵芝和冬虫夏草，因数量稀少，采收不易，价格昂贵之极，台湾民间称为"森林中的红宝石"。经台湾美颜科研机构发现，通过高科技手段萃取的野生牛樟芝精华，在美白、补水、抗过敏、抗衰老等皮肤问题上有显著功效。牛樟芝生物纤维面膜添加牛樟芝精华，可提亮肤色，焕发神奇美白能量，缔造美白新奇迹。牛樟芝生物纤维面膜通过高精度萃取的牛樟芝生物活性精华液能百分之百穿透表皮层，美白因子直达肌底细胞，从深处抑制黑色素，减退色斑，真正从根源焕白肌肤。牛樟芝生物纤维面膜拥有医学护肤的安全保障，精细萃取高渗透精华，所有产品经过敏感测试，温和无刺激，使皮肤持久健康美白。

（2）燕窝晶透生物纤维面膜：含有小雨燕窝精华萃取物和海藻糖活性因子。小雨燕窝因采集异常困难而十分珍贵，其提取物中除了凝聚黏多糖体、胶原蛋白等肌肤活化生物因子，还蕴藏珍贵EGF表皮生长因子，能完美修复活化肌肤能力，促进各种受损细胞的修复和再生，增加肌肤弹性，抚平细纹，提高皮肤光泽。海藻糖是补水锁水的秘密武器。海藻糖对多种生物活性物质具有非特异性保护作用，在科学界素有"生命之糖"的美誉。与精华液中的玻尿酸等活性成分联合应用时，可互补增效，产生卓著的保水吸湿功效，令细胞24小时饱水且充满活力。

（3）抗皱生物纤维面膜：含有类似微整形王牌抗衰成分玻尿酸胜肽，拥有卓越紧致修复力。玻尿酸胜肽活性因子有着和微整形手术类似的显著塑形紧致效果，近年十分流行，频频添加于欧美高端抗衰化妆品中。玻尿酸胜肽分子小、活性高、易吸收，功效堪比抗老除皱明星肉毒杆菌，能快速进入肌肤基底，刺激真皮层内玻尿酸合成增生，保湿同时紧致肌肤，持续使用，能形塑脸部细小轮廓，达到微整形手术的完美效果。玻尿酸胜肽凝聚天然活性保湿能量，强效润泽修复受损细胞，淡化干纹，润泽丰盈肌肤。玻尿酸胜肽可激发肌肤活化潜能，改善肌肤微循环，去除浮肿，促进肌肤自我更新能力。玻尿酸胜肽可渗透肌底，强化细胞自我支撑系统，提拉紧致，减少皱纹，令肌肤弹滑细致。

FALARY生物纤维面膜中还含有表皮生长因子，是人体内的一种活性物质，能够促进细胞的增殖分化，从而以新生的细胞代替衰老和死亡的细胞，以达到滋润皮肤抚平细纹的功用，能快速降低皮肤细胞中黑色素和有色细胞的含量，加快黑色素代谢脱落。

7. 如何正确使用面膜

面膜对于护肤来说是个好东西，但在使用上也是有讲究的。

（1）面膜每天都要使用吗？事实上，面膜一周使用2次最为恰当，当然由于产品特性不同，也会有一些面膜需要每天使用。而有些清洁类面膜产品有每周使用2次的明确规定，这个一定要遵守，以避免过度清洁造成皮肤刺痛。其他保湿、美白类面膜根据时间、数量，每天使用也是个不错的选择。疲劳度最高的周一和周五可以使用冰冰的水分面膜，周二和周四可以选择抗氧化以及精华类面膜混着使用。其实皮肤最重要的还是每天坚持不懈地保养。

（2）面膜在晚间使用效果最佳吗？事实上，皮肤一整天暴露在外界环境中，使得皮肤变得十分疲劳，在这种情况下，使用面膜能让皮肤得到最佳休息。如果一整天皮肤都暴露在强烈的紫外线中，可以适当使用水分保养面膜，并放置于冰箱中，取出后使用效果更好。保湿面膜可以使敏感的肌肤得到舒缓、保养修护。

（3）天然 DIY 面膜比成品面膜对皮肤更好吗？虽然有广告说：不要用来吃，还是用它来保护皮肤。但是在做天然成分 DIY 的面膜之前，准备工作也会有很多。首先，天然材料的收集过程中，虽然保留了对皮肤好的成分，但是与此同时，略微的毒素成分也得以保留。所以在使用前可以适当进行一下测试。材料间的酸性成分不合的情况下，会导致过敏现象。不只这些，长时间使用更容易产生氧化现象，所以选择面膜时更要选择真正适合自己的。

（4）面膜贴得时间越长越好吗？大部分面膜使用时间为 5~10 分钟，这样可以充分吸收养分，保持脸部滋润，长时间地贴在面部并不会有极大化的效果。纸敷面膜在脸上随着时间的停留，保持在面膜本身的水分就会流逝，如果长时间贴在面部，会连面部的水分一同蒸发，所以，如果超过 15 分钟，一定要拿掉。

（5）使用完面膜之后，更容易上妆吗？早晨起来，在略微肿胀的皮肤上使用面膜，能有效地唤醒肌肤，然后马上上妆的确行之有效，但是使用的面膜不同，对于不同皮肤也会有所不同。为了唤醒肌肤，大部分人会在这个时候使用精华面膜，这种情况下，取下面膜之后立马化妆的话，更容易导致皮肤油脂的分泌。如果使用清洁面膜之后使用冷冻的面霜，也不可立马化妆，容易产生使皮肤衰老的物质，所以只使用保湿补水的普通功效面膜即可，精华滋养型的面膜还是晚上用比较好。

六、传统医学美容

传统医学美容学，是以传统医学美学思想、医学美学基本理论为指导，以传统医学为基础，研究人体的形神美，并运用传统医学的方法维护、修复、改善与塑造人体的形神美及研究其规律的一门学科。它是运用阴阳学说、五行学说、经络学说、脏腑学说等通过对人体生理机能的调理，延缓其衰老过程，根据每个人的不同生理、肤色特点，使各自容颜进一步得到改善，从而达到推迟颜面衰老，保持青春美、健康美的目的。

1. 传统医学美容的特点

我国数千年的医学史包含了丰富的传统医学美容内容。传统医学美容，紧密结合传统医学的基础理论，利用特有的方法来美化人的外貌，与现代化学药物化妆品及整容术等美容手段相比，其秉承传统医学特色，凡传统医学领域的治疗方法，医学美容都可以拿来应用，而且效果颇佳，且其又具有方便、易操作、性价比高、无毒、无副作用的特点，近年来发展尤快。传统医学美容结合传统医学与美容学的特点，整体论治，保持传统医学治病求本、辨证论治的原则，同时又根据损美性皮肤病的特点，重视外部用药，形成一种新的交叉学科。

传统医学美容的显著特点是：

（1）整体美容，讲究治本。整体美容思想是传统医学美容学的精髓，是在我国医学整体观念与辨证论治指导下产生的重要理念。它强调了人体的完整性与统一性，重视调整机体内部的脏腑、经络功能，同时注重人与自然的协调统一。传统医学美容注重的是整体的养内荣外，长期的美，讲究"治本"，通过调理人体机能来达到美容效果。

（2）防治结合，多重作用。当今时代，讲究美容者不仅限于妙龄少女，可谓是男女老少皆逐渐跨入美容行列。人们不再满足于涂脂、抹粉、饰面等表面文章，而更注重如何使面部白嫩红润，使肌肤光滑细腻，同时也致力于防皱抗老，追求青春美、健康美。因此美容保健成为时下流行趋势。传统医学美容保健是传统医学美容中极具特色的一部分，其特点主要表现为：以传统医学基本理论为基础，重视人的生命美，强调预防为主，内外兼调且方法多样，它与生活美容相容。

2. 传统医学美容的方法

传统医学美容历史悠久，经验丰富。传统医学美容的历史至少可以追溯到 2000 年前，20 世纪 70 年代湖南长沙马王堆汉墓出土的古医书中已有关于药物美容、针灸美容、气功美容、饮食美容的记载。如今，传统医学美容的方法种类繁多，其中包括中药美容、针灸美容、推拿拔罐美容、刮痧美容、药食美容等方法。

（1）中药美容：美容中草药及方剂在体质的调养和外在容貌的美化上有独特的优势。中药美容是指在中医基础理论的指导下，运用中草药改善或恢复机体的生理功能，美化人体，保持青春美貌的一种方法。其最大特点是在辨证论治理论与中医整体观念指导下，因不同人的体质而选用不同的调养方法，充分发挥中药美容的作用，目前为临床上运用广泛的一种中医美容方法。中药美容一般选用补血益气、解毒凉血、化瘀行血、消肿散结、强筋健骨等药物，以平衡脏腑阴阳及调和经络气血，达到整体美容的目的。中药美容可分为内服和外用，内服即以依据辨证论治及整体观为原则，以内养外，达到美容的目的，体现中医治病求本的思想；中药外用是通过调节脏腑功能，改善血液循环，从而达到美化肌肤、五官、毛发，维护、修复、重塑人体美的目的。如今中药外用美容方法越来越受到大家的重视。在治疗美容方面，中药外用法与传统医学药学同时起步，历代医家均有研究，在相当多的典籍中记载了大量用于美容疾病治疗和驻颜的外用方药。如早在我国殷朝末期，就有了用红蓝花汁凝脂妆饰的记载，史称"燕支"，即现今的胭脂。现代研究发现中药外用可直达病所，在治疗黄褐斑、痤疮、白癜风、斑秃等损容性疾病方面，因其安全可靠具有较大的优势。

（2）针灸美容：针灸美容治疗以中医基础理论为指导，从整体观念出发，针对不同的体质，依质施针，以调理内在来解决局部病灶的问题。此法安全可靠，不仅不会对人体功能造成破坏，副作用小，且对机体具有双向调节的作用。现代医学研究指出，适当地针刺来刺激皮肤，能促使皮肤进行良性调节，不仅可增加血液、淋巴液与组织间液的流动循环，还可迅速改善缺氧的局部组织，使病灶得到充足的氧气及营养，增强皮肤的新陈代谢，进而达到活血化瘀的美容效果，尤其是因气滞血瘀所引起的痘印、色斑、面色枯黄或晦暗等问题。另外还能被动锻炼皮肤肌肉，使皮肤肌肉的弹性增强，改善干燥松弛的皮肤，使其变得弹性、红润、有光泽，起到消除皱纹的效果。如治疗黄褐斑可对督脉和足太阳膀胱经的睛明、攒竹、肺俞、心俞、膈俞、肝俞、胆俞、脾俞、胃俞、三焦俞、肾俞、长强、百会、神庭、命门、风府、大椎等穴位进行针刺，以心俞、膈俞、肝俞、肾俞为主穴针用补法，随症加减，配穴针则采平补平泻手法。每次留针20分钟，隔日1次，1个疗程10天，共治疗5个疗程。

（3）推拿拔罐美容：推拿美容的特色是疏通经络，调理脏腑，畅行气血，保持机体的阴阳平衡。其是一种纯天然的，顺应机体生理，发掘人自身潜能的美容方法，具有确切的疗效。推拿对人体全身起着关键的联系及沟通作用，运用中医的整体观念，达到中医美容内病外治、内调外美的成效。拔罐疗法是一种温热的物理刺激，通过罐的边缘吸吮、刮熨皮肤、挤压牵拉表层肌肉，刺激经络腧穴，循经感传，进而起到疏通经络、行气活血、调和营卫、平衡阴阳的效果。现代医学认为拔罐具有机械刺激和温热治疗作用，罐内形成瘀血促使红细胞溶解后产生一种类组织胺物质进入血液，可增强局部器官组织的抵抗力，提高机体免疫力。同时，物理性的机械刺激和温热刺激可使得皮肤组织代谢旺盛，促进机体恢复原有功能而使疾病痊愈。此外，拔罐疗法还具有促进排毒、加快新陈代谢等作用。如治疗面部单发的白癜风和处于局限型、稳定期的皮损，在皮损处施用刺络拔罐法，隔日1次，可收到明显疗效。

（4）刮痧美容：刮痧疗法是在我国民间流传甚广的一种内病外治方法。中医经络学说中皮肤与脏腑、四肢、五官、九窍都有一定的相关联系，皮肤同时也反映出内在脏腑功能的状态，刮痧能使局部良性改变，借由体内的传导通路宣泄病气，进而调整相连或相应的脏腑器官，使之发生良性反应。刮痧可经由经络系统达到全身各脏腑器官，并疏通经络，通畅气机，活血化瘀，加强新陈代谢。此外经常刮痧，可增强体内的排异能力，使体内病理产物有效、快速地清除。现代医学报道显示，在清除机体有害毒素的过程中，可激发免疫系统的功能，增加机体的应激能力和创伤组织的修复能力。具体操作方法为：用刮痧板边缘在面部顺着肌肉走行向一个方向轻柔地刮拭，直到皮肤微微发热或轻微发红即可，不可大力刮拭出痧，每天 1 次。若面部皮肤干燥，可先用温水洗面，使面部湿润，再用刮痧板刮拭，若加上刮痧油则更能增强其美容效果。

（5）药食美容：又称药膳美容、食疗美容，它是以传统医学药学基本理论为指导，采用食物或在食物中加入药食两用的中药，以治疗和预防损美性疾病以及强身驻颜的一种传统医学美容方法。由于该方法治病无药物偏胜之弊，无毒、无副作用，又能保护胃气，因此被广泛应用于传统医学美容治疗与保健中。历代医典、医著中有着丰富的药膳方剂应用于传统医学美容学的内容，同时药膳专著的出现，极大地促进了传统医学美容学的发展。现代研究发现，药膳在传统医学美容学中的应用与其所含有的维生素类、微量元素、蛋白质等各种营养成分密切相关。《黄帝内经》中有云"上古之人，知其道者，法于阴阳，和于术数，食饮有节……故能形与神俱，而尽终其天年，度百岁而去"。在诸多与养生美容有关的论述中，有很多关于如何调节饮食，保养脾胃，以达到延年益寿目的的论述。如将大枣、五味子、莲子及桂圆等加入大米中同煮成粥，具有养血安神，润肤唤颜的功效；将大枣、薏苡仁、山药、山楂等中药与粳米共煮成粥，可健脾开胃，且可使皮肤充盈细腻；常吃银耳、百合、米仁、白萝卜、麦冬、杏仁等润肺生津之品，可以改善皮肤干涩，细致毛孔；将玫瑰花、菊花、女贞子及枸杞子等泡茶饮，可以解郁疏肝，调畅情志。

3. 传统医学美容的价值与创新

传统医学美容学是在传统医学理论和美学理论指导下，研究损容性疾病防治和损容性生理缺陷的掩饰或矫正，以此达到延年驻颜的目的。

传统医学美容研究人体的形神之美，与人们心中的美学标准之间产生天然联系，因涉及美，使得"形神之美"似乎非量化与不确定，美容方法的应用效果似乎不可测。而传统医学认识世界时"不以数推，以象之谓"的方式，在研究以人体生命征象为代表的人体形神之美时，使损美表象与症候实现可区分性，使表象与症候的正常与异常之间具有可比性。如人体肌肤作为重要美感元素，备受消费市场与中西美容学科重视。亚洲人心中肌肤之美肤如凝脂之状，在传统医学中，被作为人体体表征象，其色泽与形态早有论述为，"不浮不沉，不清不浊，不微不甚，不散不抟"。并有"光明润泽"为最佳表象症候，不仅使人们心中皮肤美感的"凝脂"之象具体化，同时还形成"光明润泽"与"浮沉、清浊、微甚、散，抟"之间具有可比性特征。

无论中西医学，都是"以保护和增进人类健康，预防和治疗疾病为研究内容的科学"。中西医虽然分别研究人体生理、病理的不同物质层面，而且有着不同的具体研究对象和研究方法，但均以人体健康异常以及人体亚健康为研究对象。随着医学模式的转变，医学研究从消除人体疾病逐渐转向维护人体健康，重在呈现人体功能的最佳状态。如 1948 年世界卫生组织的《宪章》将人体健康定义为：健康是躯体上、心理上和社会上的完满状态，而不仅是疾病和衰弱的消失。1978 年国际初级保健大会发表的《阿拉木图宣言》将人体健康描述为：健康不仅是疾病和体弱的匿迹，而且是身心健康社会幸福的完美状态。1984 年世界卫生组织制定的《保健大宪章》指出：健康不仅是没有疾病和虚弱症状，而且包括身体、心理和社会适应能力的完整状态。可见人体健康希望达到"身心完满"乃至"身心适应"的状态。

传统医学美容学科以人体形神之美为研究对象，并通过对损容性疾病防治和损容性生理缺陷的掩饰或矫正，实现"形神"的维护与改善，是在人体亚健康之先，维护以增进生命活力和提高生命质量为基础的生命美感。传统医学美容学科构架中的丰富内容，呈现维护与再塑人体形神之美具体范畴。例如，人体美容中的悦颜色、润颜面、去皱纹、美牙齿、香口气、艳唇色、除异味、乌须眉、育黑发、润泽毛、染云鬓、娟身形、增重量、丰乳房、美手足、洁身体、香肌肤、沁衣室等。又如，《证治准绳》中描述胞睑肿胀，皮色正常，虚软如球，按之不痛为主要表现的眼部变化，称胞虚如球或脾虚如球或悬球，视作观察眼睛局部是否需要外形调整，以及在需要时选择调整方法与途径的重要依据。再如，《山海经》所载"服荀草……美人色，蕃草……媚于人"。关注内容不仅包括外观形态，更向色泽质感与心绪心态延伸。

由此可见，中西医学以维护人体生命健康，改善亚健康为目的，重在恢复人体亚健康功能状态；传统医学美容学侧重维护人体生命美感，改善损美疾病与生理缺陷，重在提升人体身心美感状态。根源于人类对人体美的追求，承载传统医学对生命表象与症候深厚认识基础，传统医学美容学科从传统医学探究生命功能状态中，升华到增进生命活力、提高生命质量的生命美感独特需求。

传统医学美容学科继承了传统医学独特的理论体系：①人体形体官窍是构成人体生命活力美感的重要组成部分；②对人体活力美感状态的观察、维护和调整等，多从鉴别评价机体生命活动功能状态水平入手，最大限度维护机体功能状态的持续旺盛时间与程度，以此为基础呈现生命美感。以皮肤滋润为例，传统医学已认识到皮肤滋润是肺"输精于皮毛"（《素问·经脉别论》）功能的反映，并认识到，肺脏"输精于皮毛"与脾"散精"、

"为胃行其津液"（《素问·太阴阳明论》）。即将津液"以灌四旁"（《素问·玉机真脏论》）和将津液"上输于肺"，下输至肾和膀胱，以化为尿液排出体外；与胃"游溢精气"、肺"通调水道"、小肠"分清别浊"、肾"蒸腾气化"、脾胃运化水谷等功能相互关联。传统医学中津液的生成、输布、排泄及其维持代谢平衡的理论，重视气和多脏腑系列生理功能活动的协调平衡；其中尤以肺、脾、肾三脏的生理功能起着主要的调节平衡作用。由此为传统医学美容学科认识皮肤润泽程度及异常变化规律与趋势提供重要理论依据。

人体生命现象一直是传统医学养生保健和治疗疾病等的经验来源。这些经验历经时间检验和疗效证明。在人们对外观容貌形体维护越来越重视的今天，传统医学美容方法与技术迅速融会于临床服务中。例如，唐代著名医家及养生大家孙思邈所著《千金翼方》中设有"妇人面药"专篇，篇首曰，"面脂手膏，衣香藻豆，仕人贵胜，皆是所要"，表明当时认识到护肤护手、香衣避秽、沐浴洁身等是身体养护的重要内容。又如，篇中所述悦泽面容具体方法有"雄黄（研），朱砂（研），白僵蚕，真珠（研末），上四味，并粉末之，以面脂和胡粉，纳药和搅，涂面作妆。晓以醋浆水洗面，乃涂之，三十日后如凝脂。夜常涂之勿绝"。而方中所选白僵蚕有祛风解痉、真珠有甘寒清热等作用，使皮肤悦泽是从皮肤气血循行状态入手，不同于现代医学改善局部循环状态或皮肤代谢速度，增加皮脂腺汗腺分泌的作用途径。

秉承传统医学理论和实践积淀，获益于传统医学途径多样、方法简便可行的特点，传统医学美容学科与临床应用紧密结合，现已应用于临床服务的传统医学美容手段和方法包括：内治法如中药内服、食膳调养、茶饮等；外治法如推拿、刮痧、拔罐、灸法、脐疗、足疗、针刺、刺络、放血、熏蒸、淋洗、擦拭、薄贴、烧蚀、耳穴、溻渍、香佩、敷贴等；自我锻炼方法如拍打、太极、八段锦等；还有心理情志调摄等。操作方法包括调理五脏、六腑、气血、津液、经络、腧穴等不同途径。随着临床应用规律性研究的不断深入，形成传统医学美容学科"调内容外"的学科应用性特点。

传统医学美容学科自20世纪80年代创立至今，全国数百万家美容机构，开设中药面膜、经络腧穴美容等服务项目；经穴按摩、拔罐、刮痧被选入美容师等多项国家职业资格认证考核；而传统医学美容专业学生就业、临床服务项目与现有医疗科室服务区别小、操作手段与现有各科常用手法相似等，一直困扰传统医学美容学科建设与发展。认识传统医学美容的创新价值，对学科建设与发展具有至关重要的意义。

4. 《黄帝内经》与传统医学美容

"美容"一词，最早见于明朝《普济方》（公元1406年）中一首名为"美容膏"的方剂。传统医学美容学继承了传统医学独特的理论体系，标志着传统医学基本理论初步形成的《黄帝内经》不仅为传统医学的形成和发展奠定了理论基础，同时也为传统医学美容的形成和发展奠定了基础，对后世传统医学美容的实践和发展有着重要的指导作用。例如，《黄帝内经》中阴阳、五行、藏象、经络、气血津液学说为传统医学奠定了理论基础，也为传统医学美容的中药内调、外治、针灸、推拿、气功等方法提供了理论依据。

《黄帝内经》反映传统医学美容"以人为本"健康理念。传统医学体质学说源于《黄帝内经》，体质是指人体生命过程中，在先天禀赋和后天获得基础上所形成的形态结构、生理功能和心理状态方面综合的相对稳定的固有特质。体质现象是人类生命活动的一种重要表现形式，具有个体差异性；而体质又是先后天因素共同作用逐渐形成的结果，虽具有一定的稳定性，但也不是一成不变的，是可以调节的。这种承认并关注人体健康及美感状况各有特色的思想，就是在中国传统优秀文化浸润下产生的以人为本的传统医学美学思想，它为尊重不同风格的美感提供了理论基础，为审美标准多元化提供了合理性依据。

一般来说，传统医学美容所关注的形之美主要指人的容貌美，尤其是面部皮肤美方面。从人体美学的角度看，皮肤是人体最大的感觉器官和最引人注目的审美器官，具有感觉、表情功能，能传递人体美感信息。中国传统医学认为，人体面部皮肤作为美容的重要美感元素，虽然肤色可青、赤、黄、白、黑等有所偏重，但都需具备"光明润泽"的健康征象。《黄帝内经》形容健康而美的面色叫作"白绢裹朱砂"，即看上去如白色的丝绢裹着朱砂，白里透红；而不健康的人则常常表现出多种异常的脸色，如苍白、潮红、青紫、发黄、黑色等。而且《黄帝内经》中就已经有关于面衰、颜黑、面尘、眉堕、毛折、皮皱、唇揭、爪枯等皮肤病症的病因病机的论述，充分说明了人体容貌与健康关系的重要性。

《黄帝内经》将人体看成是一个有机的整体，五脏六腑、气血阴阳的变化，可以通过经络反映到人体外表特别是面部。《素问·六节藏象论》指出"心者，其华在面"；"肺者，其华在毛，其充在皮"；"肾者，其华在发，其主在骨"；"肝者，其华在瓜，其充在筋"；"脾胃、大肠、小肠者，其华在唇四白，其充在肌"。《素问·五脏生成篇》也指出"心之合脉也，其荣色也；肺之合皮也，其荣毛也；肝之合筋也，其荣瓜也；脾之合肉也，其荣唇也，肾之合骨也，其荣发也"。

人体病理状态会导致容貌失美，《黄帝内经》首先论述了人体毛发、胡须、颜面、五官、皮肤以及形体之美的衰退与年龄之间的关系。《上古天真论》阐述了人体在发育成长衰老过程中人的容貌变化，其中尤以皮肤毛发的变化最为典型："女子七岁，肾气盛，齿更发长……三七，肾气平均，故真牙生而长极；四七，筋骨坚，发长极，身体盛壮；五七，阳明脉衰，面始焦发始堕，六七，三阴脉衰于上，面皆焦，发始白。丈夫八岁，肾气实，发长齿更……三八，肾气平均，筋骨颈强，故真牙生而长极；四八，筋骨隆盛，肌肉满壮；五八，肾气衰发堕齿搞；六八，阳气衰竭于下，面焦，发须斑白，肝气衰，筋不能动；八八，则齿发去。"另外，《灵枢·天年》亦指出"四十岁，五脏六腑，十二经脉，皆大盛以平定，揍理始疏，荣华颓落，发颇斑白；七十岁，脾气虚，皮肤枯"。特别是，《素问·上古天真论》最早确定了"天癸"这一重要的物质，认为它与人的增龄衰老直接相关。在体外表现于头发、皮肤、牙齿等美感损减。另外，《黄帝内经》还讨论了造成容貌失美的不良生活方式，认为不当饮食是容貌损伤的重要原因。《素问·五脏生成篇》曰："多食咸，则脉凝涩而色变；多食苦，则皮搞而毛拔；多食辛，则筋急而爪枯；多食甘，则骨痛而发落，此五味之所伤也。"劳逸得当，助生容貌；劳逸不当，容貌损伤。《素问·宣明五气篇》则有："久视伤血，久卧伤气，久坐伤肉，久立伤骨，久行伤筋。"劳逸不当，则气机郁滞，升降失司，少阳之气不得宣发，气失和畅，身呆人乏。虚者清阳不升，神怠抑郁；实者郁浊不降，扰神逆乱。这表明饮食劳逸过则伤气，阳伤而形貌损。

《黄帝内经》将养生之道的论述《上古天真论》、《四气调神大论》《生气通天论》三篇列于《素问》之卷首，较为系统地阐述了有关延年益寿的理论和实践，并明确提出"治未病"来维护人体健康，延缓衰老，保持美好容颜。所有这些，与现代医学美容的总原则是一致的。

传统医学美容强调的神之美，在传统医学上有广义和狭义之分。广义的神，是指整个人体生命活动的外在表现，如整个人体形象以及面色、眼神、言语、应答肢体活动、姿态、风度等，无不包括在神的范围内；狭义的神是指神志，是指人的精神、意识、思维活动，包括人的个性心理特征和情感过程。《黄帝内经》作为生态医学经典，《素问·六节脏象论》指出"天食人以五气，地食人以五味，五气入口，于胃肠，味有所藏，以养五气，气和而生，津液相成，神乃自生"。

人体之形、神与气血、五脏功能之间在生理和病理上互相影响。《素问·调经论》曰，"神有余则笑不休，神不足则悲"。而对于人的精神、意识、思维活动，《黄帝内经》将人的精神活动分为神、魂、魄、意、志五种，以心统率，分属五脏，即心藏神、肝藏魂、肺藏魄、脾藏意、肾藏志。同时，对于其中的情感过程，或说五脏藏神的不同状态可以导致气机的不同运动和后果，《素问·举痛论》指出"怒则气上，喜则气缓，悲则气消，恐则气下"，"惊则气乱"，"思则气结"。由于传统医学认为"气为血帅，血为气母"，所以，神之动必然最终导致人体气血变动，当变动幅度过大时，就会引起气血阴阳偏颇之症。可见，神之状态导致人体气血运动失衡，与人体容貌美关系密切。

《黄帝内经》按照五行生克规律提出了五志相胜疗法，即怒伤肝、悲胜怒；喜伤心、恐胜喜；思伤脾、怒胜思；忧伤肺、喜胜忧；恐伤肾、思胜恐。作为传统医学理论巨著的《黄帝内经》，除了为传统医学美容理论提供了全面深刻的美学和医学理论依据，还贡献了一些美容治疗方法。如《灵枢·经筋》记载了马膏疗法，用马项下脂肪反复涂抹患处治疗皮肤疾病，即将药物和按摩结合起来的一种美容治疗方法。

5. 传统医学美容的未来发展

在崇尚自然的今天，生药制剂、生物制剂乃是人们用药追求的目标，美容界亦是如此。现代社会是商业社会，讲求时尚与需求。处于现代社会中的传统医学药学美容的时尚性迎合了广大女性的爱美需求，具有广阔的市场和可观的效益。传统医学的辨证论治方法，可以对不同类型的人给予针对性的治疗，能从根本上改变体质，使美容效果得以长久；通过美容这一概念，和广大人民群众建立密切的联系，使人民群众更加具体地了解传统医学的博大精深，而不只是言传中的"慢郎中"、"老中医"的形象，从而提高了传统医学影响力。因此，未来美容产品中药配方将转为复方，散发出自然美。由于经历了化化妆品的只停留在表面修饰及其所引起的副作用的尴尬，随着全世界求美者自我保健意识的增强，人们越来越追求绿色环保、纯天然制品，这样使得传统医学美容市场的发展十分迅猛，据统计平均每年以30%的速度增长。

在美容盛行的今天，美容制品正朝着多种作用、无毒、无副作用的方向发展，但可以确信的是，以传统医学为主、内外并重、防治结合、多种用途、效果确切、性能稳定的传统医学美容，必将发展成为未来美容界的主体。传统医学美容，这古老而又有生命力的美容方法，必将显示出不被时代淘汰的韧性，放射出更加灿烂夺目的光彩。

6. 牛樟芝的医学美容作用

在我国台湾牛樟芝的地位远高于灵芝，素有"森林红宝石"的美誉。尤其是牛樟芝里面的三萜类化合物成分含量是顶级赤芝的15倍，更是一般灵芝的30倍以上。

牛樟芝的医学美容作用表现在以下方面。

（1）解毒：牛樟芝被视为解毒剂，对食物中毒、腹泻、呕吐及农药中毒均具有解毒作用。

（2）解酒、解宿醉：实验研究显示，牛樟芝具有减少酒精对肝伤害的功能，酒后或宿醉的解酒效果非常显著。

（3）抵抗肠病毒、预防流行性感冒、提高免疫力。牛樟芝成分中含有的多醣体能活化细胞、改善体质、增进人体内的免疫调节，除了能早期预防流感病毒的感染、提高免疫力外，更能抵抗流行性感冒和与肠道有关的病毒。

（4）抵抗过敏、气喘。牛樟芝具有双向调节免疫力的功能，除了能强化免疫系统外，更能调节过剩的免疫力，预防组织胺的释放，使过敏源进入体内后就不再引起过敏现象。

（5）防癌、抑制癌细胞的生长。除了能预防、治疗肿瘤及癌细胞的扩散、转移外，牛樟芝还能消除癌性腹水，对于癌症末期病患常见的剧烈疼痛、食欲不振等现象，具有相当显著的改善作用。

（6）保肝。牛樟芝含有丰富的三萜类及多醣体，具有保护肝脏、促进肝细胞再生、对抗肝癌的疗效。

（7）帮助大小肠蠕动、防止便秘。研究证实，多种肠道菌会受到三萜类及多醣体的抑制，因此牛樟芝能有效地改善肠胃方面的疾病，如胃炎、胃溃疡、十二指肠溃疡、便秘等。

（8）预防各种心血管疾病。牛樟芝除了能降低血液中的胆固醇和脂肪含量外，其腺苷能降低血小板的凝结功能，因此能预防各种心血管疾病，如高血压、低血压、动脉硬化、血栓症、心肌梗塞、脑中风、狭心症等。

（9）镇静止痛、抗炎。牛樟芝成分中的多醣体除了具有降血糖、降胆固醇、抗肿瘤作用外，也被发现具有抑制发炎和镇痛的功能。

（10）预防骨质疏松症。牛樟芝中的麦角固醇成分是维生素 D 的前驱物，维生素 D 具有帮助钙质吸收的功效，可以预防骨质疏松症的发生。

（11）保护肾脏。研究及临床实验证明，牛樟芝的三萜类及多醣体能有效改善各种因肾脏不佳而引起的病症，如肾脏炎、尿蛋白、尿毒症等，能降低尿蛋白，维护肾脏机能的正常运作。

（12）对抗糖尿病。实验证明，牛樟芝的多醣体中含有胰岛素一般作用的成分。它不仅能补充胰岛素的分泌不足，同时能使胰脏恢复应有的功能。

（13）治疗免疫过强所引发的异位性皮肤炎、红斑性狼疮等疾病。牛樟芝具有双向调节免疫的功能，除了能强化免疫系统外，更能调整过剩的免疫力。因此，免疫系统过强所造成的疾病，牛樟芝都具有显著的治疗效果。

（14）退斑。黑斑、雀斑、老年斑、汗斑、青春痘等皆可消除。

（15）其他。牛樟芝的疗效还包括治疗或缓解支气管炎、肺炎、贫血、经期不顺、风湿、关节炎、痛风、失眠、疲劳等。

（16）医学美容。FALARY 台湾研发团队花费数年时间，从存世量仅一百多棵的台湾瑰宝牛樟树腐朽树窟内采集的珍贵野生牛樟芝子实体内，运用尖端分子萃取科技，获得具卓效美白修复肌肤能力的独特活性因子，这种具有灵活细胞穿透性的三萜类活性因子对淡化皮肤色斑、美白提亮、防敏消炎都有着无与伦比的功效。同时配合能补充肌肤营养的吟酿曲萃取液及明星保湿的玻尿酸分子，轻松打造莹白透亮的健康肌肤。

七、精准医学与美容

1. 什么是精准医学

精准医学（Precision Medicine）是一种预防和治疗疾病的新方法，其考虑个体基因差异、环境因素以及个人生活方式等影响，目前主要在某些癌症筛查方面取得明显进展，但并未应用到其他大多数疾病的诊治。2015 年 1 月 30 日，美国总统奥巴马在白宫正式宣布美国启动"精准医学"研究计划。精准医学是以个体化医疗为基础、随着基因组测序技术快速进步以及生物信息与大数据科学的交叉应用而发展起来的新型医学概念与医疗模式，本质上是通过基因组、蛋白质组等组学技术和医学前沿技术，对于大样本人群与特定疾病类型进行生物标记物的分析与鉴定、验证与应用，从而精确寻找到疾病的原因和治疗的靶点，并对一种疾病不同状态和过程进行精确亚分类，最终实现对于疾病和特定患者进行个性化精准治疗的目的，提高疾病诊治与预防的效益。

2015 年 2 月 26 日，美国学者 Collins 和 Varmus 在《新英格兰医学杂志》发表题为"精准医学新计划"的文章，提出"精准医学"项目的短期目标是为癌症治疗找到更多更好的治疗手段，长期目标则是为实现多种疾病的个性化治疗提供有价值的信息。2015 年 3 月 20 日另一篇名为"精准医学时代即将到来"的文章发表在《癌症发现》杂志上。

2013 年"人类基因组计划"宣布完成 10 周年，中国科学院北京基因组研究所副所长于军在《中国科学报》发表题为"从基因组生物学到精准医学"的文章，并引用华盛顿大学前教授欧森博士的话，对精准医学的解释是："'个性化'其实就是医学实践的正常形式，而分子水平信息的使用会使医学更精准，因而是恰如其分的目的性描述。"

2015 年 3 月 10 日《科技日报》头版，刊发题为"推进精准医学发展助力健康中国建设——访中国工程院院士、中国医学科学院院长曹雪涛委员"的文章。曹雪涛院士在采访中指出："精准医学是以个体化医疗为基础、随着基因组测序技术快速进步以及生物信息与大数据科学的交叉应用而发展起来的新型医学概念与医疗模式。其进步之处是将人们对疾病机制的认识与生物大数据和信息科学相交叉，精确进行疾病分类及诊断，为疾病患者提供更具针对性和有效性的防疗措施。最终目的是更好地为患者服务，但其只是精准定义病因的'利器'，并不是万能，也不应以基因测序为导向。"

2. 精准医学包括哪些内容

美国启动的精准医学资助计划包括五方面内容，其中心任务是通过分析 100 万名志愿者的基因信息，研究遗传性变异在疾病发生发展中的作用，了解疾病治疗的分子基础，为药物研发与患者"精准治疗"明确方向。目前，该计划主要从肿瘤入手开展相关的研究，寻找肿瘤防治新途径，由美国国立卫生研究院（NIH）负责实施。同时安排美国食品药品管理局和国家健康信息协调办公室开展相应的法规制定与评估、隐私保护与数据共享等。

其实，精准医学与我国传统医学药的辨证施治如"同病不同治"的思想是一致的，而且我国传统医学的整体观对于现代医学的发展很有指导意义。例如，目前国际医学界倡导的系统医学、整合医学就是具体体现。20世纪中叶，医学界开始关注个体化医疗并逐步提出分子医学的概念，推动了人们深入认识疾病发生发展机制，但生物医学界面临的一个严峻问题是，大量的基础研究不能与临床疾病的诊治有效衔接，很多重要疾病没有得到有效控制或者仍然缺乏有效防治手段，所以，十几年前美国国立卫生研究院提出转化医学的理念，即将基础研究与临床实践紧密结合，聚焦病人临床医疗的提高，此理念一经提出立即得到全球医学界的普遍重视。可以看出，医学科技确实有了新突破，但如何提高疾病诊断与防治效果仍然是医学界的努力方向。

3. 精准医学的意义何在

精准医学理念的提出是集合了诸多现代医学科技发展的知识与技术体系，体现了医学科学发展趋势，也代表了临床实践发展的方向。与以往医学理念相比，其进步之处是将人们对疾病机制的认识与生物大数据和信息科学相交叉，精确进行疾病分类及诊断，为疾病患者提供更具针对性和有效性的防疗措施，既有生物大数据的整合性，也有个体化疾病诊治的针对性和实时检测的先进性。相信会带来一场新的医疗革命并将深刻影响未来医疗模式。

美国此次在政府层面率先启动并资助精准医学计划，再次证明关注民众健康与医疗是全世界的责任，当然，在看到该计划惠及民生的社会效益同时，也要清醒地认识到其经济效益，这一计划将造就新的经济增长点。该计划的实施，很大程度上是依赖于二代基因测序技术的发展，目前认为，二代基因测序的全球市场规模为200亿美元，并将极大地带动药品研发和肿瘤诊断及个性化临床应用，其快速发展的市场规模难以估计。而目前基因测序相关设备制造与原创技术主要来自美国，从这一个层面对于我国自主研发基因测序设备乃至药械提出了迫切需求。

美国此次实施该计划将科学技术的应用与相关的法规、评估体系建设同步进行，对于我国的科技规划、新医疗技术临床应用以及前瞻性制定相应规范管理文件等很有启发性。

4. 我国的精准医学发展

在各类科技计划的支持下，我国基础医学、药物药械、临床科学等研究与应用取得了一定的进展。通过国家863计划、973计划、支撑计划、科技重大专项、行业专项等经费支持，我国近 30 年来在基因组测序技术、疾病发病机制、临床疾病分子分型与诊治标记物、药物设计靶点、临床队列与生物医学大数据等方面有了相当的积累与发展，形成了一批有实力参与国际同领域竞争的基地与研究团队，特别是我国的基因测序能力居国际领先地位。这为我国开展精准医学研究与应用奠定了人才、技术基础。但是，我国开展精准医学面临诸多不足与挑战，最突出的不足是开展精准医学所需要的核心测序仪器设备与关键性前沿技术主要依赖进口，与国外产品和技术相比，我国自主研发产品与创新能力存在一定差距。另外，突出的不足是国家层面的顶层设计与统筹规划协调有待于进一步加强，目前医学科技资助多途径、碎片化问题严重，缺乏攻关合力，导致医疗数据库和生物资源库共享机制缺乏。这些不足限制了我国精确医学以及相关前沿科技的开展。随着国家对科技发展越来越重视及科技投入的加大，只要我们明确发展思路，扬长"补"短，相信我国的精确医学发展前景是美好的。

我国的医学事业与其他国家不同，面对着十几亿的庞大人口基数，而且人口老龄化日趋明显，各种慢性疾病包括心血管疾病、糖尿病、癌症高发。我国要瞄准医学科技国际前沿，及时抓住机遇，推动精准医学发展，最终惠及人民大众健康与疾病救治。精准医学以网格化的形式牵动医学领域的发展，以新的理念带动生物医学与信息科学的交叉合作，所以，我国应该积极抓住这个新的发展机遇，加强顶层设计，汇聚创新洪流，推动医学科技前沿的发展，提升我国临床医学水平，造福广大国民，助力健康中国建设。

中国工程院曹雪涛院士建议开展"中国精准医学研究计划"并纳入国家"十三五"发展规划，建议将中国精准医学研究计划作为专项进行实施。同时要前瞻性地处理好精准医学和已经实施的及即将实施的生物医学项目研究体系与项目的关系，促成其与创新药物国家重大专项等的衔接，促进国家医药科技整体协调发展。

5. 精准医学与医学美容

精准医学研究计划对医学美容护肤事业同样带来了巨大的发展空间。前海法拉瑞是一家专注于医学美容系列产品相关科研与行销的新型企业。出品顶级医学美容品牌 FALARY 源自我国宝岛台湾，是世界一流的专业医学美容品牌，涵盖人体经皮吸收之全套系列产品。前海法拉瑞以远大的发展目标、先进的企业文化、科学的激励机制、广阔的个人事业发展空间正在吸引大批人才加盟，现已拥有一支年轻化、高学历、高素质的员工队伍。公司秉承"以人为本，诚信立业"之原则，以精益求精之态度不断完善发展，以期为人类健康生活做出持续贡献，以面向未来，迈向国际。"FALARY"，你的医美私享家，创建于1989 年，始创于我国台湾，全球高端医美品牌领导者，旗下系列医美产品均由全球领先的PIC/S 级知名老牌药厂独家出品。民族的，才是世界的。公司以人为本，坚持"生活因健康而更加美好"的理念，携手美国加州伯克利、海峡两岸清华大学、中山大学、长庚医院、台北荣民总医院、奇美医院、南京中医药大学等海内外知名高校、医院与科研单位相关专家团队及世界顶级制药企业，专注于细胞与水科技研究，运用现代超临界萃取等技术针对牛樟芝、桑黄、灵芝等中华民族传统瑰宝做有效提取，推出系列全球首款高效特色医美产品。"FALARY"拥有顶尖专业的研发团队，由细胞学、生物工程学和医药学等多领域的专家博士组成，融合皮肤医学和美容技术，尤其深入了解亚洲人肌肤特性及保养需求，致力于研究皮肤衰老、光老化和其他个体皮肤问题产生的原理和过程，预防环境可能对皮肤造成的伤害，保护肌肤的健康及修复已形成的伤害，全方位解决多种肌肤问题。

中国实施精准医学计划的战略意义在于：①提高疾病诊治水平，惠及民生与国民健康；②推动医学科技前沿发展，增强国际竞争力；③发展医药生物技术，促进医疗体制改革；④形成经济新增长点，带动大健康产业发展。因此，要贯彻大众创业、万众创新的发展战略，面向我国重大疾病防治和人口健康保障需求，与深化医疗卫生体系改革紧密结合，与发展生物医药和健康服务等新兴产业紧密结合，发挥举国体制优势和市场配置资源决定性作用，通过政府推动、科技支撑和体系建立，提升自主创新能力，形成引领世界的精准医学发展的有效力量和途径。透过精准医学看我国未来的医学科技发展，我们有理由相信医学前沿科技进步会在不久的将来显著惠及国民健康与疾病防治，为全面建设小康社会贡献力量。FALARY将会针对每一位求美者的具体情况，正确选择并精确地应用适当的医学美容方法。我们相信，在未来的精准医学研究中，FALARY将会为中国人的医学美容业的发展再创辉煌。

企业级移动化产品
——我不忧移动 Office +
作者：努力曼

一、项目概述

（一）项目名称

1. 项目定位

"我不忧移动 Office +"（以下简称我不忧）是企业级移动化产品，PC 端与手机端信息同步，通过简单易操作的用户体验实现营销管理和项目协同，降低企业运营成本、展示员工工作业绩与风采、提高沟通效率和团队执行力。

产品依托"移动互联、云、大数据"技术，源自移动 OA、移动 CRM、Social 等信息化需求共性，专注于企业级移动化应用，全新定义营销管理和商务社交。

"移动 Office +"里的"+"号，代表了未来企业级应用的无限可能，变革了传统的工作和商务社交方式，传递"轻松工作"的价值，为用户创造更多商机。

2. 用户定位

我不忧用户定位于移动商务用户（个人用户和企业用户），这一群体对企业级移动化应用有迫切需求，并且有一定购买能力/支付能力。

3. 项目创新点

（1）全新定义营销管理。

• 融合企业信息化需求共性，衍生出移动商业化应用工具。

• 运用销售机会、客户管理、项目协同、流程管理、订单中心、数据中心、移动考勤等产品能力，对企业业务行为实施移动化微管理，兼容个人 Office、自由 Office、企业 Office。

• 流程管理：中小企业可作为信息化系统，自定义办公流程，手机端与 PC 端信息同步。

• 项目协同：实现与团队、与客户的多任务协同工作，解决项目跟进、执行及管理问题。

• 订单中心：实现厂家与经销商、供应商之间的联动，手机查库存、下订单、查物流等。

• 数据中心：保留与企业内部业务系统对接的数据通道，实现移动化数据抓取。

• 多媒体日程：以文字、图片、语音、文档、位置等多种形式，手机记录、随时查询、高效协同，上级及时点评指导。

（2）全新定义商务社交/商业应用。

• 结合销售人员一天的工作，通过更多商业应用辅助其业务行为的开展。

• 通过我的消息/分享圈，提升内部沟通效率，搭建与客户的沟通桥梁，也为企业员工提供了展示工作业绩、自我风采的平台，同时区隔了私人信息的干扰和混杂。

• 交换电子名片、使用商企视窗等商业应用，充分保持与客户的互动交流，轻松完成营销工作。

（二）行业前景

按照全球权威市场研究机构 Gartner 的分析，企业级市场正在出现一股技术合力，Gartner 将其称为"Nexus of Forces"——这是由云、社交、移动和大数据这四种独立的 IT 技术相互融合带来的影响力。首先，移动化是核心。其次，移动化、大数据、云计算构成了三位一体的技术发展趋势。最后，移动化为社交媒体带来新的创新机遇。

同时，Gartner 预测，2016 年全球将有超过 16 亿部移动智能设备被售出，40% 用户将使用移动化产品办公，5 年后，移动化产品市场更将突破万亿级！

目前，国内企业愈加意识到移动化产品对传统经营和管理模式转型升级的重要性，同时企业更加关注营销团队、项目组织的管理简化、效率提升、成本控制，使得越来越多的企业将产品、服务和管理向移动端延伸，移动化已经成为企业的发展趋势，企业级的移动互联网应用必将呈现爆发趋势！

据中国电子研究中心预测：

• 2015 年底国内移动商务用户数：3.2 亿人。

• 2016 年底国内移动商务用户数：4.3 亿人。

• 2017 年底国内移动商务用户数：5.1 亿人。

按"我不忧"平均收费标准 30 元/月/人来测算：企业级移动化产品的市场容量：700

亿元/年~1000 亿元/年!

企业级移动化产品已经成为一个充满无限商机的巨大市场!

我不忧,引领移动微商务发展趋势、全面开创"移动 Office +"时代!

(三)我不忧发展历程

(1)2014 年 5 月 17 日前,完成:

- 我不忧 V1.0 版本发布,开始在旅游、咨询、服装等行业试用。
- 完成"我不忧"软件产品认定。
- 获得广东省科技厅"创新型产品"称号(《科技查新报告》)。

(2)2014 年 5 月 17 日后,完成:

- 2014 年 5 月 17 日,我不忧 V2.0 版本发布,新增个人用户免费下载/注册。
- 2014 年 5 月 24 日,开始压力测试。
- 2014 年 8 月 30 日,完成中移计费系统及腾讯"微信支付"等的对接联调。
- 2014 年 9 月 30 日,完成出账测试。
- 2014 年 10 月 10 日,进入业务开拓期。
- 2014 年 12 月 31 日,累计注册用户数突破 50 万人。
- 2015 年 3 月 30 日,完成与软通动力"企业云"的技术联调。
- 2015 年 5 月 17 日,我不忧全新定义发布——我不忧移动 Office +。
- 目前,累计注册用户数超过 110 万人,2014 年信息化收入超过 1000 万元,我不忧运营收入超过 200 万元。
- 2015 年 7 月,"我不忧移动 Office +"专业版全新发布。

(3)自主知识产权。

- 截至 2015 年 2 月,获得国家工商总局"我不忧"等 8 件商标证书。
- 截至 2015 年 3 月,获得国家版权局 10 份软件著作权证书。
- 截至 2015 年 5 月,2 件实用新型专利已被受理,其中一件已进入实质审查阶段。

(四)项目现状

1. 现有用户数

至 2015 年 5 月 31 日,移动商务用户累计注册人数超过 110 万人,其中有近 10% 的企业用户、近 15% 的月付费用户。

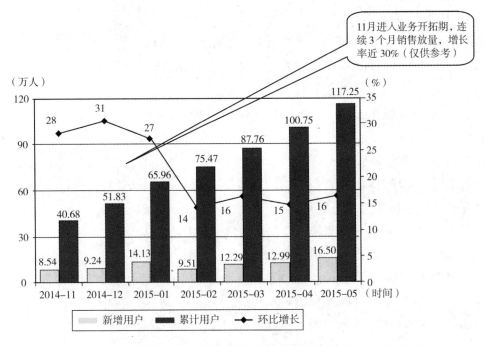

图1 近7个月累计注册用户数发展趋势

2. 累计注册用户

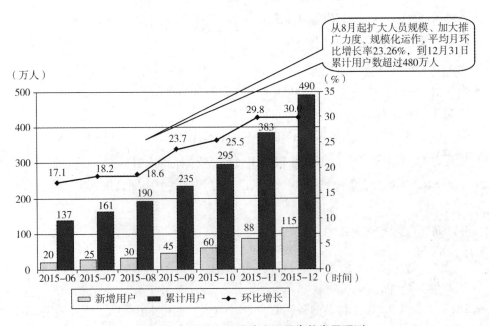

图2 2015年5～12月累计注册用户数发展预测

3. 用户活跃度

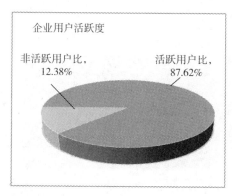
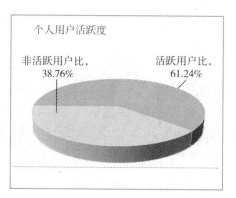

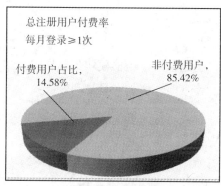
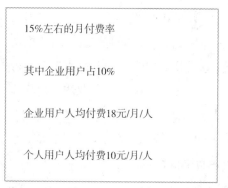

图 3　注册用户活跃度/付费率指标（截至 2015 年 5 月 31 日）

（五）未来 3 年经营目标

按照目前用户发展趋势，完成融资，加大"重客直销、渠道代理、软件预装、商业合作、网络推广、会展营销"等力度，推动规模化运作：

- 2015 年底：480 万累计注册用户数，销售收入 3500 万元。
- 2016 年底：2000 万累计注册用户数，销售收入 1.35 亿元。
- 2017 年底：6000 万至 1 亿累计注册用户数，销售收入 2.8 亿元。

二、商业模式

（一）以"品牌＆运营"为中心（OBM），以盈利模式、产品价值创新为基本点的商业模式

1. 盈利模式

用户按月付费：功能费、通信费、增值功能费。

个人应用免费，订购通信费、增值模块另收费。

企业应用收取功能费，人均成本 1 元/月，订购通信费、增值模块另收费。

用户数呈几何式增长（企业用户流失率不足 5%），销售收入具复利效应：

$$F = P \, (1+i)^n$$

（F 为期末销售额，P 为期初销售额，i 为环比增长率，n 为销售月份）

2. 产品价值创新

提供更多的增值产品和衍生服务，成为众多中小企业的产品展示平台和商务交流平台，从而创造巨大而持续的经济效益。

（二）合作形态

战略合作 + 方案合作 + 渠道合作：

与中国移动的战略合作，进入集团客户解决方案平台"和商务"。

由中国电信、中国联通提供能力产品解决方案。

由微信支付、支付宝等第三方支付平台提供用户付费解决方案。

与软通动力、华为等大型技术企业开展"企业云"跨区域项目合作。

三、产品与市场

（一）应用领域

适用于大多数行业的营销/项目组织，受众面大，产品黏性高，用户质量高，流失率低，易形成规模化销售和海量用户数。目前已在以下行业实现成功商用：IT/通信业、批发/零售、制造业、金融业、旅游业、地产业、培训/咨询、电子/互联网、物流业/商业服务、医疗/制药等。

我不忧在以下这些应用场景，尤其能体现出其应用价值：

• 劳动密集型行业，企业利润薄、员工人数多、管理松散，我不忧帮助企业完善员工管理、提升工作效率、提高市场反应、降低企业运营成本。

• 从业人数多、客户群体庞大行业，我不忧帮助企业加强销售团队管理，保持与客户的良好沟通，保持存量客户群体的稳定，提高新客户的拓展。

• 分支机构较多行业，我不忧能很好地解决人员分散管理的问题，规范分支机构的管理，满足企业日常沟通、协作需求，提高团队工作效率。

• 员工流动性大、外出频繁行业，我不忧能解决外出时业务管理、人员管理以及沟通问题，降低企业的管理成本，保持客户信息的延续性，存量客户不流失。

（二）产品优势

1. 技术优势

多数据库中心，多智能平台运营，卓越的技术优势，强大的数据处理能力，确保平台化、智能化、流程化、傻瓜化、碎片化等。

数据中心云化：实施、部署南北多个数据库中心，建设数据库灾备机制，保障海量用户的高并发访问量。

多智能平台运营：智能用户管理平台 + 智能计费管理平台 + 智能流量管理平台。

平台化合作：开拓、运营多个企业云平台（软通企业云、华为企业云等）。

2. 自主研发

产品为自主研发，拥有独立的自主知识产权，已取得 10 份软件著作权、8 件商标证书和 2 项实用新型专利。

3. 研发团队

核心研发团队来自腾讯、阿里、华为、中兴等行业巨头，同时拥有软通动力、中软国际、深圳大学研究院等实战 & 研究复合型合作机构和资源，能全方位满足并快速响应开发需求，具备企业级移动化产品的规划、设计、开发和持续优化提升的能力，将用户体验感做到极致。

4. 安全性

由中移提供云主机服务，运营商独有的加密和安全保障机制、先进的信息安全管控系统，确保用户信息安全；科学化的数据管理、系统灾备机制，保障用户应用安全；通过中移计费系统及微信支付等支付平台，确保用户计费安全。

（三）营销策略

1. 营销团队

来自用友等大型软件提供商，了解软件产品的营销策略和推广模式。

2. 行业商用

已完成在 IT/通信业、批发/零售、制造业、金融业、旅游业、地产业等十几个劳动密集型行业的成功商用。

3. 营销策略

我不忧采取"重客直销/会议营销、渠道代理、软件预装、商业合作、网络推广、会展营销"宽口径多渠道的营销策略。

直销能力：团队已具备通过行业标杆，进行行业复制的能力，目前树立近 30 个行业标杆企业，能快速在行业内进行复制推广。

渠道体系：制定了三级代理商体系，建立与水协会、粮油协会、软件行业协会等近 10 个行业协会的紧密渠道关系；建立与运营商的战略渠道合作，利用存量客户资源，拓展行业客户。

软件预装：与终端厂家、运营商形成合作，进行智能终端预装，快速提升用户数。

商业合作：发展地推团队，开展与商户的广泛合作，通过规模化运作在短时间内快速发展用户。

网络推广：运用移动互联网发展模式，通过百度推广、网络联盟、网络平台整合等方式，精准投放。

会销经验：积累了丰富的会议营销和行业会展经验，每个月至少 1~2 次行业会议营销；针对高交会等全国性展会，为参展企业提供基于"商企视窗"的产品与服务。

（四）行业分析

表1　我不忧的行业分析

	产品定位	产品特性	商务模式	公司收益来源
OA/CRM/ERP	企业定制化业务系统： OA：审批流 CRM：客户关系管理系统 ERP：生产管理系统	受众定位：企业用户 专业业务系统，具有不可取代性 需要专业的系统升级和维护	向企业收取定制开发费，少则十几万元，多则上百万元	一次性的开发费 +10%~20% 年服务费
Sales Force X - Tools 纷享销客	移动 CRM 客户关系管理系统 移动销售管理工具	受众定位：企业用户 客户关系管理 + 销售管理 + 业务管理的综合平台/工具	向企业收取功能费，后两者以渠道化发展为主： 65 美元/月/人起 50 元/月/人 30 元/月/人起	按用户数收取功能费
我不忧	移动 Office + 企业级移动化产品 PC 端与手机端信息同步，通过简单易操作的用户体验实现营销管理和项目协同 源自企业信息化需求共性，深度理解企业对于移动商业化应用的需求 既独立于企业业务系统，也可通过手机端部署与业务系统对接 "+"号，代表了未来企业级应用的无限可能，提供更多的增值产品和衍生服务	用户定位：移动商务用户（个人用户 & 企业用户） 企业级移动化产品，具易用性、稳定性、扩展性 多智能平台运营，订购、计费、管理灵活，确保系统稳定高效运行 产品可根据市场需求，提供持续的优化和升级 良好的品牌价值，拥有自主知识产权，超过 500 万元的无形资产评估	以"品牌 & 运营"为中心（OBM） 以盈利模式、产品价值创新为基本点 用户数呈几何式增长，销售收入呈复利效应 商业模式独特，公司现金流稳定，无应收压力	用户按月付费：功能费、通信费、增值功能； 公司盈利点多、收益面广

四、公司与团队

（一）公司概况

1. 公司简介

成立时间：2012 年 4 月 19 日。

注册资本：500 万元。

公司地址：深圳市南山区新东路 1 号清华信息港科研楼 907 室（近 800 平方米办公场地）。

2. 公司主营业务

• 标准化产品能力——我不忧移动 Office＋，企业级移动化产品。

• 定制化开发能力——为中小企业量身定制信息化解决方案，在 CRM、B2B 电商管理系统、仓储物流管理系统、进销存管理系统、无纸化办公协同系统、移动商务业务系统等软件应用领域具有丰富的开发、集成经验。

3. 员工组成

截至目前，公司员工总数 48 人，其中总经理 1 人、产品中心 21 人、营销中心 16 人、运营中心 4 人、人力行政中心 3 人、财务管理部 3 人。平均年龄为 28～35 岁，其中硕士学历占 6%（3 人），本科学历占 77%（36 人），大专学历占 18%（9 人）。

4. 股权结构

努力曼 80%、周毅 10%、吕晚霞 10%。

5. 组织架构

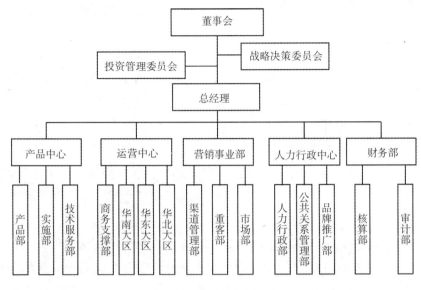

图 4 公司组织架构

(二) 团队情况

努力曼：女，公司总经理，兼首席营销官，公司创始人，清华大学工商 & 资本 EM-BA，完成剑桥大学市场营销职业资格管理培训（CIE），大数据联盟委员。

拥有十几年的通信技术及企业经营管理经验，先后在香港权智集团、中移动等大型企业任副总裁等高层管理职位；参与了中移智能终端及移动数据业务发展 & 经营战略深度研讨，具备移动互联网领域的策略先进性能力；积累了极为丰富的企业管理经验和技术领导能力，具有强大的知识结构体系及开阔的系统思维，富有领导力、创造力；参与主持了 2012 年移动互联网大会 "OTT 业务盈利模式破局" 的分论坛；2012 年 4 月，创办深圳市中琛源科技发展有限公司，任总经理，兼首席营销官，作为企业的领导者，始终致力于瞄准国际先进的产品和技术，并加以研发创新，使公司推出适合中国市场实际需求的产品。

周毅：男，公司副总，产品中心总监。曾任职于新联通、软通动力，在主导大型项目管理的基础上，专注于移动化产品的专研，对移动互联网行业具有极大的热情和深刻的理解。擅长于移动化产品规划、产品设计，在用户体验提升方面，倾注了大量的心血，视为用户创造极致的体验感为使命。

杜亚威：男，首席技术官，曾任职阿里集团支付宝公司技术架构师、腾讯计算机集团系统架构师。精通 Lvs、Nginx、Jetty、Hsf、Mysql、Redis、Canal 等高性能服务框架，熟悉第三方支付核心支付、境外支付、MPOS 等互联网金融业务，近 10 年大规模互联网 Web 应用和大型架构构建经验，具备大流量、大访问量、高负载环境下的系统开发及优化实战经验。

程贺雷：男，产品中心总助，项目总监，北京大学计算机本科，曾任职华为科技、软通动力、大唐云动力，长期主导大型项目的研发，熟悉 CMMI 流程体系和敏捷开发流程、精通 Axure 工具制作产品原型、精通 Linux 操作系统，擅长移动互联网数据综合处理、即时通信工具及熟悉大数据处理技术。

钟明生：男，营销总监，营销师，有多年营销体系顶层设计经验（包括定位、策划、商业模式、资源整合等）以及营销体系搭建和实施软件销售实战经历，熟悉渠道管理和供应链管理流程，熟悉 B2B、B2C、O2O 等商业模式的运作和流程，熟悉电子商务企业自有平台统一解决方案。

何莹：女，总经理助理，运营中心总监，同济大学 MBA，高级营销师。曾任职于爱施德股份，在通信、移动互联网行业实战多年，精通移动互联网行业运作模式和业务流程，在移动互联网领域精耕深作，在实践中创新，在创新中发展，擅长企业内部流程再造、内外部运营管理、市场推广及品牌策划。

五、核心竞争力

（一）商务模式优势

1. 盈利模式

用户按月付费：功能费、通信费、增值功能费。

个人应用免费，订购通信费、增值模块另收费。

企业应用收取功能费，人均成本 1 元/月，订购通信费、增值模块另收费。

用户数呈几何式增长（企业用户流失率不足 5%），销售收入具复利效应。

2. 订购、计费、管理灵活

个人用户通过支付平台自主完成订购。

企业用户通过运营商计费系统完成支付。

企业用户通过预存统付方式完成支付。

（二）技术优势

企业级移动化应用的深度理解，并能形成贴近用户需求的产品与服务。
海量数据处理能力，确保高并发量时系统应用的稳定性。
数据中心云化，建立系统和数据库的灾备机制，保障用户的应用安全。
智能平台运营模式，订购、计费、管理灵活，确保系统稳定高效运行。

（三）行业优势

企业对移动化应用有旺盛的市场需求，潜力巨大、前景广阔，企业级移动化产品呈井喷式增长。

（四）团队优势

数十年从事互联网行业软件开发及运营，有坚实的行业底蕴基础，能敏锐判断市场发展前景和趋势，迅速反应并推进创新。

多年行业经验，深谙移动互联网领域运作模式，具备较强商务模式设计能力和运营能力，能与时俱进，持续保障这一领域经营策略的先进性和可行性。

核心研发团队来自腾讯、阿里、华为、中兴等行业巨头，同时拥有软通动力、中软国际、深圳大学研究院等实战与研究复合型合作机构和资源，能全方位满足并快速响应开发需求，具备企业级移动化产品的规划、设计、开发和持续优化提升的能力，将用户体验感做到极致。

团队成员拥有相同的价值观、共同的奋斗目标，对目前所处的行业和市场具有高度的认同和满怀的热情，并且有多年合作经验，配合默契，互补性强，是一支成熟且具有战斗力的钢铁之师。

六、收入与财务预测

（一）公司未来3年财务预测

表2　未来3年公司财务预测

单位：万元

年份	2014	2015	2016	2017
总资产	1819	5740	14515	25865
总负债	793	1256	3615	5865
销售额	1011	3500	13500	28000
净利润	304	680	3000	5000

（二）财务指标说明

1. 2015年预计

全年收入3500万元，2015年2月至2016年6月持续经营投入4500万～6000万元。

加大市场投入，将加速推动规模化运作，实现注册用户数480万人，挑战1000万人，用户活跃度保持在60%左右，月付费率15%左右。

2. 2016年预计

全年收入1.35亿元，比2015年同期增长170%；净利润3000万元，净利润率22%。

3. 2017年预计

全年收入2.8亿元，比2016年同期增长100%；净利润5000万元，净利润率18%。

业务在全国范围内形成规模化运作，产品得到市场广泛认可，注册用户数得以大幅度提升，并呈惯性发展，市场份额达到20%～30%。

七、融资计划

公司已于 2014 年 7 月 31 日获得天使投资，估值人民币 8000 万元。

公司计划 2015 年 6 月 30 日完成本轮融资，实现规模化运作。

公司计划 2015 年底启动新三板挂牌工作。

目前公司按照挂牌上市公司的管理规范要求，对运营、内控和客服为支撑的体系化进行建设和优化。

本轮融资计划：出让 15% 股份，融资金额不低于人民币 3000 万元，一次性到位，以保证后期持续经营。

退出方式：IPO 退出、回购退出。

表 3　2015 年 2 月至 2016 年 6 月持续经营投入 4500 万～6000 万元的使用计划

类别	重点投入方向		投入比例
营销/用户推广	扩大业务规模，通过"三步走"战略，建立全国营销网络： 广东省扩展到华南区 华南区扩展到华北、华东 扩展到全国各区域	以重客直销＋会议营销/会展营销为主导，建立行业标杆客户 通过扁平化渠道＋优势政策，快速发展渠道客户群体，快速规模化 运用移动互联网发展模式，通过百度推广、网络联盟、网络平台整合等方式，精准投放	60%
技术开发	优化能够支撑千万注册用户的产品和后台环境 加强技术开发与市场调研投入，紧跟移动互联网发展趋势 确保足够研发力量，保持产品持续生命力，确保系统稳定高效运行 完善售前售中售后客服体系	持续优化产品，多个新功能的立项开发 优化多智能平台的运营，全面提升与完善平台化运作 系统后台架构和数据库的优化处理，实施及部署南北多个数据库中心 逐步建立以故障分级标准和服务响应时间为核心的全国客服支撑体系	22%

续表

类别	重点投入方向		投入比例
运营与管理	建立千万注册用户所需的内外部运营环境 业务运营环境的搭建和优化 建立较为完善的内部运营、内控管理 体系建设与优化 精英营销团队的组织建设与培养	运营商合作关系的全面与深入，软通、华为"企业云"的建设与运营 加强运营商云主机、灾备机制的合作，确保用户计费/应用/信息安全 完善培训体系，绩效制度、福利和晋升机制	18%

注：2016 年开发成本将合理下降；加大融资规模，将提升市场占有率。

八、风险防范

如何防范可能的风险：

• 通过提升产品能力、不断的价值创新，确保在市场上行业领先性，为中小企业提供更多的增值产品和衍生服务，保障稳定而持续的销售收入。

• 通过重点营销策略"行业标杆 + 渠道代理 + 网络推广"形成无缝覆盖，快速规模化运作，稳定市场份额 20% ~ 30%。

• 借力运营商存量经营、流量经营、集团客户经营三大战略，利用其对企业解决方案投放资源的积极性，整合其丰富客户资源、平台资源，积极拓展行业客户。

• 与软通、华为等大型技术企业开展"企业云"跨区域项目合作，将产品作为移动化应用在全国范围内加快企业推广。

• 借助运营商、战略渠道等合作伙伴在市场及行业客户中的影响力，快速渗透行业TOP50 客户，完成行业全面覆盖。

• 加强自身品牌建设，通过品牌力量和市场知名度，全力发展注册用户数。

基于 Zigbee 的 SOS 主动式寻呼系统项目

作者：尚鹏

本产品可以有效进行陆上日常定位与救护工作，以及防范老人、儿童、驴友等走失。呼救工作，也可以用于自然灾害多发区民政部门的主动式救护工作。目前市场上广泛应用的救援呼救设备，包括生命探测仪和搜救机器人均为被动式救援呼救设备，均由救援人员搜寻被困人员，感应距离短，对复杂环境适应性差，且在全世界范围内都没有主动式寻呼救设备。本产品的出现弥补了市场上这一点的不足，设备价格平民化且功能更为强大，故具有非常好的市场前景与经济效益。由于产品本身成本低，性价比高等优势，保守估计在投入市场并大规模生产之后可占到市场份额的30%以上，在2年以内不会有企业模仿出类似的产品。

一、产品与服务

我国救援人员目前使用的生命探测器均为被动式生命探测仪，具有很大的局限性，其局限性在于工作时人员与机器的距离要求必须大于2米，不太方便。搜救机器人的局限性在于移动机器人要用于灾难现场的非结构化复杂未知环境的探索还需要进行更深入的研究。目前搜救机器人的控制方式主要以手工操作为主，不追求机器人的完全自治，因此搜救机器人的效率极其低下。

目前，世界尚无一款主动式的救援呼救设备，遇难人员只能被动地等待救援，或者通过呼喊或者敲击声引起附近救援人员的注意，然而，这种盲目的求救方法由于受伤严重无力呼救、被困环境封闭声波无法传递或救援人员距离过远没有发现等原因，绝大多数都徒劳无功。同时，户外探险等运动被困人员因环境因素及人员位置无法确定给搜救带来了极大的不便，往往需要大量的搜救人员拉网式的搜查，效率极其低下。因此，在这种背景下，针对矿难、地震等灾难发生时的恶劣现场环境和野外大面积的搜救环境，迫切需要一种小型、轻便、便携，类似钥匙扣大小的主动式的救援呼救设备，这样可以在各种现场环境和救援人员的距离影响下而达到主动求救的效果。

本产品 SOS 主动式寻呼救系统，与其他生命探测系统相比具有独特的优势：①是世界上第一款主动式的救援呼救系统；②待救人员主动发出求救信号，极大地提高了救援的效率；③相较其他救援方式，价格极低，不需要架设基站；④自动路由，每个终端都可以自动成为路由节点，参与到信号的转发；⑤传输距离远：在平地视距可以达到 $2 \sim 3\mathrm{km}$。在废墟中传输距离可达 50m 以上，电池功率增加，传输距离可增加；⑥功耗低，低功耗模式下只有 $0.4\mu\mathrm{A}$。

二、行业情况

本产品应用范围十分广泛，可应用在：天灾事故多发区（如泥石流、地震、水灾、火灾、塌方、矿井、管道维修、地陷、枯井、钻井平台）普通职工、群众的紧急搜寻与救护；战场军人、飞行员的应急搜寻与救护；户外探险等活动爱好者的紧急搜寻与救护；火场及其他被困人员、救险人员的紧急搜寻与救护等，具有广阔的应用市场。

本创业产品在已经研发并获得专利授权的专利产品基础上，逐步形成企业长、中、近期的产品生产经营模式和销售团队与策略。创业初期以专利产品为契机，构成第一代上市产品，并以之形成创业的近期产品上市和销售计划；中期将在 3 年时间内构成企业持续产品生产能力，和基于市场反应的二代升级产品的研发与生产；远期将以本次创业的专利产品为持续上市产品。以上构成企业的三期产品计划，未来将完成企业在无线通信装置领域高、中、低端生产和研发规模。填补东莞市在该领域的空白，并在国内外救援通信领域占据一席之地。

本产品科技含量高，价格低廉，易于普及，需求量大，社会经济效益明显，市场广阔、前景良好。完全有大批量生产实现产业化的价值。在取得丰厚经济效益的同时，具有广泛的社会效益。该项目填补了国内在该项目上的工业空白，带动了地方经济，取得了较好的社会效益和经济效益，既为国家增加了税收，又为劳动力就业提供了良好的机会。

SOS 主动搜救系统（实用新型专利授权号：ZL201220571807.7，国家发明专利受理号：201210430434.6）小型、轻便、便携，类似钥匙扣大小的主动式的求救信号发生器，由被困、待施救人员按动信号发生器按钮、信号发生器发出一个特有频率的无线电求救信号，该信号由接收器接收，能判断出信号发生器的识别码，能通过信号接收器的功能，获知待施救人员的基本情况、距离、位置等，便于施救人员的施救工作。产品还可以和手机网络通信传递信息，建立信息服务。

（1）系统采用 ZigBee 自组织网路协议，系统自动组网，网络结构随现场变化而变化，以数据为中心，自动路由。

（2）采用低噪声功率放大模块，用于增加信号的发送功率，增加传输距离；减小接收信号噪声，增加通信的成功率。

三、市场方案

针对产品的推广，首先，将建立电商代理商制度，逐步在国家建立分地区的总代理商，分别负责华南地区、华东地区、西南地区，北方区，东北区等产品代理销售。其次，企业将组建产品推广团队，通过代理商与地方政府和矿山等大型企业进行联合救援演习等多种形式的产品现场推广活动。再次，建立企业自己的营销团队，负责产品的销售管理和代理商的管理。最后，对于可以以家庭和个人为主要销售对象的救援通信装置类产品，将逐步建立基于电子商务和基于手机3G移动的商务销售平台，以网络直销的模式直接将产品销售到用户手中，节省仓储环节费用。

创业初期以专利产品为契机，构成第一代上市产品，并以之形成创业的近期产品上市和销售计划；中期将在3年内构成企业持续产品生产能力和基于市场反应的二代升级产品的研发与生产；远期将以本次创业的专利产品为持续上市产品。除申请政府资助500万元外，未来3年内公司将融资500万元，主要用于基建费、人员费和模具加工制作费等。

地震、火灾、矿难等灾难发生后，在废墟中搜寻幸存者给予必要的医疗救助，并尽快救出被困者是救援人员面临的紧迫任务，由于灾难现场情况复杂，在救援人员自身安全得不到保证的情况下是很难进入现场开展救援工作的。此外，废墟中形成的狭小空间使施救人员甚至搜救犬也无法进入。实际经验表明，超过48小时后被困在废墟中的幸存者存活的概率变得越来越低。

本项目通过对现有类似技术分析，开发一种小巧、便携的主动式求救信号发生器。具体功能：由被困、待施救人员按动信号发生器按钮，信号发生器发出一个特有频率的无线电求救信号，该信号由接收器接收，能判断出信号发生器的识别码，能通过信号接收器的功能，当事故发生时，救援人员可以根据系统所提供的数据、图形，及时掌握事故地点的人员和设备信息，也可以通过求救人员发出呼救信号，进一步确定人员位置及数量，及时采取相应的救援措施，提高应急救援工作的效率。

与普通的生命搜救仪和呼救信号相比具有传输距离远，价格低，不需要架设基站等优点。传输距离远：在视距可以达到 2.3km，在废墟中传输距离可达 50m 以上，电池功率增加，传输距离可增加；功耗低：低功耗模式下只有 0.4μA；自动路由：每个终端都可以自动成为路由节点，参与到信号的转发。

由于救援通信类产品在我国处于起步阶段，从理念、研发、市场方面都还处于初级阶段，机会较多，抢先以产品占领市场的企业将获得较大的市场份额和生存空间。

对于本次创业产品直接的使用对象为政府专业救灾人员（水、火场救灾、民政部门救灾人员、矿井救护队、石油钻井平台）以及户外探险等活动爱好者应急搜寻与救护。

目前救援通信装置市场处于快速发展的阶段，每年以 2 位数字增长；救援通信领域我国处于起步阶段，市场前景十分看好，早创立和早开发出产品的企业将获得市场的优先权和较大的生存空间与市场份额。

本产品科技含量高，价格低廉，易于普及，需求量大，社会经济效益明显，市场广阔、前景良好。完全有大批量生产实现产业化的价值。在取得丰厚经济效益的同时，具有广泛的社会效益。目前国内没有类似产品，国内竞争的风险低。该项目填补了国内在该项目上的工业空白，因此将综合考虑使用对象的承担能力后以争取较低的定价占领国内市场，既能带动地方经济，又能取得较好的社会效益和经济效益。

本项目利用后台大数据建立救援数据平台，建立相应的数据处理，选择和反馈服务机制，形成收费信息服务，形成企业利益增长的可持续性模式。

四、商业模式设计

依托国家专利"救援通信装置（发明专利申请号：201210430434.6，实用新型专利授权号：201220571807.7）"和项目前期研究成果，进行基于 ZigBee 的"SOS 主动式寻呼救系统"研制及产业化。

项目组已经完成产品的原型机的整体性能检验检测，包括以下四个方面：

（1）基于 ZigBee 的 SOS 主动式寻呼救系统的样机研制。

（2）矿井等灾难高发区的实地测试和改进。

（3）复杂地理地貌下的信号接收状态的测试和改进。

（4）基于 ZigBee 的"SOS 主动式寻呼救系统"产业化运作。

团队已经完成产品的原型机制作和测试工作，下一步的工作主要集中在基于 ZigBee 的 SOS 主动式寻呼救系统样机的整体性能检验检测和产业化运作。项目已解决的关键技术问题如下：

（1）优化 ZigBee 协议实现自动组网，自动路由功能。

（2）增大信号发射功率，系统在废墟下的信号穿透能力，信号强度与稳定性。

（3）优化天线设计，增加传输距离和可靠性。

（4）实现下位机电路的集成化、小型化。

（5）产品抗震、抗压能力；产品防水、防火能力。

五、收入和财务预测

保守预计 5 年后达到不少于 5 千万元的年产值。

下面以产品在矿井的应用方面说明产品的经济社会效益。图 1 为我国近 7 年煤矿从业人员人数的增长趋势。根据图 1 数据，以 2011 年的数据为基础，仅在我国煤矿企业中 20% 的从业人员（100 万人）配备本产品，销售数量将达 100 万件下位机，按照每 100 件下位机配备一个上位机计算，那么将要配备 1 万件上位机；下位机售价为 50 元，上位机的售价为 1000 元，则总销售额为：100 万 × 50 + 1 万 × 1000 = 6000 万元。每个下位机的利润约为 10 元，上位机约为 200 元则总利润为：100 万 × 10 + 1 万 × 200 = 1200 万元。煤矿行业市场潜力巨大，地震搜救、旅行救助领域的应用潜力更是巨大。

本项目产品除了能应用到上面所述高危行业，也可以应用于民用方面，据统计，2014 年老年痴呆症患者有 800 万台的潜在市场，按照 10% 的购买率，则有 80 万台的市场；2012 年统计中国学龄前儿童的数量是 1.8 亿人，全国小学教育阶段在校学生数为 10564 万人，初中教育阶段在校学生数为 5736.19 万人，上述总人数在 2.5 亿人以上。

六、风险分析

在企业创立初期，因产品尚处于试验生产和试验销售阶段，因此资金缺乏的可能性很高，虽然创业计划本身将赋予企业一定的资金扶持和一定时间内减免税的待遇，但是资金筹措将是企业的一项重要任务。因此，拟适当时候引入风险投资。参加各类融资洽谈以及联想之星类的融资培训计划。

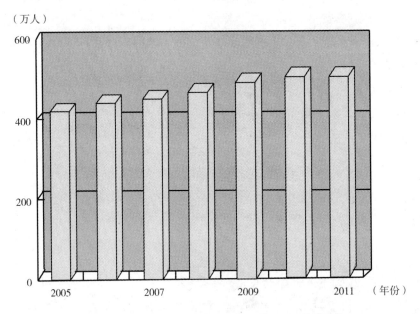

（万人）

图1 2005～2011年我国煤矿从业人员人数增长趋势

产品研发的风险不大，因为创业者尚鹏博士团队长期从事医疗器械类产品研发，对于产品的技术内涵已经完全掌握，此外已经成功获得专利授权。

引进资金进行产业化是主要任务，鉴于创业者尚鹏博士团队以往经验，产品的销售和利润的获得的历史有利于获得投行或者风险基金的认可和投入。而这正是本创业计划的重点实施部分，在获得创业计划的扶持中快速以专利产品投入市场，获得销售和一定的市场份额后，将极有利于风险基金和银行贷款的获得，度过创业企业的生死存亡期资金缺乏的尴尬阶段。

因为本项目研发的产品是针对特定人群设计研发的，而国内的其他企业产品目前无此类针对性强的产品问世，所以，国内竞争的风险相对降低。

此外，产品本身具有自主知识产权，避开了国内多数企业仿制国外产品带来的潜在知识产权侵权的风险。

主要的竞争对手为国外的几大救援通信厂商，但是它们目前产品中并无相应产品。此外，由于这些国外大公司的产品相对于中国市场是进口产品，还要额外增加关税，在产品的价格上不具有优势，如果我们以自己掌握的相应的核心技术、对路的市场定位和消费人群、专业的设计和严格的产品验证，辅以中国制造的低成本，足以与国外产品媲美直至抗衡，从而占据一定的市场份额。国内在植入器械市场方面，主要是创生、康辉、威高等医疗器械大企业，不过本创业计划将避开他们擅长的产品技术领域，瞄准它们的空白产品进行研发生产和销售。

七、融 资 计 划

1. 融资需求

表 1　公司融资需求

单位：万元

创业所需要的资金额	1000	团队已经出资金额	500
资金需求时间	2015 年 2 月 1 日		
资金用途	样机试制、生产线建立、人员招聘		
公司发展所需要资金额	500		
资金需求时间	2015 年 12 月 1 日		
资金用途	市场推广、产品中小批量生产		
融资方案	企业自筹	300	
	银行贷款	200	
	风险投资	500	
	其他来源	0	

2. 融资计划

团队目前已经和国内外的风险投资资金——深圳同创伟业风投、深圳市远致富海投资邮箱公司有着密切接触，此外和苏锡常地区、广东地区及浙江地区的民营企业家也有着广泛接触和合作。一些民营企业家由于生产转型的需要，对于新兴的行业如通信行业的产品求之若渴，在理解其高科技含量与旺盛的市场需求后，产生了极大的兴趣。在本项目申请过程中，我们与这些地区的企业家进行了协商，他们均表示出极大的投资兴趣，未来联合这些企业进行项目再投资或者融资的机会非常多。

股本规模及结构暂定为：注册资本 1000 万元。团队自筹资金 500 万元，技术入股 200 万元，共占股本的 70%；外部融资占 30%，其中融资需求为 500 万元。我们希望引入 2 ~ 5 家风险投资，以进一步分散风险，优化股本结构，并为以后可能的上市做准备。

3. 投资与收益预测

表 2　公司未来 5 年收益预测

单位：万元

	第一年	第二年	第三年	第四年	第五年
年收入	200	1000	5000	6000	6000
销售成本	135	800	4000	4800	4800
运营成本	100	200	200	200	200
净收入	60	0	800	1000	1000
实际投资	300	300	200	100	100
资本支出	300	300	200	200	200
年终现金余额	0	0	600	800	800

4. 资本结构

表 3　公司资本结构

迄今为止有多少资金投入贵企业	500 万元
您目前正在筹集多少资金	500 万元
假如筹集成功，企业可持续经营多久	7 年
下一轮投资打算筹集多少	500 万元
企业可以向投资人提供的权益有	■股权 □可转换债 □普通债权 □不确定

表 4　资本结构表

股东成分	已投入资金（万元）	股权比例（%）
团队自筹	500	50
技术入股	200	20

表 5　本期资金到位后的资本结构表

股东成分	已投入资金（万元）	股权比例（%）
团队自筹	500	50
技术入股	200	20
风投	500	30
个人	0	0

注：目前本创业项目期望有通信救援相关背景的投资机构或个人对本项目投资。

八、团队构建

团队以尚鹏研究员作为技术带头人，围绕企业主营产品布局技术支持团队的组成人员，涉及生物医学工程、机械设计、自动化、生物材料及电子信息工程等多个交叉学科领域，提供具有专业背景的技术人员作为核心技术骨干，并在公司成立后，长期派遣 2～3 名技术骨干于企业落地地点工作。团队人员列表如表6所示。

表6 团队人员列表

序号	姓名	学历	职称	专业	拟任公司职务
1	尚鹏	博士	研究员	生物力学	CTO
2	侯增涛	硕士	助理研究员	生物医学工程	技术支持
3	徐希坤	硕士	硕士研究生	电子信息工程	
4	杨朝岚	硕士	研究助理	自动化	
5	张黎楠	硕士	助理研究员	生物材料	
6	叶新	学士	研究助理	机械设计	
7	赵九舟	学士	研究助理	光电工程	

其中，尚鹏，拟任创业项目带头人、董事长，负责团队的总体事务。

博士，研究员。2003 年获得上海交通大学博士，先后在清华大学与美国西北大学攻读博士后，曾担任美国耶鲁大学项目科学家、美国哥伦比亚大学访问学者。

长期从事康复医学领域的研究与开发，拥有 50 余项授权专利技术，发表学术专著 4 部、学术论文 60 篇，其中 SCI/EI 的 30 余篇。研发的牙科矫形加速器、康复步行训练系统、植骨科入材料等已经应用到临床或临床试验中。

以知识产权入股形式创办科技企业 4 家，均获得良好的产业化效应与效益。产品"基于手机蓝牙控制的多生理参数按摩一体机"获得中央电视台科教频道的"发明梦工厂"报道。先后获得 2 届深圳高交会优秀产品奖 2 项。2003 年"优先定制区人工关节"获得上海市科技进步奖一项。

张黎楠，女，2008 年获得华中科技大学材料学专业硕士学位，2009～2012 年在我国香港理工大学任研究助理与项目助理，期间主要从事金属及其复合材料的制备、结构和性质的研究，先后参与了国家自然科学基金重点项目、1 项香港 RGC 项目以及 2 项香港创新科技署的项目研究。在国内外重要学术期刊发表 2 篇 SCI 收录论文、1 项发明专利。负责产品质量检测。

侯增涛，男，2012 年 6 月毕业于暨南大学生物医学工程专业，获硕士学位。工作经验丰富，有一年的制造业从业经验和三年的医院工作经历。期间参与过众多的产品研发项目。负责市场推广与技术支持。

徐希坤，男，硕士，毕业于西安电子科技大学，研究方向为传感器网络，负责产品生产工艺。

赵九舟，男，学士，毕业于深圳大学，研究方向为光机电一体化及光学信息处理，负责产品的设计推广。

叶新，男，工程师。2012 年 6 月毕业于山东大学机械设计制造及其自动化专业，获工学学士学位，参与国家自然科学基金一项（基于动态场生物瓣膜力学性能分析及成型方法研究专利授权号：31170906），参与完成山东省科技发展计划项目一项（生物瓣膜动态场力学性能分析及数字化成型加工专利授权号：2009GG10002082）。参与 863 项目 2 项目。负责产品结构与外观设计。

九、进度表

本创业计划围绕前期成果，具有自主知识产权专利产品——基于 ZigBee 无线通信协议的 SOS 主动式寻呼救系统（实用新型：救援通信装置，专利授权号：ZL201220571807.7。发明专利：救援通信装置，专利受理号：201210430434.6）进行生产和销售，完成研发的最后一个环节，即产业化。目前，SOS 主动式寻呼救系统已经完成软、硬件的设计和小试，通信能力在 3km 范围无障碍，样机已在 2014 年第十六届高交会展出。接下来要做的是进行产品的测试、定型，试验性的生产和销售推广工作，以及针对民用后台大数据信息处理平台的构建和投入。

第一年：0～1 个月内完成公司的选址、注册；2～3 月内完成项目专利的转让和公司组织结构构建及人员组成，办公场所的装修、布置，管理和技术开发人员到位；4～6 月完成产品样机的外协加工（10 套，每套包括：上位机（信号接收器）1 台＋下位机（信号发射器）100 件）；7～9 月完成产品的整机性能检测。10～12 月完成产品优化改进定型产品及外观设计和专利申请。

第二年：0～3 月完成批量生产技术工艺的确定；4～8 月完成厂房选址租用、生产线的搭建、调试和技术工人的招聘；9 ~ 10 月完成技术工人的培训；11 ~ 12 月进行试生产。

公司最终人员规模 60 人，包括：行政管理人员 6 人，内勤人员 4 人，技术工人 30 人，销售与技术支持人员 10 人，研发人员 10 人。生产线具备年产上位机 1 万台，下位机 100 万件的能力。

第三年：1 ~ 12 月完成不同典型地点的产品实地检测，包括：矿井 6 次，野外 6 次等，并由使用部门出具性能检测报告；同时，针对主要使用部门，完成产品推介会 12 次和销售推广，企业完成初始创业阶段；企业 ISO 认证；建立主动式紧急救援技术示范基地，视销售情况扩大生产线。

"咱爸咱妈"项目书

作者：苏亮

咱爸咱妈项目为孝道而生，随着老龄化的社会发展，中老年产品的刚需化迅速加强，一款让我们更好"孝顺父母"的 APP 和平台，是关爱父母的移动互联网工具，是一款有温度的 APP 产品。"蜜爸妈"也是针对中老年市场提供的电商平台，已经完成了首轮数百万美金的投资。我们的优势，我们是工具＋社区＋电商，客户体验更好，客户黏着力更强，客户获取成本更低。

一、公司/项目概述

"咱爸咱妈"是深圳市前海网络科技有限公司投资建设的互联网项目，该项目是中老年人的沟通交流平台，儿女表达孝敬的平台，中老年用品的购物平台，家庭娱乐的平台，传统文化传承的平台，"咱爸咱妈"，就是我们温暖的"家"的中心。

可持续、领先、微创新的商业模式："工具＋社区＋电商"的混合模式。

"咱爸咱妈"平台分为三大部分："工具"能够满足用户的痛点需求，增强客户黏性（可以理解成微信家庭版）；"社区"是用户交流的平台，沉淀用户的必需品（中老年交流社区）；"电商"为用户提供中老年正品特价，是实现盈利的有效方式（咱爸咱妈百岁网——中老年用品商城）。

我们的目标，用 1 年时间把手机安装用户做到 1500 万人，活跃用户 500 万人。

二、产品与服务

一款 APP：主要解决儿女和父母构建幸福家庭、儿女孝敬父母、父母关心孩子的一款 APP 产品。一个家庭版本的微信。相比微信：更适合亲人间使用，更适合家庭文化建设，适合家的美好记忆留存。

还有一个移动社区，相当于成人版本的辣妈帮、妈妈圈。

还有一个移动商城，相当于中老年用品版本的蜜爸妈或者贝贝网。

三、行业情况

工具：围绕家庭的交流工具：美国有，中国目前没有。

电商平台：目前中老年电商平台有。年销售额 10 亿元级别的没有。

社区：针对中老年移动端的中国目前还没有。

四、市场方案

初期以获得用户为主要目标，主要完成 3000 万的客户安装量。

初期针对：

（1）在校大学生推广。手段方法比较多，核心价值为利用参与感，孝敬父母，让父母更放心、更有成就感的心理需求推动下载安装。

（2）中老年群体互相推荐。尤其是广场舞大妈的鼎力支持和推荐，会让这个 APP 成为广场舞大妈 2016 年流行新趋势。

五、商业模式设计

互联网的盈利模式：获取流量、电商变现、广告分成、游戏运营等。

六、收入和财务预测

2015 年投入 2000 万元，2016 年投入 2 亿~3 亿元，2017 年实现收支平衡。

七、融资计划

现在是天使期＋A 轮，计划融资 500 万~1000 万元。具体转让股份比例需要洽谈后确定。

八、团队构建

苏亮，深圳前海咱爸咱妈网络科技有限公司创始人、股东。

1998 年毕业于清华大学水利水电系，谦卦文化品牌创始人。

2002 年在北京创立中国第一家团购网，后卖掉该网站。

擅长：资源整合、创新。

庞帆顺，深圳前海咱爸咱妈网络科技有限公司网络营销顾问。

资深媒体人，哈尔滨工业大学 EMBA，国家注册高级经营师、高级软件架构师，企业家在线（www. ceoim. com）首席执行官。2009 年荣获"品牌中国·行业新锐"，2014 年荣获"2014 中国互联网金融普惠之星"，在互联网行业有 18 年的资深运营经验。

武汉大学计算机信息工程专业毕业。

擅长：网络营销、网络技术把控。

张晓波，深圳前海咱爸咱妈网络科技有限公司电商运营总监。北京天浪网科技有限公司总经理，15 年电商运营经验，在各大电商平台运作 20 余品牌系列产品，擅长小家电、箱包、健康产品等商品运作，2014 年销售额 1.2 亿元。

擅长：电商运营、产品采购。

陈旭东，西安交通大学毕业。深圳前海咱爸咱妈网络科技有限公司营销顾问。

深圳要点营销顾问公司董事长，总策划师，茅台酒、五粮液、华美月饼等项目营销顾问。2011 年被评为"中国十大市场营销专家"。有 18 年市场营销策划经验。

擅长：创意营销。

团队核心竞争力：电商运营能力强；创意创新能力强；资源整合能力强；团队组合互补，执行效率高。

九、进度表

融资以及发展计划：

2015 年 7 月前，计划融资 500 万～3000 万元。转让 5%～30% 股份。

2016 年 4 月前，计划二轮融资 5000 万～2 亿美元（用户数达到 1000 万人以上）。

2016 年 12 月前，计划三轮融资结束，对接资本市场（用户数达到 3000 万人以上）。

帮帮智能手环项目

作者：王金春

经常有报道老人出门在外突发疾病倒下来，因为没有路人及时施救就失去了获救的机会。很多时候只要有路人上去拉一把就可能避免悲剧的发生。本项目计划融资发行一款带二维码和明显属性标志的智能手环。与该手环配套的智能手机（智能手机加装公司特供APP）可以检测手环状态进行主动报警，手机还可以自动记录出事后的地址，进行录音录像等功能。同时通过手环的发行公示可以把潜在的需要帮扶对象分类并加以标示，消费者从公司购买智能手环并签订经公证的帮扶免责协议（声明），该消费者（老人）倒地后，路人也可以通过手机扫一下老人佩戴手环上的二维码即可以及时查询到该佩戴者的认证信息及帮扶免责申明，路人可以放心/积极施救帮扶。扫描还会自动激活并联系监控救助中心，中心在确认后同时远程同步帮助联系医院及家属等给予支持。通过该智能手环的发行可以锁定有消费实力的诚信老人，帮助解决社会上老人摔倒路人不敢帮扶的问题，有较好的社会效益；通过该手环的发行及后续的增值服务可以锁定一批有消费实力的诚信老人进行后续的商业开发，具有极佳的经济效益。中国正在进入加速老龄化社会，老人化人群的急剧膨胀给此项目带来巨大的潜在商业需求。公司通过出售定制智能手环，收取服务费及后续的老人消费市场的商业开发实现商业利益。市场上带定位功能的手机、手表已经比较多了，通过他们家属可以远程定位其位置，但是由于其不能提供实时认证信息，此类产品的消费者摔倒后旁边的路人施救仍然存在担心，对其的及时救助仍然得不到保障，而时效性却是此类需求的痛点。筹建此项目的团队成员在网站建设运营开发、APP开发、信息安全及保护、法律及知识产权保护方面具有丰富的工作经历。项目的初期目标是通过发行一款定制的带二维码的智能手环及相应的APP，建立救助中心进行这个商业系统的运行，后期对入会用户进一步提供增值服务，进行健康大数据及相应消费品的商业开发。

一、公司/项目概述

帮帮智能科技有限公司目前处于筹备阶段，本项目计划融资发行一款带二维码和明显属性标志的智能手环，同时通过该手环的发行及后续的增值服务可以锁定一批有消费实力的诚信老人进行后续的商业开发，项目具有较佳的社会和经济效益。公司计划主要股东 4 人，计划股权为王金春 30%、王忠聪 30%、毛光灿 20%、冯云 20%。公司的近期目标是融资并发行一款定制智能手环及相应的 APP，建立运营中心，通过手环的销售和收取服务费支持公司的运营并实现盈利；长期目标是提供与大健康相关的增值服务，用户量达到一定规模后还可以引入广告业务，通过手机 APP 广告获得额外盈利。

二、产品与服务

我们经常看到报道有老人出门在外突发疾病倒下，因为没有路人及时施救最终失去了获救的机会。很多时候只要有路人上去拉一把就可能避免悲剧的发生，但是路人的担心在一定程度上也是合理的，毕竟现在的社会鱼目混杂，都不想因为做好事反而惹上麻烦。本项目计划融资发行一款带二维码和明显属性（帮扶免责）标志的定制智能手环。通过手环的发行把潜在的需要帮扶对象分类并加以标示和公示，消费者从公司购买智能手环并签订经公证的帮扶免责协议，该消费者（老人）倒地后，路人可以通过手机扫描消费者（老人）佩戴手环上的二维码即可以及时查询到该佩戴者的认证信息及帮扶免责声明，路人即可以放心施救帮扶，扫描还会自动激活并联系监控中心，中心可以同步联系确认并同时远程帮助联系医院及家属等给予支持。与该手环配套的智能手机（智能手机加装公司特供 APP）也具备自动报警求助功能，当智能手机监测到手环主人处于危险中时，其可以主动进行数据分享并联系监控中心或者其家属。手机还可以自动记录出事后的地址，进行录音录像并上传监控中心等（见图 1）。

通过该智能手环的发行可以锁定一批有消费实力的诚信老人，帮助解决社会上老人摔倒路人不敢帮扶的社会问题，具有较好的社会效益。同时通过该手环的发行及后续使用可以锁定一批有消费实力的诚信老人进行相应的商业开发，同样具有极佳的经济效益。中国正在进入加速老龄化社会，截至 2014 年 2 月中国 60 岁以上老年人数量已超过 2 亿人，老人化人群的急剧膨胀给此项目带来巨大的潜在商业需求。公司通过出售定制智能手环，收取服务费及后续老人消费市场的商业开发实现商业利益，等手环的用户达到一定规模，还可以引入广告业务。市场上带定位功能的手机、手表已经比较多了，通过老人家属可以远程定位老人位置，但是这些产品缺乏一个有效的机制实现与现场路人的实时沟通，此类产品不能给路人提供及时有效信息解除救助惹麻烦的担心，而时效性正是此类需求的痛点。

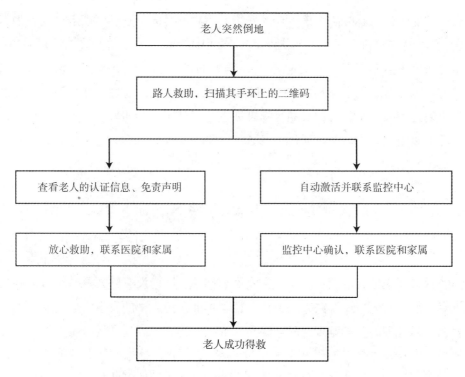

图1　智能手环工作流程

除用于老人摔倒后的救助，该智能手环也可用于防止儿童和智障老人被拐走丢后寻找困难的问题。将来你的身边会出现一类佩戴帮帮智能手环的老人，他们都是签订了帮扶免责声明的诚信老人，如果您看见他/她摔倒，请拿你的手机扫码其手环上的二维码即可查看免责申明并跟中心联系，你也可以帮助拨打120等帮他们及时获得救助，他的家人承诺将来会给你相应的误工补偿或者相应的酬谢。

手环已经是现代社会使用越来越普遍的电子产品，帮帮智能手环后期还可以提供基于云服务的监控等服务，对一些慢性病老人还可以定制带附加功能的特殊智能手环。比如，实时监控心率的手环，采集的信息传到24小时监控中心，与健康数据进行比对，如果存在异常由线下医生提供服务。针对性地给部分用户提供建议和服务，比如，用户血压高，可以推荐一些食品或者保健品；监控并对睡眠质量不好的用户提供个性化的睡眠指导或者推荐相关的产品和药品；高端用户还可以支持心电图等生理特征的身份认证功能，可用于自动开门锁等高级功能。

三、行业情况

目前，市面上智能手环和带定位功能的手机等已经非常普遍，但市场上还没有文中提到的类似系统和产品，在行业属于创新性的商业模式。本产品在给路人提供及时信息和免责声明的同时将会注意保护消费者的个人隐私，所有信息都会分级控制、加密处理。系统在用户注册的时候，专门定制用户独特的个人 ID（Identity），以此作为系统唯一识别标志，用户所有信息与个人 ID 相关联，并进行加密保护，对用户信息的访问也进行授权访问控制，加强用户隐私信息的保护；用户隐私信息在手环和手机 APP 以及监控中心之间的传输也进行加密传输保护。智能手环随着技术的成熟，长期成本趋近于零，而相应的服务费和增值服务却可以长期持续下去。我们预计公司未来 3 年分别能够发展 500 万、1000 万和 2000 万的用户（参考小米手环的发货量，最终用户为老人数量的 10% 左右），手环的销售相应可以分别达到 4 亿元、8 亿元和 16 亿元（每个手环 80 元），相应的服务费可以分别达到 6 亿元、12 亿元和 24 亿元（服务费每月 10 元/手环），另外相应的广告收入预计可达几千万元，足可以支持公司的正常运行。

当前社会制造能力已经非常高，基于这些强大的制造力，产品的模仿越来越容易，而帮帮智能手环通过定制硬件产品开发相应的 APP 系统和服务，将用户越来越多地与服务绑定在一起，通过提供互联网服务（APP）和监控中心服务实现服务创富模式。

四、市场方案

小米智能手环目前市场价格为 79 元，Bong 2 也在百元以下；而耐克和微软类似上千元的智能手环同样获得消费者的追随，因此不能想象用一款产品打遍天下。考虑老人对价格比较敏感，因此初期计划定制类似小米智能手环的产品，价格在百元左右，主要带记步、睡眠等监测功能；后期则可以定制一些更高端的产品面向老年人中的高端人群，增加用途更为广泛的心率、血压以及呼吸频率等健康指标显示功能。通过定制产品可以快速实现推广，同时减少研发费用。市场研究公司 ABI Research 的报告显示，在 2014 年第一季度，以智能手环为代表的健康追踪器的销量超过了 235 万台，这只不过是一个季度的销量。还有数据显示，2014 年全球可穿戴智能终端的出货量超过 1 亿部，至 2018 年可能超过 3 亿部。帮帮智能手环主打安全和无忧帮扶，兼具运动和健康理念，对于日益追逐自身安全的诚信和有消费实力的用户来说具有一定的诱惑力。帮帮手环的定价将在批量定制价格的基础上加价 15% ~ 20% 来进行销售，总体价格控制在百元左右。帮帮智能科技卖的是服务，帮帮智能手环主要靠服务费和后期的增值后服务进行盈利。

五、商业模式设计

帮帮智能科技有限公司计划定位为一家轻资产公司，业务将聚焦在公司擅长的网站建设、APP 开发及提供相应的监控处理服务。帮帮手环初期将主攻北上广深等一线城市，销售将采取网上销售结合对集团公司和保险行业作为礼物采购的方式进行销售。帮帮智能手环通过定制硬件产品开发相应的 APP 系统和服务，将用户越来越多地与服务绑定在一起，增强用户的黏性，通过提供互联网服务和监控中心服务实现服务创富模式。

六、收入和财务预测

公司的成本主要为网站建设及相关体验店的建设。服务网站中心的建设预计在 100 万元左右。服务中心预计每个点在 50 万元左右，初期计划在北京、上海分别建设 10 家服务体验中心。初期服务中心的建设成本在 1000 万元左右。

我们预计公司未来 3 年分别能够发行 500 万、1000 万和 2000 万的用户（参考小米手环的发货量），手环的销售可以分别达到 4 亿元、8 亿元和 16 亿元，相应的利润可以分别达到 4 千万元、8 千万元和 1.6 亿元（10% 的产品利润），相应的服务费可以分别达到 6 亿元、12 亿元和 24 亿元（服务费每月 10 元/手环），另外相应的广告收入预计可达几千万元，足以支持公司的正常运行。

七 、风险

风险主要为市场的接受程度不及预期,因此手环的销售不及预期。

八 、融资计划

融资主要用于网站中心的建设和服务体验中心的建设,计划融资 2000 万元,拟向投资者出让 49% 的股权,投资者可以享有相应的公司投资决策和管理权。

九 、团队构建

团队成员目前主要有 4 人,相关背景如下:

技术总监:王忠聪

王忠聪毕业于电子科技大学,曾先后在海口市信息中心、北大方正、海南日报社新闻信息中心、海南新闻网、南海网、海南拍拍看网络科技有限公司、海南盛世龙媒文化传播有限公司工作,对大型网站系统集成、建设、系统运维和网站技术架构规划及相应的 APP 开发有丰富的工作经验。其完成的网站建设项目包括蓝网(bluehn.com)、逸品汇(iipin.com)、商码空间(diyqr.com)、海南房产大全(hnfcdq.com)、粑粑圈(babycle.com);APP 产品主要包括掌上海南、掌上秦皇岛、海南房产大全、廉政周口、恒大海口湾、哪里吃、369 会计模拟考试、运安交通运输远程安全教育等;微信应用主要包括智会通会议电子门票系统、百联集团微信应用项目、爱电影网微信卡券等。

技术副总监:毛光灿

毕业于南京邮电大学,目前为西南交大在读博士,主攻通信和信息安全。曾参与完成科技部中小企业创新基金项目——《网络安全集成防御系统》;负责完成四川省教育厅项目——《校园网络安全技术应用研究》;参与完成工程物理研究院十二所委托项目——

《网络安全态势指标体系及网络告警关联分析技术研究》；参与完成四川省科技厅项目——《三网融合信息内容监控技术研究与实现》；设计完成《基于短信的动态口令方案》等。

冯云

双料硕士（西南交通大学工学硕士、中国政法大学法学硕士），并获中华专利代理人资格证书，曾在德国和美国参加专利培训，熟悉欧美专利法。曾为国家知识产权局专利局的正科级审查研究员、上海恒某所专利部高级经理及国内大型上市公司知识产权高级顾问，在知识产权保护领域具有丰富实战经验，是国内不可多得的知识产权保护人才。

2005年冯云加入上海恒方知识产权咨询公司，作为该公司合伙人及专利部高级经理，她成立了上海为数不多的、具有涉外代理资质的上海衡方专利代理有限公司，并组建了一支12人的专利团队。在其带领下，专利业务扩展迅猛，涉及专利申请、专利无效、专利诉讼以及行政诉讼等多个领域。她主持处理各种类型的知识产权纠纷案件，其中80%的客户为国际知名跨国公司如玛氏、宝马、佳能、美孚、资生堂等。在冯云牵头下，企业与国家及地方知识产权部门一起组织了多场关于知识产权保护的业务研讨会，为企业进行免费的知识产权讲座和宣传。她还应邀担任上海知识产权中心的企业知识产权培训导师、全国专利代理人考试培训师等，同时也就众多热点问题接受媒体采访予以评论。

鉴于在知识产权保护领域积累的丰富经验，2010年，作为企业的高级知识产权顾问，冯云应邀加入中兴通讯股份有限公司。期间，她代表中兴通讯负责与通信领域众多跨国公司和专利经营公司进行专利许可谈判，主持审核和修改专利许可协议。同时在各类专利许可谈判和专利诉讼案件中，应对各种技术澄清，组织对涉诉专利进行侵权与否的分析、专利无效分析以及相应的规避改进设计。其中在中兴与华为及爱立信的专利诉讼中发挥了重要作用，并荣获总裁奖殊荣。此外，冯云组织对公司的现有知识产权资产进行梳理，评估已授权专利的质量、价值和可能存在的侵权和被侵权的风险，对已有商标权进行评估，打造有价值的知识产权价值组合，进行许可或转让。

项目发起人及主要投资人：王金春

本科毕业于电子科技大学，硕士毕业于西南交通大学通信专业，现为清华-班戈MBA在读学生。曾在国企、民企（港湾网络）和外企（伟创力）工作多年，具有丰富的世界500强企业管理工作经验。在数据通信领域，从研发、生产到售后维修服务等产业链都有丰富的工作经历和深厚的技术背景，具有管理采购、研发、生产、设备、工艺、测试、质量、库房、物流等团队的丰富经验，具高度责任感，优秀的执行能力，良好的团队精神和领导力，能管理及激励团队成员为共同目标奋斗，在巨大的挑战下成功。

十、进度表

目前公司尚处于注册阶段，公司网站处于筹划阶段，实验网络和演示 APP 已经完成，商业网络和 APP 处于规划开发阶段。

原生态铁皮石斛项目

作者：王作飞

创始人基于周边亲人通过铁皮石斛的服用在改善体质、肤色以及睡眠上有显著效果，从而萌发开展该项目的初衷。通过大量市场调研和种植技术研究，基于中国科学研究院（以下简称中科院）专业技术支持，公司于 2012 年正式立项并启动原生态铁皮石斛种植项目。

从市场需求来看，截至 2014 年，从前 8 年的数据统计，铁皮石斛基本供不应求，未来市场规模可达到 100 亿元以上。

从行业现状来看，99% 参与者采用大棚、田地和杂交方式种植，而在石头山上进行原生态种植则参与者极少。

原生态种植受种植技术、生产环境影响较大，产品成活率低，投资回报周期相对长，参与者极其少（大棚种植期在 1 年半左右，原生态种植在 2 年半左右）。但只有原生态种植方式才能生产出高品质产品，其有效成分多糖含量远高于大棚和杂交种植产品。这恰恰变成公司的优势。目前公司近 300 亩种植基地产品已经成功得到验证，且产品成活率达到 75% 以上。高品质产品，同时具备非常高的经济价值。

该项目预计 3 年内能为投资者带来 100% 或以上回报率。回报方式包括产品收益、基地增值收益和股权收益等。

创始人在医药品行业有 10 多年行业经验，公司经营状况良好，为贵州省优秀青年企业家。团队成员从技术、管理、营销等方面均具备资质资历。

一、公司/项目概述

1. 基本介绍

贵州首草健康发展有限公司成立于 2006 年，属于贵州省民营企业，股东成员 5 人，控股股东王作飞。公司现主营产品为原生态铁皮石斛。

公司员工目前约 80 人，其中技术专业人才 20 余人。

公司目前在该项目上投入逾千万元，因公司正处于投入期，暂无净利润。

2. 近期目标（2016～2018 年）

完成 3000 亩以上原生态铁皮石斛种植、加工与销售，预计年销售额达 2 亿元。

3. 长期目标（2019～2022 年）

完成 10 万亩原生态铁皮石斛种植、加工与销售，预计年销售额达 60 亿元。

二、产品与服务

1. 产品介绍

铁皮石斛是石斛中的极品，自古被誉为"九大仙草"之首，作为一种名贵中药材，被历代帝王名流推崇为"滋阴第一圣品"。据《本草纲目》记载，铁皮石斛是中医常用的药材，用于明目的石斛夜光丸已经有 100 多年的应用历史了，效果很好。药理研究表明，铁皮石斛有多种药理作用：增强机体的免疫能力；抗氧化、抗衰老作用；降低血糖作用；养阴生津作用等。

鉴于产品的稀缺性，产品价值非常高，野生铁皮石斛在国内 20 世纪 90 年代基本被采摘完，目前非常稀少。所以其使用用户需要具备一定的高消费能力且崇尚健康生活方式的高端群体。

2. 用户类型及特征

（1）高收入人士。

（2）知性爱美女性。

（3）高收入家庭，年长者。

（4）高级礼品赠送者。

3. 产品独特性

（1）特有地理与环境。贵州兴义地区处于亚热带区域，且具有独特的喀斯特地貌，非常利于铁皮石斛的种植与生长。兴义地区自古因野生铁皮石斛生长，而得名"黄草坝"（说明：铁皮石斛的花为黄色）。

（2）原生态。目前市场上绝大多数（99% 以上）铁皮石斛以大棚、田地种植和杂交种植为主，产品质量参差不齐，从几元一克到几千元一克均有，消费者几乎无从认知与购买。首草公司在贵州省植物研究所和中科院兰草科研所技术支持下，采用原生态种植技术，直接在石山上进行原生态种植，其多糖含量在35%以上，产品质量远比普通大棚和杂交种植高出许多，且因其原生态种植模式，容易被消费者认知（虽然暂无正式行业标准来衡量质量高低，但从消费者目前普遍能接受的价格来看，可以佐证其原生态铁皮石斛的品质）。

4. 铁皮石斛质量外观判断原则参考

（1）色泽：叶鞘包裹的鲜条呈叶鞘的颜色，剥开叶鞘，茎多呈绿色或呈黄绿色，节间色较深。

（2）气味及味道：外表无气味或略带青草气味。嚼之有青草气味，味道淡或微甜；嚼之初有黏滑感，继有浓厚黏滞感。

（3）性状：圆柱形，横断面圆形，节间微胖；节明显，节间长1.3~2.0cm，不分枝；茎中段直径0.3~0.9cm，有包茎的叶鞘，边缘和中肋常带淡紫色，叶鞘常具紫斑，老时其上缘与茎松离而张开，并且留下1个环状铁青的间隙；茎长度15~35cm。

三、行业情况

1. 行业现状

目前，国内的铁皮石斛市场还处于品牌混杂、集中度不高、缺乏领导品牌的状态。浙江省是首先开发铁皮石斛保健产品并实现产业化生产的省份之一。目前，浙江省从原料种植到加工生产保健产品形成了完整的产业链，初具一定的产业规模。铁皮石斛实现了公司（企业）加种植基地为主的种植模式。

随着铁皮石斛行业的升温，光明、康恩贝、天目山等上市企业纷纷涉足铁皮石斛行业，全国许多地方都提出了"打造百亿铁皮石斛产业"的口号。

健康行业升温为铁皮石斛行业发展壮大增加了氛围，但也导致行业乱象丛生。随着越来越多的企业和个人介入，杂交技术也开始在石斛种植行业流行甚至泛滥。

2. 原生态种植技术

在贵州省植物研究所和中科院兰草科研所技术支持下，首草公司具备种苗培育和原生态种植能力。种植周期在2年半左右，比大棚种植长1年时间。且通过种植基地的建设其可行性已经得到验证。

3. 替代品威胁

目前，野生铁皮石斛的数量已十分稀少，因此被列为国家二级保护植物，严禁采摘。

铁皮枫斗则是铁皮石斛经过烘焙后形成的干品。从生态环境、种植到栽培、采收到运输、包装，每一个环节都要处在严格的控制之下。所栽培的铁皮石斛，其有效成分黑节草多糖含量达30%以上。临床验证表明，铁皮石斛与西洋参配伍的制剂，对肿瘤病人放化疗后出现的气阴两虚、肝肾阴虚，有改善症状、增强免疫功能的效果。一般来说，铁皮石斛成熟期比较长，必须要经过一年多的生长才能够成熟采摘，这样才能保证其药效。而这种独特的药效也使铁皮石斛有着不可替代性，正因为如此，铁皮石斛成为目前国内数百种养生保健品、养颜美容品及药品所必需的原料。所以铁皮石斛的替代品威胁很小。

4. 行业参与者

我国铁皮石斛产业在产品研发上还很薄弱，铁皮石斛以原料（鲜条与枫斗）销售为主，浙江省有几个品牌的铁皮石斛保健食品销售得比较旺，其他省区几乎没有保健食品产品进入市场。另外以药用产品（非竞争对手）进入市场的主要为天皇药业、康恩贝药业、寿仙谷药业、森宇药业、天目山药业、杭州胡庆余堂等。

5. 全行业销售情况及预测

2014年我国铁皮石斛行业产量约1.4万吨，与2013年的1.2万吨相比增长了16.7%。预计未来3年，年产量将达到2万吨以上。近几年我国铁皮石斛行业产量情况如图1和表1所示。

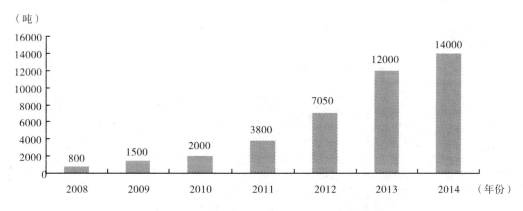

图 1　2008~2014 年我国铁皮石斛行业产量情况

表 1　2008~2014 年中国铁皮石斛产业供需情况

年份	产量（吨）	需求量（吨）
2008	800	785
2009	1500	1480

续表

年份	产量（吨）	需求量（吨）
2010	2000	1878
2011	3800	3775
2012	7050	7025
2013	12000	11972
2014	14000	13970

四、市场方案

1. 产品价格分析

（1）铁皮石斛生产成本价格。铁皮石斛产品的成本价主要包括铁皮石斛苗收购费用、辅料费用、人工费用、大棚设施费用和加工费用等。种苗成本约 4 元/丛，一丛 5~6 株。加工费用包括运费及加工过程中的水电费、燃料费、人工费、包装费用等。一般由鲜条加工成枫斗，加工成本需要 800~1000 元/公斤。

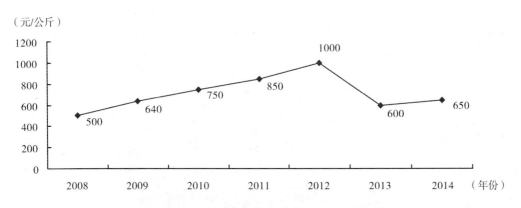

图 2　2008~2014 年我国铁皮石斛行业价格走势

资料来源：根据国家统计局、观研天下数据研究中心的数据整理。

（2）铁皮石斛出厂价格。铁皮石斛产品出厂价格，在传统贸易中往往是由终端用户商、贸易商报价形式确定，价格从终端市场传导到上游市场，最终传导到资源所有者和生产者。

（3）铁皮石斛现货价格。铁皮石斛现货价格的形成机制并不完善，这与国内其他农林产品价格机制有相近之处，较多生产商在多数情况下没有价格话语权。目前现货市场价格较为混乱，一般情况下大企业有知名品牌的产品相对售价较高、通过有机产品认证的企业产品售价较高、包装较好的产品售价高。

2. 目前产品定价

基于原生态种植铁皮石斛，定价在大棚种植产品的 6～7 倍，即铁皮石斛鲜条在每公斤 3000 元左右。

3. 市场方案

（1）原生态铁皮石斛基地收益权众筹。

（2）全国合伙人制销售体系。

（3）自建网络销售平台。

4. 优势说明

详见商业模式中优势资源配置。

5. 竞争对手销售方案

（1）传统店面模式。

（2）传统经销商模式。

（3）网络销售平台模式。

6. 销售目标预测

（1）短期：2018 年预测销售 2 亿元。

（2）长期：2022 年预测销售 60 亿元。

7. 市场份额预测

占铁皮石斛市场份额 10% 以上，占原生态铁皮石斛市场份额 60% 以上。

五、商业模式设计

1. 商业定位

从原生态铁皮石斛产品提供商转变成原生态铁皮石斛产业链综合服务商。

以原生态铁皮石斛为媒介，搭建起用户与兴义特有的喀斯特地理环境与人文之间的桥梁。

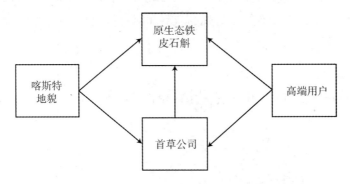

图3 原生态铁皮石斛运作的商业链

2. 客户群体

（1）利基市场：高端企业家；知性女性。

（2）衍生市场：消费者家庭成员、朋友。

3. 盈利模式

（1）产品销售盈利。

（2）政府资金补贴资金。

（3）第三方合作收益。

（4）资本市场利得。

4. 优势资源

（1）具备多年药品行业经验。

（2）中科院兰科植物研究首席科学家。

（3）贵州省植物研究所石斛研究专家。

（4）兴义特有的喀斯特地貌和亚热带环境。

（5）已成功完成近300亩原生态铁皮石斛种植基地和育苗基地建设。

（6）当地大量的农村劳动力资源。

（7）当地政府大力支持。

5. 交易结构

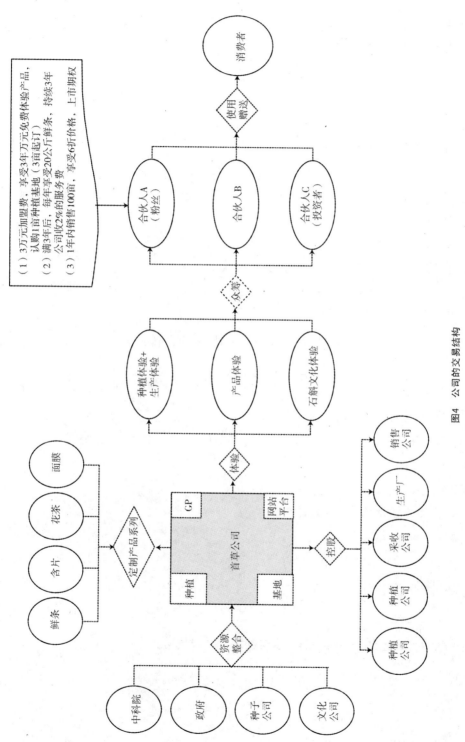

图4 公司的交易结构

6. 产品模式

（1）铁皮石斛鲜条（利基产品）。

（2）铁皮石斛微粉（利基产品）。

（3）铁皮石斛枫斗、含片（后续开发）。

（4）铁皮石斛饮料、酒类（后续开发）。

（5）其他，如面膜、花茶等（后续开发）。

7. 提供方式

第一阶段，从传统招商模式转变为产品众筹模式。通过用户参与、体验与互动黏住用户，包括生产种植过程体验到产品采摘、生态旅游、石斛文化、健康休闲运动、石斛用户社群等。

第二阶段，采取合伙人制销售模式，建立全国渠道商销售体系及出口。

第三阶段，面向制药厂商提供原生态优质铁皮石斛原材料。

六、收入和财务预测

1. 销售预测

2016 年，3000 万元。

2018 年，2 亿元。

2019 年，4 亿元。

2020 年，15 亿元。

2022 年，60 亿元。

2. 税率

遵从一般纳税人制度。

3. 政府优惠政策

包括流转土地优惠、种植补贴、水电安装基础设施等。

七、主要风险及对策

（1）来自恶劣天气或不可抗力因素。依托保险公司担保和政府补贴，尽最大可能避免自然灾害损失。

（2）来自产品成活率低风险。制定标准化种植、生产流程以及培养专业种植产业工人。

八、融资计划

1. 融资主要目的

3000 亩原生态铁皮种植生产与产品研发与加工、产业工人培养、用户体验、基础建设、品牌建设、渠道建设等。

2. 融资额度

天使轮融资 1500 万元，出让 20% 股权。

3. 投资者参与方式

股权参与。

4. 变现方式

（1）3 年后，A 轮或 B 轮融资股权转让或公司回购。

（2）3 年内回报 100% 或以上。

（3）上市退出。

九、团队构建

1. 团队成员

王作飞：董事长、控股股东，多年药品经营经验，贵州省优秀青年企业家。

鄢淼：公司总经理，资深人力资源管理人才。

罗晓青：种植分公司总经理，贵州省植物研究所石斛研究专家。

张和明：董事长助理，近 20 年制药企业生产管理负责人。

罗教授：种植技术首席顾问，中科院植物所兰科首席科学家。

引入第三方专业管理和金融顾问公司。

2. 融资后设立机构

增加种植分公司、市场管理部和品牌策划部。

3. 激励机制

业绩奖励和股权激励，且有员工持股计划。

十、进度表

1. 第一阶段（2012～2014 年）

（1）项目核心团队建设（完成）。

（2）第一期种植基地建设（完成）。

（3）育苗基地建设（完成）。

（4）品牌基础打造（进行中）。

该阶段已投入约 1500 万元。

2. 第二阶段（2015～2017 年）

（1）基地收益权众筹实施。

（2）种植基地扩大建设。

（3）产业工人扩大培养。

（4）用户体验体系建设。

（5）品牌和销售体系建设。

（6）网络销售平台建设及用户维护体系建设。

该阶段预计投入 3000 万元，产出预测 2 亿元。

3. 第三阶段（2018～2020 年）

（1）启动 A 轮融资。

（2）扩大生产规模以及人才培养。

（3）产品研发以补充。

（4）合伙人公司建设与扩大（根据地域设立）。

（5）石斛文化体系建设。

4. 第四阶段（2021～2022 年）

（1）设立文化公司，建设石斛文化体系。

（2）铁皮石斛交易市场建设。

（3）国外市场扩张。

（4）制药厂商客户开发。

（5）启动 B 轮融资，上市计划筹备。

小面侠川味面馆连锁项目书

作者：展恩清

一、项目背景、宗旨与特点

1. 项目背景

经济的发展必然推动市场的良性前行，关系民生、根于大众的餐饮得到了良好的发展机会，目前正是小餐饮确定品牌的开荒时代。

乱世出英豪，小面侠倚山论剑，出江湖，插红旗。

2. 项目宗旨

聚焦川味面单品，实现连锁运行，形成小面侠品牌。

3. 项目特点

单品打天下。

易操作。

无厨师化。

易复制。

店小投资少。

品类有根、有文化、有传承。

满足老百姓基本需要。

内部联营模式（员工股东化—员工与老板利益方向一致—鼓励员工开店）。

二、小餐饮连锁模式的市场介绍

1. 餐饮市场情况介绍

餐饮业整体向上发展，大众化餐饮越来越流行，高端餐饮整体下行。两组数据为此提供了依据，银联大数据显示，2012～2014 年，餐饮业年刷卡交易总额分别为 1971 亿元、2141 亿元和 2151 亿元。国家统计局餐饮业收入数据显示，2011～2013 年，餐饮业年营业额分别为 3809 亿元、4220 亿元和 4533 亿元，这一组数据包含非刷卡支付。从数据量级上来看，银联交易数据占国家统计局数据的五成，且增长趋势基本一致。与高端餐饮大幅下滑和波动不同，每笔均刷卡在 1600 元以下的中低端餐饮发展平稳。2012 年 11 月至 2014 年 12 月，月均刷卡交易金额增幅保持在 10% 左右，呈温和上升态势。中低端餐饮"小步快跑"发展。

在中低端餐饮的增长中，不同档次表现不同，每笔均刷卡 50 元档增幅最大。2013 年 10 月，增幅为 81.4%，2014 年 12 月增幅达到了 444.2%，呈爆发性增长态势。小额餐饮刷卡交易量的提升，有刷卡支付日益渗透老百姓日常消费领域的因素，银联刷卡的人越来越多，交易量越来越大。但这些快速的增长仍然是刚需消费。银联数据分析师分析，"这一数据说明，以简餐、快餐为主的大众化餐饮越来越流行"。中低端餐饮中，增幅其次的是 50～100 元档。2013 年 1 月增幅为 67.3%，而到了 2013 年 12 月，增幅达 115.9%。

这些数据表明，餐饮业正在回归民本，回归普通消费。

2. 餐饮市场的市场容量以及政策导向

商务部发布的"十二五"期间《促进餐饮业科学发展的指导意见》中提出，力争在"十二五"期间，餐饮业保持年均 16% 的增长速度，到 2015 年零售额突破 3.7 万亿元，并培育一批地方特色突出、文化氛围良好、社会影响力大、年营业额 10 亿元以上的品牌餐饮企业集团；全国餐饮业吸纳就业人口超过 2700 万人，规范一批快餐品牌，初步形成以大众化餐饮为主体，各种餐饮业态均衡发展，总体发展水平基本与居民餐饮消费需求相适应的餐饮业发展格局。

（注：以上信息来自《2014 年中国餐饮行业市场现状研究与未来前景趋势报告》）

三、小餐饮市场目前存在的问题

我国餐饮业总体仍处于小、散、弱的状态，90%以上的餐饮企业为小企业。与国际知名餐饮公司相比，中国知名餐饮公司的企业规模、盈利能力、管理水平和经验等差距较大，呈现出产业化程度较低的不良发展态势。

小面侠川味面馆的创业项目正是对准了大众的市场需求。

四、如何解决以上存在的问题

（1）集团化、连锁化、产业化。

（2）大众化。

（3）品牌与文化竞争。

（4）科学化、营养化。

（5）信息化。

（6）融资扩张化。

总结：解决这一问题的关键在于连锁经营，连锁经营不仅是企业提高效率、降低成本的经营方式，更重要的是能够帮助企业突破发展中的管理"瓶颈"。连锁经营具有成本优势、价格优势、服务优势、品牌优势，有着极强的竞争能力，因此，可以预见的是连锁经营无疑将是我国未来快餐业的又一发展趋势。

小面侠正在朝着这个方向努力成为国内小餐饮企业连锁的大众化、品牌化、信息化的小企业代表。

五、目前传统加盟模式的主要弊端

1. 无现金管理权

一家连锁企业，没有现金权，就没有话语权，店开的再多，现金都是在他人口袋里，这样企业就会显得被动，被加盟商牵着鼻子走。

2. 内部利益不一致

企业老板的利益点是加盟费，员工的利益点是薪资与奖金，只有加盟商的利益点是在店里。利益点不一样，大家的心思就不会在一块。

3. 标准化难度大

对于加盟店来讲，加盟商是主动的，企业是被动的，加盟商的能力和利益问题使得企业很难实施自己的标准。

4. 合作不长久，品牌价值不大

企业方收了加盟方的加盟费，合作一开始就是不平等的，注定后期的合作不会长久。

六、目前传统直营模式的主要弊病

1. 资源、精力、能力有限

再有实力的老板与企业，其资源和能力都是有限的，或许开几十家店没有问题，几百家、几千家就会遇到问题。

2. 机构庞大，管理成本高

在管理上，随着店数的增加，其管理组织机构就越大，管理成本就越大。大到拖不动时，就会出现停止状态。

3. 管理者与被管理者利益不一致

管理者企业方，其利益点和员工的利益点是不一致的，如果员工没有利益的刺激，管理再严格再规范也没有用。

4. 人力少，发展慢

餐饮企业的最大难题是人。正常的工资水平已经满足不了员工的需求，年轻人不爱干，企业就没法发展。

七、小面侠连锁的新商业模式设计——内部联营模式

小面侠商业模式的设计，是在规避传统模式弊端的基础上，在加盟与直营之间找到一种新的模式，这种模式称为"内部联营模式"。

1. 员工成为股东

传统的加盟商是买卖关系，而小面侠的加盟商要视为合作关系，即让员工成为我们的股东。其最大的意义在于改变了员工"工资＋分红"的收入模式。这样可以大大提高员工的积极性与稳定性。让员工赚到钱，是老板的责任。如果员工有一个好的收入，他们就会在企业安定下来，企业管理的最高境界就是稳定的人员结构。

2. 把企业相关人的利益点放在店里

我们要把企业相关人的利益都设置在店里，让他们都参与实体店的股份，所有人都围绕着店去开展工作，为店服务。当大家的利益目标都集中在店里时，店里的生意就会得到良性发展。

3. 企业是松散型组织

衡量一家企业做得多大，不是看办公室有多少人、有多大，而是要看有多少人在帮助企业做事。我们要把这些人都放到市场上去，时机成熟就独立出去，成为市场的盈利机构和公司。公司要协助他们制订好的商业计划，设计好的商业模式，以便独立后能独立运作。这样做，公司不仅省去了原有这些人的开支，还能参股分红。

4. 企业内部市场化

企业实行市场化管理后，企业内部本身就是一个自由的贸易市场，员工与员工之间、部门与部门之间、公司与员工之间可以开展市场化的合作和交易。

5. 股权小化，便于集权

把单店的股权分细，设置多个股东。股份越细越好，避免个人控股。股东的股权小，便于公司集权管理。

八、小面侠餐饮连锁的思维模式

1. 小面侠的思维模式在于"小"

大餐饮的没落，小餐饮的兴起，是社会发展的必然趋势。大餐饮的"大"，是一种泡沫，是一种不健康的消费现象；小餐饮的"小"，是一种回归，"小"是老百姓、"小"是民生，小才是真正意义上的大。

2. 小面侠运作的六种思维模式

（1）老百姓模式。小餐饮消费更多针对的是老百姓，老百姓最关注的是价格，价格是第一冲击力，产品是第二冲击力。当然，在产品相当有冲击力的情况下，产品会盖过价格，价格成为第二冲击力。我们经营时用老百姓的语言，老百姓的品位，老百姓的价格，符合老百姓的习惯和老百姓的文化。

（2）五个一思维。一是小面侠设立了一个目标——做好小餐饮创业，专注川味面这一单品，品类选择有根，接地气，因为面条是老百姓几百年前到现在一直在吃的。二是一个店长：一个店长负责一家店，称为店长负责制。拥有多少店长，就意味着拥有多少家店，店长有多优秀，意味着生意就有多好。三是一个利益点思维。不要所有的钱都想赚，利益相关者的利益要一致，就是要把大家的利益点聚焦到店里，这样大家才能同心协力把店做好。四是一个操盘的思维。一个项目选定一下适合的操盘手。五是一条线定位思维。品牌的要求，产品、顾客、价格、店址、装修、服务、文化定位一定要在一条线上。

（3）点思维。面对市场，我们考虑的是每一家店的生意；面对合作，我们考虑的是每一股东的利益；面对管理，我们讲究单兵作战，抱团取暖，让每个人得以充分自由发挥，又让团队紧密相连。

（4）快思维。小面侠，小餐饮，决策快，纠错要快，出餐要快，复制要快。

（5）轻思维。公司轻资产运作，实体店要小，用人少，易操作，成本低。

（6）量变思维。小餐饮的盈利源于量变，涉及顾客数量、餐厅数量、产品销售数量、合作人数量，只要突破一定的量，就获得丰厚利润。

九、小面侠单店投资分析

单店投资：30 万元。

月营业额：15.75 万元。

客单价：15 元。

客数：350 人/天。

毛利：60%。

经营成本：80%，其中工资 15%、产品成本 40%、租金 8%、水电办公及其他 2%。

营业利润：每月 3.15 万元。

单店回收期：9.5 个月。

十、小面侠的公司注册模式

（1）公司只做服务，不做单店投资。

（2）服务内容：做好品牌规划、市场规划、配送及专业的账务、营运和培训，协调利益之间的关系。

（3）公司与单店的关系：服务关系。单店以个体方式进行工商注册。

（4）公司盈利模式：品牌使用费；配送服务费；单店管理费；现金流运作；第三方合作。

十一、小面侠项目的实施方案

定位小餐饮，聚焦川味面小品类，面对大众餐饮，采用内部联营模式，完成产品料包工厂化生产。加速单店复制脚步，在单店运营良好的保障下，实现店数、合作人数、产品销售量的突破，确立小面侠品牌化的发展。

都市大药房医药电子商务平台

作者：张观英

一、项目描述

随着"互联网＋"时代的到来，医疗及医药销售与互联网的融合也成为未来必然的一种发展趋势，阿里健康、百度、腾讯等互联网巨头都投巨资布局互联网医疗行业，为互联网医疗行业资源更加深入优化整合，打造基于互联网的健康管理系统增加了新的动力。国家食品药品监督管理局也在 2014 年下半年公布了《食品药品经营监督管理办法（征求意见稿）》，并将于 2015 年颁布实施，国家在宏观政策法规层面也在降低互联网医疗行业的准入门槛。正是基于国家宏观政策层面的放开及互联网医疗行业蓬勃发展的态势，结合本公司实际情况，我司将着力打造深圳市都市大药房电子商务平台项目。

深圳市都市大药房电子商务平台是集为客户提供健康咨询、在线远程看病、网上购药于一体的多功能综合性服务平台，旨在为客户解决看病难、看病贵的问题。客户可以通过我司的健康管理平台（天猫旗舰店和京东医药馆、公司官网、连锁药店等）在线上或是公司的连锁药店进行健康咨询、看病、医药咨询，深圳市都市大药房电子商务平台的优点是能够整合线上、线下资源，以客户为中心，为客户提供所需的医疗服务，减少客户看病时间，降低客户医疗成本。

项目产品及服务如图 1 所示：

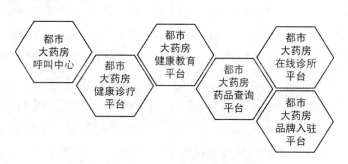

图 1　项目产品及服务

公司项目的平台系统如图 2 所示：

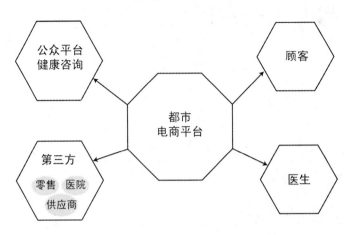

图 2　项目平台系统

二、市场分析

1. 行业分析

据统计，2001～2013 年，我国医药零售市场总规模（含零售药店和医疗机构）实现了 16.26% 的年复合增长，其中 2013 年达到 12645 亿元，同比增长 17.99%。不过 2009 年后行业的整体增速在下滑。

医药零售市场终端主要包括医疗终端和零售药店两大类。从发达国家的行业发展趋势以及我国医改的精神来看，"医药分离"是长期发展趋势。欧洲 90% 以上患者通过零售药房获得药品，美国 80% 以上的药品通过零售药房出售，日本这一比例也达到了 50% 以上。但目前我国医药零售市场的终端仍以医院为主。2013 年我国医药零售市场总规模 12645 亿元中，医疗终端市场总规模达到 10026 亿元，占比 79.29%；零售药店市场规模约为 2619 亿元，占比仅 20.71%。

根据国家药监局数据，截至 2013 年底，我国零售药店总数达到 43.27 万家，其中药品零售连锁企业 3570 家，下辖门店 15.82 万个，零售单体药店 27.44 万个，连锁率约为 36.57%，平均每家连锁企业的门店数量仅有 44 家左右；而美国前三大零售药店的药店数量均在 4000 家以上，其连锁化率达 74.20%。

商务部数据显示，2013 年我国前 100 位药品零售企业销售额占零售市场销售总额的 28.3%。其中，前 5 位企业占 9%，前 10 位企业占 14.4%，前 20 位企业占 18.5%，前 5 位企业至前 100 位企业占零售市场总额比重较 2012 年均有不同程度的下降，这和地方零售药店的崛起有关。

目前，医药零售仍以连锁门店模式为主，但随着新的医疗改革的推行，医院药房托管、网上药店等多种模式都会出现。药房托管和网络药店的模式这两年非常火。药房托管是指医疗机构通过契约形式，在药房所有权不发生变化的情况下，将药房交由具有较强经营管理能力，并能够承担相应风险的医药流通企业进行有偿经营和管理。药品商业企业与医院签订托管合同，医疗机构将药品收入的一定比例支付给受托方，剩余归医疗机构所有。而网店无须过多解释，截至 2015 年 1 月，根据国家药监总局披露的数据，全国取得互联网药品交易资格证的企业已达 368 家，其中获得 B2C 模式（企业向个人消费者提供药品）的网上售药资格的药店由 2010 年底的 21 家增至 270 家，网络药店的发展是医药零售企业发展的趋势之一。

（1）连锁药店扩张，个体药店生存艰难。2014 年，中国个体药店数量从 2013 年 27 万多家降到了 19 万家左右；个体药店从 2013 年占药店总量的 63.4% 降到了 2014 年占总药店总量的 40% 左右。

以上数据说明，连锁药店在扩大覆盖面积，同时个体药店生存日益艰难。

（2）实体药店销售难比网上药店。2014 年，中国共有线下实体药店 46 万余家，但单店日均客流量仅 75 人，全国日均总客流量 3450 万人左右；与此形成鲜明对比的是，207 家网上药店日均客流量 6 万人，日均总客流量在 1200 万 ~ 1600 万人。客单价方面，线下实体店客单价为 60 ~ 80 元，年均店销售额为 50 万元左右；而网上药店客单价为 150 ~ 280 元，年均店销售额在 5000 万元左右。如表 1 所示。

表 1　实体药店与网上商店销售对比

项目	实体药店	网上药店
总点数（家）	460000	207
日均客流量（人）	75	60000
日均总客流量（万人）	3450	1200 ~ 1600
客单价（元/人）	60 ~ 80	150 ~ 280
年均店营业额（万元）	50	5000

增长率方面，线下实体店 2012 年销售增长为 11%，2013 年下滑至 9.3%，2014 年上半年增长额仅为 8%；与之形成鲜明对比的是，网上药店的市场份额从 2011 年的 4 亿元一

路上升至 2013 年的 42.6 亿元，2014 年预计超过 120 亿元，年均增长超过 150%。

销售额方面，目前网络最好的网上药店，仅手机端一个月的销售额就可以超过 400 万元，手机端超过 100 万元的网上药店超过 10 家。

通过以上数据分析可以得出结论：实体药店今后的发展趋势是大型连锁药店，而医药销售行业未来增长最大也是最快的增长点将是网上药店；因为大型的连锁药店在药品供应和药品议价方面具备优势，因此大型连锁药店和网上药店的融合将是行业发展的必然趋势。

2. 市场规模分析

2014 年，全国实体药房药品销售额在 3000 亿~4000 亿元，占药品销售市场份额的 20%~30%；2011 年网上药店零售 4 亿元，2012 年 12 亿元，到 2013 年约 42.6 亿元，2014 年 120 亿元。除了实体药店和网上药店外，还有 10000 多亿元的处方药销售在医院完成。例如，2015 年《食品药品经营监督管理办法》颁布执行，开放处方药的网上销售，网上药店的市场空间会很大，增长空间将无限。

3. 市场发展趋势

因为传统的个体药店不具备很强的药品议价、供应能力及提供综合性医疗服务的能力，在激烈的竞争中会逐步被大型的连锁药店兼并。而随着互联网应用的普及及国家在政策层面对处方药网上销售的放开，能提供客户网上在线健康咨询、问诊、预约看病、开处方、根据处方下单、在药店取药或是通过物流送药等综合性电子商务平台未来将更具发展潜力。当然要打造这样的综合性电子商务平台需要专业的运营管理团队、客服咨询团队、职业医师和药师团队甚至是医院资源，而具备这些行业类丰富资源的恰恰是大型连锁药店。

综合上述分析我们可以看出，未来药品零售行业的发展趋势应该是基于"互联网＋连锁药店"的多功能电子商务平台的模式。

三、竞争分析

本公司是以药品零售为主的连锁经营企业，在 2014 年又正式进军医药电商，取得了较好的成绩，为了公司的进一步发展，制定出合适的经营战略。下面结合公司现状，对公司进行 SWOT 分析。

1. 行业竞争因素分析

表 2　公司行业竞争因素分析

分析主要指标	指标简述	药品零售行业表现症状
行业增长率	如果行业增长迅速，那么现在企业不必为自身发展而争夺市场份额	医药市场以年均24%的速度在增长，但是深圳市场的零售药店已经饱和，电商截至目前只有9家取得资格
竞争者的集中和平衡	集中程度影响企业的定价和其他竞争措施的力度	深圳有将近6000家药店，其中有近2/3是个体药店，电商现在取得资格的只有9家
差异程度和替代成本	同一行业中的企业能在多大程度上避免竞争，取决于它们所提供的产品和服务差异程度	同质化竞争严重，"产品竞争、服务竞争、规模竞争"只是少数连锁药店的竞争策略，而低成本竞争则是常态化、长期化的
法律障碍	许多行业的法规制约着新企业的加入	新版GSP的颁发，为药店连锁经营提供了好的抢占市场的机会，同时国家药监局也于2014年5月28日颁布《互联网食品药品经营监督管理办法》（征求意见稿），如果政策落地实施，可能引起医药行业电商的爆炸式增长
替代品威胁分析	相关的替代品并不一定是形式相同的，而是那些具有同样效用的产品	同一种病症的替代药品较多
供应商议价能力分析	同一行业中购买的相对议价能力分析，可以折射出卖方相对议价能力	现在医药上游竞争较激烈，医药零售的议价能力较强

从表2进行分析并结合公司的实际情况可以看出企业面对的主要威胁是：药品同质化竞争激烈。

主要优势是：拥有连锁药店经营执照，拥有多年药店经营经验，拥有33家直营店经营规模，取得了网上售药资格，且医药电商模块发展迅速，占得先机。

劣势是：员工流动大，不稳定，人力资源结构不合理，员工专业技能较弱，健康咨询人才及执业药师和医师人才缺乏，商品类项少。

机会是：国家新版GSP出台，对拥有连锁执照且有规模的连锁公司有利，可以收购或扩大经营规模或做加盟。同时药业电商发展迅猛，尤其国家药监局也于2014年5月28日颁布《互联网食品药品经营监督管理办法》（征求意见稿），如果政策落地实施，可能引起医药行业电商的爆炸式增长，电商潜力巨大。

2. 公司的 SWOT 矩阵框架

综合上述分析，深圳市都市大药房连锁有限公司 SWOT 分析如表 3 所示：

表3　公司 SWOT 分析

项目	内部优势（S）	内部劣势（W）
	拥有连锁药店经营执照 拥有多年药店管理经验 拥有网上售药的资格 电商发展迅速 决策团队对新事物、新思想接受适应性强	员工流动大 制度建设滞后，执行力较弱 人力资源结构不合理 员工专业技能较弱 商品类项少
机会（O）	SO 战略	WO 战略
国家新版 GSP 出台，对拥有连锁执照且有规模的连锁公司有利；药业电商发展迅猛，尤其国家药监局也于 2014 年 5 月 28 日颁布《互联网食品药品经营监督管理办法》（征求意见稿），如果政策落地实施，可能引起医药行业电商的爆炸式增长，电商潜力巨大	大力发展直营、加盟、委托经营的门店拓展模式 加快电商团队、健康咨询服务团队、执业医师和药师团队的建设 开展配送物流业	加大员工引进力度，与高校、人才市场建立人才联动机制 加强专业技能培训，实施不同层次培训计划 制订合理的新品采购计划 搭建电商经营团队
威胁（T）	ST 战略	WT 战略
药品同质化竞争激烈	利用连锁走内部差异化道路 优化商品采购 利用电商走差异化道路，与实体门店形成一定程度上的互补	加大培训力度 加强企业文化建设，搭建合理的人力资源架构 优化商品采购

四、项目实施方案

我们的市场策略是"深耕深圳、领跑华南、辐射全国"。

项目的实施方案由项目市场运营方案、采购管理方案、财务管理方案、人力资源管理方案组成，具体如下。

1. 项目市场运营方案

（1）1 实体门店。

要实现实体门店销售收入的大幅度增长，扩大市场覆盖面和实质客户群，进而大幅提升销售额，是必然选择。因此，公司将在 2015 年选择合适地点开直营旗舰店，以加强公司品牌管理，并加强加盟管理工作，进一步拓展都市品牌并形成规模效应。对此应将采取措施：

- 全公司必须以市场为导向，以营销为龙头开展经营和管理活动。公司制定相关政策，鼓励公司管理人员参与营销工作。
- 必须整合各项资源，在 2015 年采取一切措施，做好加盟及委托经营活动。

（2）电子商务。

1）电子商务总体发展规划。

第一阶段：电商发展元年（2015 年 1～12 月）。

主要工作：

- 天猫、京东等第三方医药店铺运营，迅速提升销售业绩。
- 公司自有的网上药店的初步运营，重在打基础（注：根据国家政策改变，即时重点开展处方药、按方抓药的产品建设与网销业务）。
- 加强业务流程、电商进销存系统建设。
- 电商团队建设，招聘和培养核心电商骨干，并减少优秀人员的流失。
- 伺机开展移动电商业务。

第二阶段：电商业务快速扩展期（2016 年 1～12 月）。

主要工作：

- 步步为营，继续深化第三方店铺（天猫、京东）的类目运营，提升整店经营质量，伺机开展畅销品独家销售或贴牌、厂家联盟，提升利润。
- 都市药房网上药店形成"医＋药"主题类经营特色，努力提升流量和转化率（注：根据国家政策，继续深化处方药、按方抓药，并建立固定消费人群）。
- 筹建战略产品营销中心。重点开展"高利润产品的推广＋网络销售＋电话销售"的业务。
- OTO 模式。结合公司实际，探索并开展本公司的 OTO 经营业务。
- 稳定电商团队的核心骨干，阶段性完善组织结构和绩效体系。
- 供应链环节的持续稳定和工作改进。

第三阶段：电商业务深化期（2017 年 1 月～待定）。

主要工作：

- 稳定第三方店铺既有业务结构，稳步扩展有价值的品类。
- 务实开展官网的运营工作，建立网站经营特色，强化会员营销。
- 稳定整个电商团队、优化各业务流程，伺机寻求资本市场合作。

以上三个阶段的工作内容，根据医药电商政策变化、行业竞争状况变化、运营团队建设进度、企业自身资源与发展规划等因素，依据现实发展或加快或延后开展相关业务工作。

2）电子商务核心运营思路。

第一，都市大药房天猫旗舰店（http：//www.dsdyf.tmall.com）。

在经营第三方店铺的工作中，以天猫医药馆的入驻店铺为主要平台。坚持"销售额＝流量×转化率×客单价"的运营思路，以"销售额"为核心中心开展业务。流量主要来源所主销的产品（品类），来自淘宝站内关键词自然排名、类目搜索、平台活动（聚划算）的免费流量。转化率主要影响因素是产品价格、标题seo、产品详情的图文描述、产品促销（赠品）、客服人员的在线服务。客单价首先选择、主推销售高价格的产品，其次是客服推荐搭配产品。

特别重要的是：天猫店铺所经营的主打产品，必须与现有强大的竞争对手的主打产品及类目形成差异化。在此基础上，注重所选产品的同类型产品，在淘宝站内搜索的排名布局。

第二，都市药房网（http：//www.dsdyf.com）。

坚持"好产品、大流量、提升转化率，扩大品牌知名度"的运营思路，开展独立网站的各项工作。好产品即公司深入地挖掘具有"客单价高、价格竞争力强、定位明确、需求量较大、品质优秀"的产品。以此类产品为官网的核心销售产品。大流量即通过各种网络推广方式获取各渠道流量，例如，关键词自然排名、网站合作、付费广告、竞价排名、新闻软文、知识营销、线下宣传等。

提高转化率即通过站内营销策划、美工设计、客服质量等途径，努力提升访客的购物体验，从而增大成交概率。扩大品牌知名度即提升和宣传平台的品牌形象、网址信誉。通过会员营销、软文营销、完善服务质量等方式，不断培养品牌粉丝（拥护者），方能内秀外强，成为市场的主导者。

2. 药品采购管理方案

在设计开发、选材和价格上，始终围绕客户需求，以客户需求为出发点和关注焦点，以适销对路为原则，应采取下列措施。

- 定期地对门店品项结构现场检查以3个月或半年为检查周期，对门店进行现场检查，最终形成商品结构完整性检查报告。同时需要将没有在货架上找到的商品逐一分析原因，比如是由于未订货，供应商未送货，还是由于仓库有货但没有及时补货等，根据不同情况的原因制订相应的行动计划，进行改善。

- 加强对滞销商品的控制和清理。
- 加强对各门店附近及电商竞争对手价格的调查。
- 同行热卖商品：同行业内（竞争对手）销量大，能带来一定客流的商品。
- 知名品牌（商品、厂家）。广为消费者所知，有一定知名度和美誉度的商品或厂家，可提高公司知名度及社会形象的商品或厂家。
- 价格合理。与同类商品性能、功效等方面对比，价格处在合理的水平。
- 完善商品结构，突出商品线，创造经营特色。根据季节或特定节假日，调整商品结构，增加应季、应节品种，缩减销售差的品种，突出产品特色，增加顾客购买力。

3. 财务管理方案

详见本方案五，将作为独立部分详细说明。

4. 人力资源管理方案

"服务、支持、指导"是人力资源管理永恒的宗旨，保障公司的后勤供给，构建体系、理顺管理，加快人力资源部转型，以确保项目的实现。人力资源管理工作主要做好以下方面：

- 将人力资源战略作为公司核心战略之一，做好人力资源规划工作，使人力资源管理工作具有前瞻性，确保公司的组织架构与经营目标相匹配。加强组织建设，企业文化建设，使公司成为有灵魂、有激情、有活力和创新能力、有团队凝聚力的公司。
- 加快人才引进：加快新增人员中的关键职位的引进和流失人才的补充；建立人员淘汰和人才储备机制和计划。
- 加强教育训练。建立培训体系，以素质培训为核心，对公司员工和加盟商进行系统的培训，提升员工和合作伙伴的职业和经营素质。
- 建立合理的分配体系。建立起对外具有竞争性、对内具有公平性、对员工具有激励性的包括员工薪资、福利的分配体系，并在施行中不断地加以检讨和完善。
- 建立合理的绩效管理体系。建立起工作绩效管理体系，2015 年 4 月起，公司的绩效考核开始施行；绩效管理必须与分配体系联动推行，以确保目标管理切实落实。

五、财务管理方案

财务管理方案由融资计划、资金使用、销售盈利预测三部分组成，具体如下。

1. 公司融资计划

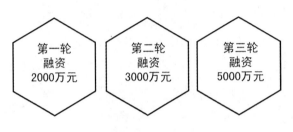

图3　公司融资计划

2. 资金使用计划

表4　未来3年公司资金使用计划

单位：万元

项目	第一年	第二年	第三年	合计
平台系统开发费用	800	1000	2000	3800
市场推广费用	250	400	600	1250
运营投资成本	480	550	800	1830
人才引进培养费用	220	450	650	1320
补充经营流动性资金	250	600	950	1800
合计	2000	3000	5000	10000

3. 销售盈利预测

表5 未来 3 年公司销售盈利预测

单位：万元

	第一年	第二年	第三年	合计
销售收入	12000	20000	35000	67000
营业税/增值税综合（t＝17%）	2040	3400	5950	11390
销售成本	7080	11800	20650	33230
管理费用	1440	2400	4200	8040
财务费用	600	1000	1750	21510
利润总额	840	1400	2450	4690
所得税（25%）	210	350	612.5	1172.5
净利润	630	1050	1837.5	3517.5

相关财务假设：

- 销售成本占销售额的42%，管理成本占销售额的12%，财务成本占销售额的5%。
- 忽略折旧和摊销对现金流的影响，应收与应付款项相抵。
- 运营投资溢价率由1.0起，每年递增5%；首年、次年、再次年的投资收入占投资总额的比例为2：4：4；投资运营成本占标准价格的比例为20%。

六、风险和应对

在未来，都市大药房电子商务平台项目可能面临的风险主要分为内部风险和外部风险，具体如下。

1. 外部风险

（1）国家政策对行业的影响。

国家政策对整个行业生态系统的影响是具体的，2015 年颁布实施的《互联网食品药品经营监督管理办法》对药品零售行业的发展产生了颠覆式的影响，药品零售行业将迎来爆炸式增长的黄金时期。

应对方法：及时收集国家及地方相关法律法规、行业动态，对收集的相关信息进行分析、判断，及时调整公司经营策略。

（2）法律风险。

日常经营活动或各类交易应当遵守相关的商业准则和法律原则，在这个过程中，因为无法满足或违反法律要求，导致不能履行合同发生争议/诉讼或其他法律纠纷。

应对方法：依法经营，建立现代企业制度科学管理，雇用法律专业人士介入经营活动防范和控制风险。

（3）市场竞争的风险。

目前，连锁药店的特点是"多、小、散、乱"，市场竞争同质化，一味地压低产品价格市场竞争行为已经走到了尽头。实体连锁药店已近饱和。

应对的方法：不走价格战及同质化竞争，走差异化的市场策略；利用实体连锁药店，融合网上药店、官网，打造集健康咨询、在线问诊、实体药店和网上药店购药、售后健康服务为一体的多功能综合性电子商务平台。

2. 内部风险

（1）资金风险。

俗话说，"兵马未动，粮草先行"。项目实施需充足的资金才能保证持续地运作，所以融资能力在很大程度上决定了项目的成败。

应对的方法：完善项目的运营，确保项目的发展前景，能让投资者对项目的成功有充足的信心。从多种渠道来筹集项目运行所需资金。

（2）人才的缺乏。

因网上药品销售是近几年才开始发展的新事物，所以药品电子商务人才奇缺，专业的药品售前、售后服务人才也不多，执业医师、药师人才资源紧缺，以上核心人才的缺乏可能制约项目的发展。

应对的方法：加强内部培养机制，自己培养一些核心人才；从行业内挖比较资深的核心人才；整合医院医师、药师资源；建立在行业内有竞争力的薪酬激励机制、人才发展机制，才能吸引人才、留住人才。

（3）公司内部管理的风险。

由于公司基础管理不牢固，制约公司的整体运营效率。

应对方法：建立起包括运营管理、人力资源管理、行政管理、财务管理、采购管理、配送管理等在内的顺畅的、高效的管理体系。管理体系的建构，必须以"理顺脉络、提升效率"为目标，注重先进性与实战性、阶段性与前瞻性的有机结合，为公司的持续发展打好基础。

七、退出机制

风险投资公司和风险投资家投资风险企业的根本目的和动机，是希望通过投资具有较高增长潜力的风险企业，在投资后协助创业家进行经营管理，为企业提供一系列增值服务，以促进企业快速成长。综合考虑本公司的实际情况，退出方式主要有以下两种：

1. 首次公开发行

首次公开发行，也叫公开上市，这种退出方式是指风险企业通过公开上市的方式，在资本市场上首次面向一般公众发行股票，实现回收和资本增值。风险企业股票上市发行的基本程序为：聘请顾问（主承销商、律师、会计师等）→对企业进行必要的资产和资本的重组→将企业整体改制为股份有限公司→接受有关机构的调查→制作和报送股票上市申请文件→证券管理部门核准发行等。首次公开发行是风险投资非常重要的一个退出方式。

2. 买壳上市

买壳上市是指对于因为不满足公开上市条件而不能通过 IPO 实现风险资本退出的企业，在证券市场上通过买入一个已经合法上市的公司（壳公司）的一定控股比例的股份，在掌握该公司的控股权后，通过资产的重组，把自己公司的资产与业务注入壳公司。这样，无须经过上市发行新股的申请就可直接取得上市资格。具体的操作方式有二级市场公开收购（要约收购）、非流通股股权转让、通过自有资产或股权与所选壳公司合并，改变壳公司的注册资本和股权结构，通过控股上市公司的母公司而实现间接上市。

八、公司组织架构及核心管理团队

（1）公司组织架构是本着扁平、高效的原则设计的，详见附件 1 组织架构图。

（2）公司的核心管理团队成员如下。

董事长陈政先生：

深圳市都市大药房连锁有限公司创始人，毕业于海南大学临床医学专业，硕士学历，具有多年的企业管理经验，在医药生产、投资、市场营销方面具有丰富的实践经验。自 2010 年 5 月起任董事长一职。

总经理张观英女士：

毕业于广东医学院临床医学专业，本科学历，清华 MBA，对医药连锁管理有丰富的实践经验，是深圳市都市大药房连锁有限公司创始人之一。自 2010 年 5 月起任总经理一职。

COO 何墩州先生：

毕业于上海交通大学药品营销专业，本科学历，2011 年加入都市大药房团队，现任营运副总经理，曾任一号药网营销副总经理。

CFO 陈凤娴女士：

毕业于中山大学会计专业，大专学历，2009 年 3 月加入都市大药房团队，现任财务总监，曾任某上市公司财务总监，具有多年的企业投资及风险评估经验。

CHO 钟建伟先生：

毕业于华东大学人力资源专业，本科学历，2015 年加入都市大药房团队，现任人事行政总监，曾任中铁八局区域副总。

CQO 周露女士：

毕业于湖南科技大学生物工程专业，大专学历，2008 年 2 月加入都市大药房团队，现任采购总监，曾任海王星辰产品部总监助理。

COO 段亦凡女士：

毕业于湖北省武汉科技大学中西药结合专业，本科学历，2008 年 5 月加入都市大药房团队，现任营运总监。

附件1

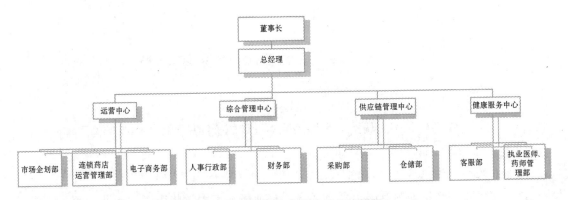

附图1　深圳市都市大药房组织架构图

LIVALL 智能骑行装备

作者：郑波

一、公司/项目概述

1. 公司介绍

深圳前海零距物联网科技有限公司（简称 LIVALL）由一群来自国内互联网公司的才俊和极限运动爱好者于 2014 年成立，注册资本总额 738 万元。目前，主要专注于智能骑行装备的研发、运营销售与管理，立足深圳，面向国际市场。其研发的全球首款集对讲通信、音乐娱乐、灯光控制为一体的智能安全骑行头盔，已成功引入东方富海等知名投资机构首轮近 2000 万元的风险投资，公司的 A 轮融资谈判也正在进行中。

2. 公司股东

郑波，联合创始人 & CEO，LIVALL 全资投资人，公司第二个人大股东。

刘勇，联合创始人 & CTO，LIVALL 公司单一个人最大股东。

东方富海、北京全景基金、沃夫德尔科技及公司员工持股公司。

3. 公司产品

公司目前研发生产的产品包括 Bling Helmet—闪盔、Bling Jet—闪控、Phone Holder—手机支架、Nano Cadence—微型踏频传感器四大智能装备，配合 LIVALL "来啊" APP 使用，轻松升级您的爱车，给您带来完美的骑行体验。产品获得多项国内外专利，获得了美国 CPSC1203 和欧盟 EN1078 头盔安全认证，同时电子部分也通过了 CE（欧盟）、FCC（美国）、NCC（中国台湾）等多个国家和地区的相关认证。产品进行了超过 300 人次的内测和反馈，从用户体验、稳定性乃至外观设计等方面都进行了很大的改动和提升。

4. 员工组成

公司现有员工将近 30 名，超过 80% 都是研发人员，其中：

- 郑波，联合创始人 & CEO：

郑州人，武汉大学科技信息与管理专业毕业，新西兰梅西大学 MBA 毕业，北京大学汇丰商学院 PE59 结业，北大汇丰深圳 EDP 同学会副秘书长，PE59 班长。专注影音行业 20 年，沃夫德尔公司创始人，在行业内屡创营销新模式和销售纪录。现任 LIVALL CEO、LIVALL 全资投资人、公司第二个人大股东。

- 刘勇，联合创始人 & CTO：

重庆人，1989 年毕业于重庆大学无线电专业，香港浸会大学工商管理硕士，北京大学汇丰商学院 PE59 结业。属于技术极客和运动极客，早年就职于四通公司，后作为联合创始人 & CTO 创立爱浪音响。专注互联网创业 10 余年，2011 年 3 月设计出打车软件，创业有成功有失败，有经验有教训，风险意识强。技术前瞻和转化为产品能力超强，公司技术研发带头人，CTO 不二人选，LIVALL 公司单一个人最大股东。

5. 公司愿景

坚持硬件 + 软件的产品开发模式，以硬件为入口，不断地开发 APP 的用户使用数量，增加用户对 LIVALL 产品的黏度；坚持线上和线下相结合的营销模式，最终成为一个从骑行硬件到软件都给客户带来完美体验的智能骑行装备提供商。

二、产品与服务

1. 产品特色

LIVALL 公司目前研发生产的产品主要为四大智能装备，在前面已有介绍。LIVALL 目前已经获得多项专利。闪盔和闪控配合"来啊"APP 使用，可以实现炫酷灯光、音乐功能、对讲接打、数据统计、拍照录像、社区分享、SOS 报警功能。

新技术的产生，会催生新事物的出现，进而满足人们新的需求。传统的自行车头盔仅仅是具有头部的安全保护功能，这么多年来，从没进化。但随着蓝牙 4.0 等新技术的出现，催生了很多满足人民消费需求的新产品，LIVALL 的智能骑行头盔就是这样一款产品，它是全球首款集对讲通信、音乐娱乐、灯光控制为一体的智能安全骑行头盔，不但满足了人们对头盔的安全保护功能，还提供了很多诸如对讲、接打电话，灯光控制、SOS 求解信号等功能。

传统的自行车头盔行业发展已经很成熟，且形成了传统的行业标准和思维方式，如何让消费者去接受这个新鲜的事物？恐怕只能从消费者真正的需求痛点上入手：

（1）骑行中的对讲。这个功能对于群骑的时候非常重要（目前都是用对讲机，不方便）。

（2）音乐功能。长时间的骑行，需要音乐相伴，LIVALL 智能头盔的外放小音箱，音质上乘，同时不同于入耳式耳塞，它外置在头盔上，在骑行过程中，可以享受美妙音乐的同时，还可以听到周围的声音，这样不会影响骑行的安全。

（3）灯光功能。特别是喜欢夜晚骑行的骑友，安全的灯光警示不管是对自己还是对别人都非常重要。

（4）接打电话。LIVALL 头盔提供一键接听拨打电话的功能，这样比骑行中拿起手机来听电话安全很多。虽然我们不太提倡在骑行中接打电话，但是骑行中总会遇到一些紧急重要电话，所以，骑行中是有接听和拨打电话的需求。

（5）拍照摄像。骑行中经常会被沿途美景和趣事所吸引，想要留住这些画面就要给它拍照或摄像。

（6）SOS 报警功能。在骑行中，难免出现意外，特别是在野外，在发生意外的时候，能及时发送求救信号，让你周边的骑友知道，以及时施救。

（7）LIVALL 的"Livall Riding"（中文叫"来啊"）APP。UI 界面简洁清新，EI 用户交互也非常棒，可以提供 GPS 定位，记录骑行速度、海拔、踏频等信息，如果你有测心率的智能穿戴设备，都可以采集记录到 APP 中。它将完美地记录你每一次骑行活动的运动参数，辅助你进行骑行的健康分析。与此同时，你还可以通过 APP 和其他的骑友进行分享和互动，分享你的骑行路径、心得、美景、见闻，为你撰写完美的路书。这样有助于提高 LIVALL 产品用户的社交联系，进而提高用户对产品的黏性！

2. 产品定位

交叉的产品定位和多层次的产品设计，可以满足不同消费群的需求，未来产品将覆盖从几百元的低端到 1000 多元的高端用户。并且，我们有不同的产品类别，除了闪盔（头盔）和闪控外，还有支架和踏频，特别是踏频，我们可以以很有竞争的价格推出来吸引 APP 用户。所以，对于我们来讲，不管是使用我们的高端还是低端头盔，或是使用我们的踏频的用户，都会成为我们硬件和 APP 的用户。

三、行业情况

与传统的自行车头盔不一样的是，LIVALL 智能头盔除了满足头盔的保护功能外，更专注于去发掘骑行乐趣，在我们看来，现在的骑行头盔的保护功能只是它最基本的一个功能。除此之外，它应该拥有更多其他的功能，以满足人们新的需求。我们认为，它是时候要进化一下了。

LIVALL 已获得 7 项专利，其中 2 项重大发明专利和 5 项实用新型专利，并已完成十几项国内和国际专利的申请。

LIVALL 研发的智能安全骑行头盔属于全球首款，目前还没有同类的产品，所以严格意义上讲，LIVALL 真正的竞争对手是自己。如何在原来的头盔标准和使用者偏好已经形成的条件下，去吸引、引导消费者使用 LIVALL 的智能头盔，关键是看我们的产品功能是否真正能满足骑友的需求，是否真正抓住了骑友的需求痛点，还是只是一些噱头或是鸡肋的功能！这是决定我们产品成败的关键！

对于我们 LIVALL 产品的市场前景，我们充满了信心！

（今明两年的销售预测，详见第五部分的销售和财务预测）

四、商业模式设计

全国将近 3500 万的骑行用户，同时加上海外 2 亿的庞大骑车用户，而且骑行者数量每年还在高速增长，LIVALL 的产品用户市场容量是足够大了，可以说，在现阶段，我们的产品还没有同类的竞争对手，传统的自行车头盔厂家严格意义上讲不算是我们的竞争对手，可以说我们真正的竞争对手是我们自己，因为 LIVALL 的智能头盔是个全新的创新产品，它是传统头盔的颠覆者，我们要做的就是如何去优化产品功能，使得我们的产品真正击中消费者的需求痛点，真正为骑行者带来骑行的愉悦。我们是在和自己竞争！

但是，新产品的产生，必定会有跟随者和模仿者，就像大缰无人机出来后，追随者和模仿者一大堆。防止被模仿和超越，也是我们要重点考虑的问题！我们的做法有如下几点：

（1）知识产权方面。LIVALL 产品获得多项国内外专利，产品获得了美国 CPSC1203 和欧盟 EN1078 头盔安全认证，同时电子部分也通过 CE（欧盟）、FCC（美国）、NCC（中国台湾）等多国认证。而且我们也获得了多项关键技术的专利。

（2）通过快速迭代，不断推出具有颠覆性性价比的产品，让跟随者和模仿者无所适从！

（3）深度运营产品（如 APP 的社区功能），增加产品黏性。

（4）加快融资步伐，联合资金，形成智能头盔行业的小型投资生物链，加大后进入者和模仿者的融资壁垒。

总的来讲，LIVALL 未来的营销模式是，国内线上（官网和电商平台）和线下自行车车行两个渠道同时推进，但这中间必须处理好线上和线下的定价问题，避免触及线下车行的利益！与此同时，我们还会运营一种全新的营销模式，就是 B2F（Business to Factory），这或许是我们 LIVALL 一个重要的营销模式创新。我们将通过和自行车厂及头盔厂进行合作，进行产品和品牌的互补，形成利益共同体。

在国外主要是找大区域的代理，和当地有实力的代理商进行合作，共同推进 LIVALL 产品在海外的销售！

五、销售和财务预测

表 1　项目销售和财务预测

项目		2015 年		2016 年	2017 年	备注
		Q3	Q4			
国际	出售数量（个）	15000.00	30000.00	480000.00	2000000.00	期间
国内	出售数量（个）	10000.00	15000.00	240000.00	500000.00	期间
	B2F 配件出售数量（套）	30000.00	60000.00	480000.00	1920000.00	
小计（个）		55000.00	105000.00	1200000.00	4420000.00	期间
	单价（元）—头盔	599.00	599.00	599.00	599.00	
	单价（元）—B2F	299.00	299.00	299.00	299.00	
销售额（万元）—头盔套装		1497.50	2695.50	43128.00	149750.00	
销售额（万元）—B2F		897.00	1794.00	14352.00	57408.00	期末
		3.00	3.00			
	人数	12.00	12.00			
总销售额（万元）		2394.50	4489.50	57480.00	207158.00	
固定成本（万元）—头盔套装		875.00	—	—	—	

续表

项目		2015 年		2016 年	2017 年	备注
		Q3	Q4			
固定成本（万元）—B2F		630.00	—	—	—	
总固定成本（万元）	产品含税成本（万元）	1505.00	—	—	—	
变动成本	Return Cost 5%	43.75	78.75	1260.00	4375.00	线上线下出售数量×成本×5%
	经销商返利 10%	149.75	269.55	4312.80	14975.00	线下出售数量×销售单价×10%
	推广商返利 5%	74.88	134.78	2156.40	7487.50	线上出售数量×销售单价×5%
	Logistics Fee 5%	43.75	78.75	1260.00	4375.00	线上线下出售数量×成本×5%
	Finance Cost 3%	26.25	47.25	756.00	2625.00	线上线下出售数量×成本×3%
	小计	338.38	609.08	9745.20	33837.50	
总成本（万元）		1843.38	609.08	9745.20	33837.50	
总人数（个）		40.00	80.00			期末
管理费用	工资等（万元）	240.00	540.00			期末
	房租水电（万元）	24.00	24.00			期末
	研发测试费用（万元）	90.00				
营业费用	推广费用（万元）	150.00	300.00			期末
	其他费用（万元）	15.00	—			
税金		4.82	—	—	—	期末（企业所得税15%）
Gross Profit	利润（万元）	27.31	3016.43	47734.80	173320.50	

六、风 险

1. 政策风险

目前，对于头盔行业来说，不但没有政策风险，政策红利很快就会到来，我们相信，以后我们会像国外那样，骑车戴头盔将会成为一个强制性规定。

2. 研发风险

硬件部分：成本控制和生产工艺还需加强，这会直接影响产品的市场竞争力。软件部分：用户交互和稳定性还有待提高，而且研发迭代的速度不太理想。

3. 市场风险

目前，传统的自行车用户，带的都是传统头盔，对传统头盔已经形成了思维定式和评价标准，他们是否会用已经形成的喜欢标准去评价我们 LIVALL 的头盔，比如价格也许会比传统头盔贵一点，重量也会比传统头盔重一点！LIVALL 产品的对接功能、电话功能、音乐功能甚至是 SOS 报警功能，是否是骑友核心的需求或者说是否属于骑友较高位阶的需求，都有待市场去检验！

4. 财务风险

财务风险对任何一个初创公司来讲，都是首要面对的风险，也往往是决定一个企业能否取得成功的关键！很多创新的初创企业，也许产品和理念都是先进的，但就是因为资金问题没有及时解决而死掉。LIVALL 随着产品进入量产，包括生产和市场推广等各方面的投入都会加大，财务支出迅速放大，对于目前产品还没有大量销售回款的情况下，公司的运营是靠融资来支持的，如果后期的产品销量不如预期，同时后面的融资出现问题的话，公司很可能出现资金问题！如果资金有问题，企业就没有更多时间和财力来把产品做好！

5. 对关键人员依赖的风险

公司目前对于关键的核心成员都同其签订了竞业协议，并且实施了员工持股计划，所以核心团队成员的稳定性还是很高的！

七、团队构建

团队由一群互联网公司才俊，同时也是一群技术极客和极限运动的爱好者组成。他们对骑行和骑行设备有着自己独特的需求和理解。正是源于对骑行安全的关注和专注于发掘骑行乐趣，促使了全球首款集对讲通信、音乐娱乐、灯光控制为一体的智能安全骑行头盔的诞生。管理团队具有敏锐的互联网思维、丰富的运营经验以及渠道优势；强大的专业知识和对事业的热爱。这些因素，足以使团队飞速发展。

公司现有将近 30 名员工，超过 80% 都是研发人员。

目前公司对于核心团队的软硬部门负责人给予股权激励，并且公司对于还没有获得股权的现有和未来的核心员工，都设置了员工持股计划（期权池）。未来公司的核心团队成员都能共享到公司发展的红利。

八、进度表

项目进展图：

2013 年 3 月：项目规划，预研。

2014 年 4 月：零距公司成立，组建研发团队。

2014 年 5 月：产品功能细节、工艺难点突破，ID 设计。

2014 年 6 月：产品结构、电路设计；后台及 APP 研发启动。

2014 年 7 月：硬件第一版调试。

2014 年 8 月：软硬件联调，闪盔闪控开模。

2014 年 9 月：闪盔闪控试模。

2014 年 10 月：第一次小批量试产，整机联调调试。

2014 年 11 月：第二次小批量试产，公司内测。

2014 年 12 月：第三次小批量试产，友好用户内测。

2015 年 1 月：闪盔模具复制多套，准备批量投产。

2015 年 2 月：首次特邀用户封测。

2015 年 3 月：第二次特邀用户封测；量产准备完成。

2015 年 3 月底：京东众筹获得巨大成功，总共筹集 107 万元。

2015 年 6 月底：LIVALL 将移师美国 IndieGoGo 进行众筹。

2015 年 7 月底：全球骑友的盛宴"LIVALL 全球骑行登月计划"将会正式开启。

鸣　谢

"紫荆商业模式创新大赛"历时数月，从启动仪式到初赛、决赛，直至赛后采访，我们得到了许多配合与支持。在此，我们真诚地感谢每一位曾为我们提供帮助的人，每一家曾为我们提供资源的单位。

我们特别感谢：

清华大学

深圳清华大学研究院

深圳市清华大学校友会·紫荆同学会

清华大学深圳研究生院

清华大学博士后校友会

深圳清华大学研究院案例研究中心

前海法拉瑞科技有限公司

经济管理出版社

深圳力合创业投资有限公司

深圳力合清源创业投资管理有限公司

深圳力合天使创业投资管理有限公司

深圳市远致富海投资管理有限公司

深圳市启赋资本管理有限公司

中广核资本控股有限公司

北京卡联科技股份有限公司

单仁资讯集团

深圳彩梦想创新工场投资发展有限公司

深圳市蓝凌软件股份有限公司

深圳市迅合投资管理有限公司

外滩董事会

点亮紫荆，赢在创新，感恩一路有您！